LES **FAMILLES** DE **REVIT** POUR LE **BIM**

CHEZ LE MÊME ÉDITEUR

J. Guézo et P. Navarra. – **Revit pour les architectes (2e édition)** – *Bonnes pratiques BIM.*
N° 67576, 2018, 516 pages.

J. Renou et S. Chemise. – **Revit pour le BIM (5e édition)** – *Initiation générale & perfectionnement structure.*
N° 67710, 2018, 548 pages.

O. Lehmann, S. Varano et J.-P. Wetzel. – **SketchUp pour les architectes.**
N° 12758, 2014, 234 pages.

S. K. Levan et P. d'Audiffret. – **Les managers du BIM** – *Guide impertinent et constructif.*
N° 67591, 2018, 136 pages.

N. Boutros et R. Teulier. – **À la pointe du BIM** – *Ingénierie et architecture, enseignement et recherche.*
N° 67675, 2018, 144 pages.

A. De Maestri. – **Premiers pas en BIM** – *L'essentiel en 100 pages.*
N° 67372, 2017, 104 pages.

S. Riss, A. Talon et R. Teulier. – **Le BIM éclairé par la recherche** – *Modélisation, collaboration & ingénierie.*
N° 67471, 2017, 170 pages.

C. Lheureux. – **BIM pour le maître d'ouvrage** – *Comment passer à l'action.*
N° 67468, 2017, 84 pages.

S. K. Levan. – **Management et collaboration BIM.**
N° 14446, 2016, 180 pages.

A.-M. Bellenger et A. Blandin. – **Le BIM sous l'angle du droit** – *Pratiques contractuelles et responsabilités.*
N° 14381, 2016, 192 pages.

O. Celnik, E. Lebegue et J. A. Cuba Segura. – **Construire un projet de construction à l'aide du BIM.**
N° 14268, 2016, 84 pages.

O. Celnik, E. Lebegue *et al.* – **BIM & maquette numérique (2e édition).**
N° 14274, 2015, 764 pages.

K. Kensek. – **Manuel BIM** – *Théorie et applications.*
N° 14180, 2015, 256 pages.

Retrouvez nos bundles (livres papier + e-book) et livres numériques sur
http://izibook.eyrolles.com

Vincent Bleyenheuft

Avec la contribution de
Julien Blachère et Christophe Onraet

Préface d'Emmanuel Di Giacomo

LES **FAMILLES** DE **REVIT** POUR LE BIM

2E ÉDITION

EYROLLES

ÉDITIONS EYROLLES
61, bd Saint-Germain
75240 Paris Cedex 05
www.editions-eyrolles.com

*À Sandra, Juliette, Noé et Adrien, ma petite famille à qui
j'ai manqué tous ces soirs et week-ends d'écriture.*

Préface

La Famille s'agrandit…

Mettre en commun la connaissance est la clé du succès et un signe de sagesse extrême. Certains financent des opérations pilotes, permettant de participer à l'expansion du phénomène du digital à l'échelon régional ou national, d'autres comme Vincent Bleyenheuft et ses coauteurs partagent leur savoir acquis au fil de dures années de labeur. Après une première édition à succès sur le sujet très pointu des familles, ils nous reviennent avec ce second opus qui s'annonce aussi prometteur, au vu des nouveaux thèmes traités dans cette mise à jour.

Ce livre, rappelons-le, est unique car il n'existe aucun autre ouvrage en langue française sur les familles dans Revit, ou ce qui fut très longtemps dénommé « objets de bibliothèque » par les anciennes pratiques. Cette bible se caractérise par une qualité et une consistance hors du commun, plébiscitées par la communauté des professionnels abordant leurs projets en BIM.

Dans cette deuxième édition, Vincent Bleyenheuft nous explique pourquoi les règles de nommage des propriétés sont essentielles, en nous faisant bénéficier de ses retours d'expérience, et enrichit son ouvrage d'exercices supplémentaires sur l'impression des feuilles et des cartouches, sujet capital pour la documentation.

Autre thème détaillé dans cette nouvelle édition, l'openBIM et le standard IFC, sujets chers à Autodesk qui s'y implique depuis 23 ans après avoir créé building-SMART International avec douze autres éditeurs. Un chapitre très conséquent sur les IFC et les bonnes méthodes au sein de Revit permettra ainsi au lecteur de comprendre comment optimiser les exports IFC, notamment dans la perspective d'intégration des données à une GMAO.

Le BIM, un processus collaboratif intégré qui depuis quelques années révolutionne la manière de concevoir, construire et gérer les projets qui s'érigent autour de nous. Et préliminaire indispensable à la création de ces modèles BIM pluridisciplinaires qui vont embarquer

les informations servant à gérer les bâtiments qu'elles concerneront : la création de tout un ensemble d'objets intelligents, structurés, informés, paramétriques et interactifs pour toutes les disciplines qui seront la matière de base pour donner vie à de fabuleux projets.
Source : Emmanuel Di Giacomo

Revit, de par sa conception même – plate-forme pluridisciplinaire – a bouleversé le secteur du BTP il y a une dizaine d'années, ou même 16 ans si l'on remonte aux origines, en offrant à tous les acteurs d'un projet cette opportunité de travailler de manière collaborative en temps réel, en BIM niveaux 2 et 3, avec notamment BIM 360 Design.

La première innovation dont Revit peut se targuer fut l'apport « paramétrique », qui n'était auparavant appliqué et disponible qu'au sein des logiciels de mécanique pour l'industrie, l'aéronautique ou l'automobile. Son moteur paramétrique permet ainsi de répliquer automatiquement n'importe quelle modification à n'importe quel endroit dans le projet, et à tout instant. C'est une avancée majeure qu'on mesure peu, même encore maintenant ! Autre avantage du paramétrique, la possibilité de créer des objets aux déclinaisons quasiment infinies, capables de s'adapter à n'importe quelle situation et supportant 6D, 7D et même 8D.

Revit est aussi le porteur d'un concept totalement nouveau : la faculté de créer soi-même et de manière graphique ses propres objets de bibliothèques paramétriques. On créait autrefois des composants 2D ou 3D non intelligents, ou alors il fallait connaître un langage de programmation de description géométrique propriétaire complexe, qui n'a jamais permis une démocratisation de la création d'objets, en restant l'apanage de quelques experts. Revit a rendu possible la généralisation de la création d'objets pour tous les professionnels (architectes, ingénieurs, concepteurs, dessinateurs), ce qui a modifié la manière d'appréhender la création de contenu. Le secteur a été tellement bouleversé qu'il s'est depuis approprié le terme « familles » lorsqu'on parle d'objets de bibliothèques et le qualificatif « paramétrique » lorsqu'on parle de BIM. Mais ne nous trompons pas, ils sont propres à Revit depuis leur origine.

L'une des premières questions que se pose l'entreprise avant le démarrage de sa transition vers le BIM est souvent : « Où et comment vais-je trouver des familles pour mon métier ? » Celles-ci sont les briques indispensables, la matière nécessaire à la création de toute maquette BIM et c'est à partir de là que le parcours du combattant commence. Sites, blogs, plates-formes de mise à disposition d'objets, collègues, confrères, amis, tous les moyens sont bons pour tenter de récupérer ces pièces essentielles.

L'une des stratégies les plus durables reste cependant la création en interne, par un expert dédié et intégré à l'entreprise en général, ou grâce à des compétences de base que tout un chacun se doit d'acquérir. La connaissance, au-delà du bon travail que peuvent effectuer les experts du réseau Autodesk et du savoir des uns et des autres, n'est pas toujours suffisante. La quête de l'ouvrage miracle est alors indispensable, mais il en existe très peu. Et c'est sur la base de ces constatations que Vincent

Bleyenheuft, expert reconnu du BIM et de Revit en France, a élaboré ce beau projet. Le partage de ses années d'expérience en la matière, acquise dans le cadre des missions et services qu'il a délivrés, ou dans les agences où il a exercé comme Groupe 6 Architectes, constitue le fondement de son livre.

Pour avoir aussi été confronté à la problématique des familles depuis de nombreuses années, notamment lors du suivi méthodologique et technique des professionnels de l'AEC (architecture, ingénierie et construction) utilisant des solutions Autodesk en Europe, je salue la qualité de cet ouvrage qui constitue une véritable bible en termes de savoir-faire autour des familles ! Pourquoi, comment, les plus, les moins, les pièges à éviter, les bonnes pratiques, les différentes méthodes pour créer tel ou tel autre type d'objet, tout y est abordé, sans aucun compromis et sans aucun sectarisme, car les architectes, mais aussi les spécialistes de la structure, du CVC, de la plomberie, du paysage, de l'électricité, en bref tout le monde sera comblé et trouvera des réponses à ses questions. Les spécialités MEP (mécanique, électricité et plomberie) et Structure sur les familles sont quant à elles traitées par deux coauteurs spécialistes reconnus en la matière, Christophe Onraet (MEP) et Julien Blachère (Structure). En complément de cet apprentissage, les nombreux exercices du livre permettront de vous aguerrir à la création de familles de tous types pour que vous deveniez rapidement un expert en la matière.

À l'heure de l'Internet des objets, des capteurs et autres senseurs, vous y découvrirez aussi l'importance de la structuration des données contenues dans ces familles, mais aussi la facilité et la souplesse avec laquelle Revit sait et peut s'adapter à des standards openBIM tels que l'IFC, le COBie de buildingSMART, mais aussi le futur standard de structuration des données produits, la norme expérimentale française PPBIM (XP-P07-150) grâce à sa puissante interface et ses API (interfaces de programmation applicative) ouvertes. Vincent Bleyenheuft décrit ces approches de manière très didactique et vous permettra de franchir des caps de compétences afin de maîtriser l'art de créer des familles.

Dans un contexte de digitalisation grandissant et nécessaire pour notre secteur du BTP à l'échelle internationale, et avec le constat que seules les énergies et compétences des « sachants » tels que Vincent, ses coauteurs et bien d'autres passionnés comme eux peuvent faire progresser le développement du BIM dans notre pays, nous vous recommandons donc vivement la lecture de ce bel ouvrage qui, nous n'en doutons pas, deviendra une référence et servira à l'évangélisation des béotiens du BIM et de Revit…

Emmanuel Di Giacomo

Architecte DPLG

Autodesk France

Responsable Europe Développement écosystèmes BIM

www.abcdblog.typepad.com

Table des matières

PARTIE 3
Spécificités des familles structurelles et MEP...... 331

Avant-propos

Tous les experts de Revit vous le diront, la création de familles personnalisées est essentielle pour maîtriser correctement et pleinement ce logiciel. Les utilisateurs débutants de Revit, voire certains utilisateurs confirmés, risquent d'être confrontés tôt ou tard à un blocage résultant souvent d'un manque de connaissances dans la création ou la personnalisation des familles. Le fait que vous lisiez ce livre en est d'ailleurs peut-être la preuve.

Si de nombreux ouvrages existent sur Revit, très peu sont consacrés exclusivement aux familles. De plus, ils sont pour la plupart en anglais même si depuis peu, l'actualité foisonnante du BIM a fait émerger en très peu de temps trois ouvrages francophones sur Revit. En grande majorité, les livres généraux ne consacrent qu'une faible partie aux familles, un seul chapitre bien souvent, et aucun livre spécialisé sur le sujet n'existe en français.

Mes coauteurs et moi-même sommes impliqués à des degrés divers dans la formation au logiciel Revit et chacun dans des spécialités différentes. Nous avions donc l'ambition de combler le manque actuel en rédigeant un ouvrage spécialisé sur le sujet, mais surtout que ce livre soit le plus complet possible.

Présentation de l'ouvrage

Cet ouvrage est découpé en trois parties. La première, « Notions communes à toutes les familles de Revit », est une partie concernant toutes les disciplines (architecture, structure et MEP) qui présente de manière exhaustive les notions théoriques fondamentales caractérisant toutes les familles de Revit. La compréhension de ces notions est nécessaire à la bonne maîtrise des familles. Nous vous faisons également part des enjeux majeurs des familles dans le contexte actuel du BIM.

La deuxième partie « Cas pratiques généraux » traite des aspects pratiques communs à toutes les familles, avec à l'appui 16 exercices. Enfin, la troisième partie « Spécificités des familles structurelles et MEP » détaille les particularités des familles relevant de la structure ou des fluides, en proposant pour chaque compétence un exercice pratique.

Ce livre a été rédigé et structuré pour être lu du début jusqu'à la fin. La montée en complexité des exercices au fur et à mesure des pages est cohérente avec ce parcours. Si vous êtes totalement débutant en création de familles, nous vous conseillons vivement de respecter ce cheminement. En revanche, si vous êtes un créateur de familles confirmé, vous pourrez plus librement parcourir les exercices. Il nous semble cependant important de ne pas sauter l'exercice 1 du chapitre 7 ni les exercices du chapitre 11 (première famille 3D), car c'est lors de ces exercices simples (premiers exercices 2D et 3D) que nous décrivons les méthodes pratiques fondamentales qui serviront pour tous les autres exercices, plus complexes. De même, la première partie de l'ouvrage devrait apporter aux créateurs de familles, même confirmés, des explications qui clarifieront probablement leur connaissance du sujet.

Voici quelques précisions concernant les deuxième et troisième parties de l'ouvrage.

- En guise d'introduction, le chapitre 6 délivre huit conseils pratiques sur la création des familles.
- Les chapitres 7 à 9 contiennent les premiers exercices. Vous commencerez par créer des familles 2D afin de vous familiariser avec l'interface des familles et leur gestion graphique.
- Le chapitre 10 décrit les méthodes de création des formes 3D élémentaires, en vue d'introduire les exercices sur les familles de modèles 3D des chapitres suivants.
- Les chapitres 11 à 13 concernent les familles 3D, des plus simples au plus complexes.
- Le chapitre 14 présente deux cas particuliers d'exploitation d'outils de projet (familles système) pour créer des objets totalement personnalisés.
- Le chapitre 15 vous expliquera tout ce qu'il faut savoir des IFC dans le cadre de la création d'objets de maquette numérique.
- Pour terminer, les chapitres 16 et 17 de la troisième partie abordent les spécificités des familles structurelles et MEP. Ils ont été rédigés respectivement par Julien Blachère et Christophe Onraet.

Corrigés des exercices

Vous trouverez à l'adresse www.editions-eyrolles.com/go/famillesRevit2 tous les fichiers des exercices corrigés en version Revit 2017 (à l'exception du fichier projet en Revit 2018 du chapitre 15). Ils sont totalement libres de droits et vous pourrez vous en servir dans vos projets. Utilisez ces fichiers corrigés en effectuant une sorte « d'ingénierie inverse » : décortiquez-les afin de retrouver toutes les méthodes qui ont permis la création des familles.

Vocabulaire et traduction

Dans un ouvrage technique comme le nôtre, la justesse et la précision des termes utilisés sont importantes pour la bonne compréhension du sujet. Revit étant un logiciel anglophone, son vocabulaire francisé peut parfois surprendre, c'est le moins qu'on puisse dire. Certains termes importants, que vous retrouvez dans l'interface au gré des menus et boîtes de dialogue, sont faux voire incompréhensibles car traduits littéralement. Certains termes sont également utilisés pour désigner des fonctions ou notions différentes, ce qui peut créer un malentendu.

Lorsque les termes officiels sont clairs et sans équivoques, nous les utiliserons. Cependant, nous serons parfois obligés de les remplacer par d'autres mots afin d'éviter une possible confusion. Ceci sera précisé lors des premiers remplacements.

Deux synonymes seront utilisés pour désigner les familles, à savoir « objets » et « composants ». Ces deux mots sont à connotation plus générique.

Nouveautés de la seconde édition

Les premiers chapitres de la première édition ont été écrits il y a maintenant plus de trois ans. Trois ans, dans le domaine du BIM, c'est une éternité, tant ce secteur est dynamique et en constante évolution. Par ailleurs, plusieurs lecteurs de cette première édition m'ont fait part de sujets qu'ils auraient voulu voir traités si une seconde édition voyait le jour.

Aujourd'hui, c'est chose faite. Sans avoir pu répondre à toutes les demandes, j'ai décidé de compléter ou d'adapter les sujets suivants.

Principes de nommage des propriétés

Au fil des années, mon expérience grandissante du BIM management de projet m'a permis de constater l'importance du nommage des propriétés des objets dans le cadre d'un processus de collaboration BIM. J'ai souhaité dans ce nouvel ouvrage vous faire profiter de ce retour d'expérience et ai donc complété et mis à jour les recommandations que je vous avais faites dans la première édition (voir chapitre 5).

Les familles de cartouches

Voici un oubli de la première édition qui est maintenant corrigé ! Nous traiterons dans un chapitre d'exercices des bonnes méthodes de création des familles de cartouches ou « feuille d'impression » dans Revit.

Les familles de Revit et les IFC

Au cours de ces trois dernières années, nous avons pu constater une véritable acceptation généralisée de l'IFC, même s'il était déjà connu et présent auparavant. Les utilisateurs Revit, un peu à la traîne jusqu'alors, prennent aujourd'hui conscience de l'inéluctabilité de l'IFC. Le chapitre 15 est donc exclusivement dédié à la bonne gestion de l'IFC dans les familles.

À qui s'adresse ce livre ?

À l'heure actuelle où le BIM et ses notions de collaborations pluridisciplinaires mobilisent l'ensemble du secteur du bâtiment, il nous semblait pertinent de couvrir les trois compétences principales que sont l'architecture, la structure et l'ingénierie des fluides. Ce livre conviendra donc à tous les professionnels du bâtiment qui utilisent ou souhaitent utiliser Revit, quel que soit leur métier.

Cet ouvrage s'adresse par ailleurs aux créateurs de familles novices et confirmés, qui trouveront ici toutes les clés d'apprentissage nécessaires à leur progression.

Prérequis

Pour utiliser cet ouvrage à bon escient, il est nécessaire de connaître Revit au préalable mais pas forcément à un niveau très avancé. Il faut cependant que vous soyez à l'aise avec l'interface générale de Revit (mode projet) car seules les spécificités de l'interface de l'éditeur des familles seront abordées dans ce livre.

Les versions et variantes de Revit concernées

Les versions

Les familles personnalisables telles qu'on les connaît existent depuis la version 5 de Revit, sortie en 2002. La version Revit 2010, sortie en 2009, a inauguré l'interface actuelle du logiciel. Les captures d'écran proviennent principalement de la version Revit 2017 mais les fonctions du logiciel ont été vérifiées pour les versions 2015 à 2019, en précisant le cas échéant les différences entre les versions. Cependant, comme le livre fait la part belle aux méthodes et qu'en matière de familles, ces dernières ont peu changé, l'ouvrage conviendra également aux utilisateurs des versions antérieures.

Les variantes de Revit

Depuis longtemps, différentes variantes métier de Revit cohabitent. En 2005, la variante Revit Structure est venue accompagner Revit Architecture. La variante Revit Systems a vu le jour en 2006, laquelle deviendra plus tard Revit MEP.

À partir des versions 2013, sorties en 2012, parallèlement aux trois variantes métier, Autodesk a créé deux nouvelles variantes :

* une variante complète qui regroupe tous les outils et s'appelle tout simplement Revit ;
* une variante allégée nommée Revit LT.

Depuis 2017, seules Revit 2017 (variante complète) et Revit LT sont commercialisées.

Les variantes de Revit actuellement utilisées sont donc :

* Revit Architecture pour l'architecture (jusqu'à la version 2016) ;
* Revit Structure pour l'ingénierie structure (jusqu'à la version 2016) ;
* Revit MEP pour l'ingénierie fluides (jusqu'à la version 2016) ;
* Revit : les trois métiers regroupés (jusqu'à maintenant) ;
* Revit LT : version allégée (jusqu'à maintenant).

Toutes les variantes de Revit sont concernées par le présent livre avec une petite limitation pour les variantes Revit LT. En effet, jusqu'à la version 2016, elles n'autorisaient pas la création de familles *in situ*. À partir de la version 2017, Revit LT permet désormais la création de familles *in situ* mais uniquement pour les murs. À noter également dans cette variante, l'absence des familles de volumes conceptuels et de composants adaptatifs, qui ne seront pas abordées dans le présent ouvrage.

Installation des familles Autodesk

L'ensemble des familles livrées avec Revit par Autodesk s'appelle communément le « Contenu », lequel est propre à chaque langue d'installation. L'emplacement des dossiers d'installation est indiqué dans la fenêtre des options (onglet *Fichier>Options* pour les versions 2018 et supérieures ; menu *R>Options* pour les versions antérieures) : sous *Emplacements fichiers*, cliquez sur le bouton *Emplacements...* afin d'ouvrir la fenêtre *Emplacements* (figure 1).

Figure 1
Dossiers d'installation
du contenu

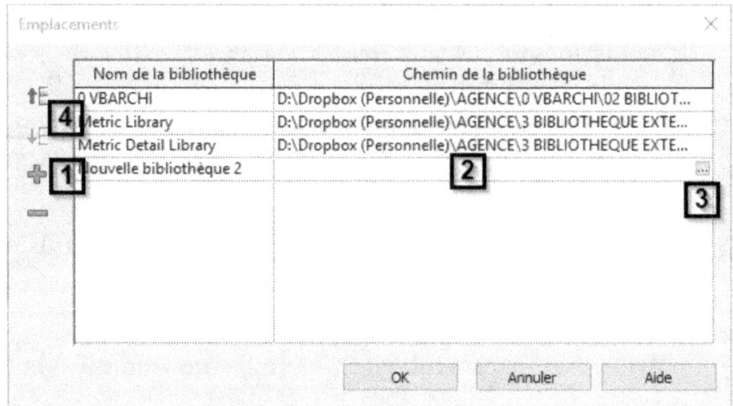

Les bibliothèques par défaut s'appellent *Metric Library* et *Metric Detail Library*. Pour spécifier le chemin de votre bibliothèque personnelle, la procédure est la suivante.

1 Cliquez sur l'icône représentant un + ❶ pour qu'une nouvelle ligne soit créée et renommez la bibliothèque.

2 Cliquez dans la case blanche à droite du nom ❷ afin d'afficher à l'extrême droite un petit bouton gris représentant des points de suspension ❸.

3 Cliquez sur ce bouton et spécifiez l'emplacement du dossier.

4 Cliquez sur les flèches *Monter* ou *Descendre* ❹ pour positionner correctement la ligne. L'emplacement de la première ligne est celui qui vous sera proposé lorsque dans le projet vous souhaiterez charger des nouvelles familles.

Par défaut, seul le contenu français (pour un Revit français) s'installe. Pour ajouter des contenus dans d'autres langues, voici la procédure à suivre.

Figure 2
Installer des contenus
supplémentaires

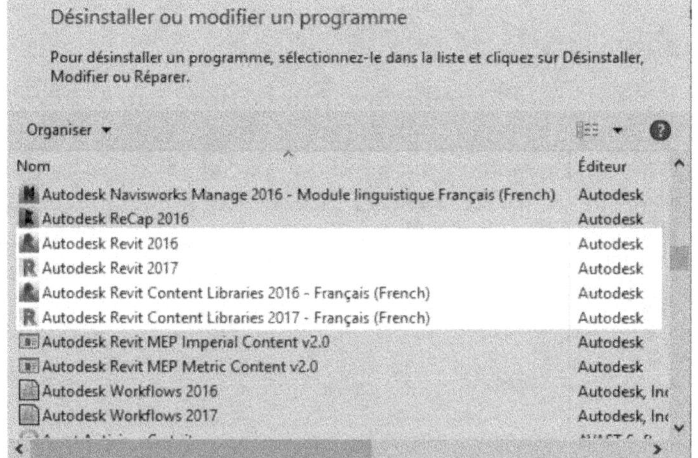

Dans le panneau de configuration de Windows, cliquez sur *Désinstaller un programme* et recherchez la ligne d'installation du contenu nommée *Autodesk Revit Content Libraries...* Cliquez dessus avec le bouton droit de la souris et choisissez *Désinstaller/Modifier*. Une fenêtre d'installation s'ouvre alors, choisissez l'option *Ajouter ou supprimer des fonctionnalités* et sélectionnez le contenu que vous souhaitez ajouter.

À propos des auteurs

Le projet du livre a été initié par Vincent Bleyenheuft à l'automne 2015. Assez rapidement, l'idée d'élargir le sujet aux familles structurelles et MEP est apparue comme une évidence tant l'actualité du BIM et de sa collaboration pluridisciplinaire est notable depuis ces quelques années.

Le BIM, parfois décrié, a une vertu indéniable : il favorise l'échange pluridisciplinaire culturel. Aux détours de discussions sur des forums dédiés, lors d'événements BIM et de collaborations, les coauteurs se sont rencontrés. C'est ainsi que Julien Blachère et Christophe Onraet sont venus se rallier à ce projet au printemps 2016.

Nous avons tous les trois en commun plusieurs choses. Tout d'abord, la passion du BIM, de Revit et de ses familles. Ensuite, nous sommes formateurs sur le logiciel tout en étant (ou ayant été) des professionnels du bâtiment. Nous avons également tous les trois un grand intérêt pour ne pas dire une passion pour les outils informatiques et les nouvelles technologies en général, qui ne cessent de faire évoluer nos vies, tant personnelles que professionnelles. Enfin, nous faisons partie tous les trois des membres fondateurs du LYRUG (LYon Revit User Group) qui réunit plusieurs fois par an, à Lyon, des passionnés de Revit et du BIM autour de soirées conférences. Vous trouverez toutes les infos du LYRUG sur le site lyrug.wordpress.com.

Vincent Bleyenheuft

Vincent Bleyenheuft est architecte depuis 20 ans et dirige sa propre agence d'architecture depuis 18 ans. Son agence s'est étoffée il y a quelques années des compétences d'ingénierie fluides et thermiques. Il a commencé à s'intéresser à Revit en 2005 et l'a adopté définitivement et totalement dans son agence en 2007. Vincent est également associé et consultant BIM de la société CAD@Work, spécialisée dans le conseil et la formation autour du BIM et des outils de maquette numérique. Il intervient fréquemment sur les réseaux sociaux professionnels, forums spécialisés et participe à de nombreux événements autour du BIM et de Revit.

Il fait également partie des *Autodesk Expert Elite*, qui sont au nombre de 400 dans le monde entier et pour tous les produits Autodesk confondus.

Julien Blachère

Julien Blachère, ingénieur structure, travaille depuis une douzaine d'années dans des bureaux d'études. Il occupe actuellement le poste de BIM Manager. Son expérience professionnelle polyvalente l'a amené à développer des compétences transverses en calcul de structure et en maîtrise de logiciels de maquette numérique.

Par ailleurs, il a été conférencier et formateur Revit Structure pour le compte de CAD@Work et il est intervenu lors de formations BIM de la Fédération française du bâtiment (FFB). Il participe également à des groupes de travail dans le cadre du Plan de transition numérique du bâtiment (PTNB) et coanime depuis 2018 l'association LYRUG (Lyon Revit User Group).

Christophe Onraet

Christophe Onraet, architecte DPLG, est aujourd'hui ingénieur d'applications Revit/BIM chez un éditeur français de solutions informatiques pour les bureaux d'études et entreprises du génie climatique. Ses fonctions l'amènent au quotidien à être au contact des utilisateurs de Revit MEP pour leur proposer de la formation, de l'assistance technique, du développement spécifique… Son expérience d'une dizaine d'années en tant que directeur de synthèses sur des opérations hospitalières lui apporte le regard critique nécessaire à l'utilisation de Revit pour en exploiter au maximum les capacités dans le milieu de l'ingénierie. Cofondateur en 2013 de la revue et du site Internet AroBIM.fr, il aime partager son expérience de la maquette numérique.

Depuis 2008, il est consultant pour Autodesk États-Unis sur les produits AutoCAD MEP et Autodesk Revit MEP, participant ainsi à l'évolution de ces deux produits.

Notions communes à toutes les familles de Revit

Nous aborderons dans cette première partie l'ensemble des notions théoriques fondamentales que tout créateur de famille a besoin de maîtriser, quel que soit son métier. Ces concepts seront à chaque fois mis en perspective avec les enjeux du BIM auxquels sera consacré le premier chapitre.

1

Les familles dans le contexte du BIM

Lors de la phase de réflexion sur l'écriture de cet ouvrage, il est apparu comme une évidence de commencer en parlant des familles de Revit dans le contexte actuel du BIM. Le but ici n'est pas de vous dresser un portrait détaillé de ce phénomène qui n'a pas fini de bouleverser le secteur du bâtiment. Le présent chapitre a comme objectif de vous présenter rapidement quelques notions fondamentales autour du BIM, mais surtout de les évoquer avec un point de vue qui concerne les objets de la maquette numérique : les familles.

Si vous souhaitez aller plus loin dans la connaissance du BIM, nous vous conseillons de lire le livre d'Olivier Celnik et Éric Lebègue, BIM et maquette numérique (2ᵉ édition), *paru aux éditions Eyrolles. Sur le Web, vous pourrez discuter de la culture BIM sur le groupe LinkedIn « Pratique du BIM ». Si vous souhaitez plutôt discuter techniques BIM et avoir accès à de nombreuses ressources, consultez également le site communautaire HexaBIM* (www.hexabim.com) *que nous vous recommandons vivement.*

Présentation du BIM

Les définitions du BIM

L'acronyme BIM vient de l'anglais et désigne principalement deux notions étroitement liées mais très différentes :

- BIM pour *Building Information Model*, communément traduit en français par « maquette numérique ».

- BIM pour *Building Information Modeling*, qui désigne le processus collaboratif qui se met en place autour de cette maquette numérique et qui, pour l'instant, n'a pas encore trouvé de traduction française consensuelle. Certains parlent de « Bâtiment et informations modélisées » ce qui a l'avantage de rester conforme à l'acronyme d'origine mais qui à mon avis ne traduit pas correctement la notion de processus.

Mediaconstruct (association française en charge du développement francophone de l'OpenBIM) définit sur son site Internet ces deux notions ainsi :

- *Building Information Model ou « modèle d'informations de construction » ou encore « maquette numérique » (MN) : la représentation numérique des caractéristiques physiques et fonctionnelles d'un bâtiment. Comme tel, il sert de ressource de la connaissance partagée des informations sur le bâtiment, et forme une base fiable pour prendre des décisions au cours de sa vie dès la création. C'est aussi une représentation 3D qui va plus loin que la simple modélisation d'un bâtiment. C'est une sorte de base de données techniques, un ensemble structuré d'informations sur un bâtiment, existant ou en projet. Il s'agit d'une base de données standardisée, partagée, capable de contenir toutes les informations techniques de l'ouvrage bâti, depuis la conception jusqu'à l'exploitation. Elle contient les objets composant le bâtiment, leurs caractéristiques et les relations entre ces objets. Ainsi, la composition détaillée d'un mur, la localisation d'un équipement ou d'un élément de mobilier dans une pièce, font partie du BIM. Ces informations complètent la description purement géométrique de la forme du bâtiment produites par certains logiciels.*

- *Building Information Modeling : un processus métier de génération et d'exploitation des données du bâtiment pour concevoir, construire et exploiter le bâtiment lors de son cycle de vie. Dans ce cadre, le BIM est un process d'échanges autour de maquettes numériques dans un esprit de travail collaboratif interne à une entreprise ou interprofessionnel.*

À cette dernière définition manque une notion essentielle selon moi : l'informatique ! Un gros mot ? Certes la maquette numérique est forcément un objet informatique mais tous les procédés collaboratifs autour de cette dernière le sont tout autant. Les acteurs du bâtiment ont toujours collaboré dans le passé mais ce qui change avec le BIM c'est :

- le support, qui passe de plans papier, PDF ou DWG, à une base de données 3D informatique (la maquette numérique) ;

- l'informatisation des processus de collaboration autour de cette base de données.

Cette notion d'informatique, et donc d'outils informatiques, est importante car on ne fait pas du BIM sans mettre « les mains dans le cambouis », en d'autres termes, sans savoir faire fonctionner les outils. Et comme vous le verrez, cette expression est tout à fait adaptée lorsqu'il s'agit de concevoir, créer, mettre au point et peaufiner des familles dans Revit.

Voici donc notre propre définition du BIM, version processus : *un processus informatisé de collaboration pluridisciplinaire organisé autour d'une base de données 3D, la maquette numérique, en vue d'optimiser la conception, la construction, l'exploitation et au final, la démolition d'un bâtiment.*

Les concepts du BIM et les enjeux autour des objets

Dans sa définition de la maquette numérique, Mediaconstruct place les objets au centre de la maquette numérique : *Elle contient les objets composant le bâtiment, leurs caractéristiques et les relations entre ces objets. Ainsi, la composition détaillée d'un mur, la localisation d'un équipement ou d'un élément de mobilier dans une pièce, font partie du BIM.*

Finalement, la maquette est un ensemble d'objets virtuels qui contiennent les propriétés des objets réels et qui, éventuellement, simulent leur comportement. C'est aussi pour cela qu'on parle souvent d'avatars du bâtiment.

Ces objets qui doivent simuler les objets réels sont donc les principaux contenant des informations d'une maquette. Cette information va être diffusée, transmise aux intervenants de la construction de différentes manières en fonction du type de collaboration (les niveaux de maturité). Les enjeux pour les objets qui en découleront seront également assez différents mais posent à chaque fois de nombreuses questions. Au fil de l'ouvrage, nous verrons comment les aborder et nous tenterons de vous apporter des réponses spécifiques en matière de création de familles à chaque fois que cela s'avérera pertinent.

Les niveaux de maturité du BIM

À ne pas confondre avec les niveaux de développement ou de détail, les niveaux de maturité du BIM ont été théorisés par Mark Bew et Mervyn Richards en 2008. Ils sont les auteurs de la figure 1-1, connue de tous et reprise de nombreuses fois dans différentes publications :

Figure 1–1
Les niveaux de maturité du BIM

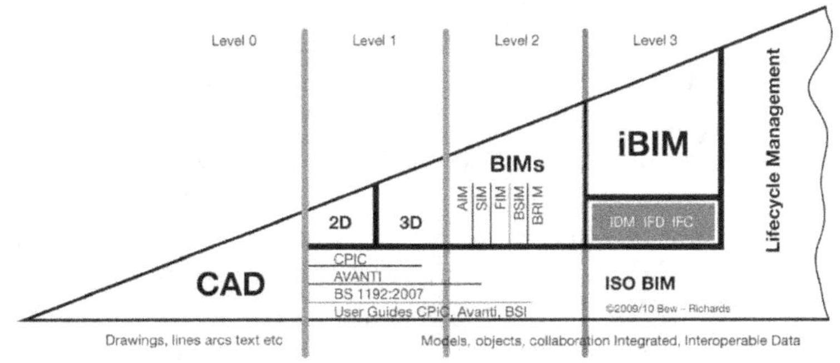

Ce schéma propose trois niveaux de maturité (ainsi qu'un niveau 0 qui serait le niveau pré-BIM) qui désignent trois degrés croissants de collaboration BIM. Le niveau 3 est le niveau « ultime ». J'ai moi-même écrit plusieurs articles sur le blog du site HexaBIM dans lesquels sont expliqués de manière précise ma vision de ces niveaux ainsi que leurs implications du point de vue collaboratif. Ces articles ont été repris dans leur intégralité dans la revue en ligne AroBim n° 5 (www.arobim.fr) dont le rédacteur en chef n'est autre que Christophe Onraet, coauteur du présent ouvrage. Je vous livre ici l'essentiel :

- **Le niveau 1** : ou le « BIM solitaire », correspond à l'usage de la maquette numérique uniquement pour soi. La maquette numérique n'est pas exploitée ici comme support de collaboration. Ce premier niveau de collaboration a peu d'impact sur les méthodes de modélisation et le contenu des objets. Il est également facile de déterminer unilatéralement la manière dont les familles dans Revit doivent ou devront être modélisées.

- **Le niveau 2** : le premier vrai niveau de collaboration pluridisciplinaire. La collaboration est ici basée sur des maquettes différentes liées entre elles, en format natif ou en IFC. Chaque intervenant va bénéficier de la maquette des autres (géométrie, informations) afin de développer sa propre maquette et son propre projet. Il est important de préciser ici que chacun reste propriétaire de sa maquette et des objets qu'elle contient. En niveau 2, des questions se posent autour de la gestion des objets. Prenons l'exemple d'une porte. Les familles de portes sont créées et posées dans la maquette par l'architecte. C'est lui qui en est le créateur et le principal contributeur. Cependant, en cours d'études, une porte doit inclure des accessoires et des informations soumis à la responsabilité d'autres intervenants comme l'économiste, pour les quincailleries, ou le coordinateur SSI pour les équipements de sécurité incendie. Dans ce mode de fonctionnement, ces intervenants n'ont pas d'accès direct aux objets de la maquette architecte et ne peuvent donc pas directement les compléter. Des solutions permettent de contourner ces contraintes, je les évoquerai au chapitre 5 et tout au long des exercices de la deuxième partie de cet ouvrage.

- **Le niveau 3** constitue le degré ultime de collaboration. C'est ici qu'intervient la notion de « maquette unique » dont on pense parfois à tort qu'elle implique un fichier unique. La collaboration s'effectue directement dans le ou les fichiers de manière pluridisciplinaire. Chaque intervenant vient concevoir et modéliser dans la maquette unique les ouvrages et objets dont il est responsable. La maquette est mise à disposition des intervenants *via* un serveur informatique dédié. Il s'agit ici de la collaboration intégrée. L'avantage de ce niveau par rapport au précédent est que les objets de la maquette peuvent directement interagir entre eux ce qui en l'état des technologies est impossible en niveau 2. En niveau 3, les intervenants ont directement accès aux objets et peuvent donc théoriquement les modifier.

Cette collaboration pose de nombreuses questions en matière de propriété des objets, des maquettes et bien entendu des responsabilités dans la mesure où chacun travaille dans une ou des maquettes communes.

Les niveaux de développement

Les niveaux de développement et niveaux de détail définissent le contenu des maquettes numériques en fonction des phases d'avancement d'un projet. La version « développement » focalise davantage sur le contenu sémantique alors que la version « détail » s'intéresse plus à la géométrie. L'idée ici est de considérer qu'une maquette numérique doit contenir une quantité croissante d'informations et de détails géométriques au fur et à mesure de l'avancement d'un projet et qu'il n'est pas nécessaire ni souhaitable qu'elle contienne tout, tout de suite.

Ces niveaux de détail et de développement (ou ND) sont étroitement issus de la notion anglophone de LOD (*Levels Of Development* ou *Levels Of Detail*). Ils ont été théorisés dans la revue *Cahier pratique Le Moniteur* du mois de mai 2014, n° 5763, dans un article intitulé « BIM/Maquette numérique, contenu et niveaux de développement » qui les adapte judicieusement aux phases normalisées de développement d'un projet (ESQ, APS…) en France. Ce document fait aujourd'hui référence en matière de contenu et il est souvent repris dans les conventions BIM qui fleurissent abondamment au détour des projets BIM, de plus en plus nombreux.

Figure 1–2
Illustration des LOD
selon bimforum.org

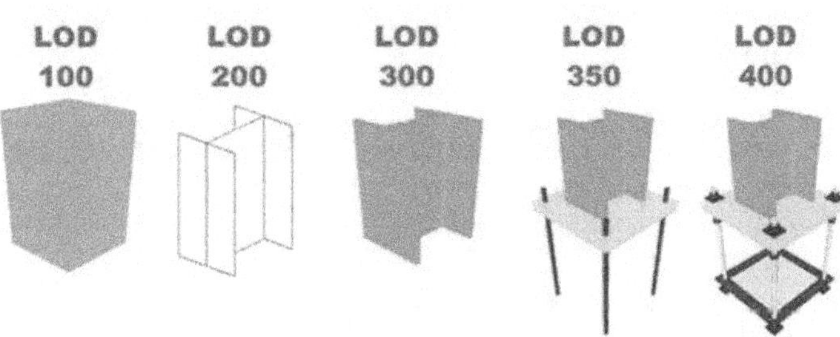

Les LOD correspondent aux ND francophones (pour Niveaux de développement) : LOD100 = ND1, LOD200 = ND2… Ne sont pas représentés ici les LOD500 et 600 (ND5 et ND6), qui correspondent respectivement aux phases DOE et exploitation, tout simplement parce qu'il n'y a plus de différence en matière de précision du détail géométrique mais uniquement en matière de contenu d'information et de correspondance avec la réalité construite.

Tous les outils de modélisation de maquette numérique peuvent gérer, chacun à leur manière, différents niveaux de détail dans leurs objets. Revit administre trois niveaux de détail qui se retrouvent également dans la création des objets personnalisés.

L'IFC

Cet acronyme anglais signifie *Industry Foundation Classes*. Il s'agit d'un format de fichier informatique normalisé (norme ISO16739) qui a pour vocation de constituer un format standard d'échange entre les différents outils informatiques produisant des données de la maquette numérique. Ce format d'échange a été créé par l'organisation internationale buildingSMART International, dont buildingSMART France (anciennement Mediaconstruct) en est le chapitre francophone. Autodesk, l'éditeur de Revit est à l'initiative de la création de buildingSMART.

Les principaux outils de modélisation de maquettes sont certifiés en import et en export de fichier IFC dans des versions différentes (versions 2x3 et/ou version 4 des IFC), ce qui signifie que le résultat des exports a été validé par buildingSMART International. Cependant, une attention particulière devra être portée à la classification des objets, parties d'objets et propriétés lorsqu'il est envisagé des exports en IFC. Les enjeux de l'IFC seront abordés dans le chapitre 15 qui leur est dédié.

Le COBie

Cet acronyme anglais, qui signifie *Construction Operations Building Exchange*, désigne un standard de formatage de la donnée d'un bâtiment ciblé sur les aspects d'exploitation et de maintenance. Il se matérialise par un fichier Excel structuré de manière très précise. Standard dérivé des propriétés IFC, il a été inventé par *l'United States Army Corps of Engineers* en 2007 et a été adopté en 2016 par la Grande-Bretagne pour tous les projets publics.

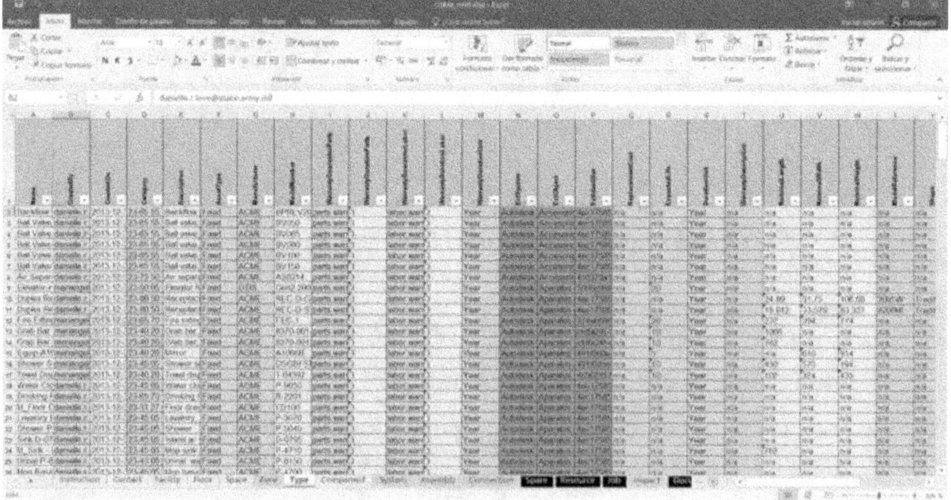

Figure 1–3 Exemple d'un fichier Excel au standard COBie

La convention BIM

Initialement appelé BEP, acronyme anglophone de *Bim Execution Plan*, il a d'abord été traduit littéralement par « plan d'exécution du BIM », puis par « protocole BIM ». Le terme de « convention BIM » a maintenant été officiellement adopté par buildingSMART France.

La convention BIM est un document qui définit précisément la manière dont les intervenants d'un projet lancé en BIM vont devoir modéliser, échanger, collaborer… entre eux. Comme son nom l'indique, ce document est souvent rendu contractuel par le maître d'ouvrage, aussi bien pour la maîtrise d'œuvre que pour les entreprises. La convention BIM définit plus ou moins précisément la façon dont les objets de la maquette doivent être nommés, modélisés ainsi que le contenu et le niveau de détail de ces objets en fonction de chaque phase. Il y est également précisé le rôle et les responsabilités de chacun, notamment en matière de renseignement de ces objets.

BuildingSMART France a publié le « Guide méthodologique pour des conventions de projet en BIM », téléchargeable gratuitement sur leur site. Il s'agit d'une véritable aide rédactionnelle de convention qui jette les premières bases d'une normalisation future des procédés autour du BIM en France.

Les fabricants et les objets BIM

Depuis la généralisation de la CAO dans les années 1990, tous les fabricants de la construction ont mis à disposition des concepteurs et entreprises des fichiers informatiques de leurs produits. Ces fichiers ont toujours été gratuits pour les utilisateurs car en facilitant leur intégration dans les plans des concepteurs et des entreprises, la libre diffusion des fichiers favorisait en quelque sorte la prescription de leurs produits réels.

Les enjeux liés à la maquette numérique ne sont pas passés inaperçus et assez logiquement, ces mêmes fabricants voient dans les objets, avatars de leurs produits, les mêmes opportunités marketing que dans les fichiers 2D d'antan et bien plus encore. Il existe cependant une différence de taille, que tous les utilisateurs d'outils BIM connaissent : la richesse d'une maquette numérique et donc sa complexité n'a rien à voir avec un dessin 2D filaire. Par conséquent, créer des objets BIM est d'une complexité bien plus grande que de dessiner un bloc AutoCAD. De plus, pour que ces objets soient pertinents et donc utiles aux professionnels, leur création requiert indéniablement des compétences métier que les industriels possèdent rarement en interne. Pour ces raisons, la plupart des fabricants qui décident de modéliser leurs produits en objets BIM passent par des prestataires spécialisés externes. Les plus connus en France sont bimobject et Polantis, que je présenterai au chapitre 5.

Il y a à peine 5 ans, il était encore difficile de trouver les objets BIM des produits utilisés dans la construction en France, encore moins de qualité. Nous avions naturellement la possibilité d'utiliser des objets BIM américains, qui eux étaient déjà disponibles en grand nombre, mais cette démarche avait ses limites. S'il est un secteur qui est fortement localisé, c'est bien le secteur de la construction. Les ouvrages et équipements d'un bâtiment en France, par le truchement des normes locales, sont très spécifiques à notre pays. Par ailleurs, les conventions BIM dont on a parlé précédemment sont exigeantes en matière de détails et de contenus informatifs des objets. Il n'est donc plus envisageable aujourd'hui de remettre un DOE BIM sans avoir les objets BIM précis des ouvrages et produits posés qui contiennent les vrais caractéristiques.

Malgré un investissement pour les fabricants indéniablement plus lourd que dans le passé, avec des blocs AutoCAD, ces familles restent gratuites pour l'utilisateur final. Cette gratuité peut sembler formidable de prime abord mais elle cache cependant quelques conséquences négatives que j'évoquerai également en détail au chapitre 5.

Revit et son approche particulière des objets, les familles

Deux singularités essentielles caractérisent l'approche Revit des objets de la maquette : les objets sont à la fois paramétriques et personnalisables par tous.

Des objets paramétriques

Les familles constituent tous les objets d'une maquette Revit et même plus. Comme nous le verrons dans le prochain chapitre, il existe différentes sortes de familles pour différents usages. Cependant, elles ont toutes une chose essentielle en commun, à savoir qu'elles sont toutes paramétriques. Qu'est-ce que cela signifie ? En regardant dans le Larousse à « paramètre », on peut y lire notamment la définition suivante : « En informatique, variable dont la valeur, l'adresse ou le nom ne sont précisés qu'à l'exécution du programme. » Cette définition illustre assez bien ce qu'est un paramètre dans Revit et, par conséquent, ce qu'est une famille paramétrique. Au lieu de spécifier des valeurs fixes aux caractéristiques d'un objet, Revit associe et permet d'associer ces caractéristiques à des paramètres, donc des variables, dont les valeurs pourront être définies ultérieurement en fonction de chaque besoin.

Quand vous créez une famille, vous créez de fait, potentiellement, un nombre infini d'objets dont chaque type répondra à un cas spécifique, dans un projet spécifique. Cette grande adaptabilité des familles ne concerne pas uniquement le contenu informatif de l'objet mais bel et bien ses caractéristiques intrinsèques telles que ses dimensions, ses matériaux, sa géométrie voire sa constitution.

Des objets personnalisables par tous

Beaucoup de personnes reprochent à Revit le côté austère de son interface graphique. On peut affirmer sans mal, qu'entre la base de données qu'est la maquette Revit et l'utilisateur, il y a peu de distance, peu de maquillage, d'embellissement qui aiderait à mieux comprendre les fonctions ou les paramètres du logiciel. Beaucoup de débutants, au tout début de leur apprentissage, sont désespérés devant ces boîtes de dialogue aux listes interminables de catégories, de paramètres, de filtres… qui se ressemblent toutes.

Si les paramètres s'affichaient sous forme d'icônes graphiques avec de jolis petits schémas les illustrant et non uniquement avec leur nom présenté dans un tableau, il faudrait passer par du code informatique pour créer ces boîtes de dialogue. Cette austérité de l'interface est donc le prix à payer pour créer des objets paramétriques personnalisés sans programmation. C'est l'option qu'a choisi Revit depuis les débuts des familles personnalisées (Revit 5 fin 2002) et c'est finalement une bonne chose pour nous.

« Personnalisable par tous » ne signifie pas que c'est simple. Certaines personnes, à l'esprit logique et mathématique, y arriveront certainement avec plus de facilités. Quoi qu'il en soit, avec les bonnes méthodes expliquées et un peu de persévérance, tout utilisateur Revit devrait y arriver. À noter également que le degré de personnalisation possible n'est pas identique pour toutes les familles, comme nous le verrons dans le prochain chapitre avec les différentes classes de familles dans Revit.

Pourquoi créer ses propres familles ?

Beaucoup d'utilisateurs que je croise lors de mes formations ou au détour d'un événement BIM, se posent aujourd'hui cette question. Sur les réseaux sociaux spécialisés tels que Pratique du BIM ou HexaBIM, beaucoup de discussions tournent autour des objets BIM et les réponses à cette question peuvent être très variées. En ce qui me concerne, c'est une évidence : en tant qu'utilisateur Revit, il est primordial de maîtriser la création des familles.

Revit, un outil difficile à dompter

Revit est certes complexe à apprendre, bien plus qu'un outil comme AutoCAD par exemple. Il comporte de multiples notions complexes, voire très complexes à assimiler. L'autoformation sur Revit est possible (j'en suis le premier exemple), mais il est plus raisonnable d'envisager une formation.

Une des manières très efficaces de comprendre les concepts fondamentaux de Revit et par là même d'améliorer sa pratique, c'est justement de passer par l'apprentissage des familles. Comme tout est famille dans Revit, les comprendre, c'est comprendre Revit.

Un outil formidable mais peu adapté aux dessins français

Je n'étonnerai personne si j'affirme que Revit, paramétré par défaut et avec les familles par défaut du contenu français, est très mal adapté aux habitudes de représentation graphique des architectes, ingénieurs ou autres producteurs de dessins. Toutes les annotations (textes, cotes, étiquettes…) sont trop grandes, les conventions d'épaisseurs de traits ne sont pas les bonnes, la logique des options par défaut de certaines boîtes de dialogue est souvent contraire à nos pratiques… et surtout, les familles du « contenu français » sont mal adaptées à nos besoins. Bien souvent, elles sont inutilement trop détaillées et à l'inverse, leur comportement est rarement pertinent. C'est un constat que nous avons tous fait. À la décharge d'Autodesk, il faut avouer qu'il n'y a jamais eu en France, une normalisation des règles de dessin qui aurait pu guider Autodesk dans l'adaptation de son outil à nos spécificités régionales.

Par conséquent, si vous souhaitez, lors du passage à Revit, retrouver un graphisme de vos plans similaire à ce que vous pratiquiez avant, il est indispensable d'adapter les familles existantes voire de complètement recréer votre bibliothèque d'agence.

La diversité de l'architecture et des maîtres d'ouvrages

L'architecture, au sens général, est diverse et c'est tant mieux. Tout ce qui est mis en œuvre dans le bâtiment n'est pas un produit manufacturé par un fabricant qui vous fournirait à côté de son vrai produit, l'objet BIM équivalent que vous n'auriez qu'à poser dans votre maquette. Dans une recherche constante d'amélioration et d'innovation, les architectes mais aussi les ingénieurs et les entreprises inventent des formes, des ouvrages qui sont fabriqués à façon. Pour autant, ces ouvrages uniques doivent aussi être modélisés et les familles de Revit sont parfaitement adaptées à ce besoin. Vous le constaterez en parcourant le livre.

Une des raisons de cette variété réside aussi dans la diversité des maîtres d'ouvrages (MO) et de leurs besoins. En matière d'objectifs BIM, même si des similitudes existent entre les divers projets, les maîtres d'ouvrages auront chacun une attente particulière du BIM et, par conséquent, des exigences différentes en matière de contenu de la maquette numérique. Les objets importants de la maquette, en tant que conteneur principal de cette information, devront s'adapter au projet.

De même que les MO, les architectes, les ingénieurs ou encore les entreprises ont des habitudes, des façons de dessiner, de modéliser qui leur sont propres. Il sera donc difficile de se contenter, même pour les objets manufacturés, de la version unique de l'objet BIM fournie par le fabricant.

Des catalogues fabricants plus ou moins utiles

Comme évoqué précédemment, les catalogues en ligne d'objets de fabricants sont de plus en plus étoffés et pertinents. Leur qualité augmente au fil des années et l'offre des marques commence à être vraiment diversifiée. Cependant, quelle que soit la qualité de ces objets, leur utilité pour nous, créateurs et utilisateurs de maquettes, est très inégale en fonction des métiers.

- **Pour l'architecte** : quand il commence à concevoir, il ne connaît pas précisément les ouvrages et produits qu'il mettra en œuvre plus tard. Il a besoin d'objets génériques bien conçus, hautement paramétriques pour lui offrir suffisamment de souplesse, sans qu'il se sente contraint par un modèle d'objet figé. Ensuite, même quand le projet avance en phase DCE, pour peu qu'il soit en marché public et qu'il y ait une demande de DCE BIM, il ne pourra toujours pas utiliser les objets des fabricants car ils sont libellés avec la marque et le modèle du fabricant, leur apparence est trop spécifique et les noms de nombreux paramètres sont en anglais malgré un effort de traduction. L'architecte utilisera donc principalement des familles personnalisées.

Figure 1–4

Exemple de propriétés d'une famille de Velux provenant de BIMobject

Paramètre	Valeur	Formule
Données d'identification		
Youtube clip		=
Technical description		=
Product certification		=
Product Guid	05bd9ac8-3cb8-41dc-9c0c-6	=
URL	www.velux.com	=
Installation instructions		=
Product data url	http://bimobject.com/vel	=
Modèle	V22	=
Fabricant	VELUX A/S	= "VELUX A/S"
EAN code		=
Code d'assemblage	B3020110	=
Image du type		=

- **Pour l'ingénieur structure** : la situation est assez similaire à celle de l'architecte. Il met en œuvre peu de produits manufacturés et aura donc peu d'usage des catalogues d'objets fabricants.

- **Pour l'ingénieur fluide** : la situation est un peu différente. Même s'il est également soumis aux contraintes des marchés publics, il met en œuvre des équipements qui sont quasi exclusivement des produits manufacturés.

- **Pour les entreprises** : c'est ici très différent. Lorsqu'elles interviennent sur la maquette numérique, c'est en phase d'exécution pour laquelle, justement, il est nécessaire de spécifier les caractéristiques exactes des produits et équipements mis en œuvre. Elles bénéficieront donc fortement des familles des fabricants disponibles sur Internet.

- **Pour l'exploitant** : la situation est ici similaire à celle des entreprises. Les caractéristiques spécifiques du modèle, de la marque, du numéro de série sont importantes pour gérer la maintenance de son bâtiment.

2

Structure et classification des familles

Les maquettes Revit se présentent sous une forme fortement structurée et classifiée. Cette tendance est le résultat direct de la nature même d'une maquette numérique : maquette numérique = base de données.

Les familles, qui sont les briques constitutives d'un fichier Revit, n'échappent pas à cette règle. Je vous propose d'expliquer ici leur place dans la maquette numérique ainsi que leurs différentes classes. Comprendre ces deux notions est essentiel à la maîtrise complète du logiciel.

La place des familles dans une maquette Revit

En tant qu'objets d'une maquette Revit, les familles s'inscrivent dans la structure hiérarchisée de cette maquette. Il existe quatre niveaux hiérarchiques : au plus haut de la hiérarchie, on trouve les catégories qui sont constituées de familles, elles-mêmes constituées de types, eux-mêmes constitués d'occurrences. La figure 2-1 illustre cette structure hiérarchisée pour une porte.

Figure 2–1
Structure hiérarchisée pour la
catégorie Porte

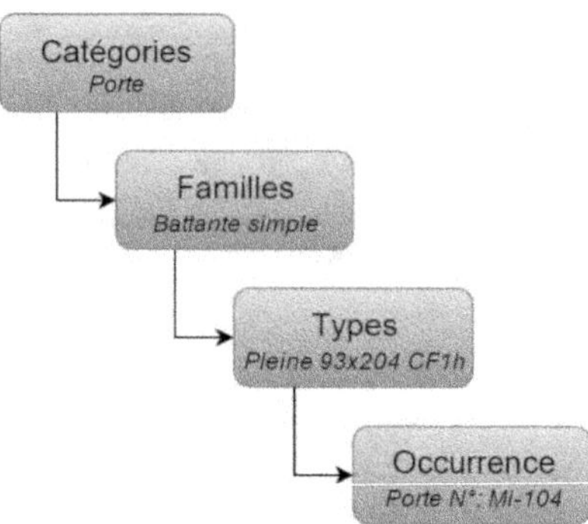

La discipline pourrait éventuellement être considérée comme un cinquième niveau hiérarchique, au-dessus des catégories. Cette notion est apparue avec la diversification pluridisciplinaire de Revit (Revit Structure en 2005 et Revit MEP en 2006). Elle permet de structurer encore davantage la maquette en différentes disciplines métiers. Il en existe cinq : Architecture, Structure, Génie climatique, Électricité et Plomberie. Certaines catégories se retrouvent dans plusieurs disciplines, comme les murs et les sols, et c'est pour cela qu'on ne peut pas vraiment parler de niveau hiérarchique supplémentaire.

Les catégories par discipline

Les catégories représentent les catégories constructives de la réalité. Elles sont définies exclusivement par Autodesk et on ne peut donc pas les renommer ni en rajouter ni en supprimer. Pour obtenir la liste exhaustive des catégories, rendez-vous dans la fenêtre *Styles d'objets* (onglet *Gérer*, panneau *Paramètres*). Voici quelques exemples classés par discipline :

- Discipline *Architecture* :
  - *Murs*
  - *Sols*
  - *Toits*
  - *Portes*
  - *Fenêtres*
  - *Mobiliers*
  - …
- Discipline *Structure* :
  - *Armature surfacique*
  - *Murs (avec la propriété Structure activée)*
  - *Sols (avec la propriété Structure activée)*

- *Poteaux porteurs*
- *Fondations*
- *Poutres*
- ...
* Discipline *Génie climatique* :
  - *Équipement de génie climatique*
  - *Gaines*
  - *Gaines flexibles*
  - *Isolations des gaines*
  - *Accessoire de gaine*
  - ...
* Discipline *Électricité* :
  - *Équipement électrique*
  - *Installations électriques*
  - *Chemin de câbles*
  - *Conduits*
  - *Luminaires*
  - *Dispositifs de données*
  - ...
* Discipline *Plomberie* :
  - *Appareils sanitaires*
  - *Chemins de câbles*
  - *Canalisations*
  - *Canalisations souples*
  - *Accessoire de canalisation*
  - ...

Les familles

Il est très difficile de décrire clairement ce qu'est une famille. C'est généralement avec l'expérience qu'on acquiert la compréhension « intuitive » des diverses notions qui se cachent derrière le concept de famille. Le meilleur moyen de comprendre ce qu'est une famille est de s'appuyer sur un exemple. Dans le cas de notre porte (figure 2-1), la famille de portes s'appelle *Battante simple* et elle représente dans un projet toutes les portes à un seul ventail battant, qu'il soit plein ou à oculus, qu'elle soit coupe-feu ou non et pour toutes les largeurs de ventail possibles.

Une autre famille de portes pourrait être *Coulissante double*, par exemple. Dans le cas des portes, on pourrait donc dire qu'à chaque mode d'ouverture correspond une famille : battante simple, battante double, coulissante simple…

> **La définition officielle de l'aide en ligne de Revit**
>
> Voici comment Autodesk définit les familles (chapitre « Modéliser la conception », section « Familles Revit », sous-section « À propos des familles ») :
> *Une famille est un groupe d'éléments dotés d'un ensemble de propriétés communes (paramètres) et d'une représentation graphique associée.*
> *Les valeurs des paramètres des éléments d'une famille peuvent être différentes d'un élément à l'autre, mais l'ensemble des paramètres (leurs noms et leurs rôles) reste le même. Ces variantes au sein de la famille sont appelées des « types de familles » ou « types ».*
> Cette définition nous semble cohérente.

Les types

Les types de familles sont des variantes d'une même famille dont certaines caractéristiques (les paramètres de type) sont identiques. Si nous reprenons notre exemple de porte, le type de la famille *Battante simple* est *Pleine 93x204 CF 1h*, qui correspond donc à toutes les portes battantes simples dont le ventail est plein, dont les dimensions sont 93 cm de large et 204 cm de haut et qui sont coupe-feu 1 heure.

L'occurrence

L'occurrence d'un type est l'objet en particulier, posé dans le projet à un endroit précis. Toutes les occurrences d'un même type partagent des caractéristiques communes (paramètres de type) mais elles peuvent être caractérisées par des propriétés qui leur sont spécifiques (paramètres d'occurrence). Dans le cas de la porte, il s'agit de l'occurrence dont l'identifiant est *Mi-104* et donc située au premier étage entre telle pièce et telle autre pièce. Par exemple, elle peut avoir une couleur différente des autres ou encore être équipée d'une serrure particulière.

Les sous-catégories

Les sous-catégories, contrairement à ce que le terme semble désigner, ne constituent pas vraiment une hiérarchie intermédiaire entre la catégorie et la famille. Elles constituent plutôt une structuration parallèle qui concerne non pas les familles dans leur globalité, mais les sous-composants des familles.

Reprenons l'exemple de la porte. Si vous ouvrez la fenêtre *Styles d'objets* (onglet *Gérer*, panneau *Paramètres*) et que vous développez la catégorie *Portes*, vous y trouverez les sous-catégories suivantes : *Ajustement, Cadre/Meneau, Lignes cachées, Ouverture, Panneau, Poignée, Sens d'ouverture de l'élévation, Sens d'ouverture du plan* et *Verre* (figure 2-2).

Figure 2–2
Fenêtre Styles d'objets,
catégorie Portes

Styles d'objets

Objets de modèles | Objets d'annotations | Objets de modèles analytiques | Objets importés

Liste de filtres: <tout afficher>

Catégorie	Epaisseur des lignes		Couleur des lignes	Motif des lignes	
	Projection	Coupe			
Murs	2	2	■ Noir		M
Ossature	1	1	■ Noir		
Ouvertures de cages	1		■ Noir		
Panneaux de murs-rideaux	1	1	■ Noir		V
Parking	1		■ Noir		
Plafonds	2	2	■ Noir		F
Plantes	1		■ Noir		
Portes	2	2	■ Noir		
Ajustement	2	3	■ Noir	Plein	
Cadre/Meneau	2	2	■ Noir		
Lignes cachées	2	2	■ Bleu	Tiret	
Ouverture	2	2	■ Noir		
Panneau	2	2	■ Noir		
Poignée	1	1	■ Noir	Plein	
Sens d'ouverture de l'élévation	1	1	■ RVB 000-000-128	Tiret	
Sens d'ouverture du plan	1	1	■ RVB 000-000-128	Tiret	
Verre	2	2	■ RVB 092-099-177		V
Poteaux	1	1	■ Noir		M
Poteaux porteurs	1	1	■ Noir		
Poutres à treillis	1		■ RVB 000-127-000	Tiret	
Raccords de canalisation	1		■ Noir	Plein	

À la lecture de ces termes, vous comprendrez qu'il ne s'agit pas de classer une famille de portes dans une sous-catégorie *Ajustement*, elle-même classée dans la catégorie *Porte* mais bien de classer les différentes parties de la porte (le cadre, le panneau ou encore la poignée) dans les sous-catégories correspondantes. Le rôle principal des sous-catégories est de permettre une gestion de l'apparence des différents objets de la maquette de manière globale à l'échelle d'un projet, plus finement qu'en utilisant uniquement les catégories.

Important

Exports

Lorsque vous souhaitez exporter votre maquette Revit dans d'autres formats, les sous-catégories et catégories sont le principal support de tri. Pour le DWG, vous les ferez correspondre à des calques et pour l'IFC, elles correspondront aux différentes classes du fichier IFC. Cette correspondance est paramétrée dans les paramètres d'export des formats de fichiers respectifs.

Catégories coupées ou non coupées

Sur la figure 2-2, vous aurez peut-être remarqué que dans la colonne *Épaisseur des lignes>Coupe*, certaines catégories sont grisées. Cela signifie tout simplement que ces catégories ne sont pas coupées dans les vues en plan et en coupe. Les objets des catégories concernées s'afficheront toujours en vue du dessus ou de côté, même lorsque le plan de coupe de la vue les traverse.

Les classes de familles de Revit

Pour désigner la notion de « classe », Autodesk utilise aussi le terme de « type de famille ». Nous préférons employer ici le terme de classe afin de ne pas créer de confusion avec l'autre notion homonyme de type de famille au sens « type et occurrence » que nous venons d'étudier.

Les critères de classification

Les familles peuvent se classer selon différents critères :

- s'il s'agit de familles de modèles ou de familles spécifiques aux vues ;
- s'il s'agit de familles système, chargeables ou *in situ*.

Le tableau 2-1 illustre cette classification :

Tableau 2–1 Classes de familles : exemples

	De modèles	Spécifiques aux vues
Familles système	Murs, toits, sols, pièces… Canalisations, chemins de câbles…	Cotes, textes, zones remplies… Altitudes sur courbes de niveaux, numérotation de marches…
Familles chargeables	Portes, fenêtres, mobiliers… Poutres, poteaux… Luminaires, appareils sanitaires…	Toutes les étiquettes, symboles d'annotations Composants de détail
Familles *in situ*	Murs, toits, mobiliers, équipements… *in situ*	N'existent pas

Les familles de modèles ou spécifiques aux vues

La notion de modèle ou spécifique aux vues qui caractérise chaque objet de Revit fait partie des notions difficiles à acquérir pour les nouveaux utilisateurs du logiciel. Beaucoup de questions qui m'arrivent en support technique concernent encore souvent, même après plusieurs mois de pratique, une mauvaise compréhension de ce qui est modèle ou spécifique aux vues.

Les familles de modèles

Les familles de modèles sont les objets qui sont physiquement présents dans la maquette numérique et donc physiquement présents dans le bâtiment réel. En faisant un raccourci, on pourrait dire que ce sont les objets 3D de la maquette puisque dans le monde réel, n'existent finalement que des objets 3D. Cela n'est pas tout à fait exact car nous verrons dans la deuxième partie de cet ouvrage que pour des raisons pratiques de création d'objets, certaines familles de modèles peuvent ne pas du tout contenir de géométrie 3D.

Les familles de modèles, physiquement présentes dans la maquette, sont par défaut visibles dans toutes les vues (vues paramétrées correctement). Par exemple, une porte posée, depuis une vue en plan, dans un mur de façade, sera visible dans la vue d'élévation de cette façade ainsi que dans toutes autres vues (coupes, plans de plafond, vues 3D…) qui engloberaient cette porte dans leur champ de visibilité.

Les familles de modèles peuvent être quantifiées dans des nomenclatures et être étiquetées.

Le cas particulier des objets fonctionnels

Les objets Pièces, Espaces et Surfaces, bien qu'étant des objets non physiques dans la réalité, sont des familles de modèles. En revanche, leurs étiquettes, qui se créent automatiquement à leur insertion dans le projet, ne sont pas des familles de modèles mais bien des familles spécifiques aux vues. Cet automatisme est à l'origine de bien des malentendus chez les débutants qui confondent souvent étiquette de pièce et pièce.

Les familles spécifiques aux vues

Les familles spécifiques aux vues sont des familles exclusivement 2D qui ne font pas physiquement partie de la maquette numérique. Comme pour les familles de modèles, elles sont posées depuis des vues du modèle mais elles n'existent que dans la vue à partir de laquelle ces familles ont été placées. Elles sont elles-mêmes de deux natures assez distinctes : les annotations ou les éléments de détail.

Les annotations

Les annotations sont constituées de textes, de dessins ou des deux simultanément. Les dessins sont des symboles graphiques qui ne représentent rien de physique dans le bâtiment. Ces familles sont présentes dans les vues uniquement pour informer, compléter ou préciser une information ou une intention.

La taille de ces familles correspond toujours à la taille des objets une fois imprimés. Elle varie donc en fonction de l'échelle d'impression des vues. Un texte de 2 mm de haut fera toujours 2 mm sur le document imprimé, quelle que soit l'échelle.

Elles ne peuvent pas être quantifiées dans des nomenclatures ni être étiquetées.

Figure 2–3
Quelques exemples typiques
d'annotations

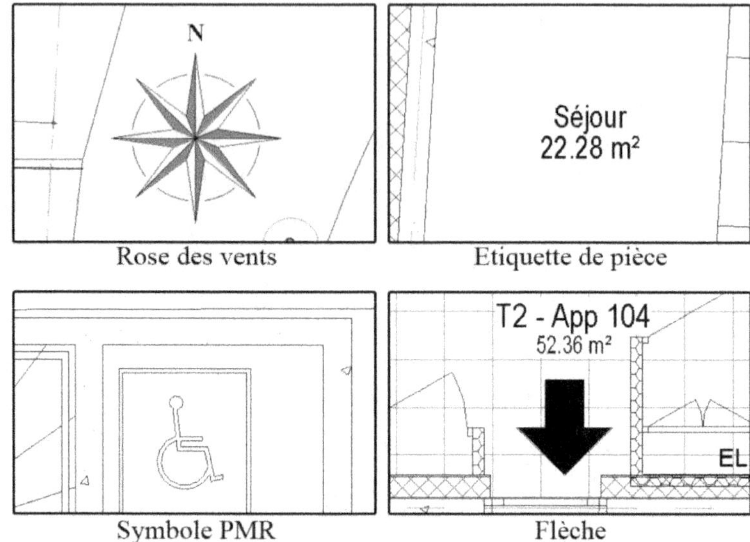

Les éléments de détail

Bien qu'étant des familles spécifiques aux vues, ces familles représentent des objets physiques du bâtiment réel. Leur taille est réelle et c'est donc leur taille imprimée qui varie en fonction de l'échelle d'impression.

Il s'agit soit d'éléments directement dessinés dans le projet (familles système) tels que des zones remplies ou de masquage, soit de composants de détail, chargés dans le projet (familles chargeables).

Étrangement, ces familles de détail peuvent être quantifiées dans des nomenclatures et étiquetées.

> **Danger**
>
> Nous trouvons assez illogique de pouvoir quantifier dans des nomenclatures des familles de détail. En effet, bien que représentant des objets physiques du bâtiment, cela reste malgré tout des objets spécifiques aux vues. Ils peuvent donc se retrouver dans plusieurs vues dupliquées du même niveau. Par conséquent, le nombre répertorié dans une nomenclature ne refléterait en rien une quantité exacte d'objets.

Figure 2–4
Quelques exemples typiques
d'éléments de détail

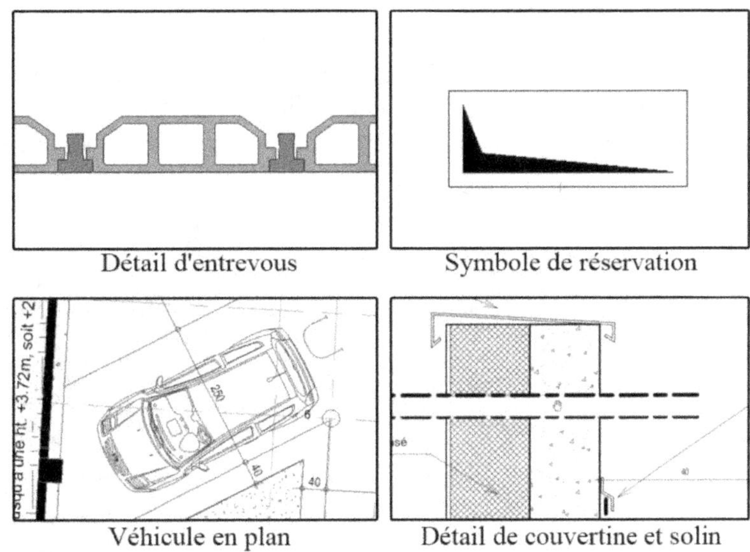

Les familles système, chargeables ou in situ

Les familles système

Les familles système ne seront pas abordées de manière exhaustive car leur usage est largement expliqué dans les ouvrages généraux sur Revit. À ce propos, je vous conseille les livres *Revit pour les architectes* de Julie Guézo et Pierre Navarra, ainsi que *Revit pour le BIM* de Jonathan Renou et Stevens Chemise, tous deux parus aux éditions Eyrolles.

Dans la deuxième partie de cet ouvrage, nous aborderons les familles système par une approche particulière : leurs usages détournés pour créer des objets personnalisés.

Définition et particularités

Les familles système sont prédéfinies dans le logiciel et ne peuvent pas être externalisées du fichier projet (fichier .rvt) en tant que fichier de famille (fichier .rfa).

Le comportement de ces familles n'est pas personnalisable par l'utilisateur car il a été fixé par Autodesk. L'utilisateur peut uniquement créer des nouveaux types de ces familles en dupliquant un type existant. De même, pour les paramètres, le seul moyen d'ajouter un paramètre personnalisé à une catégorie de familles système est de passer par les paramètres de projet (voir chapitre 4).

Prenons l'exemple des murs, pour lesquels il existe trois familles : *Mur de base*, *Mur empilé* et *Mur-rideau*. Un des comportements communs à ces trois familles de murs est qu'elles sont forcément posées (hébergées) sur un niveau. Par exemple, il est impossible de créer une nouvelle famille qui pourrait être hébergée par un plan de référence incliné. La figure 2-5 illustre ce cas dans un projet.

Figure 2–5
Les trois familles système
de la catégorie « Mur »

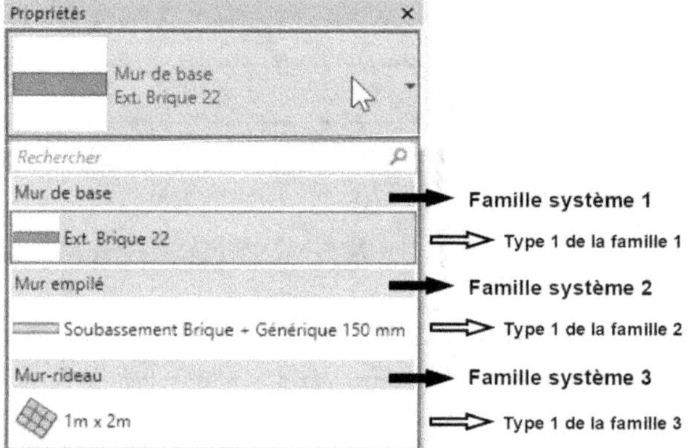

Le fait de ne pas pouvoir personnaliser le comportement de ces familles ne signifie pas qu'on ne puisse pas personnaliser leur géométrie. À travers la création et la personnalisation des types, il nous est possible, par exemple pour le mur de base, de créer des types d'épaisseurs, de constitution de couches et de matériaux très variés.

Quelques familles système sont également constituées de sous-familles chargeables et donc, totalement personnalisables. Le schéma de la figure 2-6 illustre le cas des murs-rideaux.

Figure 2–6
La structure hiérarchique
d'un mur-rideau

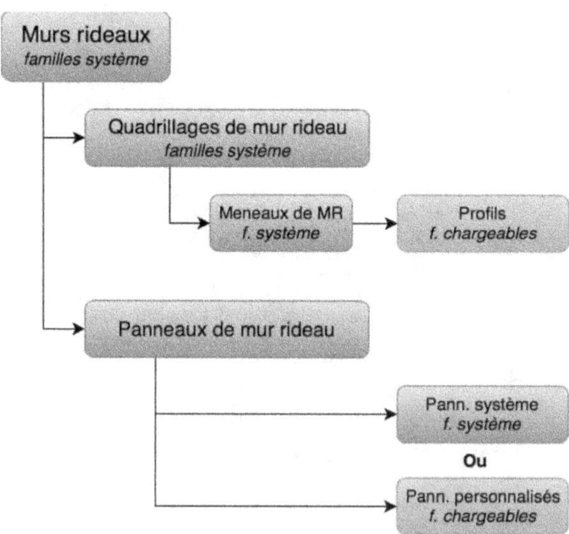

Catégories concernées

Les catégories concernées par les familles système sont principalement des catégories de modèles. Ce sont par exemple toutes les catégories d'objets qui constituent les composants hôtes principaux du bâtiment que sont les murs, les sols et les toits.

Pour savoir si une catégorie concerne des familles système, il suffit de procéder à la vérification suivante : allez dans l'arborescence du projet, développez le nœud *Famille* (cliquez sur le signe +), développez un nœud d'une des catégories de familles (*Appareils sanitaires*, par exemple) et effectuez un clic droit sur l'une des familles (« *Baignoire* », par exemple). Si le menu contextuel comporte les options suivantes : *Nouveau type*, *Supprimer*, *Renommer*, *Édition*, *Enregistrer*, *Recharger* et enfin *Rechercher*, c'est qu'il s'agit d'une famille chargeable.

Figure 2–7
Cas d'une famille chargeable

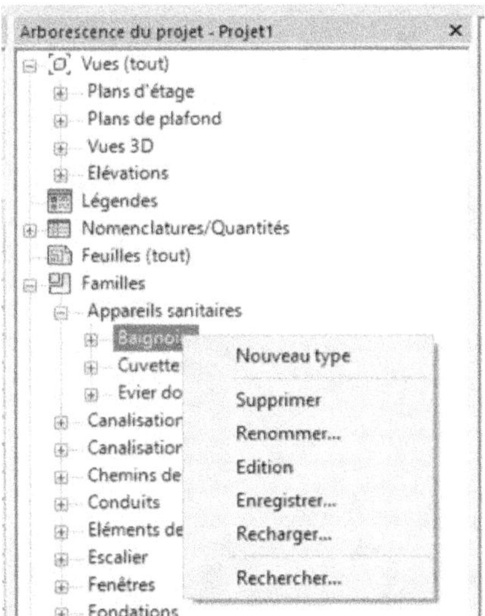

Au contraire, en effectuant la même manipulation sur une famille de la catégorie *Canalisation*, par exemple, le menu contextuel ne fera apparaître que l'option *Rechercher* car il s'agit d'une catégorie de familles système.

Figure 2–8
Cas d'une famille système

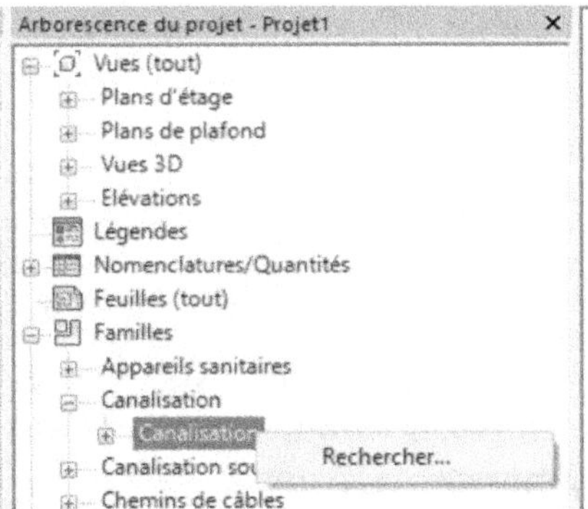

> **Attention**
>
> **Catégories de famille mixtes**
>
> Certaines catégories ont la particularité de comporter des familles système et des familles chargeables, comme les catégories *Fondation* et *Panneau de mur-rideau*.

Voici la liste des catégories concernées par des familles système que l'on retrouve dans l'arborescence :

- Catégories de modèles
    - *Canalisation*
    - *Canalisation souple*
    - *Chemin de câbles*
    - *Conduits*
    - *Escalier*
    - *Fondations (mixte système et chargeable)*
    - *Gaines*
    - *Gaines flexibles*
    - *Garde-corps*
    - *Meneaux de murs-rideaux*
    - *Motif (panneau de mur-rideau adaptatif)*
    - *Murs*
    - *Panneaux de murs-rideaux (mixte)*
    - *Plafonds*
    - *Rampes d'accès*
    - *Réseaux de poutres*
    - *Site*
    - *Sols*
    - *Système de canalisations*
    - *Systèmes de gaines*
    - *Systèmes de murs-rideaux*
    - *Toits*
- Catégories spécifiques aux vues :
    - *Élément de détail (mixte)*
    - *Symboles d'annotations (mixte)* : il s'agit en fait d'un regroupement de différentes catégories puisque toutes les catégories d'annotations sont rassemblées ici.

Bien que moins concernées par les familles système, les annotations sont plus nombreuses que ne le laisse entrevoir l'arborescence car elles n'y sont pas toutes répertoriées. C'est le cas notamment de *Numéro de marche* (onglet *Annotation*, panneau

Étiquette) ou encore *Altitudes sur courbes* (onglet *Volume et site*, panneau *Modifier le site*) qui sont en fait de vraies étiquettes système.

Les familles chargeables

Ces familles sont l'objet principal de ce livre. Elles constituent le support majeur de personnalisation de Revit.

Définition et particularités

Aussi appelées « familles externes » ou tout simplement « familles », les familles chargeables représentent tous les objets de modèles ou spécifiques aux vues qui peuvent s'externaliser en tant que fichiers indépendants (fichiers .rfa). Ces objets constituent ce que l'on appelle couramment la bibliothèque ou le contenu Revit. Contrairement aux familles système, l'utilisateur, en créant sa famille, va pouvoir définir le comportement de cette dernière en plus de sa géométrie et de ses paramètres.

Catégories concernées

Les catégories de familles auxquelles on pense immédiatement quand on parle de contenu ou de bibliothèque sont les catégories d'objets 3D (de modèles) telles que le mobilier, les équipements, les portes, les fenêtres… Mais une part importante des familles chargeables concerne aussi des catégories de familles spécifiques aux vues telles que les symboles d'annotations ou les étiquettes. Ces dernières sont d'une importance primordiale quand on parle de processus BIM, car elles mettent en évidence les informations de la maquette, le fameux « i » du BIM.

La fenêtre *Styles d'objets* (onglet *Gérer*, panneau *Paramètres*) permet de visualiser la liste exhaustive des catégories. Elles sont regroupées dans les onglets *Objets de modèles* et *Objets d'annotations*. À l'exception des catégories mentionnées dans la section précédente, il s'agit ici de catégories de familles chargeables.

Figure 2–9
La fenêtre Styles d'objets

Styles d'objets

| Objets de modèles | Objets d'annotations | Objets de modèles analytiques | Objets importés |

Liste de filtres: <tout afficher>

Catégorie	Epaisseur des lignes		Couleur des lignes	Motif des lignes
	Projection	Coupe		
⊞ Connexions structurelles	1	1	■ Noir	Plein
⊞ Direction principale du ferraillage	1	1	■ Noir	Plein
Dispositifs d'alarme incendie	1		■ Noir	
Dispositifs d'éclairage	1		■ Noir	
Dispositifs de données	1		■ Noir	
Dispositifs de sécurité	1		■ Noir	
⊞ Eléments	1	2	■ Noir	
⊞ Eléments de détail	1		■ Noir	
⊞ Eléments de fabrication	1		■ Noir	Plein
⊞ Environnement	1		■ Noir	

> **Remarques sur la fenêtre Styles d'objets**
>
> **Classement des éléments de détail**
>
> Vous aurez peut-être remarqué que la catégorie *Éléments de détail* est classée dans l'onglet *Objets de modèles* alors qu'elle concerne des familles spécifiques aux vues.
>
> **Onglet Objets d'annotations**
>
> Comme son nom l'indique, vous trouverez ici les catégories de familles d'annotations et principalement des étiquettes. Les étiquettes sont classées par catégorie en fonction des catégories de familles de modèles pour lesquelles elles sont destinées. Une fois chargées dans le projet, toutes ces étiquettes et ces annotations sont regroupées directement dans le nœud de l'arborescence unique *Symbole d'annotation* évoqué précédemment.
>
> **Onglet Objets de modèles analytiques**
>
> Cet onglet regroupe des catégories d'objets très spécifiques, à savoir des entités d'analyse structurelle qui concernent exclusivement les familles structurelles et qui permettent à Revit d'effectuer des calculs ou d'exporter la maquette vers des logiciels spécifiques de calcul. Les familles structurelles seront abordées au chapitre 16 par Julien Blachère.
>
> **Onglet Objets importés**
>
> Lorsque vous liez des fichiers Revit ou DWG, chaque lien est considéré comme une nouvelle catégorie.

Voici un exemple de catégories de familles chargeables :

- Catégories de modèles
    - *Fenêtres*
    - *Fondations (mixte système et chargeable)*
    - *Luminaires*
    - *Mobilier*
    - *Panneaux de murs-rideaux (mixte)*
    - *Portes*
    - *Poteaux porteurs*
    - *Profils (voir encadré suivant)*
    - …
- Catégories spécifiques aux vues :
    - *Éléments de détail (mixte)*
    - *Symboles d'annotations (mixte)* : annotations génériques, toutes les étiquettes…

Parmi les familles chargeables d'annotations, il existe des familles dont on oublie ou ignore qu'il s'agit de familles chargeables, donc totalement personnalisables. Il s'agit des symboles d'annotations que Revit utilise pour caractériser graphiquement certains objets tels que les niveaux (*Marqueur de niveau*), les élévations (*Marque d'élévation*), les coupes (*Marque et Extrémité de ligne de coupe*) et les quadrillages (*Extrémité de la ligne de quadrillage*).

Le cas particulier des profils

Les profils sont des familles de catégories un peu particulières. Ils constituent des ensembles de lignes, d'arcs ou de *splines* formant un contour fermé. Ce sont des familles chargeables mais non destinées à représenter directement des objets. Ils sont exploités dans le projet par des familles système pour générer, par extrusion du profil, de la géométrie 3D. C'est le cas notamment des traverses des garde-corps, des meneaux de murs-rideaux et des profils de mur (en relief ou en creux). Ils peuvent aussi être utilisés lors de la création de familles de modèles pour créer certains types de primitives 3D (voir chapitre 10).

Les familles in situ

Définition et particularités

Les familles *in situ* sont des familles créées directement dans un projet, elles n'existent donc que dans ce projet. Au moment de leur création, l'interface spécifique de création de familles de modèles est chargée dans l'environnement du projet en cours. Elles ne seront pas mises en pratique par un exercice particulier puisque l'interface et les méthodes de création ne diffèrent pas des familles chargeables.

Catégories concernées

Sont concernées par les familles *in situ*, les principales catégories de modèles, qu'elles soient système ou chargeables.

Pourquoi les créer ?

Les raisons pour lesquelles on décide de créer une famille *in situ* varient selon qu'il s'agit de familles système ou de familles chargeables.

Pour les catégories de familles système, c'est assez simple : il s'agit de la seule manière de créer des formes particulières, non prévues par l'usage des outils standards de Revit. Par exemple, pour des murs, c'est le seul moyen de créer des murs avec fruit ou dont l'épaisseur serait variable dans la longueur.

Figure 2–10
Exemple d'un mur in situ

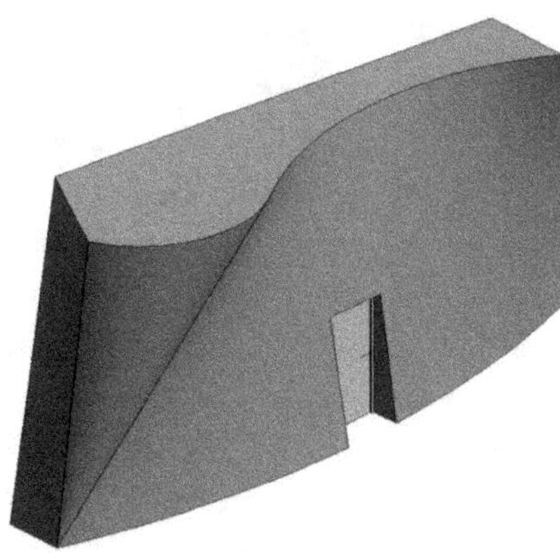

Pour les catégories de familles chargeables, dont les familles pourraient donc être créées en dehors du projet en tant que familles chargeables, les raisons peuvent être les suivantes :

- Famille dont vous êtes certain d'avoir besoin dans le projet en cours uniquement. Cette certitude est assez rare…

- Famille dont la géométrie est très fortement imbriquée à l'architecture du projet et dont la forme dépend grandement du projet. En effet, lors d'une création de famille chargeable, il n'est pas possible de mettre en lien un fichier projet (ce qui permettrait de s'appuyer sur le projet) pour créer sa famille. La seule chose possible est d'importer un DWG du projet, mais cela reste peu pratique surtout lors des évolutions du projet.

- En dehors de ces deux cas, il est recommandé de privilégier la création de familles chargeables.

Figure 2–11
Exemple d'un meuble lit
(catégorie « Meuble
de rangement »)

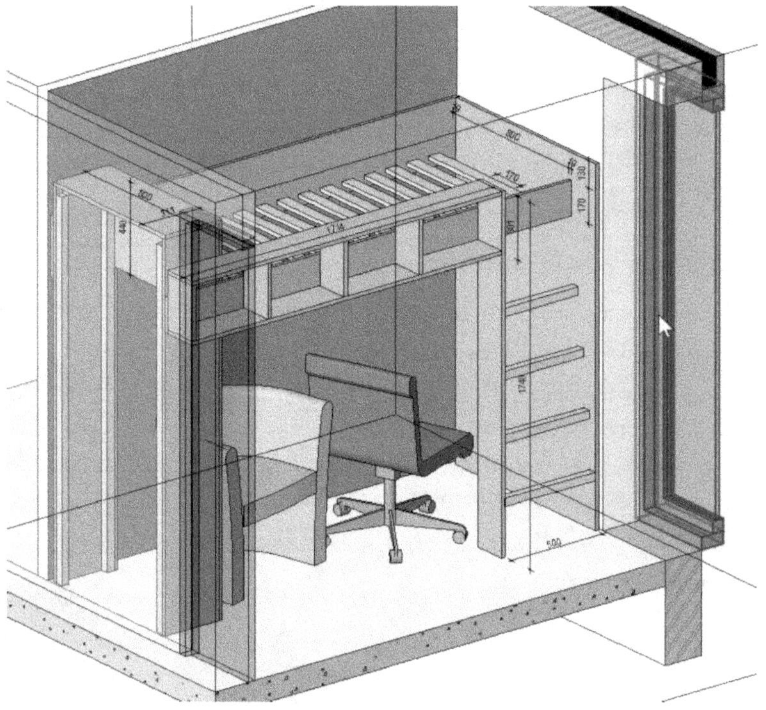

3

Gabarits de familles et interfaces

Le principe des gabarits de familles

Lors de la création d'un nouveau projet, Revit vous propose de partir d'un fichier gabarit (format .rte). Il en est de même lorsque vous souhaitez créer une nouvelle famille chargeable pour laquelle un fichier de gabarit de famille vous sera proposé (format .rft).

Dans le cas des gabarits de projets, ce sont des fichiers généralement créés par les responsables Revit de l'entreprise (BIM manager ou BIM coordinateur). Ils sont totalement personnalisés et contiennent les standards de l'entreprise : chartes graphiques, contenu courant, feuilles d'impression, etc. Dans le cas des gabarits de familles, c'est très différent puisque ces fichiers sont livrés par Autodesk et créés lors de l'installation du logiciel. Leur emplacement varie en fonction des choix d'installation. Pour le vérifier, ouvrez les options de Revit (onglet *Fichier* à partir de Revit 2018 ; menu *R*, bouton *Options*, pour les versions antérieures) et cliquez sur *Emplacement de fichiers*.

Ce dossier est l'emplacement que Revit ouvre pour vous proposer les gabarits lorsque vous commencez à créer une famille (*Écran d'accueil>Familles>Nouveau* ou menu *R>Nouveau>Famille*).

Figure 3–1
Emplacement des fichiers
de gabarits de familles

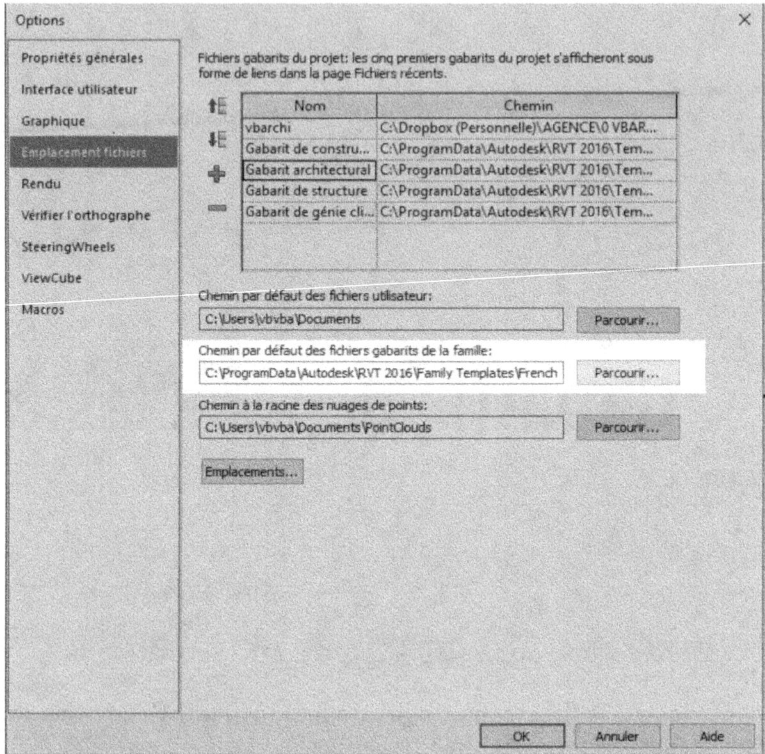

Le rôle des gabarits

Pour la personne qui débute dans la création de familles, choisir un gabarit n'est pas simple. Faire le bon choix est pourtant essentiel car les gabarits servent à deux choses très importantes : prédéfinir une catégorie de familles mais surtout, prédéfinir un comportement spécifique de cette famille.

Important

Si le choix de la catégorie peut être modifié en cours de création, le comportement, quant à lui, ne pourra plus l'être une fois le gabarit choisi. Prenons un exemple : le gabarit *Porte métrique*. Il s'agit d'un gabarit pour la création d'une famille de catégories *Portes* mais surtout, dont la particularité est d'être hébergée dans un mur (son hôte). Si vous pensez vous être trompé et que finalement c'était une fenêtre que vous souhaitiez créer, vous pourrez toujours modifier sa catégorie. En revanche, l'objet se posera toujours et exclusivement dans un mur.

Les différents gabarits

Il en existe à ce jour une centaine en fonction des « variantes » de Revit utilisées et leur nombre a tendance à s'accroître à chaque nouvelle version du logiciel. Beaucoup de gabarits concernent des familles de catégories MEP et seulement assez peu, des catégories architecturales et encore moins structurelles.

Certains gabarits correspondent à des catégories spécifiques et leur nom est sans équivoque : *Fenêtres métriques*, *Dispositif d'alarme incendie métrique* ou encore *Mobilier métrique*. D'autres gabarits, non spécialisés, permettent de créer des objets de toutes catégories en spécifiant *a posteriori*, la catégorie d'objet souhaité. Ce sont les gabarits qualifiés de *génériques*. Dans le cas des *Modèles génériques métriques*, il en existe différentes versions qui correspondent à la dépendance de la famille à un hôte spécifique.

Gabarits « métriques »

La plupart (tous à partir de la version 2016 R2) des noms de fichiers de gabarits comportent le terme « métrique ». Il s'agit en fait de bien distinguer le contenu métrique (m, cm, mm) du contenu impérial (pieds, pouces) utilisé dans certains pays anglo-saxons.

Quelques gabarits sont assez inutiles car redondants. C'est le cas par exemple de *Fenêtre métrique avec finition* qui a comme seul particularité, par rapport à *Fenêtre métrique*, d'intégrer une géométrie de cadre ainsi que deux paramètres préexistants dans le gabarit.

Figure 3–2
Les gabarits de fenêtres métriques

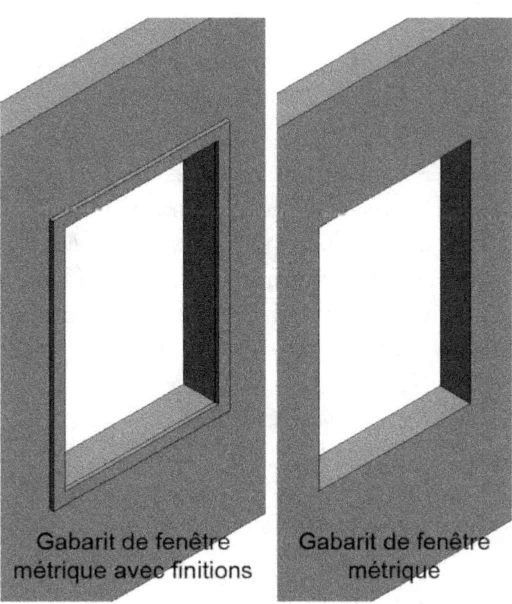

C'est également le cas des gabarits d'étiquettes catégorisées (*Étiquette de porte métrique*, *Étiquette de fenêtre métrique*, etc.) qui sont en fait des *Étiquettes génériques métriques* dont la catégorie a été spécifiée. Enfin, il existe aussi des gabarits très particuliers qui concernent la création de volumes conceptuels et de composants adaptatifs qui se retrouvent mélangés avec les autres.

Vous l'aurez compris, le classement de tous ces fichiers dans le dossier et ses sous-dossiers d'installation n'est pas très clair ni spécialement logique. De plus, lors des mises à jour, certains fichiers de gabarits peuvent avoir été ajoutés ou actualisés avec un nom différent ce qui génère des doublons. Par exemple, vous pouvez avoir *Appareil téléphonique* issu de l'installation initiale de Revit 2016 et *Appareil téléphonique métrique* issu de la mise à jour Revit 2016 R2.

Dans les sections suivantes, nous tenterons de clarifier ce classement en vous proposant un classement selon la spécificité de comportement qui nous paraît être la caractéristique la plus importante d'un gabarit. Si votre responsable informatique ou BIM manager vous l'autorise, rien ne vous empêche de mettre de l'ordre dans les dossiers en créant des sous-dossiers.

Les gabarits de familles autonomes

Ces gabarits concernent toutes les familles spécifiques aux vues ainsi que beaucoup de familles de modèles. Ils servent à créer des familles dont le placement dans le projet est libre.

Tous les gabarits pour créer des familles d'annotations sont classés dans les sous-dossiers *Annotations* et *Cartouches*. Si vous ajoutez à ces gabarits, les gabarits *Éléments de détail métriques (ligne)* et *Éléments de détail métrique*, vous obtenez tous les gabarits de familles spécifiques aux vues.

Tous les gabarits de familles de modèles (hors volumes conceptuels) se trouvent directement dans le dossier d'installation. En général, les noms des gabarits de familles autonomes ne spécifient pas *Hébergé* ou *Mur-rideau* ou ne contiennent pas les qualificatifs de leur hôte entre parenthèses (mur, sol…). Cependant, certains gabarits sans qualificatifs concernent aussi des familles hébergées, c'est le cas des gabarits *Fenêtre métrique* et *Porte métrique*, par exemple.

> **Gabarits « Ligne »**
>
> Plusieurs gabarits contiennent le qualificatif « Ligne » entre parenthèses. Ils ne concernent pas des familles hébergées mais des familles qui se posent librement dans le projet en cliquant deux points, comme une ligne. Nous verrons plus tard leurs avantages.

Figure 3–3
Exemples de familles
autonomes

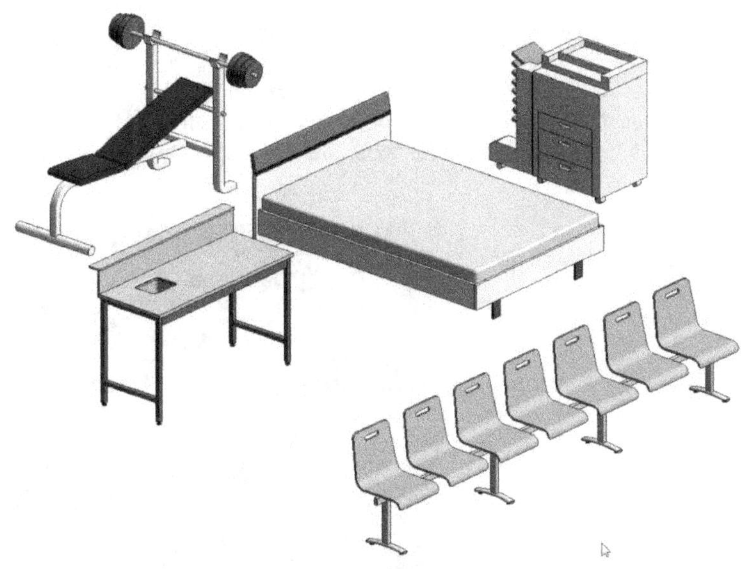

Les gabarits de familles hébergées

Ces gabarits, qui ne concernent que des familles de modèles, servent à créer des familles destinées à être posées sur des objets hôtes du projet. Il s'agit :

- Des gabarits ayant comme qualificatif leur hôte écrit entre parenthèses : *Mur, Plafond, Sol, Toit* et *Face.* Les quatre premiers sont exclusifs et ne permettent donc pas de poser les objets en dehors de l'hôte spécifié. Les familles créées avec un gabarit *(Face)* peuvent se poser sur toutes les faces des objets du projet, quelle que soit la nature de l'hôte, ainsi que sur le plan de construction actif lors de l'insertion (souvent le niveau).

- Des gabarits ayant comme qualificatif *Hébergé* qui sont en fait des gabarits de type *Face.*

- Des gabarits ayant comme qualificatif *Mur-rideau,* destinés à être posés dans des murs-rideaux, en remplacement des panneaux de mur-rideau.

- Certains gabarits de familles qui par nature sont dépendants d'un hôte : *Portes, Fenêtres* mais aussi les *Barreaux métriques,* par exemple.

> **Gabarits Mur/Plafond/Sol/Toit ou gabarits Face ?**
>
> Les familles créées par des gabarits *Mur*, *Plafond*, *Sol* ou *Toit* ne peuvent pas se poser sur des hôtes *Mur*, *Plafond*, *Sol* ou *Toit* des fichiers liés. Or, dans le cadre du BIM et d'une collaboration de niveau 2, basée sur des fichiers liés (RVT ou IFC), il est fréquent de devoir poser ses familles sur des objets d'un fichier lié comme les murs d'un fichier « structure ». Si ces mêmes familles sont créées avec des gabarits *Face*, ils pourront être posés sur toutes les faces des objets des fichiers liés (voir chapitre 5).

Figure 3–4
Exemples de familles hébergées
par un mur et un toit

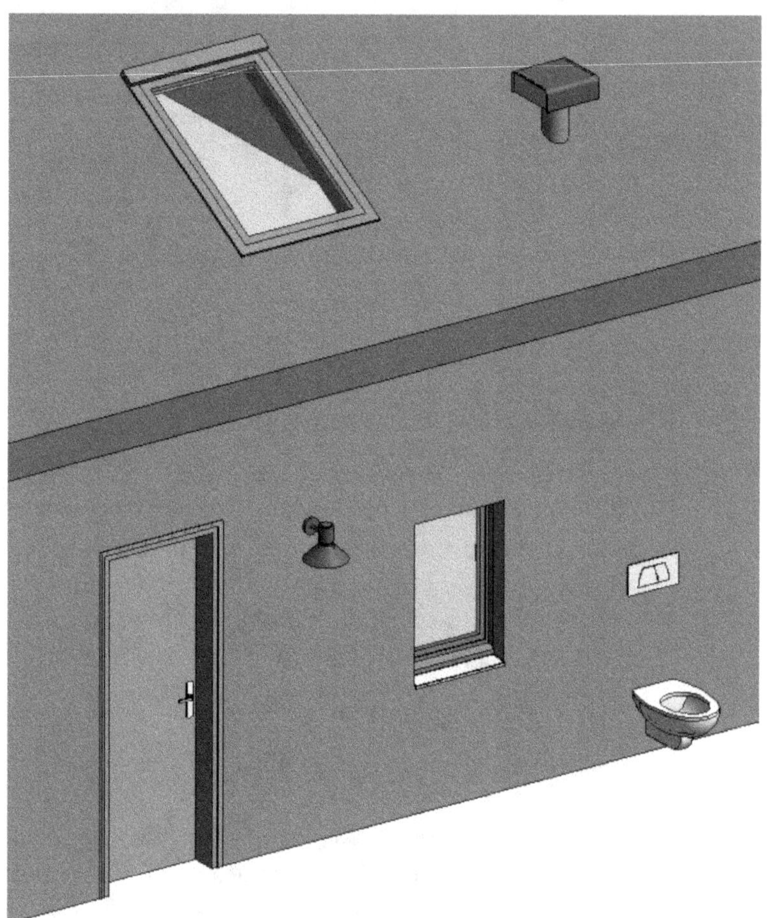

Les gabarits de familles de profils

Les gabarits concernés sont tous les gabarits dont le nom commence par *Profil…* Le gabarit *Profils de division métrique* est un peu particulier puisqu'il sert à créer des familles de *Profil de la division* dans les *Éléments*. Ce sont les seuls profils qui ne doivent pas être un contour fermé.

Les gabarits de familles de volumes conceptuels et de composants adaptatifs

Bien que ce livre ne traite pas de ces familles particulières, il est important de pouvoir distinguer les gabarits concernés, ne serait-ce que pour éviter de les sélectionner par erreur.

Les gabarits concernés sont disséminés à plusieurs endroits du dossier :
- Directement dans le dossier :
  - À motif de panneau de mur-rideau métrique
  - Modèle générique métrique (adaptatif)
  - Modèle générique métrique (motif)
- Dans le sous-dossier *Volume conceptuel* :
  - Volume conceptuel

Présentation de l'interface

L'éditeur de familles est parfois considéré à juste titre comme un logiciel à part entière dans Revit. Son interface, bien que graphiquement similaire à celle de Revit en mode « projet », diffère en certains points qui seront détaillés ici. Nous y spécifierons exclusivement les nouveaux outils ainsi que les outils « projet » mais dont l'usage varie dans les familles. Nous n'aborderons pas l'interface de l'éditeur de familles des volumes conceptuels et des composants adaptatifs.

Pour les versions antérieures à la version 2017, l'interface varie légèrement en fonction de la variante de Revit que vous utilisez (Revit, Revit Architecture, Revit MEP ou Revit Structure). Les captures d'écran correspondent à la version la plus complète qui est la version Revit simple, qui englobe les trois compétences que sont l'architecture, les fluides et la structure. Depuis la version 2017, les variantes spécifiques métier n'existent plus.

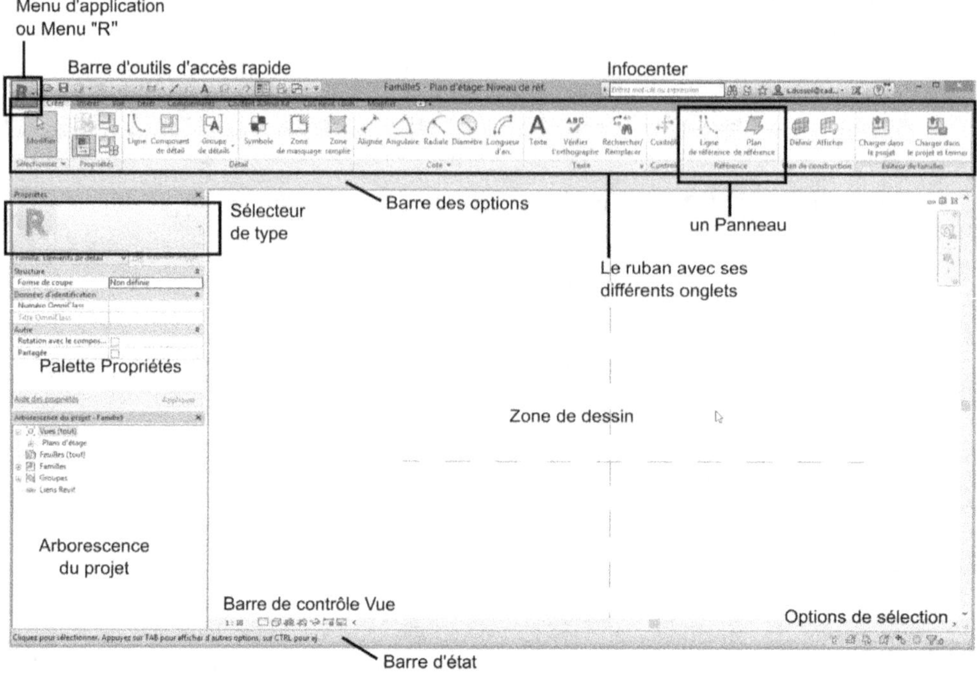

Figure 3–5 Interface de l'éditeur de familles avant la version 2018

À noter également que l'interface a subi de légères modifications depuis la version 2018. La version 2019 apporte une nouveauté très pratique : les onglets pour les différentes vues ouvertes dans la zone de dessin.

Figure 3–6
Interface de l'éditeur
de familles à partir
de la version 2018

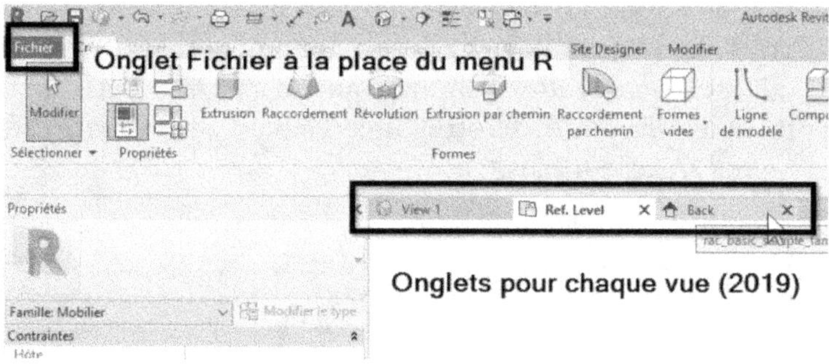

De manière générale, l'éditeur de familles reprend exactement les mêmes entités que celles de l'interface de projet et il les exploite de la même manière. Une petite exception cependant : quand aucun objet n'est sélectionné dans la *Zone de dessin*, la palette *Propriétés* affiche les propriétés générales de la famille et non les propriétés de la vue active comme c'est le cas dans l'interface de projet.

Figure 3–7
Palette Propriétés

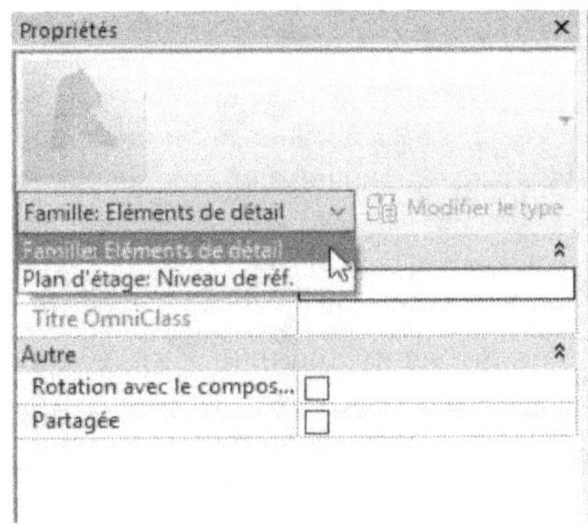

Particularités des gabarits de familles spécifiques aux vues

À quelques exceptions près, les interfaces pour les familles d'annotations et pour les familles d'éléments de détail sont identiques. Elles diffèrent de l'environnement projet par la présence de certains outils dans le ruban. Nous profiterons de cette sous-section pour aborder également les outils communs avec les gabarits de familles de modèles.

Onglet Créer

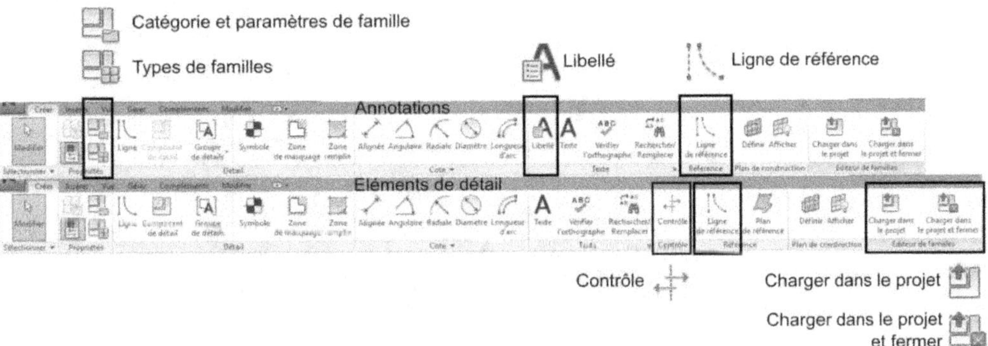

Figure 3–8 Palette Propriétés

- **Catégorie et paramètres de familles** : cette icône ouvre une fenêtre qui permet de spécifier la catégorie que l'on souhaite attribuer à la famille en création ainsi que certains paramètres de famille, que l'on retrouve aussi dans la palette *Propriétés*. Cet outil concerne également les gabarits de familles de modèles.

> **Attention**
>
> Il ne faut pas confondre ce que Revit appelle les paramètres de famille dans la fenêtre *Catégorie et paramètres de famille* avec les paramètres de la famille de la fenêtre *Types de familles* (voir figure 3-9). Les premiers sont des propriétés générales issues du gabarit de famille choisi. Ils ne sont pas personnalisables. Les seconds sont les véritables paramètres de la famille qui permettront de personnaliser et paramétrer complètement sa famille.

En choisissant un gabarit *Éléments de détail métrique*, seule la catégorie *Élément de détail* est disponible. Dans le cas d'un gabarit d'annotations, les catégories qu'on peut attribuer correspondent pour la quasi-totalité à des étiquettes catégorisées en fonction de la catégorie des objets de modèles à étiqueter.

Figure 3–9
Fenêtre Catégorie
et paramètres de famille

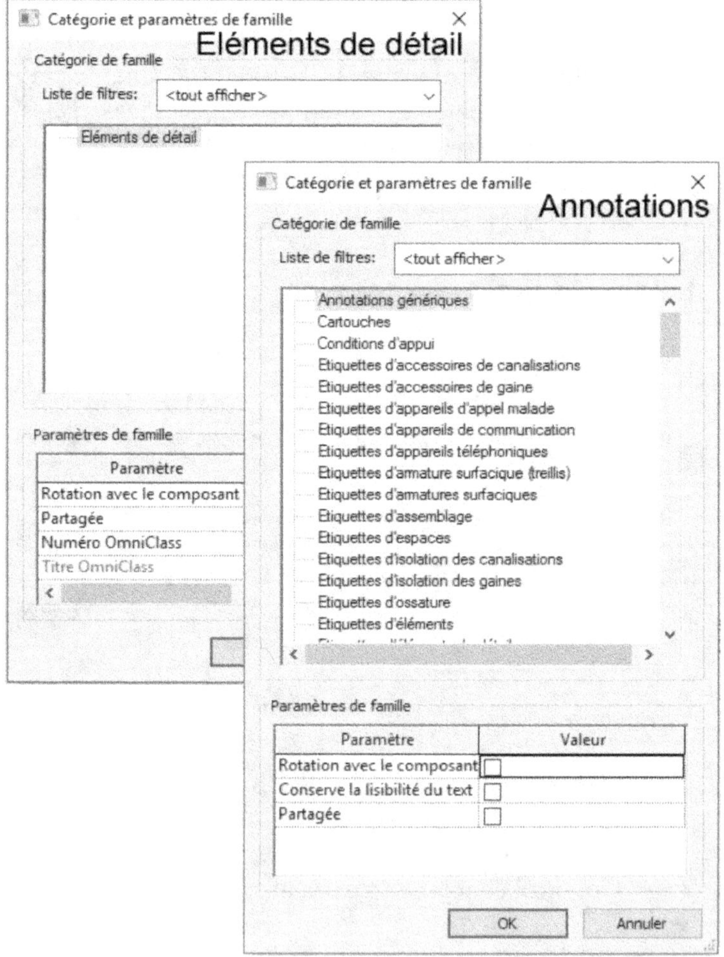

Types de familles : cette icône ouvre la fenêtre la plus importante de l'éditeur de familles. Cette dernière constitue un véritable « tableau de bord » de la famille dans lequel seront définis tous les paramètres de la famille ainsi que les différents types de familles préparamétrés. Cet outil concerne également les gabarits de familles de modèles.

– La liste déroulante des types de familles permet de choisir les types créés le cas échéant.

– La zone principale présente, sous une forme tabulaire, l'ensemble des paramètres de la famille.

– La zone latérale comporte tous les boutons de commande permettant d'agir sur les types et les paramètres.

Figure 3–10
Fenêtre Types de familles pour les différentes versions de Revit jusqu'à 2016

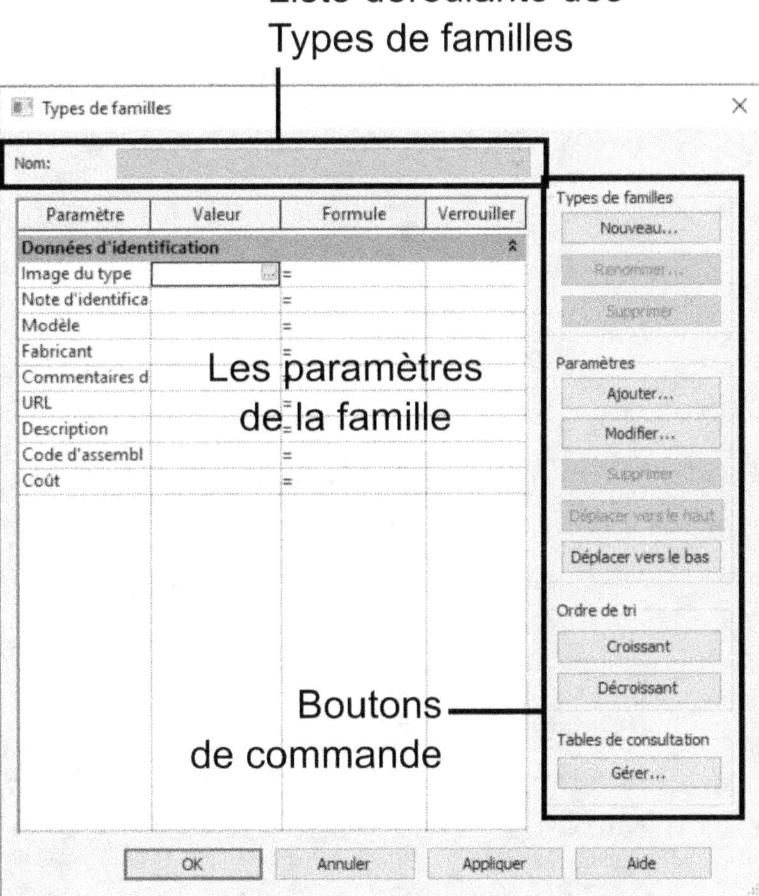

Toutes ces fonctions seront abordées en détail dans le chapitre suivant dédié aux paramètres. Elles seront aussi illustrées dans les exercices de la seconde partie de l'ouvrage.

À partir de la version 2016 R2, la fenêtre *Types de familles* a été modifiée graphiquement. Les boutons de commande des versions précédentes ont été remplacés par des petites icônes situées au-dessus (commandes *Types de familles*) et en dessous (commandes *Paramètres* et *Ordre de tri*) de la zone tabulaire des paramètres. Une ligne de recherche sous la liste déroulante des types de familles a également fait son apparition. Elle permet de saisir le nom du paramètre recherché.

Figure 3–11
Fenêtre Types de familles pour les versions 2016 R2 et postérieures

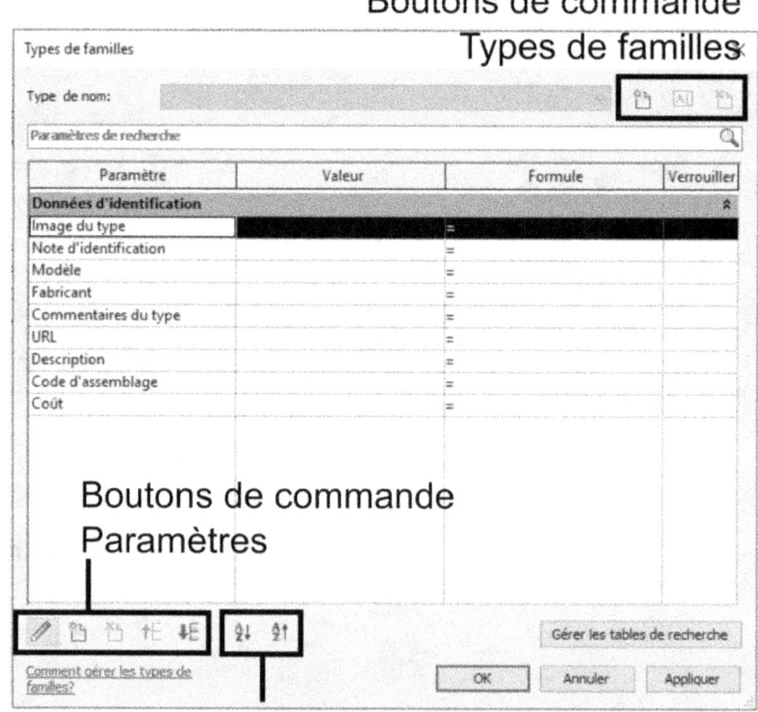

Problème sur la version 2016 R2

À la sortie de la version 2016 R2, la version française notamment comportait un bogue d'affichage sur la fenêtre *Types de familles* qui rendait impossible son utilisation : les boutons de commande *Paramètres* ne s'affichaient pas. Heureusement, quelques semaines après sa sortie, un correctif a été mis en ligne pour rectifier le problème :

https://knowledge.autodesk.com/support/revit-lt/downloads/caas/downloads/content/hotfix-autodesk-revit-2016-r2-translated-family-type-dialog.html

- **Libellé** : cette icône permet de créer des objets textuels capables d'extraire et d'afficher la valeur d'un paramètre, un peu à la manière d'un « champ » dans un document Word ou Excel. Cet outil concerne uniquement les familles d'annotations.

- **Ligne de référence** : il s'agit ici d'objets de références mais contrairement aux plans de références, les lignes ont un début et une fin. Cette particularité les rend particulièrement utiles dès lors qu'on a besoin de faire pivoter des objets dans une famille. Cet outil concerne aussi les gabarits de familles de modèles. À noter que l'outil *Plan de référence* n'est pas disponible dans les gabarits d'annotations.

- **Contrôle** : cet outil permet de créer une option de pivotement ou de miroitement de l'objet une fois celui-ci inséré dans le projet (touche *Espace* du clavier ou en cliquant sur les petites flèches bleues de l'objet sélectionné). Il concerne aussi les gabarits de familles de modèles mais pas les annotations.

  En cliquant sur cette icône, un panneau spécifique apparaît :

Figure 3–12
Panneau Type de contrôle

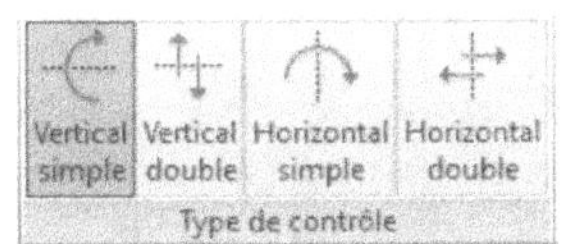

  - Les outils *Vertical simple* et *Horizontal simple* permettent de faire pivoter la famille de 90°.

  - Les outils *Vertical double* et *Horizontal double* permettent de miroiter la famille selon l'axe horizontal ou vertical.

- **Charger dans le projet** et **Charger dans le projet et fermer** : ces outils permettent de charger la famille en cours dans un fichier de projet ou de famille ouvert. Si plusieurs autres fichiers sont ouverts, Revit ouvre une fenêtre proposant de choisir le ou les fichiers dans lesquels la famille doit être chargée. Ces deux outils sont présents dans tous les onglets et concernent aussi les gabarits de familles de modèles.

Figure 3–13
Fenêtre Charger dans les projets

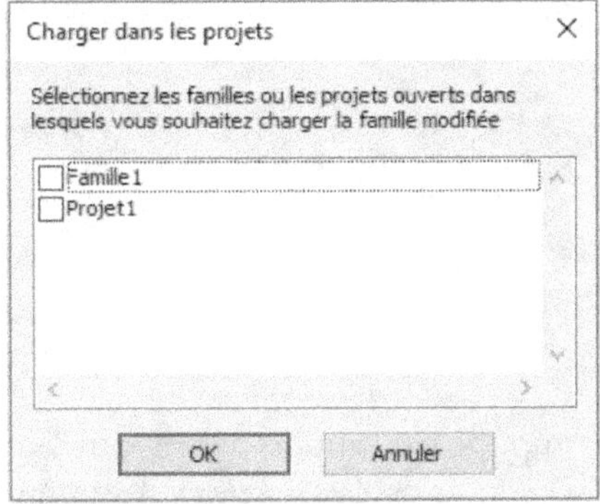

> **Les outils Cote**
>
> Bien qu'ils existent dans l'interface projet, leur rôle dans l'éditeur de familles est très différent. Ils servent à placer des contraintes, comme dans le projet, mais surtout et avant tout, à créer des paramètres dimensionnels. Depuis la version 2016 R2, cette dernière fonction a été étendue au projet grâce aux paramètres globaux que nous aborderons dans le prochain chapitre.

Onglet Insérer

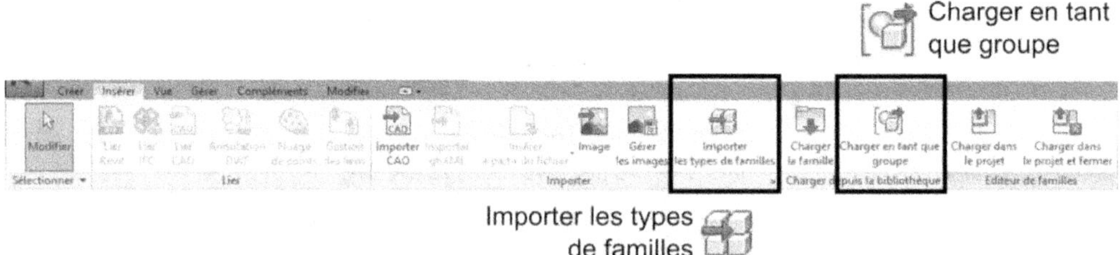

Figure 3–14 Onglet Insérer

L'onglet *Insérer* est graphiquement identique à l'interface de projet mais beaucoup d'outils sont grisés car indisponibles dans l'éditeur de familles.

- **Importer les types de familles** : permet de créer des types à partir d'un catalogue de types, notion que nous aborderons au chapitre 5.
- **Charger en tant que groupe** : cet outil a le même rôle que dans le projet mais ce sont des fichiers de familles qui sont chargés ici en tant que groupe. Cet outil concerne aussi les gabarits de familles de modèles.

On notera qu'aucun fichier ne peut être lié et que seuls les images et les fichiers CAO (DWG par exemple) peuvent être importés. Dans le cas des images, elles ne seront pas visibles lorsque la famille sera insérée dans un projet. Elles ne servent qu'à faciliter la création de la famille en permettant de « décalquer » la géométrie sur les images.

Onglet Vue

Figure 3–15
Onglet Vue

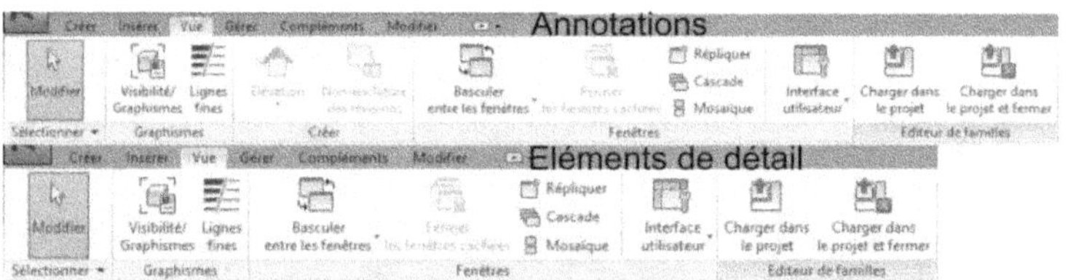

L'onglet est fortement simplifié par rapport à l'environnement du projet. Bizarrement, les différences que l'on constate entre les gabarits d'annotations et ceux des éléments de détail, concernent uniquement des outils indisponibles. Le résultat est donc identique.

Onglet Gérer

Figure 3–16 Onglet Gérer

Légèrement simplifié ici, l'onglet *Gérer* ne comprend que des outils connus.

Les unités

L'unité de longueur par défaut lors de la création de familles est le millimètre, car tous les gabarits livrés par Autodesk sont spécifiés en millimètre (pour le contenu métrique). En France, cette unité est rarement utilisée dans le bâtiment. Soit vous vous y habituez, soit vous pouvez recréer tous les gabarits avec l'unité modifiée selon la méthode qui sera présentée au chapitre 5. Personnellement, je vous conseille de vous y habituer.

Onglet Compléments

Figure 3–17
Onglet Compléments

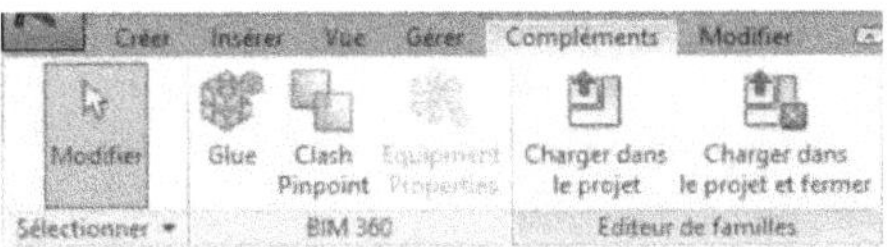

La présence de cet onglet dépend des options d'installation du logiciel. Par défaut, aucun outil ne concerne les familles. Cependant, le contenu de cet onglet peut varier si vous, ou votre responsable informatique, avez installé des compléments. Dans ce cas, d'autres onglets spécifiques peuvent également être présents. Nous proposerons au chapitre 5 certains outils complémentaires que nous estimons utiles voire indispensables à la création des familles.

Onglet Modifier

Figure 3–18
Onglet Modifier

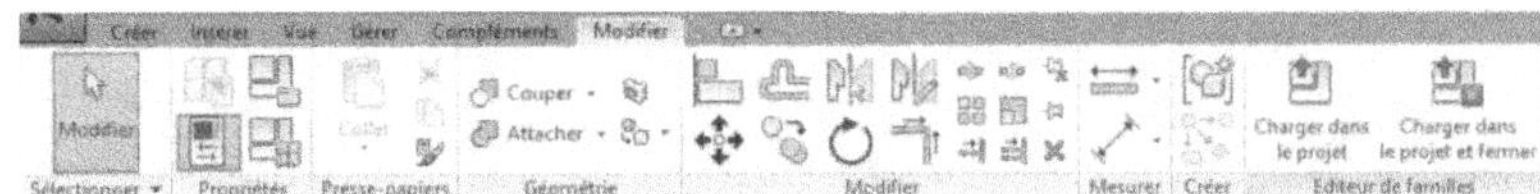

L'onglet est quasi identique à celui de l'interface de projet. Des panneaux d'outils contextuels viendront s'ajouter en fonction des commandes qui seront activées ou des objets qui seront sélectionnés dans la zone de dessin.

Barre de contrôle Vue

Figure 3–19
Barre de contrôle Vue

L'outil *Aperçu de la visibilité* (disponible à partir de la version 2016 R2) permet de prévisualiser la famille telle qu'elle apparaîtra une fois insérée dans le projet. L'option *Aperçu de la visibilité activé (pas de coupe)* n'existe que pour les catégories de familles que l'on peut couper.

Spécificités des gabarits de familles de modèles

Ne sont présentés ici que les outils qui diffèrent par rapport à ceux de l'interface des gabarits de familles spécifiques aux vues.

Onglet Créer

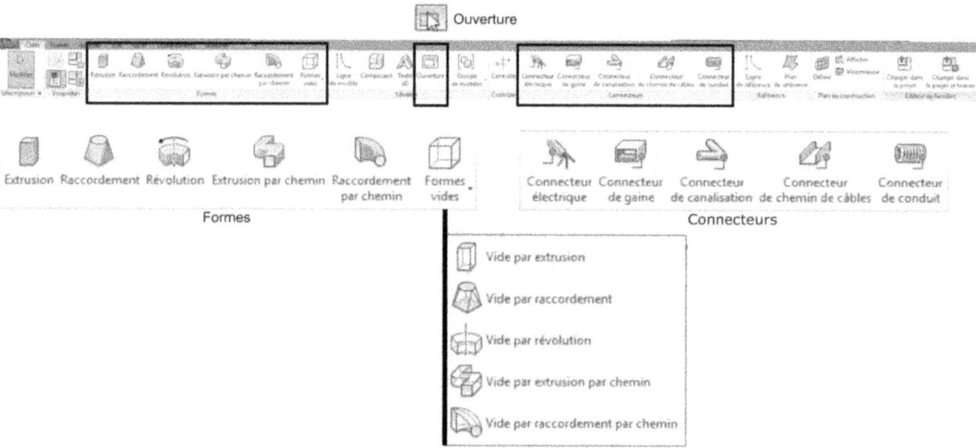

Figure 3–20 Onglet Créer (familles de modèles)

- **Formes :** les formes sont les briques élémentaires, constitutives de la géométrie 3D de vos familles de modèles. Elles peuvent être de deux natures différentes (solide ou vide) et être générées de cinq manières (*Extrusion, Raccordement, Révolution, Extrusion par chemin* et *Raccordement par chemin*). C'est uniquement l'association judicieuse de ces cinq types de formes, en solides avec ou sans vides déduits, qui vous permettra de créer à peu près n'importe quelle géométrie 3D complexe.

Nous verrons en détail comment générer ces formes au chapitre 10. Pour vous faire une idée de leur constitution, il suffit de survoler les icônes avec votre souris et d'attendre qu'apparaisse la petite vidéo d'aide (nécessite une version récente d'Adobe Flash Player).

Figure 3–21
Vidéo de l'aide

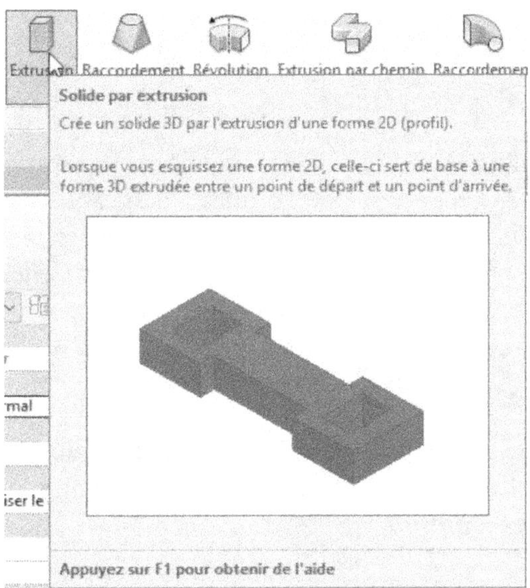

- **Ouverture :** cet outil n'existe que pour les gabarits de familles hébergées sur des murs, plafonds, sols et toits. Il crée un objet qui perce de part en part l'hôte mais uniquement de manière perpendiculaire aux faces de son hôte. On verra plus tard comment combler cette limitation.

- **Connecteurs :** ce sont des objets spécifiques MEP mais qui existent aussi dans la variante Revit Architecture. Ces outils permettent de poser et de paramétrer des connexions électriques ou de fluides sur des familles MEP. Ils seront abordés en détail au chapitre 17 par Christophe Onraet.

Onglet Vue

Figure 3–22
Onglet Vue
(familles de modèles)

Cet onglet est sensiblement identique à celui des familles spécifiques aux vues, avec la présence en plus des outils 3D par défaut, *Caméra* et *Coupe*. Ces outils fonctionnent de la même manière que dans l'environnement du projet. On notera qu'il n'y a pas la possibilité de créer des élévations.

Les familles de profils

Les profils sont des familles à part puisqu'ils ne constituent pas directement des objets (voir chapitre 2, section « Les familles chargeables », page 35). À l'exception de l'absence de l'outil *Ligne de référence*, l'interface et les méthodes de création des profils sont identiques à celles des familles spécifiques aux vues. Comme aucun exercice ne leur est entièrement dédié, nous détaillons ici leurs caractéristiques particulières.

Spécificités des gabarits de profils

Parmi les gabarits de profils disponibles, seul le gabarit *Profil métrique* est vraiment indispensable. Les autres gabarits ne contiennent en plus que des informations sur le comportement du profil.

Figure 3–23
Les différents gabarits

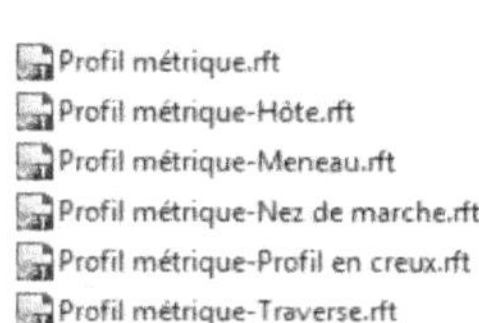

Par exemple, si vous utilisez le gabarit *Profil métrique-Hôte* ou *Profil métrique-Profil en creux*, vous constaterez l'existence d'indication sur la position de l'hôte du profil.

Les profils métriques Meneaux

Ces profils, qui servent à générer la géométrie 3D des meneaux de murs-rideaux, spécifient la manière dont les panneaux de murs-rideaux sont ajustés au droit des meneaux.

Figure 3–24
Profils de meneaux

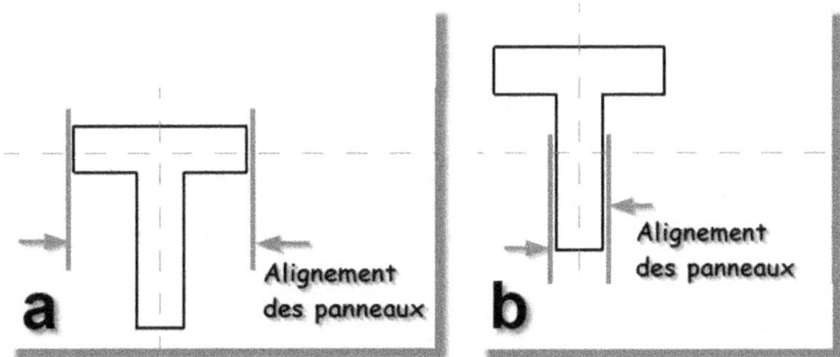

En fonction de la position du tracé du profil, Revit n'ajustera pas les panneaux de la même façon. Ces derniers s'arrêtent là où les lignes du profil traversent le plan de référence horizontal Centre (avant/arrière). En fonction de la position relative des panneaux et meneaux dans l'épaisseur du mur-rideau, c'est l'ajustement a ou b qui sera choisi.

Les profils métriques Nez de marche

Pour le nez de marche, la position relative du futur nez de marche est spécifiée par rapport à la face haute de la marche et la face extérieure de la contremarche.

Figure 3–25
Profils de nez de marche

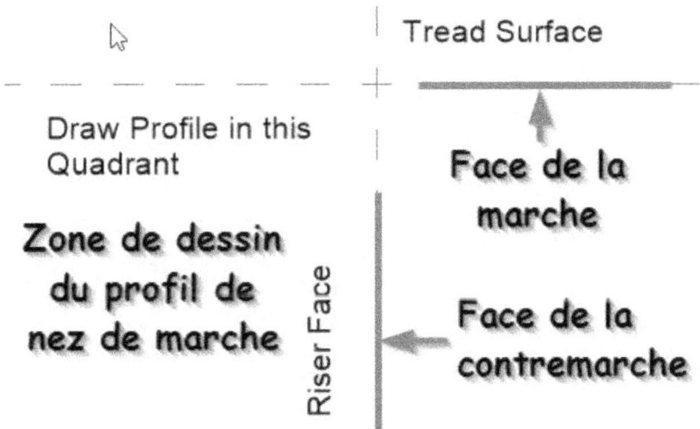

Usage des profils

Même si vous êtes parti d'un gabarit de profil non générique, l'usage du profil est encore générique (figure 3-26).

Figure 3–26
Propriétés et utilisation
du profil

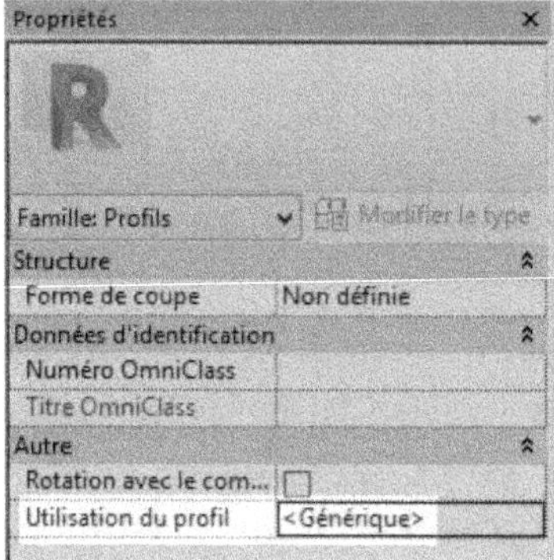

Dans la palette des propriétés, en cliquant dans la propriété *Utilisation du profil*, vous déroulez un menu contenant la liste des usages possibles (*Bord de dalles*, *Profil en creux…*). Si vous laissez en *Générique*, le profil sera disponible pour tous les cas d'usage dans le projet, sinon, il sera restreint au cas particulier choisi dans la liste.

4

Les paramètres, ou le « i » du BIM

Nous avons évoqué au premier chapitre l'importance de l'information (le contenu sémantique) dans un processus BIM et le rôle essentiel que jouent les objets de la maquette numérique en tant que vecteur principal de ce contenu. Parallèlement à l'aspect visuel 3D, cette information constitue l'autre facette d'une maquette numérique et elle est probablement la plus importante des deux au final. Dans les familles de Revit, cette sémantique va être portée par ce que l'on appelle les « paramètres ».

La classification des paramètres

À l'instar des familles, les paramètres sont des notions qui comportent de multiples facettes. En effet, ils peuvent :

- constituer des données, de la maquette ou des attributs d'objets ;
- être de natures différentes ;
- servir à maîtriser les formes d'un objet, à lui ajouter certaines caractéristiques ou encore à nous informer d'une valeur spécifique dont on aurait le besoin ou l'utilité ;
- être propres à un objet ou à une série d'objets ;
- être autonomes ou liés entre eux par des relations plus ou moins complexes.

Cette diversité se traduit par l'existence des trois critères de classification suivants : le type du paramètre, le format du paramètre et enfin, s'il est de type ou d'occurrence. Ces trois critères se retrouvent dans la fenêtre *Propriétés des paramètres* (dans Types de familles, en créant ou modifiant un paramètre)

Figure 4–1
Fenêtre Propriétés
des paramètres

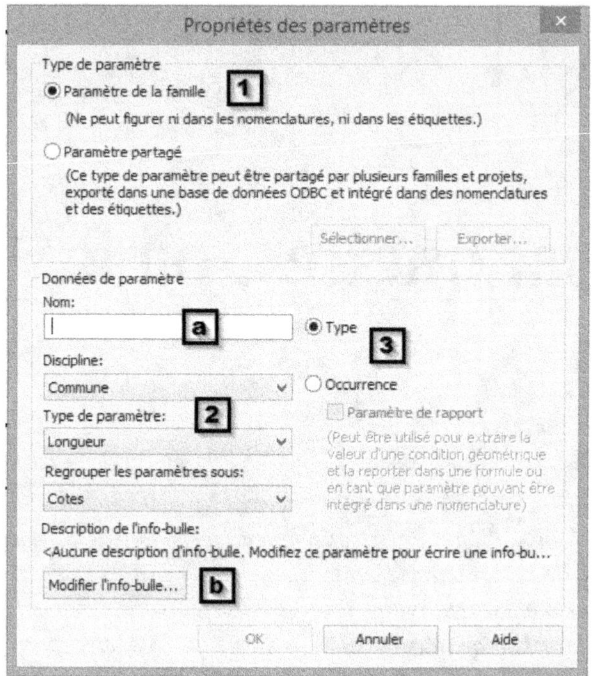

1 Le critère *Type de paramètre* comporte deux options : *Paramètre de la famille* et *Paramètre partagé*. ❶

2 Pour cette liste déroulante *Type de paramètre*, nous parlerons plutôt ici de *Format du paramètre* afin d'éviter la confusion avec le précédent critère. Le format est en quelque sorte le type de valeur qui est renseigné dans le paramètre (longueur, nombre entier, texte simple…). ❷

3 Troisième et dernier critère, le paramètre peut être de *Type* ou d'*Occurrence*. ❸

D'autres informations sont à renseigner dans cette fenêtre mais elles n'influent pas sur la classification des paramètres :

- le nom du paramètre ⓐ ;

- éventuellement, le contenu de l'infobulle (petit texte qui apparaîtra en survolant le paramètre de famille avec le curseur de sa souris) ⓑ.

Les différents types de paramètres

Dans une famille, les paramètres peuvent être de trois types différents : paramètres de familles, paramètres partagés et paramètres intégrés. Nous parlerons également des paramètres de projets qui, bien que n'étant pas réellement intégrés dans les familles, apparaissent ainsi au niveau du projet.

Les paramètres de familles

Les « simples » paramètres de familles sont les plus courants. Il s'agit des types de paramètres créés par défaut. Ils ne sont pas connus de Revit une fois la famille insérée dans un projet et par conséquent ils ne peuvent pas apparaître dans les nomenclatures ni dans des étiquettes. Ils ne sont visibles que lorsque l'objet est physiquement sélectionné dans le projet.

Les paramètres partagés

Contrairement aux paramètres de familles, les paramètres partagés sont connus de Revit et peuvent donc apparaître dans les nomenclatures et les étiquettes. Pour ce faire, Revit a besoin de déclarer ces paramètres dans un fichier texte : le fichier des paramètres partagés.

Ce fichier contient les principales caractéristiques des paramètres : nom, format (des angles, du texte, des longueurs, etc.) et surtout un code unique d'une trentaine de caractères (le GUID) qui identifie de manière unique et certaine le paramètre en question. C'est ce fameux code qui permet à Revit de comprendre qu'une étiquette, créée avec un paramètre partagé particulier, est destinée à afficher la valeur de ce même paramètre partagé, également utilisé dans une famille de modèles particulière. Dans ce fichier, les paramètres sont classés dans des groupes personnalisables (figure 4-2).

Pour afficher dans une étiquette les paramètres *Largeur* et *Longueur* d'une table, il faut que dans la famille d'étiquettes et dans la famille de tables soient insérés les deux mêmes paramètres partagés depuis le même fichier des paramètres partagés (la source).

Figure 4–2
Principe des paramètres
partagés

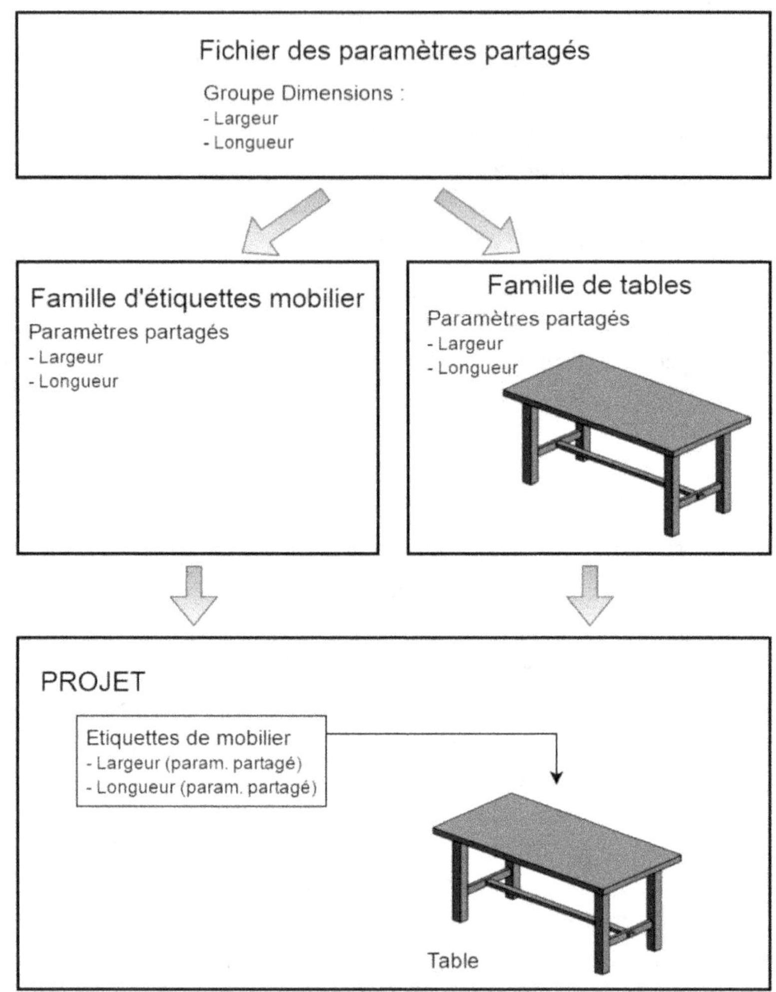

Création d'un fichier de paramètres partagés

La manipulation des paramètres partagés nécessite de prendre certaines précautions.
La première chose à faire consiste à spécifier l'emplacement du fichier des paramètres
partagés de votre agence si ce n'est déjà fait. Si vous travaillez dans une agence où
plusieurs personnes utilisent Revit, il est probable que ce fichier existe déjà. Rensei-
gnez-vous auprès de votre responsable informatique, votre BIM manager ou un col-
lègue plus expérimenté que vous. Si, après vérification, ce fichier n'existe pas encore,
créez-le : cliquez sur l'onglet *Gérer*, puis sur *Paramètres partagés*. La fenêtre *Modification des paramètres partagés* s'ouvre alors. Cliquez sur le bouton *Créer* et spécifiez

l'emplacement de ce fichier sur votre réseau informatique. Le bouton *Parcourir* permet de pointer vers un fichier existant.

Figure 4–3
Fenêtre Modification
des paramètres partagés

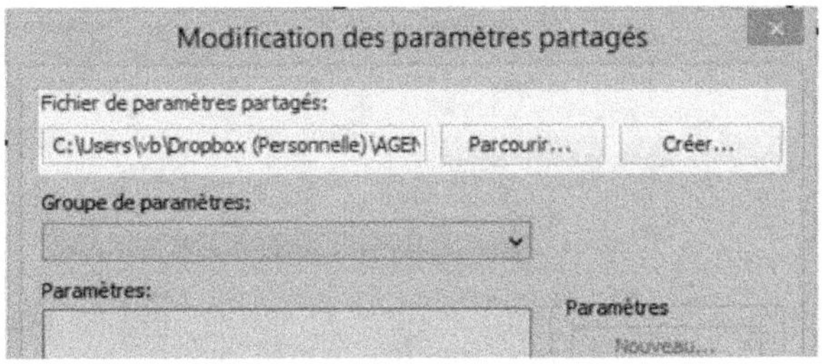

Il est important que cet emplacement soit accessible pour tous les utilisateurs Revit. Cependant, il serait également prudent que ce fichier ne puisse pas être modifié par tous.

> **Précautions**
>
> **Unicité du fichier**
>
> Il est primordial que ce fichier soit unique au sein d'une société afin d'éviter les risques de doublons et de s'assurer de pouvoir toujours étiqueter ces paramètres.
>
> **Collaboration**
>
> Dans le cas, de plus en plus fréquent, de collaboration pluridisciplinaire avec d'autres intervenants (ingénieurs, architectes…), il n'est pas rare de devoir manipuler des familles réalisées par d'autres, lesquelles peuvent donc contenir des paramètres partagés issus d'un autre fichier source que celui de votre société. Dans ce cas, afin de pouvoir étiqueter ces paramètres, il est nécessaire de récupérer un extrait du fichier source contenant les paramètres partagés qui vous intéressent. Je vous déconseille de le faire manuellement car la moindre erreur de retranscription rendrait la manipulation inopérante. Il existe des petits utilitaires qui permettent de réaliser ces transferts de paramètres d'un fichier source à un autre. Nous en parlerons au prochain chapitre.

Création d'un paramètre partagé dans le fichier

Une fois le fichier des paramètres partagés de votre société spécifié ou créé, et avant de vous lancer dans la création d'un paramètre, il est nécessaire de spécifier ou de créer un groupe dans lequel le paramètre sera classé (figure 4-4).

- Créez un groupe en cliquant sur *Nouveau* ❶ dans la rubrique *Groupes* ou sélectionnez-le dans la liste déroulante *Groupe de paramètres* ❶ s'il existe déjà.
- Cliquez sur *Nouveau* ❷ dans la rubrique *Paramètres* pour en créer un. La fenêtre *Propriétés des paramètres* s'ouvre alors.
- Attribuez un nom à ce nouveau paramètre ❸.
- Spécifiez le format du paramètre *via* la liste déroulante *Type de paramètre* ❹, issu de la discipline choisie.

Figure 4–4
Création d'un paramètre
partagé

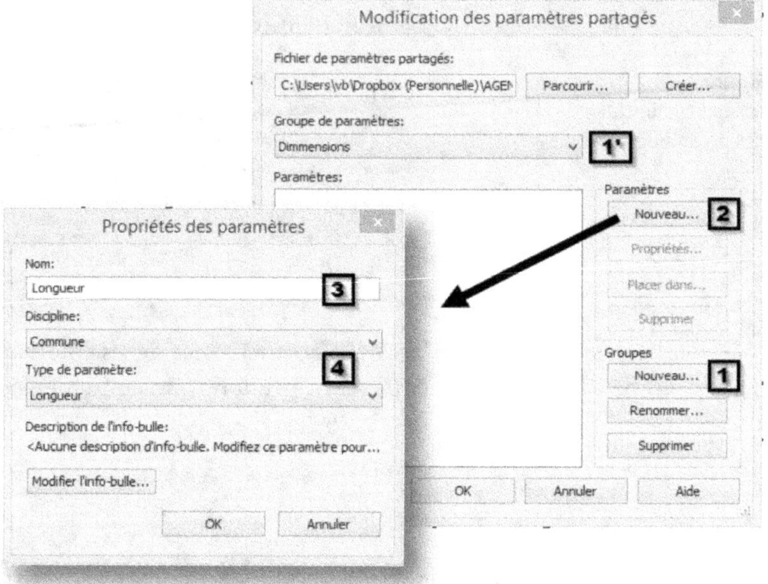

Paramètre de famille ou paramètre partagé

On me pose souvent la question suivante : pourquoi ne pas toujours utiliser des paramètres partagés puisqu'ils ont l'avantage de pouvoir apparaître dans les nomenclatures et les étiquettes ? Voici mes réponses :

- Pour une catégorie donnée, beaucoup de paramètres qui doivent apparaître dans des nomenclatures ou des étiquettes existent déjà en tant que paramètres intégrés (voir section suivante), donc bien souvent on peut s'en passer.
- Si tous les paramètres devaient être partagés, la liste dans le fichier source deviendrait vite interminable et donc difficilement utilisable.
- L'usage intensif de paramètres partagés dans les familles alourdit la manipulation des fichiers Revit contenant ces familles.
- Certaines manipulations de paramètres ne fonctionnent pas avec des paramètres partagés comme nous le verrons plus tard.

Les paramètres intégrés

Les paramètres intégrés (ou paramètres système) sont les paramètres par défaut d'une catégorie donnée. Bien que non déclarés dans le fichier des paramètres partagés, ils se comportent de la même façon et peuvent donc aussi apparaître dans les nomenclatures et les étiquettes. Ces paramètres ne peuvent pas être supprimés de la famille une fois que sa catégorie a été définie ni même modifiés (à moins d'utiliser une astuce, voir plus loin). Ils sont en quelque sorte déclarés mais au niveau du logiciel directement.

Illustrons tout ceci à l'aide d'un petit exemple : commençons par créer une famille de mobiliers à partir du gabarit *Mobilier métrique*. Si vous ouvrez la fenêtre *Types de familles* (onglet *Créer*), hormis les paramètres classés sous l'intitulé *Données d'identification* (cliquez sur l'en-tête bleu correspondant pour développer cette partie), aucun autre paramètre n'existe au démarrage.

Figure 4–5
Fenêtre Types de familles, catégorie Mobilier

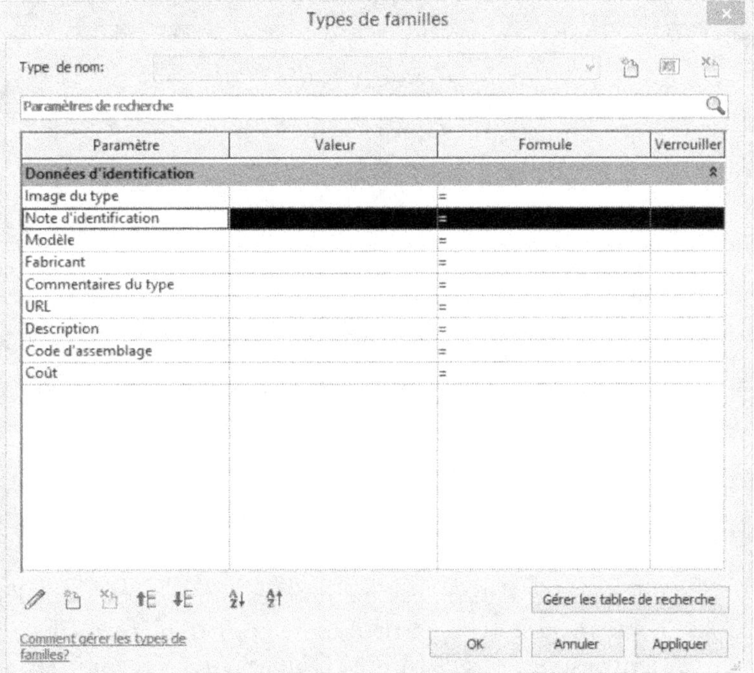

Maintenant, si dans *Catégorie et paramètres de famille* (onglet *Créer*) vous changez la catégorie en *Porte*, par exemple, et que vous ouvrez à nouveau la fenêtre *Types de familles*, vous verrez qu'une série de paramètres supplémentaires est apparue.

Ces paramètres sont les paramètres intégrés de la catégorie *Porte*. Les paramètres communs dans *Données d'identification* sont quant à eux présents pour toutes les catégories (sauf les annotations) et sont donc des paramètres intégrés de toutes les catégories.

Figure 4–6
Fenêtre Types de familles,
catégorie Porte

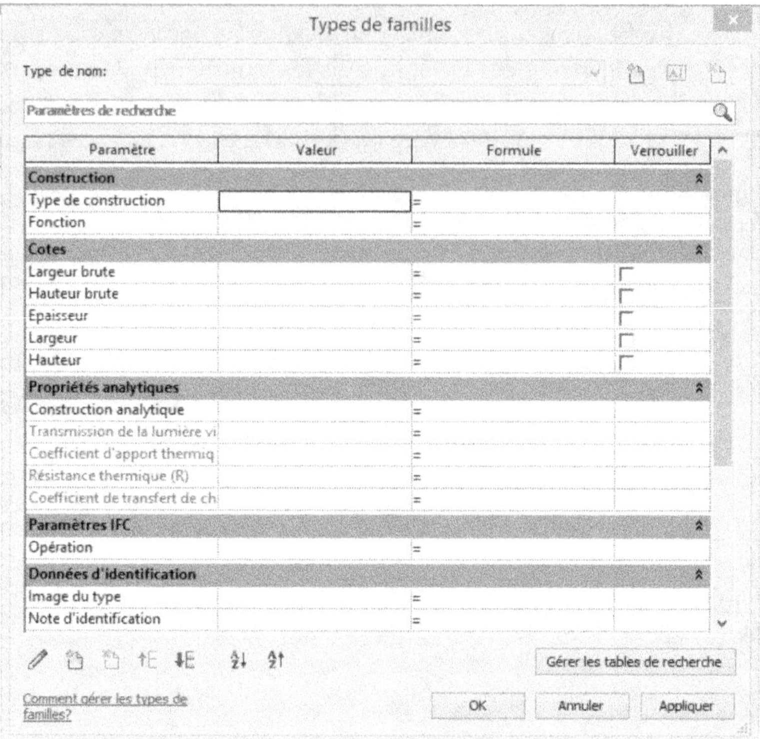

Cliquez sur l'un de ces paramètres intégrés puis sur l'icône ✐ *Modifier*. Revit vous confirmera le type particulier de ces paramètres. Cette fenêtre apparaît uniquement dans les versions 2016 R2 et supérieures car pour les autres, le bouton *Modifier* est tout simplement grisé.

Figure 4–7
Fenêtre Propriétés des paramètres, paramètre intégré

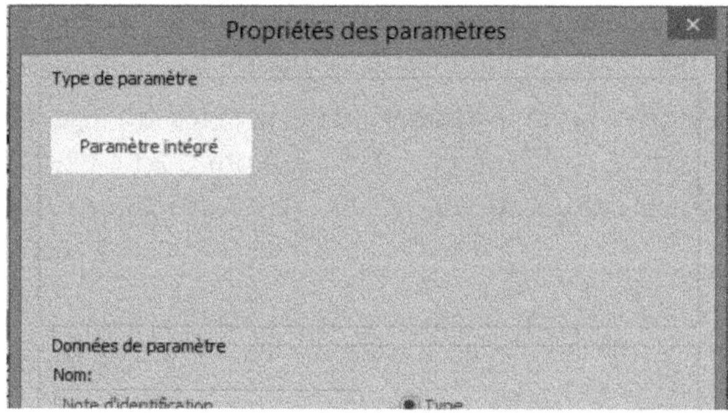

Les paramètres du projet

Comme leur nom l'indique, les paramètres du projet sont créés dans un projet, donc dans un fichier RVT. Ils sont appliqués à des catégories spécifiques de familles. Ces paramètres, bien que créés dans un projet, peuvent être « véhiculés » par les familles, d'un projet à un autre, par simple copier/coller de la famille. Une fois appliqué à une catégorie d'objets en particulier, le paramètre apparaît dans tous les objets de la catégorie, comme s'il avait été créé directement dans toutes les familles de cette catégorie. Comme ils sont créés dans le projet, les paramètres du projet seront connus de Revit et pourront apparaître dans les nomenclatures mais pas dans des étiquettes.

Voici la marche à suivre pour créer un paramètre du projet : dans le fichier projet, cliquez sur l'onglet *Gérer*, puis sur le panneau *Paramètres* et enfin sur *Paramètres du projet*. Une première fenêtre s'ouvre, elle affiche les paramètres existants et permet aussi d'en créer de nouveaux, de les modifier ou d'en supprimer. Cliquez sur *Créer* afin d'ouvrir la fenêtre *Propriétés des paramètres* (figure 4-8).

Figure 4–8
Fenêtre Propriétés des paramètres dans le cas d'un Paramètre du projet

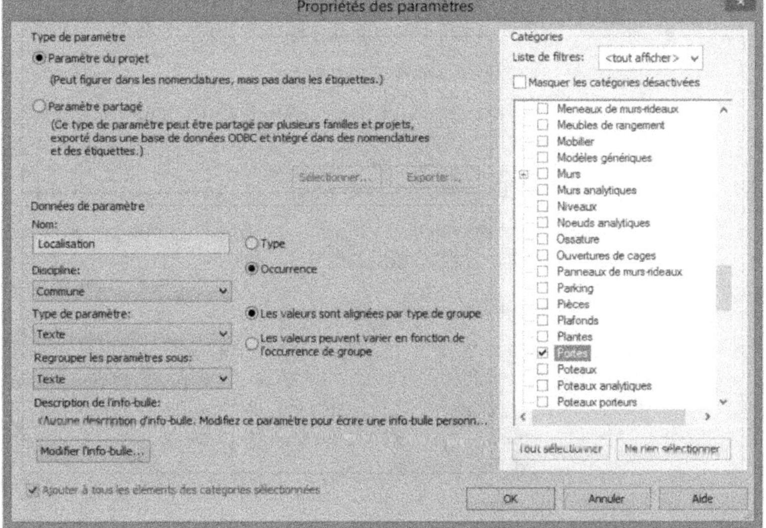

Toute la partie gauche est quasi identique à celle de la fenêtre des *Propriétés des paramètres* de l'interface des familles. En revanche, apparaît à droite la liste des catégories auxquelles le paramètre du projet pourra être attribué. Voici quelques remarques et constats :

- Les catégories applicables correspondent aux catégories de familles chargeables mais aussi aux catégories de familles système.
- On peut choisir plusieurs catégories à la fois voire toutes si on le souhaite.

- Un paramètre du projet peut aussi être partagé et ainsi apparaître dans des étiquettes. Attention cependant à réserver cela plutôt pour les catégories de familles système. Pour les autres catégories, il est préférable d'intégrer les paramètres partagés dans les familles.

- On peut spécifier pour certains formats de paramètres si la valeur du paramètre peut varier ou non entre différentes occurrences d'un même groupe.

Exemples d'utilisation

Les avantages de ces paramètres du projet sont nombreux mais voici quelques cas d'utilisation fréquents.

Personnalisation des familles système

Le comportement des familles système n'est pas personnalisable. Seul le paramètre du projet permet d'ajouter des paramètres à ces objets.

Généralisation d'un paramètre

Vous pouvez utiliser un paramètre du projet si vous souhaitez appliquer un même paramètre à plusieurs catégories d'objets, par exemple la localisation (N° de bâtiment) à tous les objets de la maquette.

Paramètres de pièces et d'espaces

Tous les paramètres supplémentaires créés dans une nomenclature de pièce ou d'espace (onglet *Champs* dans les propriétés des nomenclatures) se créent sous la forme de paramètres du projet.

Paramètres utilisés dans une nomenclatures de type Table de valeur

Seuls les paramètres intégrés et les paramètres du projet peuvent être inclus dans ces tables de valeurs, contrairement aux paramètres partagés hélas.

Paramètres spécifiques à un projet

Il est fréquent que pour un projet donné, il soit nécessaire de créer des paramètres spécifiques pour certaines catégories d'objets. Par exemple, si un maître d'ouvrage vous demande de caractériser les portes de son projet de manière très particulière. Au lieu de modifier la bibliothèque de votre société en transformant les familles, il est préférable d'exploiter les paramètres du projet qui n'auront aucun impact sur les standards de votre société.

Les différents formats de paramètres

Les différents formats de paramètres sont classés selon les différentes disciplines de Revit :

- *Commune*
- *Structure*
- *HVAC*
- *Électricité*

- *Canalisation*
- *Énergie*

Nous aborderons ici les formats de la discipline *Commune*. Je laisserai mes coauteurs vous parler des formats de paramètres qui les concernent aux chapitres 16 et 17.

Figure 4–9
Les formats de paramètres de
la discipline Commune

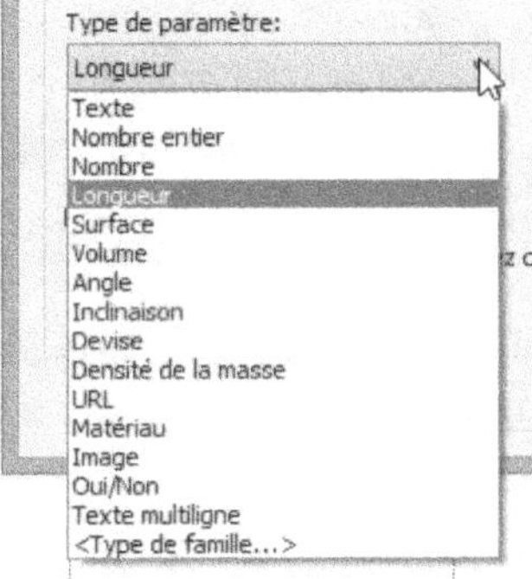

Les différents formats de la discipline *Commune* sont :

- **Texte** : il s'agit d'un simple texte, pouvant contenir des nombres mais considéré comme du texte et non comme une valeur numéraire.
- **Nombre entier** : 1, 2, 3, etc., lorsqu'on a besoin d'une valeur entière, positive ou négative. Exprimé en valeurs positives, ce format est beaucoup utilisé pour paramétrer des réseaux.
- **Nombre** : valeur numéraire quelconque.
- **Longueur** : valeur numéraire dimensionnelle. La première utilisation de ce format est l'association à des cotes pour pouvoir faire varier les dimensions d'un objet. Attention, lors de la création d'un nouveau paramètre depuis la fenêtre *Types de familles*, c'est le format spécifié par défaut.
- **Surface** : valeur numéraire de surface.
- **Volume** : valeur numéraire de volume.
- **Angle** : valeur numéraire angulaire, utilisée principalement pour faire pivoter des objets en les appliquant à des cotes angulaires.
- **Inclinaison** : valeur numéraire de type inclinaison.
- **Devise** : valeur numéraire financière, si on souhaite créer une information de coût.
- **Densité de la masse** : valeur numéraire de densité (kg/m^3 ou toute autre unité de densité du projet).
- **URL** : pour *Uniform Resource Locator*, soit une adresse Internet ou un emplacement local, pour pointer vers un document localisé à cet emplacement. Vous pou-

vez utiliser ce format si, par exemple, vous créez une porte standard du commerce et vous souhaitez ajouter le lien Internet vers la fiche technique du fabricant.

- **Matériau** : il s'agit des attributs de matériaux Revit permettant d'associer un paramètre de matériau à une géométrie 3D de la famille en entier ou partiellement, et ainsi faire varier le matériau une fois l'objet utilisé dans le projet.
- **Image** : ce format permet d'insérer une image dans la famille, qui ne sera visible que dans les nomenclatures.
- **Oui/Non** : une case à cocher, un paramètre *Vrai/Faux* ou *On/Off* peuvent être très utiles pour masquer/afficher des objets ou les exploiter dans des formules conditionnelles.
- **Texte multiligne** : disponible à partir de la version 2016, ce format permet de saisir du texte multiligne *via* un éditeur de texte très sommaire.
- **<Type de famille…>** : ce format de paramètre est « magique » car il permet de créer facilement des variantes formelles d'un objet sans avoir à multiplier les différentes familles. Nous le rencontrerons dans l'exercice 9 du chapitre 11, page 201.

> **Attention**
>
> Il est important de bien choisir son format car ensuite il ne peut plus être modifié contrairement aux autres données de paramètres (nom, groupement, de type ou d'occurrence). Si vous vous êtes trompé, vous devrez le supprimer puis le recréer correctement.

De type ou d'occurrence ?

En corrélation avec les types de familles et leurs occurrences (voir chapitre 2), les paramètres peuvent également être de type ou d'occurrence, et ce indifféremment de leur type de paramètre (de famille, partagé ou intégré) ou de leur format. Ce point est rarement simple pour un créateur de famille débutant et fait parfois aussi hésiter les créateurs chevronnés. Heureusement, cette donnée est modifiable après création des paramètres en question.

Le principe général

Un paramètre de type caractérise le type de famille. En d'autres termes, les paramètres pour lesquels des valeurs différentes caractérisent des « modèles » d'objets différents, doivent être des paramètres de type. À l'inverse, les paramètres d'occurrence caractérisent uniquement l'occurrence spécifique d'un objet. Ainsi, des paramètres d'occurrence doivent pouvoir prendre des valeurs différentes pour un même modèle d'objet. En se référant à cette notion de modèle, on arrive généralement à répondre facilement à la question du type ou de l'occurrence que vous vous poserez inévitablement.

Des paramètres qui sont généralement de type :

* Les dimensions principales des objets correspondent généralement aux caractéristiques des différents modèles d'objets. Par exemple, la longueur et la largeur d'un lit ou d'une table seront de type. Les hauteur et largeur d'une fenêtre sont des paramètres intégrés de la catégorie *Fenêtres* et sont de type.

* Les paramètres de format *Matériau* sont généralement de type car les matériaux sont souvent caractéristiques de modèles différents. Par exemple, une table en verre correspond à un autre modèle qu'une table aux mêmes dimensions mais en bois.

Des paramètres qui sont généralement d'occurrence :

* Les dimensions secondaires de certains sous-composants pourront être d'occurrence. Par exemple, la profondeur du profil d'un cadre de porte pourra être d'occurrence (comme on le verra dans les exercices) parce qu'on considère que cela ne caractérise pas vraiment le modèle de la porte en lui-même. Cette dimension constitue plutôt une adaptation à un contexte externe : l'épaisseur du mur.

* Les dimensions qui constituent des contraintes par rapport à des références externes à l'objet seront généralement d'occurrence. Le cas typique est le paramètre *Hauteur de l'appui* qui caractérise toutes les familles des catégories *Porte* et *Fenêtre*. Un même type (modèle) de fenêtre peut être posé à des hauteurs d'allège différentes sans remettre en cause le modèle de fenêtre en question. À noter que ce paramètre est un paramètre intégré d'occurrence qui n'est pas présent à la création de la famille mais qui apparaît uniquement lorsque la fenêtre est insérée dans le projet. Voici un autre exemple fréquent : un paramètre de format *Longueur* qui maîtrise la position d'une porte dans l'épaisseur du mur.

* Tous les paramètres qui influent uniquement sur la représentation graphique d'un objet et non sa constitution physique sont des paramètres d'occurrence. Prenons l'exemple du paramètre d'angle qui pilote l'angle d'ouverture du symbole de porte en plan. Que l'on souhaite représenter la porte ouverte à 90° ou semi fermée à 30°, cela n'influe pas sur le modèle de porte en question.

* Les paramètres de format *Matériau* qui sont utilisés pour définir la finition de tout ou partie d'une famille sont aussi des paramètres d'occurrence. La couleur de finition d'un objet en est un exemple.

Les paramètres de type permettent de structurer et de classifier facilement tous les objets car à chaque modèle d'objet correspond des valeurs identiques de paramètres de type et donc un type de famille particulier. Un autre avantage des paramètres de type est que si la valeur doit changer, il suffit de la modifier depuis une seule occurrence de l'objet pour que toutes les autres occurrences du même type soient mises à jour.

Les paramètres d'occurrence créent de la souplesse car pour un même type, ils peuvent prendre des valeurs différentes. Si tous les paramètres étaient d'occurrence, il serait en revanche beaucoup plus difficile de trier, gérer et classifier les objets de la maquette numérique. Un changement général de valeur exigerait de sélectionner toutes les occurrences d'un même type pour les modifier.

Dans la fenêtre *Types de familles*, les paramètres d'occurrence sont suivis par *(par défaut)* comme l'illustre la figure 4-10.

Figure 4–10
Fenêtre Type de familles, distinction entre un paramètre d'occurrence et un paramètre de type

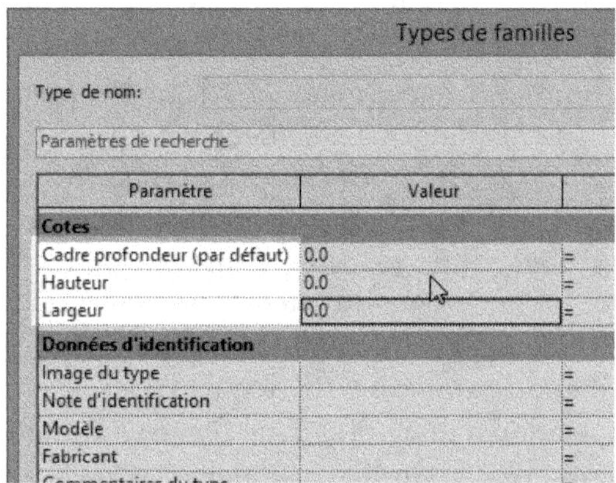

Le paramètre *Cadre profondeur (par défaut)* est d'occurrence, les autres sont de type.

Les cas particuliers

Comme souvent, des situations particulières amènent à agir différemment. En voici deux mais d'autres peuvent exister :

* **La notion d'accessoire à un objet** : beaucoup d'objet (mobiliers, portes, équipements, appareils sanitaires…) de la construction comportent des accessoires. L'exemple typique est la porte. Une porte avec ferme-porte est dans les faits différente d'une porte « identique » sans ferme-porte. Un paramètre qui informerait de la présence d'un tel équipement devrait logiquement être de type. Si l'on considère le ferme-porte en tant qu'accessoire, on peut créer le paramètre en occurrence afin de ne pas multiplier les types de portes « identiques » dans leur constitution principale.

- **Partage d'une famille entre plusieurs intervenants :** fortement d'actualité, il est fréquent que quelqu'un d'autre que vous soit responsable d'une partie des caractéristiques d'un objet que vous avez ou devez créer en famille. Dans le cadre d'une collaboration BIM, il vaut mieux que ces caractéristiques puissent être renseignées directement dans les familles de la maquette par les personnes responsables de ces informations. Il existe différentes manières d'y arriver, notamment la synchronisation d'une feuille de calcul Excel avec la maquette. Dans ce cas de figure, il est impensable que les paramètres mis à jour par la feuille de calcul soient de type car cela risquerait de modifier involontairement la totalité des occurrences d'un même type. Pour cette raison, des caractéristiques, même principales et donc plutôt de type, seront matérialisées par un paramètre d'occurrence.

Modifier les paramètres intégrés

Afin d'éviter les paramètres non utilisés, on a pour habitude d'exploiter prioritairement les paramètres intégrés. Cependant, ces paramètres ne sont pas modifiables (voir précédemment), ce qui pose problème si l'on souhaite les transformer, de type à occurrence, par exemple.

Les paramètres de longueur

La marche à suivre pour modifier un paramètre intégré de longueur est la suivante : une fois le paramètre intégré associé à une cote, sélectionnez cette dernière et dans l'onglet contextuel *Modifier* (dans la barre d'options pour les versions antérieures à la version 2016 R2), cochez *Paramètre de l'occurrence*.

Figure 4–11
Modification d'un paramètre intégré de longueur

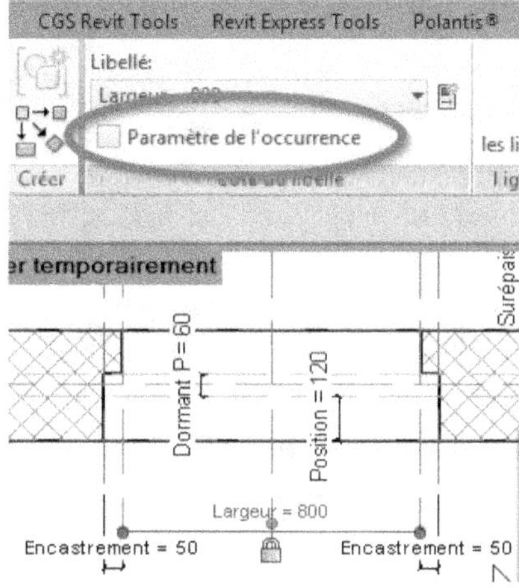

Les autres formats

Pour les paramètres d'un format autre que *Longueur*, il semble ne pas y avoir de solution. Pourtant, il existe une astuce que j'ai découvert récemment. Il suffit de changer temporairement la catégorie de la famille en une catégorie qui n'est pas caractérisée par le paramètre intégré qu'on souhaite modifier. Prenons l'exemple d'une porte et du paramètre intégré *Protection contre l'incendie* (sous l'intitulé *Données d'identification*) qui est un paramètre de format texte et de type.

1 Créez une famille de portes à partir du gabarit *Porte métrique*.

2 Attribuez une valeur quelconque à *Protection contre l'incendie*.

3 Changez la catégorie (onglet *Créer* puis *Catégorie et paramètres de famille*) en *Modèle générique*.

4 Sélectionnez le paramètre et cliquez sur *Modifier le paramètre*. Passez le paramètre de *Type* à *Occurrence* (ce n'est plus un paramètre intégré).

5 Repassez la catégorie en *Porte*. *Protection contre l'incendie* est redevenu un paramètre intégré mais cette fois, il s'agit d'un paramètre d'occurrence (figure 4-12).

Figure 4–12
Modification des paramètres intégrés

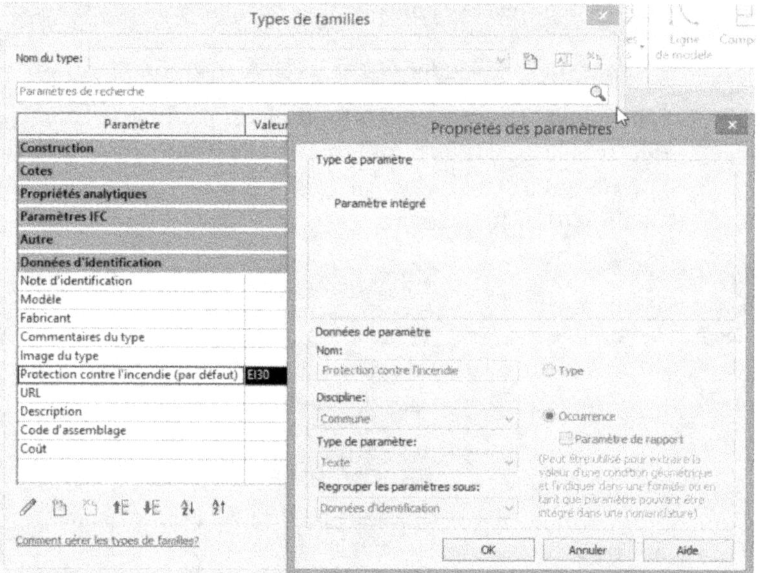

À noter que cela ne fonctionne pas pour le format du paramètre. Si le format d'un paramètre système est modifié après avoir changé la catégorie, lors du retour à la bonne catégorie, le paramètre modifié est renommé avec un indice _x et le paramètre intégré d'origine réapparaît.

Les paramètres de rapport

Les paramètres de rapport sont des paramètres d'occurrence de nature très particulière. Il s'agit de paramètres dimensionnels qui renvoient une valeur géométrique en tant qu'information. Les valeurs peuvent ainsi être réutilisées dans des formules d'autres paramètres ou tout simplement apparaître dans des nomenclatures. Nous les utiliserons dans l'exercice de la porte.

La manipulation des paramètres

Nous allons aborder ici les notions théoriques qui permettent d'exploiter les paramètres et créer des relations entre eux. Nous aurons l'occasion de mettre en pratique ces notions dans les exercices de la deuxième partie de l'ouvrage.

Renseigner les paramètres

Dans une famille simple, la plupart voire la totalité des paramètres seront à renseigner manuellement, c'est pourquoi j'aime parler de paramètres « d'entrée ». La personne qui les renseignera peut être le créateur de la famille qui spécifiera des valeurs type (selon les types de familles créés) ou des valeurs par défaut (selon l'occurrence du type). Cette personne est bien souvent aussi l'utilisateur final de la famille qui, dans un projet particulier, va rentrer ces valeurs afin que la famille s'adapte au besoin particulier du projet.

Prenons un exemple : j'insère une famille de bureau dans un projet et je modifie les valeurs des paramètres *Longueur* et *Largeur* à 160 cm et 80 cm parce que c'est ce dont j'ai besoin dans mon projet. Comme les paramètres *Longueur* et *Largeur* sont des paramètres de type, je décide également de créer un type de famille spécifique, *Bureau 160×80cm*, qui correspond à ces dimensions précises. Je dois saisir des valeurs pour les deux paramètres.

Les valeurs des paramètres sont à renseigner dans la colonne *Valeur* de la fenêtre *Types de familles*.

Le contenu des valeurs dépend naturellement du format des paramètres à renseigner. À la création du paramètre, les cases ne contiennent aucune valeur. Pour les paramètres de formats numériques (longueur, surface, etc.), une fois une première valeur numérique renseignée, il n'est plus possible de « vider » la case. Au minimum, il faut laisser une valeur égale à 0. Pour rappel, les unités par défaut des paramètres de formats numériques sont les suivants :

- **Longueur** : mm
- **Surface** : m^2
- **Volume** : m^3
- **Angle** : degré décimal

Figure 4–13
Fenêtre Types de familles où la
colonne Valeur est à renseigner

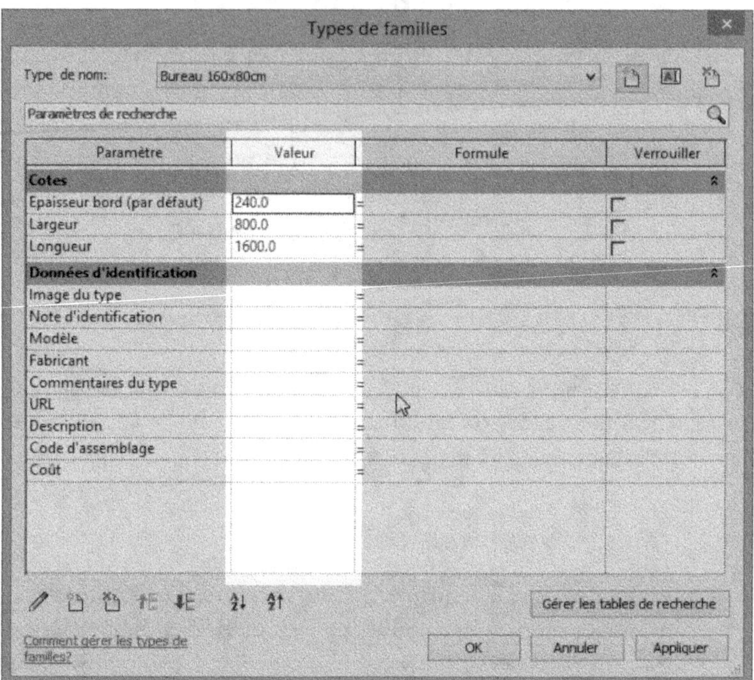

- **Inclinaison :** degré décimal
- **Densité de la masse :** kg/m³

Automatiser des valeurs de paramètres par des formules

L'un des atouts majeurs de Revit réside dans la possibilité de créer des objets personnalisés à travers son éditeur de familles et ce, sans connaissance d'un langage de programmation. La capacité de l'éditeur de familles de créer des relations automatiques entre les paramètres *via* l'utilisation de formules mathématiques, à l'instar d'une feuille de calcul Excel, est ce qui rend Revit unique et si performant comme outil de création de maquette numérique.

En effet, l'usage de formules mathématiques permet d'automatiser le comportement des objets, d'intégrer en quelque sorte une part d'intelligence du concepteur dans son objet. Les formules s'inscrivent dans la fenêtre *Types de familles*, dans la colonne dédiée nommée *Formule*, comme dans une cellule d'un tableur. Il suffit de saisir les formules après le signe =.

Figure 4–14
Fenêtre Types de familles
où la colonne Formule est
à renseigner

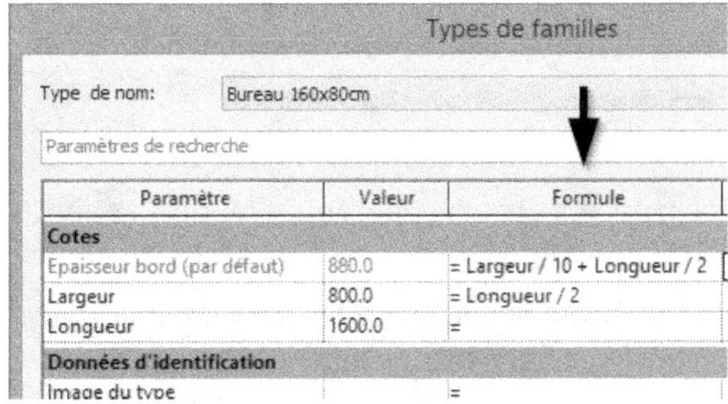

Bon à savoir

- Il n'est pas nécessaire d'ajouter des espaces entre les paramètres et les opérateurs mathématiques, Revit s'en charge automatiquement.
- Revit respecte scrupuleusement la frappe, donc « largeur » est différent de « Largeur » ou de « Largeurs ».
- N'utilisez pas des noms de paramètres avec des signes que Revit interprèterait comme des opérateurs (par exemple, le tiret –).
- Les unités doivent bien entendu être compatibles entre elles : une longueur + longueur = longueur, surface / longueur = longueur, longueur × longueur = surface…
- Lorsque la valeur d'un paramètre dépend d'un seul autre paramètre (cas du paramètre *Largeur* sur la figure 4-14), les deux paramètres restent modifiables manuellement. À partir de deux paramètres dans la formule d'un paramètre, ce dernier se grise et n'est plus modifiable manuellement.
- Les paramètres de type peuvent être utilisés indifféremment dans des formules de paramètres de type ou d'occurrence. Les paramètres d'occurrence ne peuvent pas être utilisés dans des paramètres de type.

Les formules simples

Les formules simples utilisent les opérateurs mathématiques suivants :

- Addition :   +   valeur + valeur
- Soustraction :   –   valeur - valeur
- Multiplication :   *   valeur * valeur
- Division :   /   valeur / valeur
- Puissance y :   ^y   valeur ^ y
- Racine carrée :   sqrt   sqrt (valeur)
- Logarithme :   log   log (valeur)
- Sinus :   sin   sin (valeur)
- Cosinus :   cos   cos (valeur)
- Tangente :   tan   tan (valeur)
- Inverse sinus :   asin   asin (valeur)
- Inverse cosinus :   acos   acos (valeur)

- Inverse tangente :   atan   atan (valeur)
- Exponentielle e^x :   exp(x) exp (valeur)
- Valeur absolue :   abs   abs (valeur)
- Π (Pi) :   pi   pi()

Les valeurs peuvent être indifféremment des valeurs numériques, des paramètres (aux formats compatibles) ou encore des formules imbriquées mêlant les deux.

Vous avez sans doute remarqué que certains opérateurs n'existent pas. Pour autant, vous pouvez assez facilement les obtenir à partir d'autres opérateurs :

- Racine y = puissance 1/y donc « valeur ^ (1/y) »
- Cotangente = 1/tangente donc « 1/tan (valeur) »
- Inverse cotangente de x = inverse tangente (1/x) donc « atan (1/valeur) »

> **Attention**
>
> Vous pouvez retrouver la syntaxe des formules dans l'aide de Revit en tapant « Syntaxe et abréviations de formules valides ». Cependant, cette aide contient malheureusement quelques erreurs :
>
> - Une erreur de frappe s'est glissée pour l'opérateur « asin » qui est faussement écrit « asinus » dans l'aide française.
> - La fonction exponentielle exp(x) n'est pas correctement expliquée. Il y est dit « 10 élevé à la puissance x – exp(x) » alors qu'il faut lire « e » (le nombre d'Euler 2,71828…) élevé à la puissance x.

Les arrondis

Depuis la version 2012, des fonctions d'arrondis sont venues faciliter la manipulation de certaines formules :

- Arrondi standard :   Round   Round (valeur)
- Arrondi supérieur :   Roundup   Roundup (valeur)
- Arrondi inférieur :   Rounddown Rounddown (valeur)

Avant la création de ces fonctions, il fallait faire usage de valeurs de vérification et de formules conditionnelles qui complexifiaient sensiblement les familles. Ces arrondis sont souvent utilisés dans des réseaux paramétriques.

Les formules conditionnelles

Revit accepte dans ses formules des instructions conditionnelles utilisant les opérateurs de base de la logique mathématique. Cette discipline est aussi appelée « logique de Boole » car elle s'appuie sur les premières règles de logique initiées par le mathématicien britannique George Boole au XIXe siècle.

La logique mathématique constitue un des fondements de l'informatique théorique. À ce titre, la manipulation de règles conditionnelles dans Revit peut, à un stade assez avancé, apparaître à certains néophytes d'une complexité comparable à de la programmation. Rassurez-vous, cela peut certes devenir complexe mais c'est à la portée intellectuelle de tout bachelier. Le problème est que pour beaucoup d'entre nous, les cours de mathématiques du lycée sont un souvenir assez lointain.

L'usage de formules conditionnelles va vous permettre de rendre vos objets plus « intelligents » en leur donnant la faculté d'automatiser leur propre comportement. Un autre avantage est de limiter le nombre de valeurs de paramètres à saisir manuellement et, plus important, d'éviter des erreurs d'incohérence comme nous le verrons lors de nos exercices.

Principe élémentaire

Quels que soient les logiciels qui utilisent des instructions conditionnelles (un tableur Excel, par exemple), ces dernières se présentent toujours selon la même structure :

Valeur = IF (condition, résultat si vrai, résultat si faux)

Ce qui peut changer d'un outil à un autre, c'est la syntaxe de la formule. Dans Excel, par exemple, le IF est traduit en SI et l'on utilise le point-virgule pour séparer la condition et les résultats.

Dans Revit, « Valeur » correspond au paramètre auquel on associe une formule conditionnelle. Ce paramètre peut être d'un format numérique, *Oui/Non* mais également ment textuel.

« IF » est l'opérateur logique qui annonce la formule conditionnelle.

« condition » est l'énoncé de la condition que vous voulez que Revit vérifie. Cette condition peut contenir une valeur numérique, un paramètre numérique ou un paramètre de format *Oui/Non*. Il peut également contenir des conditions multiples.

« résultat si vrai » est la valeur que va prendre notre paramètre si la condition énoncée avant est « vrai », vérifiée en d'autres termes. Elle peut également contenir des paramètres, des formules et des formules conditionnelles imbriquées.

« résultat si faux » est la valeur que va prendre notre paramètre si la condition énoncée avant est « faux », ou non vérifiée en d'autres termes. Elle peut également contenir des paramètres, des formules et des formules conditionnelles imbriquées.

Les opérateurs logiques valides

Les opérateurs logiques sont les plus élémentaires :

- Plus petit que :   <   paramètre < valeur
- Plus grand que :   >   paramètre > valeur
- Égal à :   =   paramètre = valeur

Les valeurs peuvent être des nombres ou des paramètres numériques.

- La négation :   NOT   NOT (condition)
- La conjonction (et)   AND   AND (condition 1, condition 2)
- La disjonction (ou)   OR   OR (condition 1, condition 2)

Remarque

Les opérateurs « Plus petit ou égal » et « Plus grand ou égal » n'existent pas mais peuvent facilement s'obtenir en inversant les conditions :
- $X \leq Y = NOT (X > Y)$
- $X \geq Y = NOT (X < Y)$

Quelques exemples expliqués

Comme ces notions de logique mathématique peuvent sembler de prime abord assez abstraites, je vous propose d'illustrer mes propos par quelques exemples.

<u>Condition simple :</u>

Épaisseur plateau = if (Longueur > 2000 mm, 40 mm, 30 mm)

Dans le cas d'une famille de tables, si sa longueur dépasse 2 m, alors l'épaisseur du plateau sera égale à 40 mm sinon, elle sera égale à 30 mm.

<u>Condition avec paramètre *Oui/Non* :</u>

H réservation intérieure = if (Volet roulant, Hauteur + H coffre VR, Hauteur)

Dans une fenêtre, la présence d'un coffre de volet roulant intégré est associée à un paramètre de format *Oui/Non Volet roulant*. La hauteur de la réservation de la fenêtre côté intérieur est égale à la hauteur de la fenêtre + la hauteur du coffre de volet roulant si le paramètre *Oui/Non Volet roulant* est coché, sinon elle sera égale à la hauteur de la fenêtre. Vous noterez que dans le cas d'un paramètre de format *Oui/Non*, il suffit de citer le paramètre pour créer la condition « paramètre = oui ».

<u>Condition sur paramètre *Oui/Non* :</u>

Pied central = Longueur > 2 000 mm.

Toujours dans le cas d'une table, le paramètre *Oui/Non Pied central* vas se cocher automatiquement si la longueur de la table est supérieure à 2 m afin de faire apparaître un 5e pied central dans le cas d'une grande longueur. Il suffit de mentionner le cas du « résultat si vrai ».

<u>Condition sur paramètre de format texte :</u>

Imaginons que vous souhaitiez automatiser le remplissage d'un texte dans un paramètre :

Modèle = if (Largeur > 600 mm, « xyz200XL », « xyz200 »)

Pour renseigner le modèle d'équipement, si la largeur est supérieure à 600 mm, alors le modèle sera le « xyz200XL », sinon le modèle sera le « xyz200 ».

Les paramètres globaux

Les paramètres globaux sont une nouveauté de la version 2016 R2 et ne concernent pas spécialement les familles. Pourquoi est-ce que je vous en parle alors ? Tout simplement parce que grâce au paramètres globaux, c'est en quelque sorte le projet tout entier qui devient une famille paramétrique. La bonne idée qu'a eu Autodesk est de nous permettre d'appliquer des paramètres à des objets directement dans le projet.

Les caractéristiques

Les caractéristiques des paramètres globaux sont très proches de celles des paramètres dans les familles. Ainsi, les paramètres globaux peuvent :

- être de tous les formats ;
- être mis en relation par des formules ;
- être associés à des paramètres des familles chargeables et à certains paramètres des familles système (dans la version 2016 R2, c'est limité aux paramètres d'occurrence alors que depuis la version 2017 c'est indifféremment d'occurrence ou de type) ;
- être de rapport pour afficher une valeur du projet ou être utilisés dans une formule d'un autre paramètre global.
- En revanche, ils ne peuvent pas être « partagés ».

Il s'agit d'une nouveauté très prometteuse dont on ne mesure pas encore, à mon avis, la pleine étendue des possibilités. Le format le plus couramment exploité est le format *Longueur* appliqué à des cotes dans le projet.

Création d'un paramètre global

Dans l'onglet *Gérer*, cliquez sur *Paramètres globaux*. Une fenêtre apparaît alors (figure 4-15). La procédure est identique à celle permettant de créer des paramètres dans l'éditeur de familles.

1 Cliquez sur l'icône *Nouveau paramètre global* ❶.

2 Dans la fenêtre *Propriétés des paramètres globaux* renseignez le nom du paramètre ❷.

3 Ensuite, spécifiez le format du paramètre issu de la discipline choisie ❸.

Pour valider la création, cliquez deux fois sur le bouton *OK*. Vous constaterez que, comme pour une famille chargeable, il vous est possible de créer des formules entre les paramètres globaux dans la colonne dédiée *Formule*.

Figure 4–15
Fenêtre Propriétés des paramètres globaux

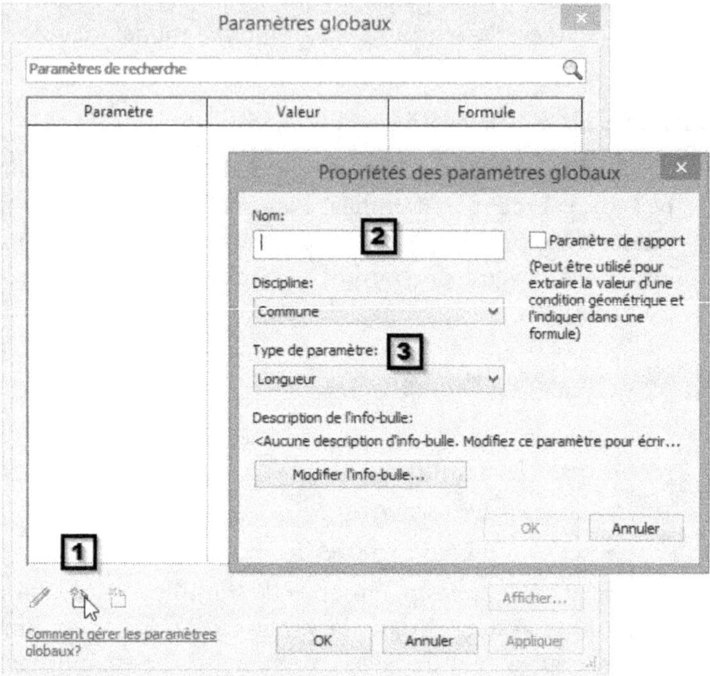

Astuces

- Contrairement à l'éditeur de familles, quand un paramètre global est associé à une cote, cette dernière continue d'afficher normalement la valeur. C'est en cliquant sur la cote qu'apparaît un petit crayon qui indique l'association d'un paramètre global à la cote.
- Afin de retrouver la cote auquel est associé un paramètre global, il suffit de cliquer sur le bouton *Afficher* de la fenêtre *Paramètres globaux* (figure 4-16).

Exemple d'utilisation

Paramétrer la position des objets du projet

Prenons un exemple : dans un projet, il est courant d'avoir des niveaux secondaires « sous dalle » associés aux niveaux principaux afin de gérer facilement les contraintes hautes et basses des différents types de parois modélisées (cette méthode est expliquée dans le livre *Revit pour les architectes* de Julie Guézo et Pierre Navarra, publié aux éditions Eyrolles).

Avant, on avait seulement la possibilité de « cadenasser » leur position par rapport à leur niveau principal de référence grâce aux cotes. Pour modifier les valeurs, il fallait déverrouiller les cotes et déplacer manuellement les niveaux avec les risques d'oublis et d'erreurs que cette manipulation pouvait engendrer.

Maintenant, il est possible de créer un paramètre global *Épaisseur dalle* et de l'affecter aux cotes concernées comme dans une famille : sélection de la cote et attribution du paramètre dans *Libellé* de l'onglet contextuel *Modifier* (barre d'options pour la version 2016 R2). La seule différence est que le nom du paramètre ne s'affiche pas sur la cote. En la sélectionnant, un symbole temporaire de crayon indique que la cote est associée à un paramètre global.

Figure 4–16
Déplacement des niveaux
par paramètre global

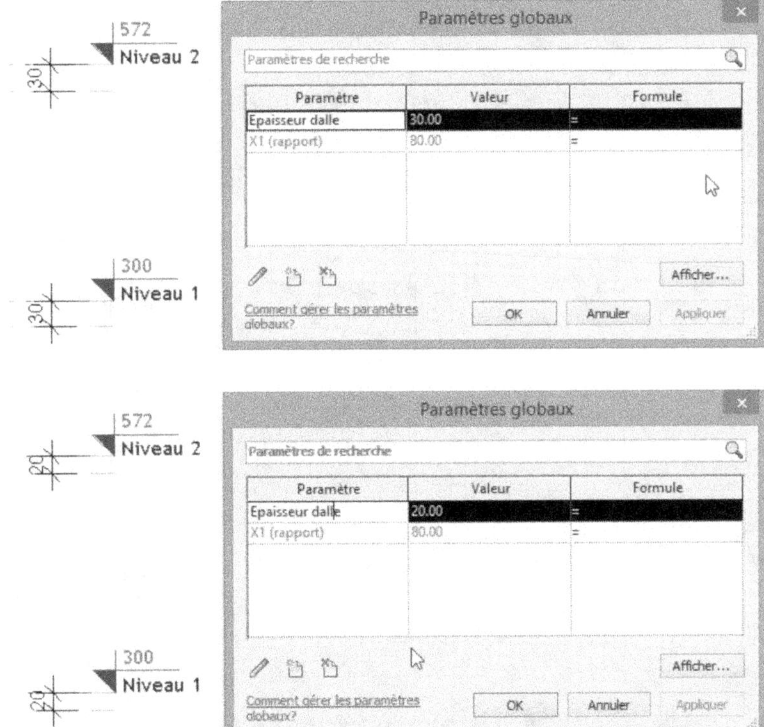

Automatiser le positionnement de certains objets vis-à-vis d'autres objets en exploitant des formules

Voici un autre exemple : une pièce du projet qui doit toujours avoir la même surface, à savoir 25 m².

Après avoir créé les paramètres associés aux cotes de la pièce et les formules adéquates, en déplaçant la façade, la largeur de la pièce s'adapte pour satisfaire la contrainte de surface. À noter que le paramètre *Pièce profondeur* est en paramètre de rapport afin qu'il puisse être modifié graphiquement.

Figure 4–17
Contraindre la surface
d'une pièce

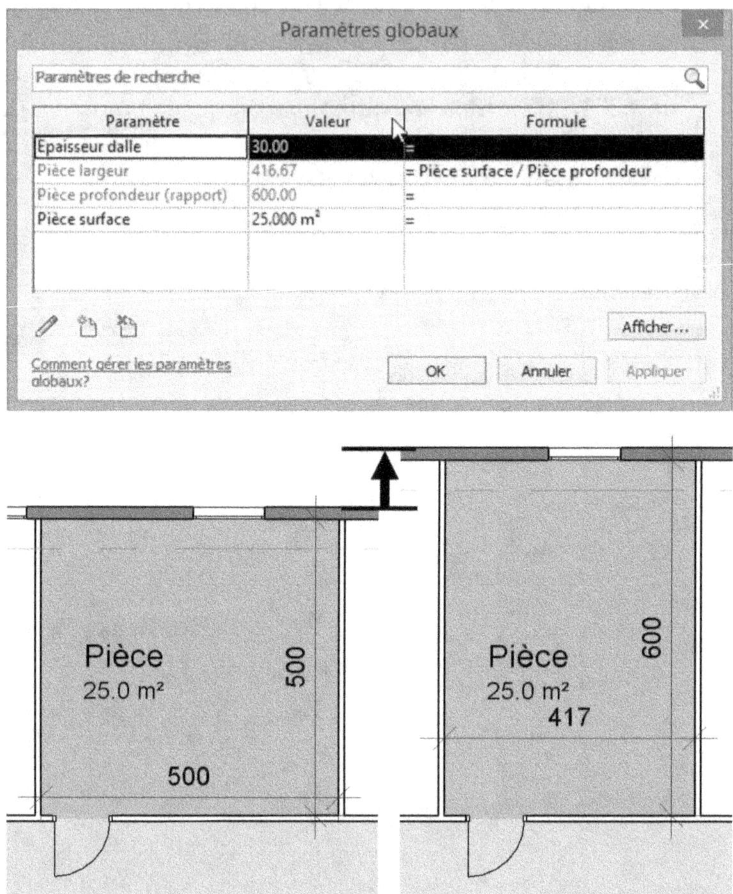

Interagir avec des paramètres de familles

Cette interaction des paramètres de familles est possible, que ces dernières soient chargeables ou système. Il s'agit là de la plus intéressante des possibilités selon moi.

Voici un exemple : dans une salle de conférence, on pose une famille de rangées de chaises dans laquelle deux paramètres spécifient le nombre de chaises dans une rangée ainsi que le nombre de rangées de chaises. Dans la deuxième partie du livre, vous verrez comment créer ce genre de famille complexe.

Figure 4–18
Associer des paramètres globaux à des paramètres d'occurrence de familles

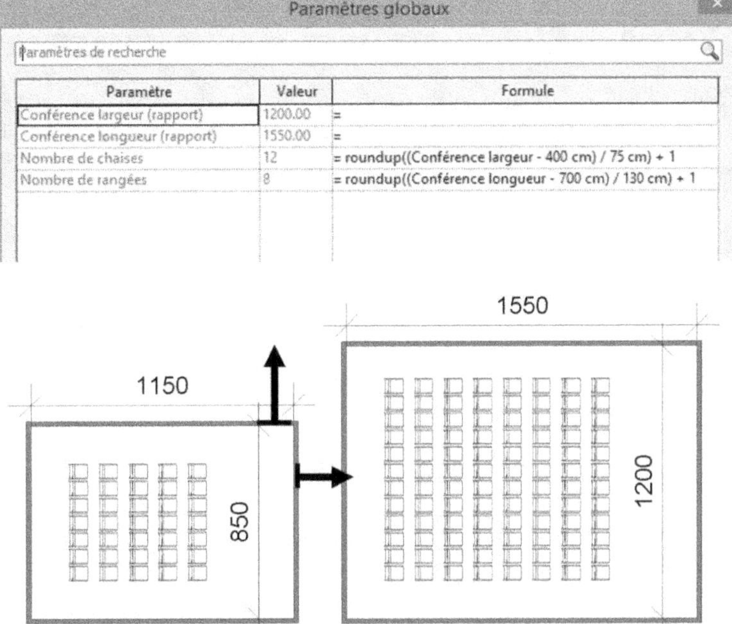

Dans notre cas de figure, les paramètres globaux *Nombre de chaises* et *Nombre de rangées* sont pilotés par des formules faisant référence aux paramètres globaux *Conférence largeur* et *Conférence longueur*. Ces paramètres ont été associés aux deux cotes de la salle de conférence. Par un jeu d'associations de paramètres (que nous verrons dans les exercices), lorsque la dimension de la salle change, Revit ajoute automatiquement à la famille le nombre de chaises nécessaire, conformément à la formule.

5

Gestion des familles et de leurs paramètres

La gestion des familles à l'échelle d'une entreprise

Comme pour toute ressource importante au sein d'une entreprise, un minimum de réflexion doit être mené en ce qui concerne la gestion des familles, qui constituent la bibliothèque d'objets de l'entreprise.

Les stratégies informatiques

Le cas des familles chargeables

Les familles chargeables sont des fichiers informatiques et à ce titre, une politique de classement, de droit d'accès et de sauvegarde doit être mise en place.

Le classement des familles

En matière de classement, les familles de la bibliothèque doivent être enregistrées dans un dossier commun aux utilisateurs Revit et accessible à tous. L'arborescence ne doit pas être trop « profonde » tout en étant clairement hiérarchisée afin que chacun retrouve facilement ce qu'il cherche. Voici un exemple d'arborescence :

1 Bibliothèque Revit

   1.1 Annotations

      1.1.1 Étiquettes de portes

      1.1.2 Étiquettes de mobiliers

      1.1.3 Symboles d'annotations

      …

   1.2 Composants de détail

      1.2.1 Objets de détail

      1.2.2 Site

      1.2.3 Équipements techniques

      …

   1.3 Modèles 2D et 2,5D

      1.3.1 Appareils sanitaires

      1.3.2 Mobiliers

      … par catégorie

   1.4 Modèles 3D

      1.4.1 Appareils sanitaires

      1.4.2 Portes

      1.4.3 Fenêtres

      … par catégorie

Le droit d'accès des familles

Il est fortement conseillé de laisser en lecture seule le dossier contenant la bibliothèque pour les utilisateurs et en lecture/écriture uniquement pour les référents Revit de l'entreprise. Étant donné que d'autres personnes que les référents de l'entreprise sont susceptibles de créer des familles, il peut être intéressant de créer un dossier de travail de bibliothèque dans lequel tout le monde peut venir déposer des fichiers de familles qui seraient en attente de validation par les personnes responsables de la bibliothèque.

La sauvegarde des familles

Comme n'importe quel autre fichier, les familles doivent être sauvegardées pour éviter toute perte liée à des problèmes informatiques divers. Un autre type de sauvegarde, spécifique aux familles, doit être envisagée : la sauvegarde de versions antérieures. Les familles, comme les fichiers projets, sont incompatibles avec des versions antérieures de Revit et il est bien entendu impossible d'enregistrer des familles dans des versions antérieures. Or, dans une agence, plusieurs versions de Revit peuvent cohabiter, en fonction des projets initiés mais aussi de la demande de certains clients. Il est donc important soit de conserver plusieurs versions de la bibliothèque, soit une seule mais toujours dans la plus ancienne version de Revit en cours.

Le cas des familles système

Comme expliqué au chapitre 2, les familles système ne peuvent pas être enregistrées en tant que fichier externe RFA. Or, les types de ces familles, que vous aurez consciencieusement créés et paramétrés dans vos projets, doivent aussi être enregistrés quelque part. Deux solutions s'offrent à vous : soit vous les intégrez tous dans le fichier gabarit d'agence (fichier RTE), soit vous créez des fichiers de projets conteneurs, par thème (un fichier mur, un fichier escalier, un fichier garde-corps, etc.).

Ma préférence va à la seconde solution car elle évite que le fichier gabarit ne devienne trop volumineux. En effet, il ne contiendra alors que les types d'objets système dont vous êtes à peu près certains d'avoir besoin pour tous vos projets. Ensuite, en fonction de chaque besoin particulier, vous pourrez toujours transférer les types de familles des fichiers conteneurs dans votre fichier en cours par simple copier-coller.

Vous trouverez plus d'informations sur le fichier gabarit dans le livre de Julie Guézo et Pierre Navarra, *Revit pour les architectes*, paru aux éditions Eyrolles.

Convention de nommage

Une convention de nommage des familles doit être mise en place afin de faciliter leur utilisation et leur classification dans le projet. Peu importe le type de nommage utilisé, l'important est que tous les utilisateurs le respectent. Quelques conseils cependant :

- Commencer par un préfixe particulier comme « A_... », « 0_... » ou « _ » afin que vos familles apparaissent en premier dans les listes déroulantes de Revit.
- N'utiliser pas des noms trop longs car ils risquent de ne pas s'afficher complètement dans les menus déroulants des différentes fenêtres.
- Les sigles ou termes qui désignent quelque chose de particulier doivent être placés au début du nom au risque de ne pas apparaître dans les listes déroulantes. Par exemple, si vous nommez un mur *A_Mur façade porteur_béton armé_16cm*, l'épaisseur ne sera peut-être pas visible dans les listes, ce qui est pourtant très important pour sélectionner le bon type de mur.
- N'hésitez pas à utiliser des codes séparés par des caractères spéciaux afin de distinguer les grandes caractéristiques. Par exemple, les murs de Revit sont utilisés aussi bien pour des murs porteurs que pour des cloisons. On peut utiliser des codes comme *M* pour les murs porteurs, *CL* pour les cloisons, *DI* pour doublage

intérieur, etc. Ces codes vous permettront de créer des filtres de vues sur les noms des objets afin de les distinguer par une mise en couleur dans certaines vues.

Ainsi, un mur porteur en béton armé de 20 cm pourrait être nommé *0_M_BA_20cm* et une cloison en placostil *0_CL_Placo_7cm*.

> **Attention**
>
> Même si cela est tentant, évitez d'ajouter un sigle qui indiquerait l'auteur du projet, par exemple les initiales du nom de votre entreprise. Cela serait considéré clairement comme un signe distinctif et donc contradictoire à l'anonymat parfois exigé dans certains concours de maîtrise d'œuvre.

La mise à jour et la maintenance des familles

La mise à jour des versions

Lorsqu'une nouvelle version de Revit sort (fin avril de chaque année) et que l'usage de cette dernière est décidé sur un premier projet, il peut être judicieux de créer une copie de la bibliothèque dans cette dernière version. Ce n'est pas une obligation, il vous sera toujours possible d'ouvrir et d'utiliser des familles dans une ancienne version, mais pour éviter que Revit effectue une mise à jour (longue) lors de leur chargement, il vaut mieux utiliser des familles dans la même version que son projet.

Avoir une bibliothèque pour chaque version de Revit active permet d'éviter tout risque « d'écrasement » du fichier de bibliothèque d'une version antérieure par un enregistrement « accidentel » en dernière version. Normalement, si vous avez suivi mon conseil et avez limité le droit d'accès au dossier contenant la bibliothèque, le risque est réduit sauf pour les référents Revit, qui eux ont un droit d'accès en écriture et peuvent aussi faire des erreurs. La figure 5-1 de la section suivante illustre la relative complexité du « circuit » des familles entre la bibliothèque et les projets et dans lequel une erreur d'inattention est vite arrivée.

La seule manière de mettre à jour des fichiers de familles consiste à les ouvrir et à les enregistrer dans la version plus récente du logiciel. On peut le faire manuellement mais étant donné le grand nombre d'objets de bibliothèque que vous aurez à migrer, il est préférable d'utiliser des utilitaires dédiés. Ces derniers sont hélas tous payants et seront évoqués à la fin du chapitre.

La maintenance des familles

Dans l'acte de maintenance, il faut considérer toutes les modifications appliquées aux familles, que ce soit pour améliorer leur comportement ou pour répondre à une exigence particulière d'un projet. Les améliorations apportées sans qu'elles soient indispensables au projet ont lieu principalement lorsque vous commencez à travailler avec les familles et que vous vous apercevez, avec l'expérience, que vous n'avez pas utilisé les bonnes méthodes de création. La lecture du présent ouvrage devrait vous aider dans cette démarche.

> **Conseil**
>
> Au début de votre pratique, il est probable que vos familles soient inutilement complexes. On fait souvent l'erreur de vouloir faire trop de choses avec une seule famille, ce qui a pour conséquence de rendre complexes leurs paramètres et leurs comportements. En effet, il faut trouver le juste milieu entre avoir la même famille pour tous les cas d'un objet ou avoir une famille pour chaque cas particulier d'objet. Au début, n'hésitez pas à multiplier les familles, car elles seront plus simples à comprendre. Avec l'expérience, vous pourrez regrouper des cas différents d'objets en complexifiant leur comportement, ce qui permettra de réduire le nombre de familles et facilitera ainsi leur maintenance.

Si la création des familles incombe à tous les utilisateurs (sauf débutants), il est nécessaire que leur amélioration et maintenance soient assurées par une équipe restreinte de référents Revit, aguerris à la création de familles afin de garantir une certaine qualité et constance. Lorsqu'on souhaite modifier une famille, en fonction du point de départ de cette modification, le cheminement peut facilement ressembler à un labyrinthe. La figure 5-1 illustre un parcours fréquent.

Figure 5–1
Parcours typique d'une famille

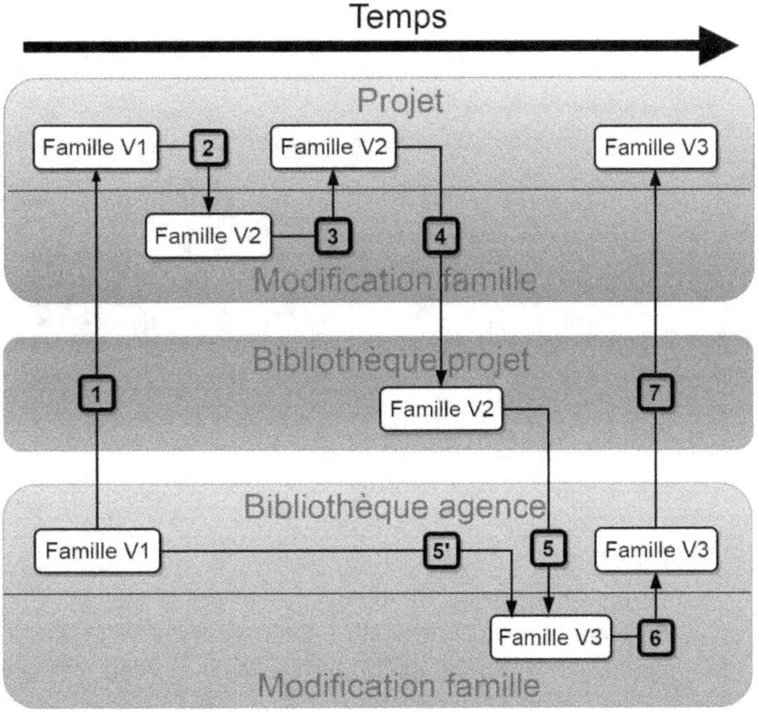

1   Premier chargement de la famille depuis la bibliothèque dans le projet ❶.

2   Au fil du projet, il est parfois nécessaire d'adapter la famille aux besoins du projet ou aux exigences du donneur d'ordre ❷. Au début, cette modification reste généralement interne au fichier du projet. Elle est rechargée dans le projet sans être enregistrée en tant que fichier externe ❸. Cette version V2 de la famille n'existe donc que dans le fichier du projet pour l'instant.

3   Afin de faciliter son usage et sa diffusion, la famille V2 peut être enregistrée dans une bibliothèque de projet (dossier d'affaire) ❹.

4   Si les modifications apportées à la famille du projet par l'utilisateur sont pertinentes pour le plus grand nombre, cette famille pourra être sauvegardée dans la bibliothèque d'agence, seulement après avoir été vérifiée par un expert en famille ❺. Ce dernier y apportera probablement des modifications afin que la famille corresponde aux standards de l'entreprise. Cette dernière version constitue donc une version V3 de la famille initiale qui pourra bien entendu être enregistrée dans la bibliothèque ❻ et rechargée dans le projet ❼ afin d'y garantir son parfait fonctionnement. Le cycle complet de la modification, à partir de l'étape 2, pourra ensuite recommencer si besoin.

Les étapes ❺ et ❻ doivent être réservées aux référents Revit de l'entreprise car elles impactent directement ses standards en matière de gestion des objets, de l'information et de gestion graphique.

Remarques

Problèmes de version

Sur le schéma de la figure 5-1, on considère qu'il n'y a pas de problème de version de Revit. Si le projet était réalisé dans une version de Revit plus récente que la bibliothèque, la liaison ❺ serait à proscrire et l'amélioration de la famille de bibliothèque devrait être réalisée manuellement depuis la version V1 présente en bibliothèque (liaison ❺').

Utilitaires dédiés

Nous verrons à la fin de ce chapitre qu'il existe une solution qui participe à la gestion des bibliothèques d'objets, à savoir BIM&Co.

Les familles hébergées et le BIM

Au chapitre 3, nous avons mentionné l'existence de gabarits particuliers qui concernent les objets posés sur un hôte (mur, toit, sol, plafond et face). Avant la généralisation du BIM, on ne se posait pas trop de questions concernant la nature des hôtes des familles hébergées. Tous ceux qui ont utilisé Revit avant le BIM , moi le premier, ont créé leur bibliothèque de mobiliers, d'appareils sanitaires, etc., avec des gabarits hôtes spécialisés (mur, sol, plafond, toit,) sans que cela ne pose de problèmes particuliers.

Aujourd'hui, dans un processus BIM de niveau 2, les hôtes spécialisés d'un fichier lié ne sont pas considérés comme des hôtes spécialisés dans le fichier hôte du lien. Dès lors, un sanitaire conçu pour être adossé à un mur ne pourra pas se poser sur le mur du fichier lié de l'ingénieur structure, par exemple. De même, si les ingénieurs en électricité ont constitué une bibliothèque de luminaires encastrés, hébergés sur des plafonds, ceux-ci ne pourront plus être posés sur les plafonds du fichier architecte.

Héberger ses objets par face

Une solution consiste à transformer toutes les familles à hébergement spécialisé en familles hébergées par face. Ceci permettra de les poser sur les faces de n'importe quel hôte des fichiers liés. Cependant, cette solution présente un problème : comme nous l'avons évoqué au chapitre 3 sur les gabarits, une fois le gabarit retenu, on ne peut plus changer le comportement lié à ce gabarit. En d'autres termes, on ne peut pas transformer une famille hébergée sur plafond en famille hébergée par face (simplement). Il faudra bien souvent la recréer entièrement. Il existe bien une méthode mais je ne la décrirai pas ici car elle requiert des connaissances qui dépassent la création des familles. Si vous êtes curieux, vous pourrez consulter cette méthode (en français) sur le site http://villagebim.typepad.com dans un article publié le 16 février 2016, intitulé : « Comment transformer une famille hébergée dans un plafond/mur/sol en une famille hébergée par une face ? »

Au-delà du type d'hébergement (face ou autres), un problème persiste. Imaginons que vous ayez posé des objets sur des faces d'objets dans des fichiers liés. Que se passe-t-il si ces derniers sont mis à jour ou modifiés ? Un problème va se poser.

- Si, dans le fichier lié, l'objet hôte se déplace ou est remplacé par un autre type, vous ne rencontrerez aucun problème : dans le fichier hôte, l'objet associé à la face du lien restera associé à sa face.

- En revanche, si l'objet hôte est supprimé et recréé (ce qui arrive fréquemment), les objets associés à la face perdront leur hébergement et il faudra manuellement les réassocier. Il existe une fonction qui permet de passer en revue les objets en question mais l'opération reste cependant conséquente et surtout, une multitude de petits avertissements viennent déranger votre travail.

Ce problème amène certaines personnes à ne plus créer de familles hébergées et à simplement utiliser les aides au dessin classiques pour les positionner contre des hôtes. À noter que dans ce cas, l'alignement avec cadenas ne supporte pas les modifications dans les projets liés. Ce n'est pas dérangeant en soi mais cela implique de se passer de certaines fonctionnalités de Revit intéressantes pour le BIM.

Je pense que cette situation va s'améliorer avec l'évolution de l'outil qui permettra un jour (je l'espère) de conserver les hébergements par face des objets liés. À noter qu'il existe une solution à ce problème : le BIM de niveau 3. Mais, comme évoqué au premier chapitre, celui-ci reste rare et doit encore faire face à ses propres limites, même avec Revit.

Créer deux versions des objets

Ce que je conseille dorénavant à tous les créateurs de familles, pour leurs mobiliers et équipements divers, c'est de systématiquement commencer par créer tous les objets de manière autonome et de créer ensuite leurs homologues hébergés par face. Grâce à l'imbrication de la version autonome dans une version « vide » hébergée et par l'association des paramètres ou par l'usage des paramètres *<Type de famille...>*, on peut modifier la famille imbriquée.

Cette méthode permet de ne pas avoir à recréer les familles pour des problèmes d'hébergement. Elle nécessite un travail supplémentaire et une attention particulière lors de la maintenance des familles. En effet, il faudra à chaque fois modifier la famille autonome puis la recharger dans les familles hébergées.

Créer ses propres gabarits de familles

Au chapitre 3, nous avons évoqué le rôle des gabarits de familles. Afin d'optimiser les processus de création d'objets récurrents (portes et fenêtres, par exemple), il peut être intéressant de créer ses propres gabarits. Ces derniers pourront contenir les éléments suivants :

1 sous-objets récurrents d'une certaine catégorie d'objets ;

2 tous les paramètres récurrents de cette catégorie ;

3 toutes les formules couramment utilisées qui traduisent les comportements récurrents des familles de la catégorie ;

4 les familles imbriquées qui seront forcément utilisées ;

5 la caractérisation correcte des plans de référence.

La méthode est simple : il suffit de commencer par le gabarit standard correspondant à l'objet souhaité, de poursuivre la création jusqu'à un stade satisfaisant pour vous, d'enregistrer le fichier de famille (.rfa) avec un nom pertinent, de le déplacer dans le dossier d'installation des gabarits (figure 3-1, page 40) et de simplement remplacer l'extension RFA du fichier par RFT.

Ce gabarit comprend déjà une géométrie de cadre dormant placé et correctement contraint, ainsi que tous les paramètres et leur formule, dont j'aurai probablement besoin. J'ai également préchargé les sous-familles de coffre de volet roulant et d'ouvrant, que je n'aurai qu'à placer et contraindre en fonction de mes besoins.

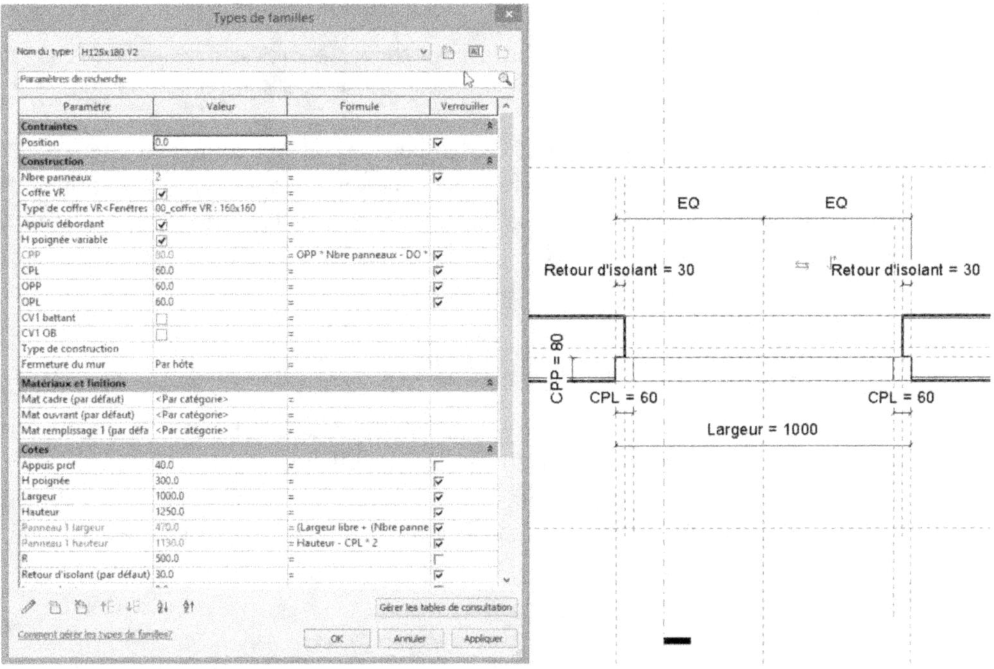

Figure 5–2 Exemple d'un gabarit personnalisé de fenêtre

La gestion des familles au sein d'un projet

Avec l'avènement du BIM et surtout le BIM de niveau 2 (voir chapitre 1, section « Les niveaux de maturité du BIM », page 13), il est nécessaire de réfléchir pour chaque projet BIM à la manière dont les objets de la maquette numérique vont devoir véhiculer des informations partagées par tous les intervenants d'un projet.

L'organisation propre à un projet

Dans un projet de BIM collaboratif, il sera nécessaire de mettre en place une bibliothèque de projet qui contiendra certaines familles incluses dans les maquettes numériques. Cette bibliothèque reste généralement propre à chaque intervenant, même si des questions d'échange interviennent pour certaines familles en particulier.

Toutes les conventions BIM contiennent un chapitre qui concerne la classification et le nommage des objets de la maquette. Parfois, ces conventions précisent également le nommage de certaines, voire de toutes les propriétés des objets. Il est donc nécessaire de créer un contenu propre à chaque projet.

> **Remarque**
>
> Les paramètres de projet constituent une alternative intéressante à la création de familles propres à un projet si les particularités requises ne concernent que de l'information (revoir chapitre précédent si besoin).

Les besoins de personnalisation des objets par projet n'interviennent pas spécialement au début des études. À ce stade de la conception, les objets standards de l'entreprise conviendront parfaitement. Bien souvent, c'est à partir d'une phase APD (Avant-projet détaillé) ou PRO (Projet) que les exigences formelles précises de la convention s'appliquent aux objets.

La gestion des familles dans le cadre d'une collaboration pluridisciplinaire

Lorsqu'on a parlé des niveaux de maturité du BIM au premier chapitre, nous avons évoqué les questions que pouvait poser la collaboration pluridisciplinaire pour les familles. Les interrogations soulevées par la collaboration de niveau 2 sont davantage techniques, alors que celles de la collaboration de niveau 3 concerne les droits d'accès.

Le cas de la collaboration de niveau 2

Ce mode de collaboration est aujourd'hui mis en œuvre dans la grande majorité des opérations BIM en France. Il est apprécié des intervenants car il garantit que chacun reste maître de sa maquette, donc uniquement responsable de cette dernière. En revanche, même dans une équipe utilisant des outils compatibles (par exemple, Revit), ce mode de travail pose des problèmes techniques dès lors qu'on souhaite pleinement exploiter les possibilités du BIM. L'exemple de la porte et des informations partagées entre l'économiste et le coordinateur SSI (voir chapitre 1, section « Les niveaux de maturité du BIM » page 13) en est l'exemple typique. Aucune solution miracle et généralisable n'existe. Il faut à chaque fois discuter avec les partenaires, faire le point sur les outils qu'ils utilisent et trouver les meilleures solutions possibles.

S'il s'agit uniquement d'échange de données – cas typique entre un architecte et un économiste de la construction –, une des solutions les plus simples à mettre en place est l'échange de données *via* une feuille de calcul Excel ou une base de données plus sophistiquée. Cette méthode est illustrée dans le livre *Revit pour les architectes* de Julie Guézo et Pierre Navarra, paru aux éditions Eyrolles. Cette solution présente l'avantage de restreindre l'accès à la modification de certaines données en verrouillant simplement les cellules des tableaux Excel.

Il existe aussi des outils métier qui se connectent à Revit grâce à des plug-ins et permettent ainsi de récupérer les données des objets en les modifiant directement dans le fichier du projet. Parmi ces outils, citons BIMoffice d'Abvent et les logiciels Easy-KUTCH et WinDESC-WinQUANT de ATTIC+. Leur intégration à Revit permet une gestion très pointue de la modification des propriétés des objets. En revanche, cela pose un problème de disponibilité du fichier. En effet, en BIM de niveau 2, l'économiste travaillera sur une copie du fichier de l'architecte. Les informations renseignées *via* ces outils seront mises à jour dans la copie et non dans le fichier principal. Le travail s'effectue donc principalement dans un sens, à savoir de Revit vers l'outil métier. C'est finalement dans un mode collaboratif de niveau 3 que ces outils pourraient être pleinement exploités.

Si des familles doivent être modifiées et agrémentées par plusieurs intervenants (en dehors de simples données), une autre stratégie devra être mise en place. C'est le cas de la porte qui peut recevoir des équipements spécifiques. Si l'équipement est un petit accessoire dont l'aspect 3D a peu d'importance comme les équipements DAS, les quincailleries, il vaut mieux ramener ces équipements à de la simple donnée (paramètre) dont les caractéristiques seront échangées grâce à un tableau Excel. En revanche, si l'équipement est conséquent avec un aspect 3D important, la meilleure solution est l'imbrication de la famille d'équipements dans la famille principale. Cette imbrication sera réalisée par le responsable de la famille principale. Dans le cas de la porte, il s'agira de l'architecte. Afin que cet équipement soit repérable dans le fichier du projet, il faudra que la famille soit « partagée ». Nous mettrons en pratique cette méthode dans l'exercice 10 (voir chapitre 11, section « Extraction d'information », page 228).

Le cas de la collaboration de niveau 3

Il est difficile aujourd'hui de parler des impacts sur les familles d'une telle collaboration tant elle est rare. Par ailleurs, si elle existe, sa mise en œuvre s'effectue souvent au sein d'une même entreprise pluridisciplinaire, où les problèmes de responsabilités sont donc secondaires. À l'heure actuelle, Revit ne dispose pas de fonctions particulières pour réguler les droits d'accès des modifications apportées aux objets. Toutes les personnes ayant un accès direct à la maquette peuvent s'attribuer la propriété des sous-projets et, par conséquent, venir y modifier des objets. Il est également impossible de réguler l'accès aux paramètres de famille.

La question de la propriété intellectuelle des objets

Il s'agit d'un sujet qui revient régulièrement dans des discussions sur les réseaux sociaux et autres forums spécialisés. La question qui est ici posée est la même que pour la maquette du projet dans sa globalité. Elle résulte de deux constatations :

* être capable de créer une belle maquette et de beaux et bons objets numériques est toujours le fruit d'un long et donc coûteux travail ;
* il existe aujourd'hui de grandes disparités en matière de maîtrise des outils BIM. Certains visionnaires qui ont investi de longue date sont naturellement en avance sur la grande majorité des acteurs actuels.

Lorsqu'on diffuse ses maquettes Revit aux partenaires d'un projet, on diffuse tout, y compris les familles chargeables présentes. Dans le cas d'un processus BIM, on accepte de partager avec les autres intervenants mais uniquement pour les besoins du projet en cours. Or, avec Revit, toutes les familles incluses peuvent être extraites du fichier et enregistrées sur n'importe quel support informatique. Elles peuvent donc être utilisées ailleurs.

De la même façon que pour des problèmes de responsabilité des modifications sur les objets, la question de la régulation des accès aux objets par rapport à des exigences de propriété intellectuelle peut se poser. Pour ma part, j'aimerais qu'on puisse avoir le choix de laisser ou pas un libre accès aux familles personnalisées. Cela ne signifie pas qu'on limiterait systématiquement, mais avoir le choix c'est mieux que de ne pas l'avoir.

Quelques dispositifs simples pourraient pourtant être mis en place par Autodesk, par exemple :

- L'extraction d'une famille insérée dans un projet est nécessaire pour la modifier, mais l'enregistrement de cette famille en dehors du projet devrait être soumis à autorisation en demandant un mot de passe par exemple. Cette solution permet la collaboration sur le projet sans pour autant permettre le « pillage » de sa bibliothèque.

- Une autre solution consisterait à « signer » de manière indélébile les familles afin que leurs auteurs soient enregistrés dans un paramètre en lecture seule. Ce dispositif pourrait être étendu pour tous les autres paramètres, ce qui solutionnerait le problème de droit d'accès et de responsabilité évoqué précédemment.

La gestion des paramètres

Quelques règles de bonne pratique

Les paramètres d'une famille gèrent les informations de cette dernière mais également son comportement. Les familles qui constituent la bibliothèque d'une entreprise sont très souvent réalisées à des périodes différentes et par des personnes différentes. Une des choses les plus compliquées est de garantir une homogénéité des paramètres et des méthodes de modélisation afin que vos collègues puissent utiliser les familles sans passer trop de temps à déchiffrer leur fonctionnement. Il est donc essentiel de définir des pratiques communes.

Voici quelques conseils :

- Veillez à utiliser les mêmes noms et formats pour désigner un même paramètre dans les différentes familles. Par exemple, veillez à ce que la largeur dans un objet soit calculée dans le même sens dans toutes les familles d'objets similaires et qu'elle porte toujours le même nom.

- Distinguez les paramètres partagés par un préfixe ou un suffixe particulier (PA, PP, SP, etc.).
- Faites en sorte que les mêmes types de paramètres soient toujours classés aux mêmes endroits.
- Classez les paramètres importants avant ceux qui le sont moins, ce qui est possible depuis la version 2015 de Revit.
- Dans la même logique, les paramètres qui sont pilotés par des formules seront classés dans une section à part (« Autres », par exemple) afin de ne pas rallonger inutilement la liste des paramètres à renseigner.
- Pour les familles importantes et complexes, n'hésitez pas à créer un document de recensement des paramètres. Ce document servira de mode d'emploi et permettra aux utilisateurs d'apporter leur propre modification pour les familles spécifiques à un projet, tout en respectant au mieux les standards de l'entreprise.

Heureusement, plusieurs utilitaires complémentaires permettent de faciliter ces tâches de maintenance parfois fastidieuses. Ils sont généralement payants, tout en étant relativement accessibles financièrement.

Nommage des paramètres

Les enjeux du nommage

Au début du BIM en France (il y a à peine trois ou quatre ans), très peu de personnes impliquées avaient conscience de l'importance du nom des propriétés des objets. Encore aujourd'hui, seules quelques conventions BIM définissent des règles particulières en matière de nommage des propriétés. Au mieux, elles s'arrêtent aux règles de nommage des objets.

Mais cette situation évolue et quelques acteurs importants commencent à réfléchir à cet aspect important de la maquette numérique.

Le contexte français

Cet « oubli » d'intérêt porté au formalisme des propriétés (le nom mais également le format) est la conséquence d'une mauvaise habitude française en matière de normalisation du secteur du bâtiment. En France, il existe un nombre considérable de règles applicables à la construction (les normes, les DTU, les avis techniques) mais, paradoxalement, aucune règle en matière de dessin technique de la construction.

Si on se penche par exemple sur le sujet des calques en DAO (dessin assisté par ordinateur), on remarque que de nombreux pays ont développé depuis des décennies des standards de calques pour structurer les fichiers DAO en fonction des différents métiers. Chez nous, il n'en est rien. L'exemple le plus abouti est probablement celui des États-Unis où il existe un organisme dédié, le *United States National CAD Standard* (www.nationalcadstandard.org), qui définit très précisément les règles en matière d'organisation des fichiers DAO et de contenu du dessin dans la construction. Allez faire un tour sur leur site Internet, c'est très instructif.

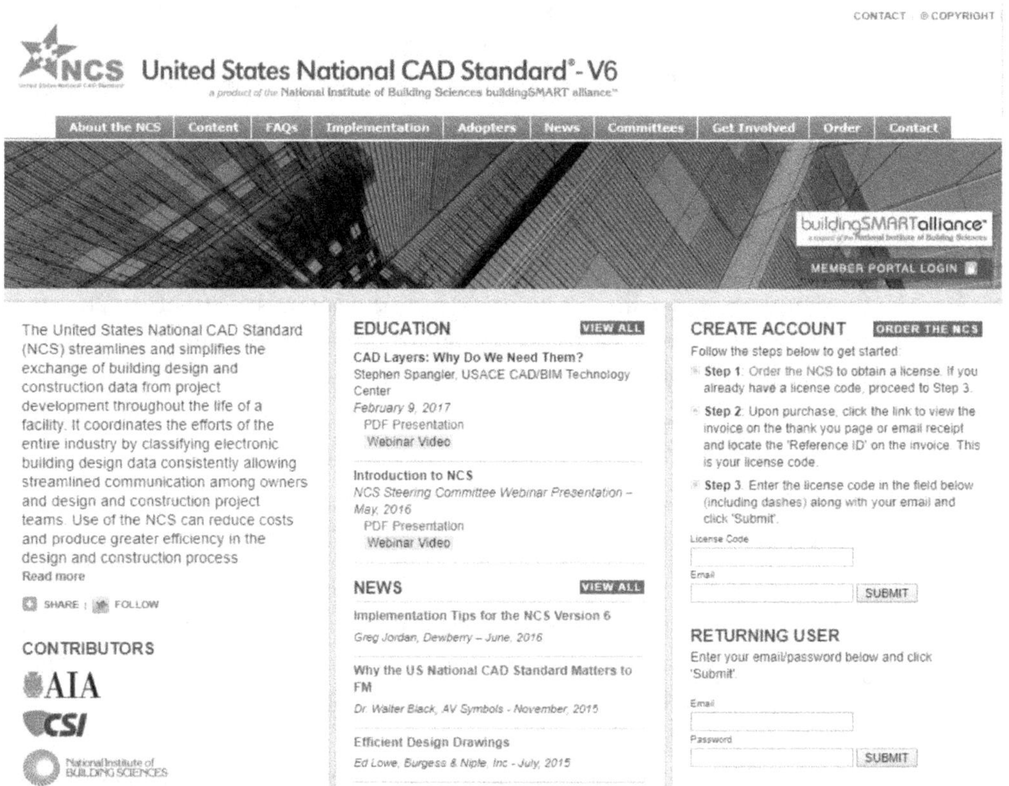

Figure 5–3 Site web du *United States National CAD Standard*

Assez naturellement, ce sont les pays les plus en avance sur la normalisation de la DAO qui ont été les précurseurs en matière de BIM. En France, avec l'arrivée du BIM, les acteurs doivent à la fois apprendre à faire du BIM mais aussi à standardiser leurs méthodes de création de contenu graphique et informatif. Nous avons donc plus de chemin à parcourir que d'autres.

Les nouvelles exigences liées au BIM

Nous l'avons déjà évoqué précédemment dans ce chapitre : avec l'avènement du BIM de niveau 2 (voir chapitre 1, section « Les niveaux de maturité du BIM » page 13), nos méthodes de création d'objets Revit doivent s'adapter. Il en est de même pour la standardisation des noms et formats des paramètres.

Deux aspects du BIM requièrent une exigence particulière de formalisme :

- la collaboration pluridisciplinaire sur fichiers de maquettes ;
- l'exploitation et la maintenance du bâtiment.

Concernant l'échange de maquettes entre les différents acteurs de la conception et de la construction, elle implique un échange d'informations directement portée par les objets des maquettes. La richesse de cette information dépend naturellement de la phase d'étude en cours (voir chapitre 1, section « Les niveaux de développement » page 15). Il est évident que pour que cette information soit comprise, voire simplement retrouvée par une autre personne que celle qui l'a créée, un minimum de règles de formalisme des paramètres doit être adopté.

Pour ce qui est de l'exploitation et de la maintenance du bâtiment, que beaucoup considèrent comme la finalité du BIM, cette exigence est encore plus importante. Aujourd'hui, tous les exploitants qui gèrent un parc immobilier (bailleurs sociaux, régions, centres hospitaliers…) utilisent des bases de données informatiques qui contiennent l'ensemble des informations utiles à l'exploitation de leurs bâtiments. C'est ce qu'on appelle la GMAO (gestion et maintenance assistée par ordinateur). Même si cette exploitation ne se fait que rarement avec des outils BIM, les exploitants souhaitent, a minima, récupérer automatiquement les données contenues dans des maquettes numériques au travers du fameux « DOE BIM » (dossier des ouvrages exécutés BIM). Dès lors, comment récupérer sereinement de la donnée provenant de différentes maquettes, de différents projets, si les noms et les formats des propriétés des objets numériques (qui, au final, contiennent cette donnée) sont à chaque fois différents ?

Le dictionnaire des propriétés des produits de la construction

Historique

L'adoption grandissante du BIM a fait prendre conscience aux différents acteurs de l'importance de la standardisation des propriétés des objets dans la construction. C'est ainsi qu'en 2012, l'AIMCC (Association française des industriels des produits de construction) a sollicité l'AFNOR (Association française de normalisation) pour le lancement d'un projet de création d'une norme régissant les propriétés des produits de construction utilisés dans les maquettes numériques : la norme dite « PPBIM » (propriétés des produits BIM).

En janvier 2015, le travail de la commission de normalisation PPBIM a abouti à la publication de la norme PPBIM appelée dorénavant norme XP P07-150 « Propriétés des produits et systèmes utilisés en construction – Définition des propriétés, méthodologie de création et de gestion des propriétés dans un référentiel harmonisé ». Cette norme définit les modalités de création de référentiels des propriétés des objets BIM. Ce n'est en aucun cas un dictionnaire « ficelé » des propriétés mais en quelque sorte une norme qui spécifie comment définir un dictionnaire.

En mai 2016, buildingSMART France (anciennement Mediaconstruct) a été désigné par le PTNB (la mission ministérielle destinée à promouvoir le numérique dans le bâtiment) pour développer un dictionnaire des propriétés produits et ouvrages. En 2017, un premier échantillon de dictionnaire de 30 objets pour 300 propriétés a été rendu public. Vous pouvez le télécharger (guides et grilles Excel des objets et propriétés, voir figure 5-4) à l'adresse www.mediaconstruct.fr/nos-actions/missions/articleid/1063/titre/experimentation-ppbim-2016.

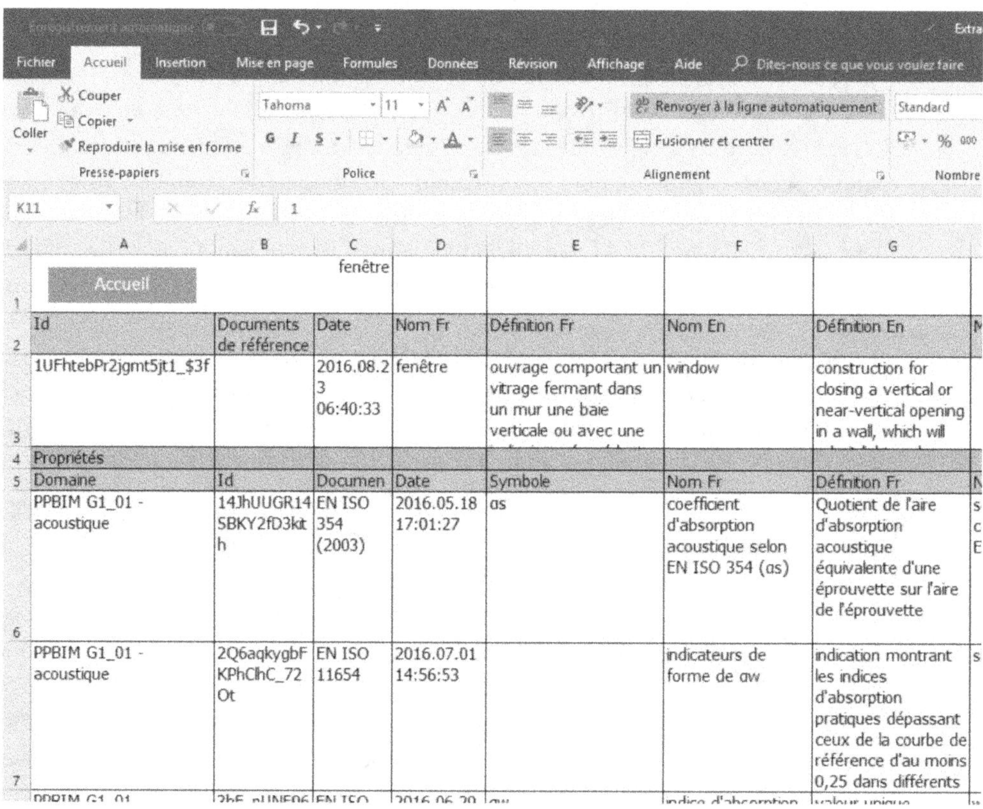

	A	B	C	D	E	F	G	N
1	Accueil		fenêtre					
2	Id	Documents de référence	Date	Nom Fr	Définition Fr	Nom En	Définition En	N
3	1UFhtebPr2jgmt5jt1_$3f		2016.08.23 06:40:33	fenêtre	ouvrage comportant un vitrage fermant dans un mur une baie verticale ou avec une	window	construction for closing a vertical or near-vertical opening in a wall, which will	
4	Propriétés							
5	Domaine	Id	Documen	Date	Symbole	Nom Fr	Définition Fr	N
6	PPBIM G1_01 - acoustique	14JhUUGR14SBKY2fD3kith	EN ISO 354 (2003)	2016.05.18 17:01:27	αs	coefficient d'absorption acoustique selon EN ISO 354 (αs)	Quotient de l'aire d'absorption acoustique équivalente d'une éprouvette sur l'aire de l'éprouvette	s c E
7	PPBIM G1_01 - acoustique	2Q6aqkygbFKPhClhC_72Ot	EN ISO 11654	2016.07.01 14:56:53	αw	indicateurs de forme de αw	indication montrant les indices d'absorption pratiques dépassant ceux de la courbe de référence d'au moins 0,25 dans différents	s
	PPBIM G1_01	2bE_nUNE06	EN ISO	2016.06.29	αw	indice d'absorption	valeur unique	

Figure 5–4 Extrait de la grille des propriétés pour une fenêtre

Une seconde étape d'élaboration du dictionnaire serait en cours pour définir 300 objets et 3 000 propriétés. Cette étape devrait être participative par le biais d'une plate-forme Internet. À ma connaissance, aucune information n'a encore été publiée sur cette seconde étape du travail de buildingSMART France.

Objectifs

Les objectifs du référentiel dépassent largement le seul domaine du BIM puisqu'il s'agit d'un dictionnaire des propriétés des vrais ouvrages et non seulement des objets des maquettes numériques. L'objectif est de standardiser les noms des propriétés, leurs formats mais aussi leur signification.

Ce dernier aspect constitue l'objectif primordial. Demandez à trois personnes ce que signifie pour elles la « largeur » d'une porte et vous aurez probablement trois réponses différentes. Tendre enfin vers une signification commune des principales caractéristiques des ouvrages constituerait une grande avancée.

Mon avis sur cette démarche

J'attendais avec impatience les premiers résultats de buildingSMART France afin de pouvoir intégrer éventuellement ces nouvelles propriétés dans mes propres familles Revit. J'ai examiné l'échantillon des propriétés dès qu'il a été disponible mais je ne vois pas comment nous, utilisateurs Revit, pourrions l'exploiter en l'état.

Il y a, pour chaque information, trois propriétés qui caractérisent le « nom » d'une propriété :

* le *GUID* qui permet la caractérisation unique de manière informatique. Très utile pour les développeurs de logiciels ;
* le *Symbole* qui est le symbole officiel d'une caractéristique. Par exemple, le « U » pour le coefficient de transmission thermique, lorsqu'il existe ;
* le *Nom Fr* qui est le nom français de la propriété.

Certains noms comportent de nombreux mots et plusieurs dizaines de caractères comme *indice d'affaiblissement acoustique pondéré calculé en tiers d'octave pour un bruit rose à l'émission (Rw+C)* pour le Rw+C. Quand un symbole existe, on peut bien entendu l'utiliser mais de nombreuses propriétés ne comportent pas de symboles officiels tels que *utilisation de l'énergie primaire renouvelable, à l'exclusion des ressources d'énergie primaire renouvelables utilisées comme matières premières*.

Vous comprendrez donc aisément que de tels noms de propriétés ne peuvent être envisagés dans les familles Revit.

Conseils de nommage

En l'absence de standards validés, je vais vous donner ici quelques conseils pour que vous puissiez créer vos propres standards. Comme je l'ai déjà évoqué, ce qui est important est de définir une règle pertinente et de la faire respecter au sein de vos propres entreprises, afin que les propriétés de vos objets soient cohérentes, adaptées et surtout constantes. Le jour où un standard sera applicable, il sera assez facile de créer des tables de correspondance entre votre standard et le nouveau.

- Distinguez les paramètres partagés par un préfixe ou un suffixe particulier (PA, PP, SP, etc.). Vous pouvez également le faire pour les paramètres de projet (PR, par exemple).
- Évitez d'utiliser des signes particuliers qui pourraient être interprétés comme des opérateurs mathématiques. Personnellement, le seul signe que je m'autorise est le « _ » pour séparer des sigles qui ont des significations.
- De même, évitez les accents qui sont très mal interprétés par d'autres logiciels et mal supportés par le format IFC. Une solution utilisée par certains consiste à passer tous les paramètres personnalisés en lettres majuscules.
- Pour des noms de propriétés comportant plusieurs mots, veillez à commencer par le sujet, comme en anglais. Par exemple, utilisez *Panneau Largeur* au lieu de *Largeur du panneau* car il est plus facile ainsi de distinguer tous les paramètres concernant le panneau.
- Pour des noms de propriétés comportant plusieurs mots, utilisez des majuscules pour chaque mot afin de les repérer plus facilement.
- N'utilisez des abréviations que si c'est vraiment sans équivoque possible comme « Ep » pour épaisseur, ou que pour des paramètres qui ne sont pas à renseigner par les utilisateurs.
- Enfin, faites en sorte que tout soit compréhensible mais le plus court possible. Personnellement, j'essaye de me limiter à une quinzaine de caractères et deux ou trois mots au maximum.
- Si vous êtes puriste, vous pouvez aussi éviter les espaces car ils prennent plus de place informatiquement qu'un caractère standard, ce qui donnerait par exemple *PanneauLargeur*. C'est aussi le cas avec les accents. C'est d'ailleurs ainsi que sont nommées les propriétés IFC standards (FireRating, AcousticRating…).

Les catalogues de types

Le principe

Les catalogues de types sont utiles quand une famille contient une déclinaison importante de types, caractérisés par de nombreux paramètres avec des valeurs précises. Ce sont des petits fichiers texte qui permettent d'attribuer des valeurs particulières aux paramètres d'un type de famille. Les profilés en acier laminé utilisé dans les structures métalliques (les HEA, les IPN, les UAP, etc.) sont un exemple caractéristique car il existe pour chaque famille de profilés des dizaines de types différents aux valeurs spécifiques.

Ces fichiers texte doivent avoir le même nom que celui de la famille, suivi de l'extension TXT. Par ailleurs, ils sont enregistrés dans le même dossier que la famille. La figure 5-5 illustre le cas des profilés en acier laminé du contenu Revit par défaut.

Lorsque vous insérez une famille avec catalogue de types associés, Revit ouvre une fenêtre permettant de choisir les types à créer dans votre projet sans que tous ces types ne soient présents dans le fichier de la famille.

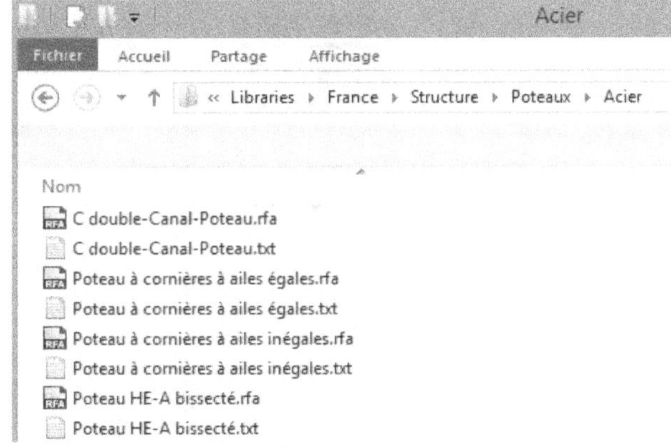

Figure 5–5
Catalogues de types
des poteaux en acier

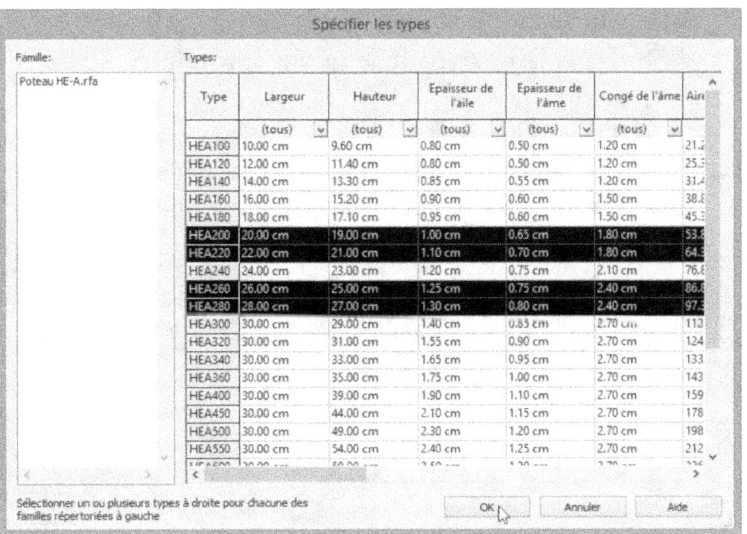

Figure 5–6
Catalogue de types pour
une famille de poteaux HEA

Type	Largeur	Hauteur	Epaisseur de l'aile	Epaisseur de l'âme	Congé de l'âme	Aire
	(tous)	(tous)	(tous)	(tous)	(tous)	
HEA100	10.00 cm	9.60 cm	0.80 cm	0.50 cm	1.20 cm	21.2
HEA120	12.00 cm	11.40 cm	0.80 cm	0.50 cm	1.20 cm	25.3
HEA140	14.00 cm	13.30 cm	0.85 cm	0.55 cm	1.20 cm	31.4
HEA160	16.00 cm	15.20 cm	0.90 cm	0.60 cm	1.50 cm	38.8
HEA180	18.00 cm	17.10 cm	0.95 cm	0.60 cm	1.50 cm	45.3
HEA200	20.00 cm	19.00 cm	1.00 cm	0.65 cm	1.80 cm	53.8
HEA220	22.00 cm	21.00 cm	1.10 cm	0.70 cm	1.80 cm	64.3
HEA240	24.00 cm	23.00 cm	1.20 cm	0.75 cm	2.10 cm	76.8
HEA260	26.00 cm	25.00 cm	1.25 cm	0.75 cm	2.40 cm	86.8
HEA280	28.00 cm	27.00 cm	1.30 cm	0.80 cm	2.40 cm	97.3
HEA300	30.00 cm	29.00 cm	1.40 cm	0.85 cm	2.70 cm	112
HEA320	30.00 cm	31.00 cm	1.55 cm	0.90 cm	2.70 cm	124
HEA340	30.00 cm	33.00 cm	1.65 cm	0.95 cm	2.70 cm	133
HEA360	30.00 cm	35.00 cm	1.75 cm	1.00 cm	2.70 cm	143
HEA400	30.00 cm	39.00 cm	1.90 cm	1.10 cm	2.70 cm	159
HEA450	30.00 cm	44.00 cm	2.10 cm	1.15 cm	2.70 cm	178
HEA500	30.00 cm	49.00 cm	2.30 cm	1.20 cm	2.70 cm	198
HEA550	30.00 cm	54.00 cm	2.40 cm	1.25 cm	2.70 cm	212

La création des catalogues de types

1 Ouvrez la famille dans l'éditeur de familles puis cliquez sur le menu *R>Exporter>Type de famille*. Enregistrez le fichier sans changer le nom proposé (le même que celui de la famille ouverte) et vérifiez qu'il se trouve bien dans le même dossier que la famille.

2 Le fichier ainsi obtenu est un fichier texte contenant des valeurs séparées par des virgules. Ce type de fichier peut être ouvert et modifié facilement avec Excel.

3 Ouvrez le fichier texte dans Excel qui lancera l'assistant d'importation d'un fichier texte (figure 5-7).

Figure 5–7
Importation d'un fichier texte dans Excel, étape 1/3

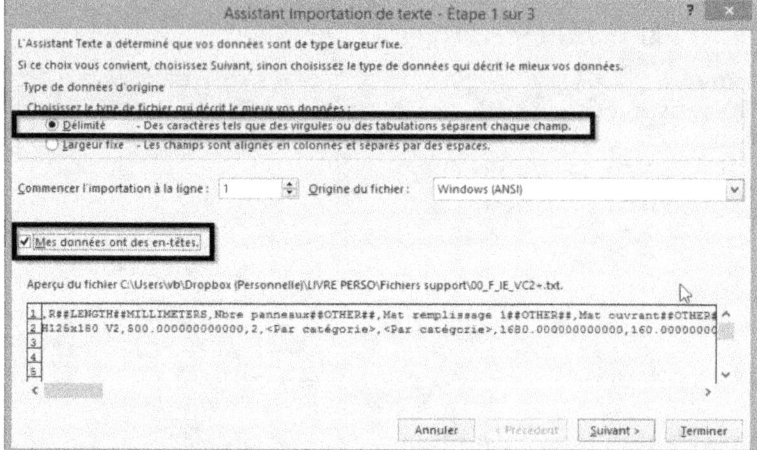

4 Veillez bien à cocher les options *Délimité* et *Mes données ont des en-têtes*. Ensuite, cliquez sur le bouton *Suivant*.

5 Dans la nouvelle fenêtre qui apparaît, spécifiez la virgule comme séparateur de données.

6 Dans la dernière fenêtre de l'assistant (figure 5-8), cliquez sur le bouton *Avancé* ❶ et spécifiez le point comme séparateur de décimale ❷ et non la virgule afin que les nombres soient bien convertis en nombres.

Figure 5–8
Importation d'un fichier texte dans Excel, étape 3/3

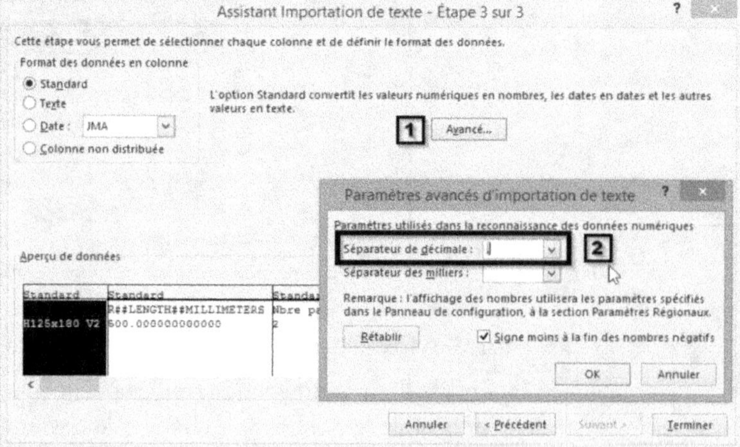

7 Le fichier obtenu est un tableau dont les colonnes regroupent tous les paramètres de la famille à l'exception des paramètres de format *Type de famille*. La première colonne correspond au nom du type (figure 5-9).

Figure 5–9
Fichier ouvert dans Excel

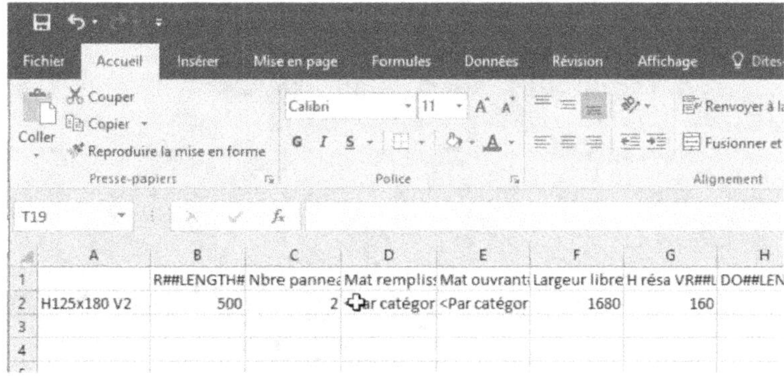

L'en-tête du tableau se présente ainsi :

Nom du paramètre##FORMAT du paramètre (« OTHER » désigne les formats non numériques) *##UNITES*. Voir figure 5-10.

À noter que les paramètres *Oui/Non* sont traduits en 1 (oui) ou 0 (non).

8 Il ne vous reste plus qu'à dupliquer les lignes afin d'ajouter les types et à modifier les valeurs en fonction. Vous pouvez supprimer les colonnes non concernées par le catalogue (paramètres d'occurrence, valeurs calculées, paramètres avec valeurs par défaut). Vous obtenez ainsi le catalogue définitif comme illustré à la figure 5-10 :

Figure 5–10
Catalogue définitif dans Excel

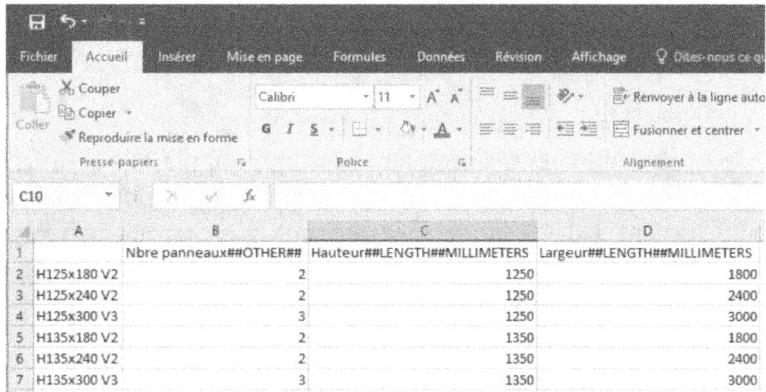

9 Le fichier doit ensuite être enregistré au format CSV (important). Par contre, pour que Revit le repère correctement dans le dossier, il faut ensuite manuellement modifier son extension en TXT.

10 Lorsque la famille sera chargée, une fenêtre similaire à celle de la figure 5-6 s'ouvrira pour vous permettre de choisir les types.

L'utilisation des bibliothèques en ligne

Les différentes sources

Les bibliothèques communautaires

RevitCity

Figure 5–11
Page d'accueil du site
RevitCity
(Source : www.revitcity.com)

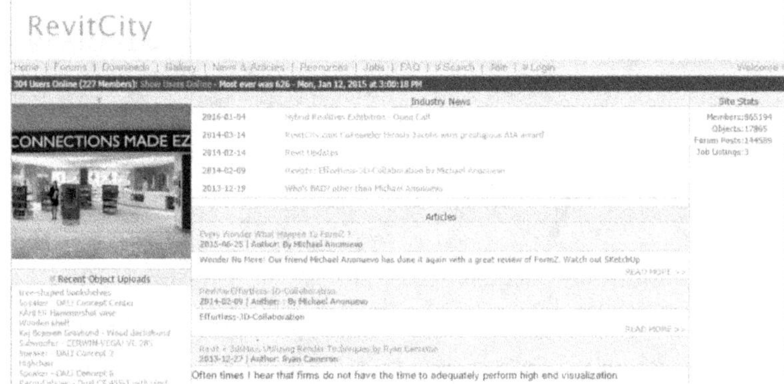

- Nombre d'objets : + 17 000
- Localisation du contenu : quasi exclusivement américain
- Format des objets : Revit exclusivement
- Inscription : oui, gratuite
- Plug-in Revit : non
- Site : www.revitcity.com

Probablement le premier site communautaire des utilisateurs de Revit, créé en 2003. De nombreux articles et ressources sont proposés mais ils commencent malheureusement à dater un peu maintenant. Le premier intérêt du site réside dans sa bibliothèque de familles, toutes réalisées par des utilisateurs, même si on retrouve ici et là quelques références de fabricants.

Les bibliothèques des fabricants

BIMobject

- Nombre d'objets : + 300 000
- Localisation du contenu : international et français (un peu)
- Format des objets : divers mais tous disponibles en Revit

Figure 5–12
Page d'accueil du site
BIMobject
(Source : bimobject.com)

- Inscription : oui, gratuite
- Plug-in Revit : oui
- Site : bimobject.com/fr

Créé en 2011, BIMobject est certainement le leader en matière de plate-forme de téléchargement d'objets BIM (en nombre d'objets et de téléchargements). Son service de téléchargement d'objets BIMobject Cloud propose une quantité phénoménale de fabricants d'objets du bâtiment mais hélas, une minorité de ces fabricants sont en France.

D'autres services BIMobject, moins connus et plus récents, méritent d'être évoqués ici :

- BIMobject Hercules : plate-forme cloud destinée aux grandes entreprises qui souhaitent gérer de manière centralisée leur contenu (leurs familles dans le cas de Revit) en ligne. Les objets peuvent être des objets provenant du BIMobject Cloud mais aussi des objets faits « maison ».

- BIMobject Properties : service de standardisation des propriétés d'objets pour les fabricants, les utilisateurs de Hercules mais aussi pour les utilisateurs finaux. Permet d'associer aux objets des propriétés formatées suivant de nombreux standards (CIBSE, COBIe, Omniclass, etc.).

- BIMobject Mosquito : service très prometteur même s'il est plutôt orienté fabricants et qu'il n'est pas compatible Revit pour le moment. Il s'agit d'un service en ligne (SaaS, *Software as a Service*) qui permet de créer des objets (géométrie, texture et informations) personnalisés et de les publier directement sur BIMobject Cloud. Les formats de sorties des objets sont exclusivement ArchiCAD et Sketchup, mais ils devraient être bientôt compatibles avec Revit et l'IFC, si l'on en croit leur site Internet.

Polantis

Figure 5–13
Page d'accueil du site
Polantis
(Source : www.polantis.com)

- Nombre d'objets : non communiqué
- Localisation du contenu : international et français
- Format des objets : divers mais beaucoup en Revit
- Inscription : oui, gratuite et payante
- Plug-in Revit : oui
- Site : www.polantis.com

Cette plate-forme de téléchargement existe depuis 2008. Le nombre de téléchargements effectués est moins important que sur BIMobject mais on trouve beaucoup plus de produits disponibles sur le marché français, ce qui est finalement plus utile pour nous. Citons quelques marques bien connues chez nous et trouvées exclusivement sur Polantis : Huet, Bieber, Millet, Villeroy & Boch, Ikea.

À noter également la présence de nombreux objets génériques Polantis intéressants tels que des appareils sanitaires, des portes, des fenêtres, etc. En revanche, Polantis n'offre pas d'autres services associés comme c'est le cas pour BIMobject.

L'inscription est gratuite mais il y a une limite de téléchargement pour certains objets, à savoir 3 par jour. Cette limite concerne uniquement les objets non financés par les fabricants : objets génériques Polantis et certains produits de marque (probablement modélisés gratuitement par Polantis). Cette limite peut être déverrouillée moyennant un abonnement payant au service Polantis+.

Les autres bibliothèques

Deux autres services en ligne, à l'approche très différente des deux leaders BIMobject et Polantis, méritent d'être mis en avant. Selon moi, ces services sont à bien des égards plus utiles au quotidien, du moins pour les concepteurs (architectes et ingénieurs).

DatBIM (anciennement Pluristop)

Figure 5–14

Page d'accueil du site datBIM

(Source : www.datbim.com)

- Nombre de produits : non communiqué
- Localisation du contenu : français
- Format des informations : Open dthX associé à PPBIM
- Inscription : oui, gratuite
- Plug-in Revit : oui
- Site : www.datbim.com

datBIM est un service de téléchargement mais pas d'objets BIM, seulement de caractéristiques de produits. Ces dernières sont donc à intégrer dans des objets dont vous devez disposer au préalable. Considérant les contraintes de nombreux acteurs en matière de modélisation et de spécification générique des produits (voir chapitre 1, section « Des catalogues fabricants plus ou moins utiles », page 21) cette solution remplit un réel besoin.

Pour bénéficier des caractéristiques des produits, il faut installer un plug-in dans Revit qui va permettre de se connecter à la base de données datBIM. Ensuite, la méthode est la suivante :

1. Dans Revit, le plug-in vous permet d'accéder au catalogue. Sélectionnez la marque et le modèle souhaités. Vous pouvez également utiliser les différents filtres de recherche proposés (degré CF, affaiblissement acoustique minimal, etc.).

2. Une fois le modèle choisi, il suffit de le télécharger. Vous allez ensuite associer le produit avec un nouveau type de famille que datBIM crée sur la base d'un type existant que vous choisissez (votre famille générique).

3. Vous obtenez ainsi un nouveau type dont les caractéristiques géométriques et comportementales sont celles de votre propre type de famille, enrichi de toutes les caractéristiques du produit fabricant choisi. L'association des propriétés n'influe en rien sur le comportement ou la géométrie de votre objet.

L'avantage de cette solution réside dans le format des données (Open dthX) qui est associé à la norme PPBIM en cours d'élaboration. Cette norme vise à uniformiser à l'échelon national, la création et la gestion des propriétés des produits du bâtiment dans un cadre général, mais surtout pour les processus BIM où cette normalisation est tout particulièrement indispensable.

Pour l'avoir testé, je trouve ce service prometteur avec cependant quelques améliorations à apporter notamment sur le filtrage des familles disponibles dans le fichier Revit (pas de présélection des types selon la catégorie du produit associé). Par ailleurs, s'agissant de propriétés qui viennent s'ajouter aux paramètres de la famille, rien ne les lient avec les valeurs des propriétés de votre famille (dimensions, matériau, etc.). Il n'y a donc pas de garantie de cohérence entre votre objet et les informations récupérées.

BIM&CO

Figure 5–15

Page d'accueil du site BIM&CO
(Source : www.bimandco.com)

- Nombre de produits : non communiqué
- Localisation du contenu : international et français

- Format des fichiers : divers mais beaucoup de Revit
- Format des informations : dictionnaire propre connecté et connectable à beaucoup de référentiels
- Inscription : oui, gratuite pour un accès aux objets et la création d'un cloud public. Possibilité d'obtenir un cloud privé pour une dizaine d'euros par mois par utilisateur
- Plug-in Revit : oui (gratuit), sur demande
- Site : www.bimandco.com

La société BIM&CO est une jeune startup créée en 2015. C'est une société sœur de TraceParts (Groupe Trace), leader mondial d'objets numériques pour l'industrie. Du fait de son jeune âge, BIM&CO n'est pas encore très connue par rapport aux autres solutions présentées. Selon moi, il s'agit pourtant d'une solution prometteuse.

Il est difficile de présenter succinctement l'offre de services de BIM&CO tant elle est vaste et innovante. Il s'agit d'une plate-forme cloud de collaboration autour des objets de la maquette numérique. Il y a bien entendu des objets de fabricants à télécharger mais il est également possible de déposer sur la plate-forme ses propres objets pour les partager à l'occasion d'un projet (service payant si privé) mais aussi pour les renseigner de manière collaborative depuis les quatre coins de la planète. On peut tout à fait imaginer que pour la préparation d'un DOE, les entreprises, les maîtres d'œuvre ou encore les fabricants (pourquoi pas !) viennent sur la plate-forme pour y renseigner les propriétés et y associer des documents. Toutes ces informations alimentent alors une base de données des produits commune. Dans ce sens, BIM&CO s'apparente également à une plate-forme participative.

La bonne idée de BIM&CO est d'avoir dissocié les informations des objets. Avec le plug-in, vous pouvez utiliser les paramètres partagés BIM&CO pour spécifier les caractéristiques importantes de vos objets. Lorsqu'ils sont ajoutés à la plate-forme, leurs paramètres sont associés automatiquement aux diverses propriétés des répertoires courants (PPBIM, IFC). Votre objet sera donc agrémenté de propriétés normalisées mais dont les valeurs sont bien celles que vous avez spécifiées dans la famille. Si vous ne souhaitez pas utiliser les paramètres partagés de BIM&CO, vous avez la possibilité d'associer manuellement vos propres propriétés avec les propriétés des divers répertoires et de sauvegarder vos associations pour un usage ultérieur sur d'autres objets. Cela implique naturellement que vous respectiez mes recommandations en matière de nommage des paramètres. Votre famille Revit se trouve ainsi enrichie des propriétés normalisées courantes.

La plate-forme représente par exemple un bon moyen pour classifier correctement vos objets et leurs paramètres par rapport au standard IFC. Ceux qui ont déjà essayé d'exporter des maquettes Revit en IFC avec une exigence en matière de classification savent que ce n'est pas facile.

La plate-forme cloud vous évite également de devoir mettre à jour vos objets en fonction des différents nouveaux standards. C'est le répertoire BIM&CO qui fait la passerelle avec les autres et c'est eux qui mettent à jour leur connexion sur d'éventuelles autres normes (COBie, NBS, etc.). La plate-forme permet également de traduire automatiquement les noms des paramètres dans de nombreuses langues et bientôt, les valeurs des paramètres pourront aussi l'être afin que vos familles puissent convenir à un usage international.

Un autre service qui peut intéresser des créateurs d'objets est la possibilité d'avoir une sorte de vitrine commerciale pour proposer des objets numériques ou des services associés, suivant le modèle du Marketplace d'Amazon.

La rapidité d'évolution de BIM&CO est telle qu'au moment où vous lirez ces lignes, d'autres services innovants auront probablement fait leur apparition.

Les limites des solutions et les précautions à prendre

J'ai testé plusieurs familles téléchargées depuis différentes sources. J'ai téléchargé deux catégories d'objets : des portes et/ou fenêtres ainsi que des appareils sanitaires. Pour chaque catégorie et pour chaque source, j'ai téléchargé deux objets de marques différentes et quand je le pouvais (disponibilité des marques), des objets identiques sur chaque site. Mon avis est plus un ressenti personnel et en aucun cas un comparatif détaillé des solutions qui demanderait un échantillonnage d'objets plus exhaustif.

La qualité et la pertinence de la modélisation

L'apparence 3D des objets est globalement très bonne. Le niveau de détail 3D est souvent poussé à l'extrême. En revanche, du point de vue méthodologique, le niveau est beaucoup plus disparate. Voici quelques lacunes constatées :

- Objets parfois très peu paramétriques. Par exemple, pour une même gamme de receveurs de douche (Roca) provenant de BIMobject, chaque dimension différente est représentée par une famille différente à télécharger. Cela augmente artificiellement le nombre d'objets disponibles mais ce n'est absolument pas pratique pour les utilisateurs.
- Pour les objets paramétriques, certains paramètres ne fonctionnent pas. Par exemple, le changement de largeur d'une porte-fenêtre double (Schüco) provenant de BIMobject fait sauter des contraintes et par conséquent, annihile l'action de certains paramètres importants.
- Méthode de modélisation non pertinente. Par exemple, une porte-fenêtre double (Schüco) provenant de BIMobject est modélisée en un seul solide avec des joints creux pour distinguer les géométries du cadre et des ventaux.

Globalement, en matière de modélisation pertinente (méthodes) Revit, les objets téléchargés sur Polantis et BIM&CO s'en sortent mieux.

La qualité graphique

La qualité des représentations 2D en plan, coupe et élévation des objets est un enjeu stratégique. Le BIM entretient l'utopie qu'un jour, il n'y aura plus besoin de documents 2D pour construire un bâtiment. Ce sera peut-être vrai mais certainement pas dans un avenir proche. Les objets devront encore longtemps, en plus de leur représentation 3D, assurer un dessin 2D lisible et juste.

Dans ce domaine, aucun des objets téléchargés ne propose de graphisme 2D satisfaisant et c'est un peu compréhensible. Les habitudes de représentation 2D des ouvrages sont très locales et il paraît difficile pour un fabricant ou un portail de produits de prévoir les représentations complètes pour tous les pays. Voici les problèmes que j'ai pu constater :

- Seules les portes ont une représentation graphique de l'ouverture mais aucune n'est paramétrique donc il n'est pas possible de les ouvrir à un autre angle que 90°.
- Quel que soit le site, il n'existe aucune représentation de l'ouverture en élévation pour les portes et les fenêtres.
- Il y a peu voire aucune gestion des niveaux de détail. Dans ce domaine, ce sont les objets provenant de BIMobject qui s'en sortent le mieux.
- Dans une porte-fenêtre (Reynars) provenant de BIMobject et BIM&CO, j'ai constaté une erreur grossière de positionnement de la charnière du symbole d'ouverture (nu opposé à la charnière), ce qui réduit l'encombrement graphique du symbole (de la profondeur du châssis) et risque donc de générer un conflit réel en chantier. À noter qu'il s'agit exactement de la même famille pour les deux plates-formes, probablement réalisée par le fabricant.

La pertinence des informations

Là encore, on trouve beaucoup de disparités entre les diverses sources mais également au sein d'une même source, ce qui est plus gênant. On sent chez certains (BIMobject, BIM&CO mais surtout datBIM) la volonté d'uniformiser les paramètres de classification des normes (COBie, Omniclass, NBS, etc.). Le meilleur élève est naturellement datBIM dont les informations téléchargées sont formatées à l'identique pour tous les objets d'une même catégorie.

Voici une liste de quelques soucis rencontrés :

- Aucune solution ne propose d'uniformité en matière de niveau de contenu. Certains objets sont très renseignés (plus d'une centaine de propriétés pour Reynaers chez BIMobject et BIM&CO) alors que d'autres ne présentent que le strict minimum.

- Pour les sites qui proposent des objets, on constate pour chacun d'entre eux une absence d'uniformité des paramètres opérationnels (ceux qui agissent sur la famille). Certains objets utilisent les paramètres intégrés de Revit (qui sont donc traduits automatiquement dans la langue de Revit), d'autres les remplacent par des paramètres personnalisés, souvent en anglais mais parfois aussi dans la langue du fabricant (en allemand pour Schüco).

- Pour les objets contenant des connecteurs MEP (voir chapitre 17), leurs caractéristiques sont parfois fausses. L'exemple du receveur de douche (Roca) provenant de BIMobject l'illustre parfaitement : le diamètre du connecteur est celui spécifié dans la documentation technique pour le diamètre de la bonde *(Water drain = 90 mm)* et non de la sortie de réseau d'évacuation qui d'ailleurs peut varier en fonction du pays... Si l'on raccorde automatiquement ce receveur de douche au collecteur principal tracé sans faire attention, il se fera par un réseau d'un diamètre de 90 mm.

- On constate la présence d'erreurs flagrantes dans le contenu de certaines informations chez datBIM. Elles posent la question de la responsabilité en cas d'erreurs de prescription consécutives à des erreurs dans les caractéristiques des produits que les fabricants renseignent eux-mêmes !

Conclusion

Comme nous l'avons déjà évoqué à la fin du premier chapitre, l'utilité de disposer des objets des fabricants dépend du profil de l'utilisateur. Nous pouvons ajouter que leur utilité dépend aussi du type d'objet en question. Pour tous les objets peu paramétriques et sans énormes enjeux graphiques, tels que les appareils sanitaires, les mobiliers, les luminaires, etc., l'usage des bibliothèques en ligne peut s'avérer intéressant. En revanche, pour les objets dont le comportement requiert de l'adaptabilité, de « l'intelligence », tels que les portes et les fenêtres, l'usage d'objets téléchargés n'apporte pas grand-chose ou peut même générer des problèmes dans la maquette.

Quoi qu'il en soit, si vous exploitez ces objets téléchargés dans un projet, n'oubliez pas :

- de vérifier leur comportement dans un projet test et de compléter éventuellement les représentations graphiques 2D ;
- d'uniformiser et de traduire les noms des paramètres ;
- le cas échéant, de supprimer toute référence à une marque et un modèle particulier (loi MOP) ;
- au final, mais à faire au commencement, de bien jauger le temps gagné avec ces familles préétablies par rapport à la création de familles personnalisées.

Je pense que les plates-formes web qui ne proposent que des objets en téléchargement n'auront un avenir que si leurs objets correspondent parfaitement aux besoins des utilisateurs finaux. Il ne faut pas oublier que le niveau des utilisateurs Revit et leur capacité à créer leurs propres objets ne font qu'augmenter avec les années. Par conséquent, le temps gagné sur la création d'objets personnalisés s'amenuise en parallèle, surtout si la qualité des objets téléchargés n'est pas au rendez-vous. Les particularités des services proposés par datBIM, BIM&CO et certains services annexes de BIMobject constituent selon moi l'avenir des plates-formes d'objets en ligne.

Quelques utilitaires externes indispensables

Parmi les utilitaires complémentaires (*add-ons* en anglais) pour Revit, peu sont orientés familles. Voici une sélection des plus utiles voire indispensables pour les créateurs de familles réguliers. Je ne rentrerai pas dans le détail pour chacun des utilitaires, mais je vous en dirai suffisamment sur leurs fonctionnalités pour vous donner envie d'aller les tester et pourquoi pas de les adopter.

Tous ces utilitaires sont disponibles en téléchargement sur le site apps.autodesk.com. Si vous cherchez des conseils sur les outils complémentaires à Revit, consultez le blog revitaddons.blogspot.fr qui présente régulièrement tous les utilitaires disponibles pour Revit ainsi que les différentes mises à jour.

Fisa – Convert 2019

Fisa est un éditeur de logiciel français spécialisé dans les fluides et la thermique qui développe des outils métier pour Revit, notamment. L'utilitaire permet de migrer des fichiers projets et familles d'une version antérieure à la version nominale de l'outil. Son utilisation est simple : on désigne un dossier source contenant les fichiers à convertir et un dossier cible qui recevra les fichiers convertis. L'utilitaire existe pour Revit à partir de la version 2016.

Par rapport à ses concurrents, Fisa-Convert est particulièrement rapide car l'utilitaire convertit les fichiers sans ouvrir l'interface graphique de Revit. L'installation préalable de Revit 2019 (ou antérieure) est toutefois nécessaire.

Prix : 25 USD

KobiLabs – Kobi Toolkit For Revit

Anciennement appelés CGS Revit Tools, ces outils regroupent de nombreux utilitaires visant à optimiser la modélisation et les échanges d'informations. Parmi ces utilitaires, je vous en présente deux qui concernent les familles et un autre dédié à la gestion des données.

Prix : 195 USD par an et par poste (dégressif à partir de 10 postes : 995 USD/an). À noter qu'une version française existe mais sa traduction est incomplète.

Les outils de KobiLabs sont vraiment très performants. J'apprécie naturellement tous les outils de production mais la série Content Admin Kit est indispensable pour gérer et manipuler les paramètres.

Shared Parameter (Content Admin Kit)

Ces outils facilitent la création de nouveaux paramètres partagés dans le fichier des paramètres partagés.

Parameter Manager (Content Admin Kit)

Dans l'interface projet

Cet outil permet d'importer un ou plusieurs paramètres partagés en tant que paramètres de projet et de choisir pour quelles catégories d'objets il(s) s'applique(nt).

Dans l'interface des familles

Cet outil offre une interface de gestion des paramètres de la famille ouverte qui permet :

- de transformer un ou plusieurs paramètres de famille en paramètres partagés ;
- d'importer des paramètres partagés en masse ;
- de transformer un ou plusieurs paramètres de type en paramètres d'occurrence et inversement ;
- d'exporter la définition des paramètres dans un fichier JSON (JavaScript) afin de la réutiliser dans d'autres familles.

BIM Query

Il s'agit d'un tableur (type Excel) qui permet :

- de manipuler les données des objets dans un projet depuis une vue tabulaire, ce qui s'avère plus rapide pour certaines manipulations ;
- de créer des feuilles automatiquement ;
- d'exporter une partie de la base de données (par catégorie) ou des nomenclatures présentes dans Revit et de les réimporter après mise à jour dans Excel (indispensable pour la collaboration entre un architecte et un économiste).

CTC – BIM Manager Suite

Comme CGS, CTC est un fournisseur d'utilitaires proposant une gamme de produits dédiés à Revit, les Express Tools, parmi lesquels on trouve BIM Manager Suite. La version complète de cette suite est payante (1 250 USD), mais certains outils sont disponibles gratuitement (une version d'essai de 30 jours est disponible pour les outils payants). Parmi ces outils gratuits, l'un d'entre eux est dédié à la famille.

Family tools

Il s'agit d'un outil intéressant qui propose six fonctions dont trois sont très intéressantes.

Compare Shared Params

Cette fonction permet de comparer les paramètres partagés de deux fichiers de paramètres pour savoir notamment si les paramètres sont corrects (donc identiques) ou si malgré des noms identiques, ils sont différents.

Merge Shared Params

Cette fonction permet d'importer des paramètres d'un fichier de paramètres dans un autre. Elle peut s'avérer utile lors de collaborations étroites entre deux sociétés.

Family File Version Detector

Enfin, cette fonction permet de vérifier la version des fichiers de familles afin d'éviter des mises à jour involontaires d'une version à une autre notamment (consultez à nouveau la section « La maintenance des familles » en début de chapitre si besoin, page 90).

Cas pratiques généraux

Cette deuxième partie est l'occasion de mettre en pratique, au travers des 16 exercices proposés, l'ensemble des principes généraux abordés précédemment. Nous commencerons avec des exercices de familles 2D assez simples pour terminer avec des familles 3D dont les comportements, pour certains automatisés, font preuve d'une richesse voire d'une complexité certaines.

En introduction, le premier chapitre de cette partie vous délivrera huit conseils ou bonnes pratiques sur la création des familles.

6

Conseils et bonnes pratiques

Avant de commencer les premiers exercices, il me paraît important de vous faire part de quelques bonnes pratiques issues de mon expérience de création de familles, depuis une dizaine d'années.

Réaliser des croquis

Napoléon disait : « Un bon croquis vaut mieux qu'un long discours. » Dans nos métiers, tout particulièrement pour les architectes, cet adage se vérifie tous les jours lorsqu'on veut communiquer une idée, une intention.

Faire un dessin à la main de l'objet qu'on souhaite réaliser, en y mentionnant les données importantes de la famille, permet de se préciser à soi-même, ses propres intentions.

Comme sur l'exemple de la figure 6-1, on pourra préciser les éléments suivants :

1. les géométries qu'on souhaite dessiner et/ou modéliser ;
2. l'origine, le point d'insertion de l'objet ;
3. les dimensions importantes de l'objet, ce qui doit être paramétrique ou simplement verrouillé ;
4. ce qui peut être modélisé directement dans la famille et ce qui doit plutôt être créé en tant que famille imbriquée ;
5. les plans de référence importants ;
6. ...

Figure 6–1
Exemple d'un croquis
pour une porte simple

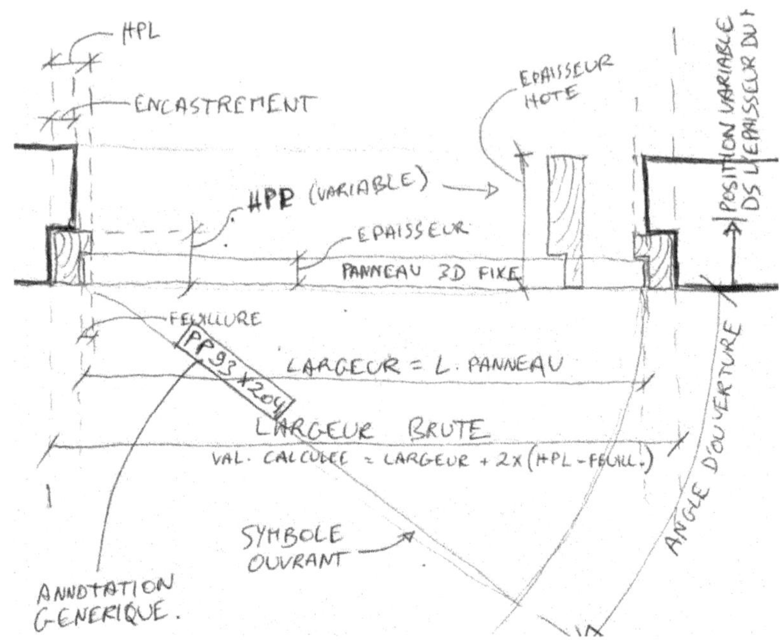

Ne pas tout modéliser en 3D

Une erreur fréquente de débutant est de se focaliser principalement sur la modélisation 3D des premières familles tout en délaissant les aspects comportementaux et informatifs. C'est également le principal reproche que l'on peut faire aux objets de la bibliothèque standard de Revit. Les objets y sont modélisés de manière très précise, mais leur comportement est peu adapté aux besoins métier de nombreux utilisateurs. La figure 6-2 présente un exemple avec une porte standard.

À l'exception des paumelles, quasiment tout est modélisé : la poignée ainsi que le couvre-joint entre le cadre et la paroi. En revanche, il est impossible de maîtriser la profondeur de l'huisserie car elle prend automatiquement l'épaisseur du mur dans lequel elle est posée. Ce comportement est constructivement correct lorsque la porte est placée dans une cloison mince (à gauche) mais il sera probablement inapproprié si le mur est porteur et/ou de forte épaisseur (à droite). De même, il est impossible de déplacer la porte dans l'épaisseur du mur.

Il n'y a pas de règles précises sur ce qui doit ou ne doit pas être modélisé en 3D. Cela dépend de votre exigence personnelle du dessin mais aussi de la phase, de la nature du projet et bien entendu du métier que vous exercez. Il faut modéliser ce qui importe pour vous. Par exemple, un architecte va modéliser très sommairement (voire pas du

Figure 6–2
Porte intérieure
de la bibliothèque

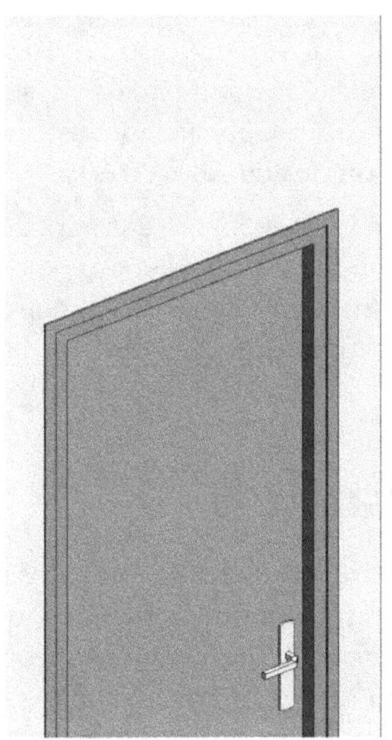

tout en 3D) les appareils sanitaires car ce qui lui importe, c'est surtout le dessin et l'encombrement en plan. Il en va de même pour un ingénieur fluide, qui aura quant à lui surtout besoin des caractéristiques techniques des équipements. Par contre, un architecte d'intérieur ou un infographiste 3D aura besoin de beaucoup de détails 3D.

Personnellement, je me donne comme règle de ne modéliser en 3D que ce qui se voit sur des documents graphiques à l'échelle 1/100. Je suis donc plutôt dans une tendance de faible détail 3D. En revanche, j'accorde beaucoup d'importance aux comportements, aux informations et aux automatismes des familles. Pour gérer les informations liées à la présence ou non d'un petit détail 3D, il suffit de renseigner correctement un paramètre.

Avec l'expérience et selon votre niveau d'exigence, vous saurez trouver le juste milieu entre ma position et l'envie de tout modéliser.

Paramétrer sa géométrie

De nombreux utilisateurs Revit sont d'anciens utilisateurs d'AutoCAD. Peu d'entre eux ont utilisé les blocs dynamiques (apparus avec la version 2006 du logiciel), qui correspondent aux familles de Revit, et sont donc restés aux blocs standards « figés ». Lorsqu'ils basculent sur Revit, ils ont tendance à créer des familles très peu paramétriques. Il n'est pas rare de voir pour chaque dimension différente d'un modèle d'objet, une famille différente. En soi, ce n'est pas une erreur technique car cela ne pénalise en rien la qualité de la maquette mais ils se privent ainsi de ce que les familles ont de meilleur à apporter. Cela génère aussi inutilement du travail supplémentaire par la démultiplication des familles créées.

Les familles doivent donc être géométriquement paramétriques afin qu'elles puissent satisfaire une multitude de modèles d'un même type d'objet. Même si vous pensez que vous n'aurez jamais besoin des variantes de dimensions d'un objet, paramétrez-les. On ne sait jamais ce qui peut arriver demain…

Paramétrer, oui mais pas trop

Cela peut paraître contradictoire à ce qui a été dit précédemment mais ça ne l'est pas. Il est nécessaire de paramétrer mais uniquement ce qui est important pour vous. C'est un peu comme pour la modélisation 3D. Il en va de même, pour les formules utilisées dans l'automatisation des paramètres : il faut savoir rester parcimonieux. La complexité des formules et le nombre croissant de paramètres alourdissent la manipulation des objets une fois qu'ils sont insérés dans les maquettes.

La largeur et la longueur d'une baignoire doivent être paramétrées car cela permet de créer avec une seule famille, les différentes dimensions d'un même modèle de baignoire. Pour autant, faut-il rendre paramétrique l'épaisseur du rebord ? Pour moi, en tant qu'architecte, non. De même, il sera contre-productif de vouloir créer avec une seule famille de portes tous les modèles de portes : les battantes, les coulissantes et les pivotantes, les simples et doubles, etc., même si techniquement c'est possible.

Utiliser des plans et des lignes de référence

Selon un principe bien connu des créateurs expérimentés de familles, les paramètres dimensionnels doivent être posés sur des plans ou des lignes de référence et la géométrie doit être contrainte sur ces derniers. En anglais, on parle de *bones*, *muscles* et *skin* (S. Stafford, Revit OpEd), soit « squelette », « muscles » et « peau ».

- squelette = plans ou lignes de référence ;
- muscles = contraintes dimensionnelles (paramètres et cotes verrouillées) ;
- peau = géométrie.

Cela signifie que les objets de référence constituent le squelette de la famille, que les contraintes agissent sur ces références comme des muscles sur les os et que la géométrie, contrainte sur les références, se déplace comme la peau (la chair en fait), qui est attachée aux os, suit le mouvement du squelette.

Même si l'analogie biologique est un peu scientifiquement approximative, il faut retenir que si les muscles étaient attachés à la peau, on aurait du mal à se mouvoir. C'est pourquoi il est nécessaire que les contraintes dimensionnelles des familles soient attachées aux références et non directement à la géométrie. Nous verrons plus loin que cette règle vaut surtout pour les familles 3D.

Tester les familles au fur et à mesure de leur création

Même pour un créateur de familles aguerri, il est rare que pour des objets un peu complexes, tout fonctionne parfaitement du premier coup. Afin de pouvoir déterminer l'origine d'un problème, il est nécessaire de procéder à des vérifications après chaque étape de création de la famille. Si vous attendez d'avoir complètement terminé, il sera difficile de trouver la source du dysfonctionnement.

Le test ultime se fait idéalement dans un fichier de projet. Depuis la version 2016 R2, vous disposez de la fonction *Aperçu de la visibilité* (chapitre 3, section « Barre de contrôle Vue », page 54), qui pourra s'avérer utile en cours de création mais elle ne remplace pas la vérification finale dans le projet.

Utiliser l'imbrication des familles

Les objets présents dans le bâtiment peuvent pour la plupart être décomposés en sous-éléments de formes géométriques assez simples. Par exemple, une table est composée d'un plateau, souvent parallélépipédique, et de pieds de formes assez simples comme un cylindre ou un parallélépipède rectangle. Il est donc assez naturel de procéder de la même façon pour nos familles Revit et de créer des familles de sous-composants qui seront imbriquées dans la famille finale.

Cette imbrication permet de rationaliser la création d'objets puisqu'elle évite de remodéliser et à reparamétrer à chaque fois les mêmes formes. La figure 6-3 montre l'exemple de la fenêtre que nous réaliserons à l'exercice 12 par assemblage de plusieurs sous-familles.

L'imbrication de familles nous facilitera également la réalisation de certaines opérations telles que la répétition ou la rotation paramétriques d'objets. La façade à persienne pliante que nous réaliserons à l'exercice 15 utilise une double imbrication d'objets.

Figure 6–3
Famille de fenêtres

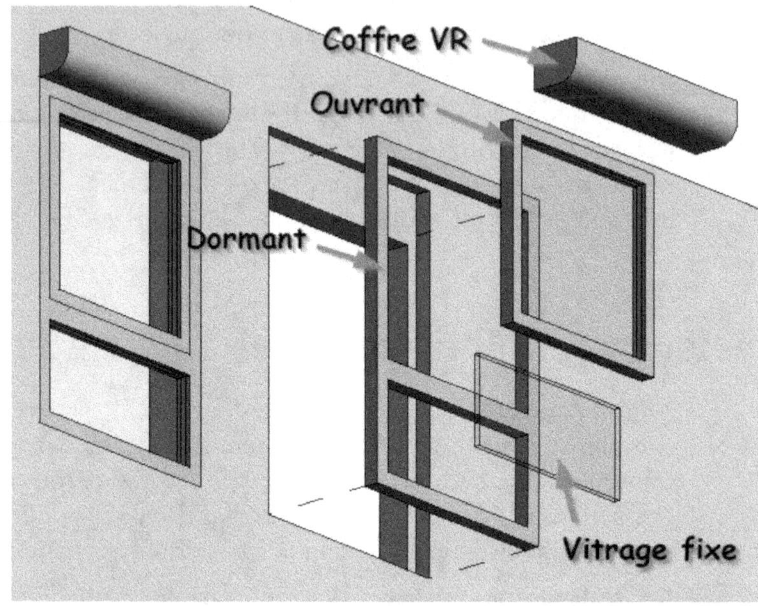

Figure 6–4
Double imbrication de familles

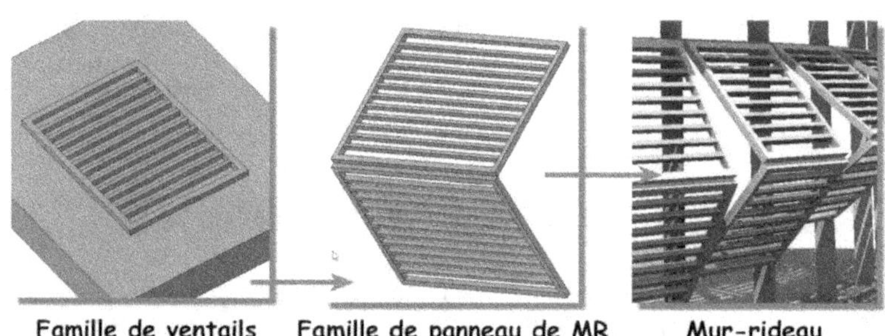

Attribuer des paramètres de matériau

Dans les familles, la façon la plus simple d'attribuer un matériau à une géométrie 3D (une forme) est de le spécifier directement dans les propriétés de la forme. Cette solution ne rend pas paramétrique cette propriété puisqu'elle n'est pas modifiable une fois la famille insérée dans un projet. La bonne solution consiste, dans la famille, à associer la propriété de matériau à un paramètre de matériau afin que celui-ci puisse être défini dans le projet. Nous apprendrons à le faire dès le premier exercice sur les familles de modèles 3D.

7

Les familles spécifiques aux vues

Quand on débute dans la création de familles, on veut souvent se lancer directement dans la réalisation d'une famille 3D, parfois très complexe comme une porte ou une fenêtre. Il s'agit là d'une erreur stratégique. Premièrement, réaliser une famille de portes ou de fenêtres correctement requiert une grande expérience dans la création des familles car ces objets font appel à des notions relativement complexes. Ensuite, ce ne sont pas spécialement les premières familles dont on a réellement besoin quand on démarre un projet ou si l'on débute sur Revit.

En ce qui concerne les fenêtres, il existe des astuces pour pallier temporairement l'absence de familles (les murs-rideaux). Pour les portes, celle de la bibliothèque peuvent temporairement faire l'affaire, le temps que votre pratique des familles s'améliore. Nous commencerons donc par aborder la pratique en douceur, avec la création de familles d'annotations et de composants de détail.

(Exercice 1) Création d'un symbole d'annotation : une flèche du Nord

Si vous êtes architecte, tout comme moi, vous ne trouverez aucune flèche du Nord qui vous convienne esthétiquement dans la bibliothèque Revit. Nous commencerons donc par un exercice relativement simple, à savoir créer une flèche du Nord. Dans la mesure où il s'agit de notre première famille, je m'efforcerai d'expliquer très précisément toutes les manipulations abordées ici puisque nous les retrouverons à l'identique dans les prochains exercices.

Figure 7–1
Symboles de flèches du Nord

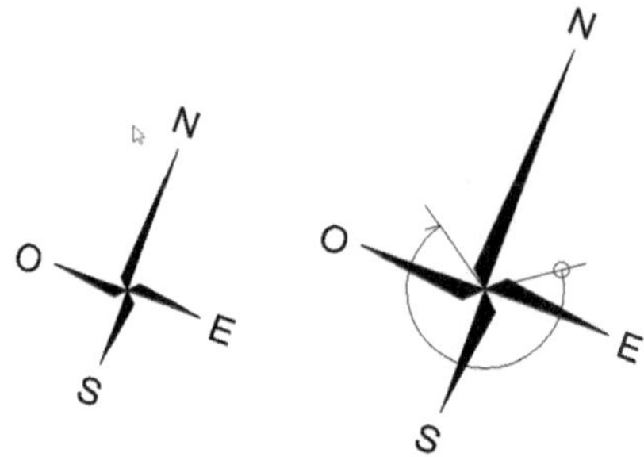

Nous voulons ici obtenir est une famille de flèches du Nord simples pouvant afficher en option le schéma de la trajectoire du Soleil. La taille de la flèche devra pouvoir varier afin de convenir à des petits plans (formats A4 et A3) comme à des grands (formats supérieurs au A3).

Démarrage, création du squelette et paramétrage

Choix du gabarit et des catégories

1 Sélectionnez le menu *Revit>Nouveau>Famille*. Dans la fenêtre qui s'ouvre, allez dans le dossier *Annotations* et choisissez le gabarit *Annotation générique métrique*.

2 Au centre de la zone de dessin, vous retrouvez deux plans de référence et un texte en rouge (en anglais depuis la version 2017 ou en français pour les précédentes) mentionnant trois points :

   - il faut modifier la catégorie pour spécifier le type d'annotation (pour rappel, nous sommes partis d'une annotation générique), ce que nous ne ferons pas car dans notre cas, il s'agit d'un simple symbole d'annotation qui doit donc rester en annotation générique ;

   - le point d'insertion de la famille correspond à l'intersection des deux plans de référence ;

   - il faut supprimer cette annotation pour éviter qu'elle apparaisse une fois le symbole inséré dans un projet.

Le fait que le point d'insertion (l'origine) de la famille se trouve à l'intersection des deux plans de référence est dû à l'une des propriétés de ces plans. Sélectionnez ces plans et dans la fenêtre *Propriétés*, assurez-vous que l'option *Définit l'origine* est activée pour les plans. Vous constatez également que ces plans sont punaisés (verrouillés) afin que le centre ne puisse pas être déplacé.

Figure 7–2
Contenu du gabarit Annotation
générique, en anglais

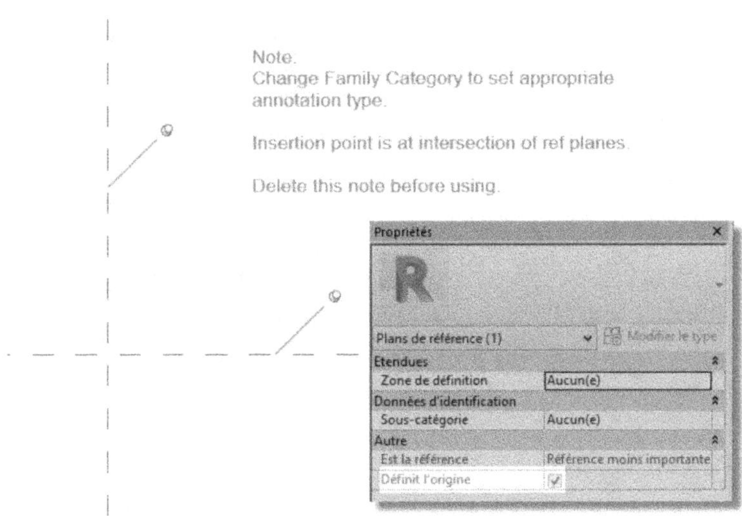

Les deux propriétés des plans *Est la référence* et *Définit l'origine* ne peuvent pas être modifiées. De même, il est impossible de supprimer ces deux plans. Ces caractéristiques sont inhérentes au gabarit choisi pour créer notre famille. Avec d'autres gabarits, ces modifications seront possibles.

Mise en place du squelette

Afin de faciliter et sécuriser la création de la géométrie de notre symbole, nous allons mettre en place des lignes de référence. Pour rappel, les plans de référence ne sont pas disponibles dans les gabarits d'annotation.

1 Cliquez sur l'onglet *Créer* puis sur *Ligne de référence* et tracez quatre lignes de référence correspondant à la position des quatre points cardinaux, puis quatre autres lignes de référence correspondant à l'intersection des quatre branches. La position de ces plans ne doit pas être précise, mais elle doit respecter approximativement les bonnes proportions de l'objet. Attention, comme nous sommes dans un gabarit d'annotation, nous travaillons en millimètres « imprimés ».

Précautions

Les intersections des quatre lignes de référence vont nous servir à positionner les intersections des branches de notre symbole. Les lignes devront donc être suffisamment longues pour conserver de vraies intersections graphiques entre ces lignes, quelle que soit la taille plausible de notre flèche. Les lignes de référence ont un début et une fin, contrairement aux plans de référence. Même si ces derniers ne se croisaient plus, une intersection serait toujours présente.

2 Placez des lignes de cotes continues entre les lignes de référence et les plans de référence de départ. Activez leur option d'équivalence afin d'imposer des symétries à notre symbole.

Figure 7–3
Le squelette de notre symbole

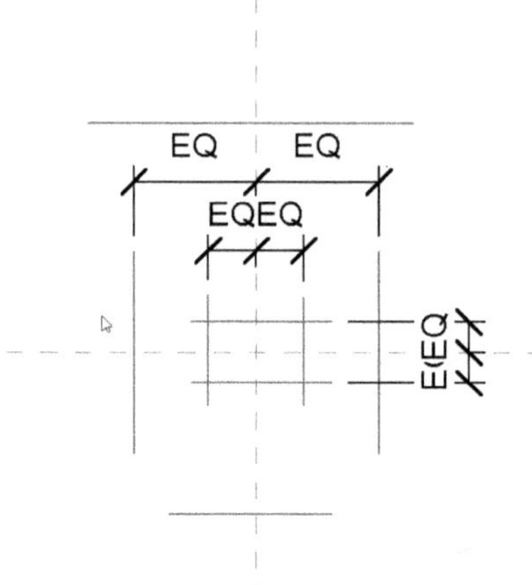

3 Sélectionnez les huit lignes de référence. Dans la fenêtre *Propriétés*, sélectionnez le plan *Est la référence* et choisissez l'option *Pas référence*.

> **Options de référence**
>
> Les trois options de référence des lignes de référence, plus nombreuses pour les plans, influent sur la présence ou non d'accrochage de références, une fois l'objet inséré dans le projet (alignement, référence de cotes).
>
> **Pas référence :** signifie qu'il n'y aura pas d'accrochage, comme si la ligne de référence n'existait pas dans la famille.
>
> **Référence importante :** correspond à un accrochage direct possible sur les références de l'objet si le curseur les survole.
>
> **Référence moins importante :** correspond à un accrochage qui apparaît à la deuxième étape, lorsqu'on parcourt les différentes options d'accrochage avec la touche *TAB*.

Cotation

Maintenant que le « squelette » est créé, il faut mettre en place les « muscles ». Les contraintes dimensionnelles (valeurs figées ou paramètres) sont matérialisées par des cotes qu'il faut donc au préalable correctement placer.

1 Cliquez sur l'onglet *Créer* puis sélectionnez le panneau *Cote>Alignée*. Choisissez ensuite la ligne de référence Ouest et le plan centre vertical, la ligne de référence Sud et le plan centre horizontal et enfin, la ligne de référence Nord et le plan centre horizontal.

2 Faites de même pour deux des quatre lignes de référence intérieures.

Figure 7–4
Mise en place des cotations

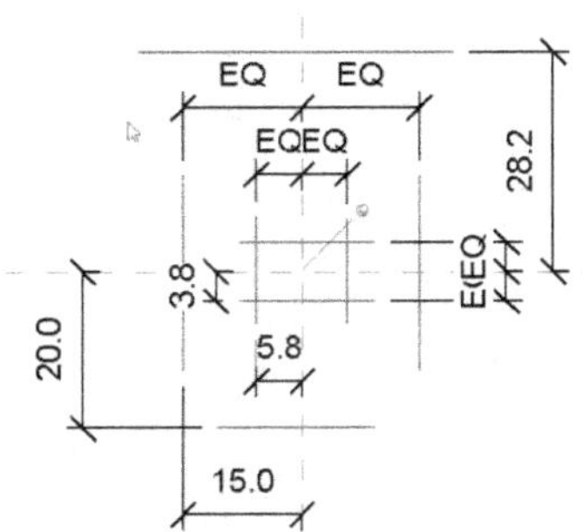

Vous remarquerez qu'il n'est pas nécessaire de coter tous les plans de référence puisque les contraintes d'équivalence existent. Par ailleurs, on aurait également pu coter la largeur complète à la place de la demi-largeur, mais cela aurait nécessité la création d'un paramètre supplémentaire puisque la demi-largeur est de toute façon nécessaire pour positionner la ligne de référence Sud.

Contraintes et paramétrage

Maintenant que les cotes sont en place, il suffit de les transformer en paramètres.

1 Sélectionnez la cote sur la ligne de référence Ouest. Dans le menu contextuel de l'onglet *Modifier*, la commande *Libellé* apparaît alors ainsi qu'un menu déroulant et l'icône *Créer un paramètre*, à droite du menu déroulant. Pour les versions antérieures à la version 2017, la commande apparaît dans la barre d'options et la création d'un paramètre passe par l'option *Ajouter un paramètre* de la liste déroulante *Libellé*.

Figure 7–5
Création d'un paramètre
depuis une cote

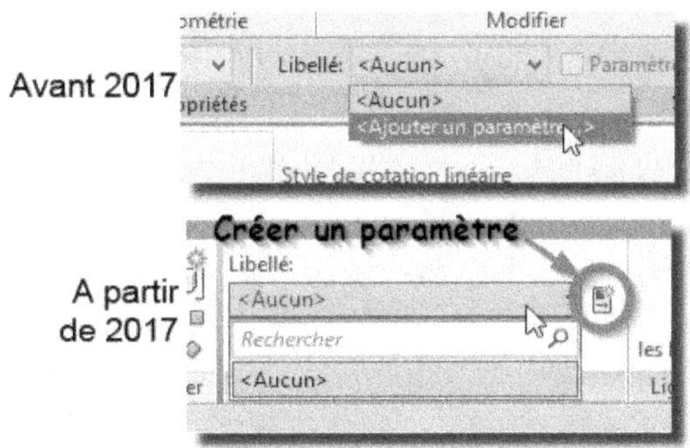

2 Cliquez sur l'icône *Créer un paramètre* qui ouvre la fenêtre *Propriétés des paramètres* (pour plus d'informations, consultez la section « La classification des paramètres » du chapitre 4, page 59). Saisissez « Demi largeur » pour le nom du paramètre et conservez les autres options proposées par défaut. Cliquez sur *OK* pour valider.

À noter que les options *Discipline* et *Type de paramètre* sont grisées car le fait de partir d'une cote en place fige le format du paramètre en *Longueur*. Par ailleurs, vous constaterez que les paramètres prennent la valeur des cotes.

3 Sélectionnez la cote de la ligne de référence Sud et attribuez-lui le même paramètre qui apparaît cette fois dans la liste déroulante du libellé de la cote. On aurait également pu sélectionner en une seule fois toutes les cotes correspondant au même paramètre et attribuer ou créer le paramètre directement.

4 Procédez de la même façon pour créer les autres paramètres : « Pointe Nord » pour la position du point cardinal Nord et « Demi largeur centre » pour les deux cotes centrales.

À ce stade, comme le symbole est de taille réduite et qu'il comporte de nombreuses cotes, vous devrez réduire la taille du texte dans les propriétés de type des cotes pour que l'ensemble reste lisible.

Figure 7–6
Résultat après attribution
des paramètres

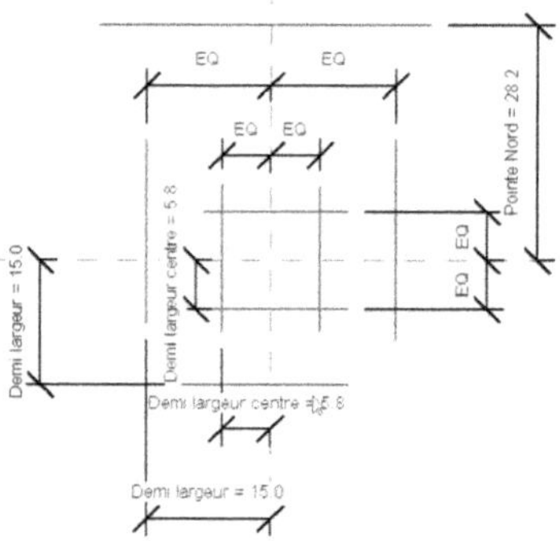

Création de comportements automatiques

Afin d'automatiser la variation de la famille, nous allons nous servir d'un seul paramètre pour contrôler tous les paramètres dimensionnels que nous venons de poser.

1 Pour créer le paramètre, cliquez sur l'onglet *Créer* puis sur le panneau *Propriétés>Types de familles*. En bas à gauche de la fenêtre, cliquez sur l'icône *Nouveau paramètre*.

2 Dans le champ *Nom* du paramètre, saisissez « Largeur ». Pour l'option *Type de paramètre* (qui correspond au format), assurez-vous que la valeur est bien *Longueur* (par défaut). Conservez les autres options proposées par défaut et cliquez sur *OK* pour valider.

Avant de spécifier des formules, il est important de rentrer manuellement une valeur au paramètre *Largeur* (30 mm, par exemple) car si vous laissez 0, il est possible que certaines formules ne fonctionnent pas (division par zéro impossible).

3 Retournez dans la fenêtre *Types de familles* afin de spécifier des formules dans la colonne *Formule* des paramètres (figure 7-7) :

– *Demi largeur* = « Largeur / 2 »

– *Demi largeur centre* = « Largeur / 15 »

– *Pointe Nord* = « Largeur »

Cliquez sur *Appliquer* ou *OK* pour valider.

Figure 7–7
Ajout des formules

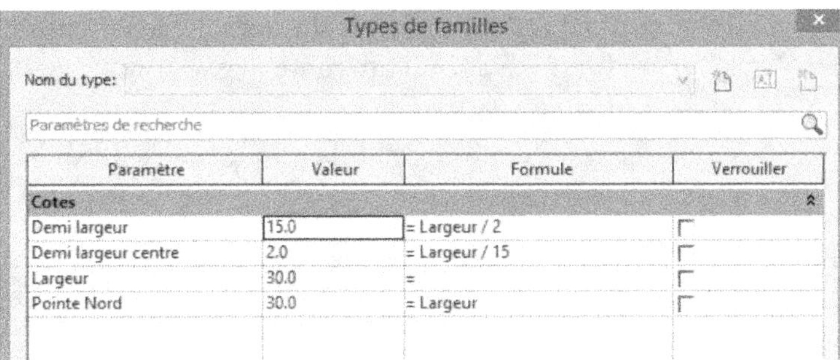

Pour visualiser les changements, déplacez la fenêtre *Types de familles* de manière à voir à l'écran la fenêtre et l'objet simultanément. Vous pourrez ainsi tester plusieurs valeurs et constater les changements obtenus en cliquant sur *Appliquer* sans sortir de la fenêtre.

Précautions

Rigeur dans la rédaction

Comme vous pourrez rapidement le constater, une grande rigueur dans la rédaction des formules est obligatoire (voir chapitre 4, section « Automatiser des valeurs de paramètres par des formules », page 76).

Contraintes

Quand vous saisissez une formule, vous ne pouvez pas quitter la cellule tant que la formule n'est pas terminée ou si elle ne constitue pas une formule valide. Vous pouvez copier-coller le nom du premier paramètre de la formule mais par la suite, ce sera plus difficile sans faire apparaître un message d'erreur.

Les messages d'erreurs possibles

« Fin d'expression inattendue » signifie que la formule n'est pas valide (pas terminée, erreur de parenthèses, etc.).

« Ce qui suit est un paramètre inattendu : nom du paramètre » signifie qu'il y a une erreur d'orthographe dans le nom d'un paramètre.

Vérification et création de différents types de familles (optionnel)

L'ossature et les paramétrages dimensionnels de la famille étant terminés, nous allons créer plusieurs types de familles afin de tester le bon fonctionnement de tout cela, avec naturellement des valeurs de paramètres différents. Le simple basculement d'un type à un autre permettra de constater le bon comportement de notre objet. Cette action n'est pas une nécessité puisque les valeurs peuvent être modifiées sans créer spécialement des types.

1 Dans la fenêtre *Types de familles*, cliquez sur l'icône *Nouveau type* en haut à droite et nommez-le « Flèche Nord 30 mm », ce qui correspond aux valeurs actuelles.

2 Recommencez cette opération en nommant cette fois le type « Flèche Nord 50 mm ». Après avoir validé le nom, il faut naturellement changer la valeur de *Largeur* afin qu'elle soit cohérente avec le nom.

3 Dans la liste déroulante *Nom du type*, vous pouvez maintenant choisir entre les deux flèches. N'oubliez pas de cliquer sur *Appliquer* pour valider les changements dans la zone de dessin.

Figure 7–8
Changement de types

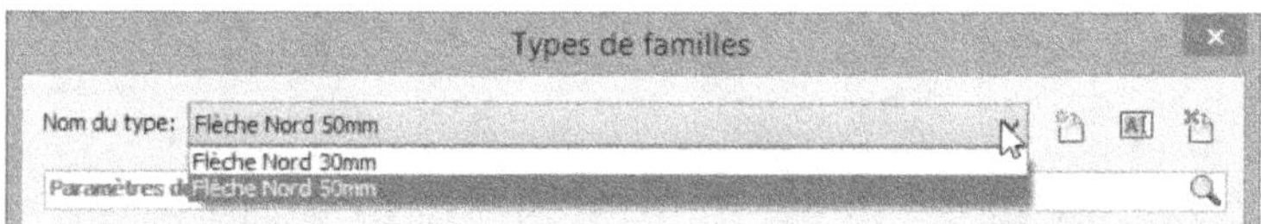

Les types dans les familles ou dans le projet ?

Dans de nombreux cas, les types seront plutôt créés directement dans le projet. Les familles qui nécessitent que plusieurs types soient créés au préalable correspondent généralement à des objets industrialisés, standardisés ou normalisés. C'est presque toujours le cas pour les équipements MEP mais moins pour les composants architecturaux et structuraux.

Création de la géométrie

Nous venons de faire le plus difficile en ce qui concerne une famille ou du moins, ce qui est le plus spécifique à la création de familles. La création de la géométrie s'apparente à ce que vous connaissez déjà : modéliser et dessiner dans le projet.

Pour créer la géométrie de la flèche, nous allons utiliser pour les quatre pointes des zones remplies. Pour la trajectoire du Soleil, nous utiliserons l'outil *Ligne* (ligne d'annotation forcément). Tous ces outils existent dans l'environnement du projet. Nous nous attarderons donc uniquement sur leurs usages spécifiques, à savoir leur contrainte géométrique et leur paramètre de visibilité.

Pour les lettres N, nous utiliserons une annotation générique imbriquée et non du simple texte. Nous verrons pourquoi par la suite.

Création des pointes

1 Pour créer une zone remplie pour la pointe Est, cliquez sur l'onglet *Créer* puis sur *Détail>Zone remplie*. Sélectionnez l'outil *Ligne* et désactivez l'option *Chaîner* dans la

Figure 7–9
Création des zones remplies

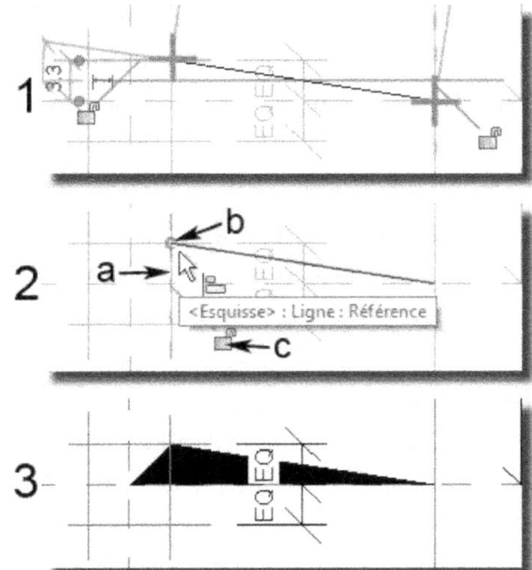

barre des options. Cliquez depuis l'intersection des lignes de référence du carré central jusqu'à l'autre intersection. Je vous conseille de ne pas activer les cadenas que Revit vous propose automatiquement. Préférez le verrouillage manuel de l'étape 2.

Il nous faut maintenant verrouiller les extrémités de la ligne dans les deux directions (x et y) afin que la géométrie suive correctement les variations de dimensions.

2 Cliquez sur l'onglet *Modifier* puis sur l'outil *Aligner*. Sélectionnez la ligne de référence verticale Ⓐ, puis l'extrémité de la ligne Ⓑ et cliquez sur le cadenas Ⓒ afin de verrouiller la contrainte. Veillez bien à sélectionner l'extrémité de la ligne (gros point) et non la ligne entière. Vous procéderez de la même façon pour le verrouillage de cette extrémité par rapport à l'horizontal, ainsi que pour l'autre extrémité de la ligne.

Les étapes 1 et 2 sont à répéter pour les autres lignes de contour de la zone.

> **Remarque**
>
> Pour désigner la manipulation visant à aligner puis à verrouiller les cadenas, nous parlerons de « aligné/cadenassé » dans les prochains exercices.
>
> Certaines extrémités seront communes avec des extrémités de lignes déjà présentes. Afin d'éviter toute confusion, utilisez le masquage temporaire des éléments *(Barre de contrôle Vue)* pour que seule la dernière ligne tracée soit visible.
>
> Si vous souhaitez cadenasser un point d'une nouvelle ligne sur une extrémité déjà cadenassée, il se peut que Revit affiche le message d'erreur suivant : « La cote constituerait une contrainte excessive pour l'esquisse. » Cela signifie que Revit a automatiquement établi une liaison entre les deux extrémités et que par conséquent, il n'est plus nécessaire de le faire manuellement. On peut lui faire confiance.

3 Une fois toutes les lignes d'esquisse de la zone correctement contraintes, vous pouvez la valider. Par défaut, le remplissage est effectué par un aplat noir. Vous pourrez modifier son apparence *via* les propriétés de la zone.

Ne vous inquiétez pas de l'épaisseur anormale des lignes. Une fois votre famille insérée dans un projet, l'épaisseur des lignes s'adaptera naturellement, en fonction de votre charte graphique, à l'apparence de vos catégories et sous-catégories. Pour vous faciliter le travail, activez le mode d'affichage *Ligne fine*.

Les étapes 1 à 3 sont à répéter pour les quatre pointes de la flèche. Vous pouvez éventuellement procéder par symétrie des zones mais vous devrez de toute façon appliquer les contraintes des extrémités des lignes.

> **Attention**
>
> Lorsqu'on contraint la géométrie (objets 2D ou formes 3D), il est important de veiller à ce que la référence prise pour la contrainte (alignement ou cote) soit bien un plan ou une ligne de référence. On ne contraint jamais directement une géométrie à une autre géométrie (voir page 126 la section « Utiliser des plans et des lignes de référence » du chapitre 6 présentant le principe de squelette-muscles-peau). Maintenant que des objets existent, il est aisé de se tromper. Pour diminuer le risque d'erreur, les plans et les lignes doivent largement déborder de la géométrie afin de pouvoir les sélectionner facilement. Il est également fortement conseillé d'exploiter le masquage temporaire dans la fenêtre graphique.

Une fois la flèche terminée, n'hésitez pas à tester la géométrie en changeant le type de famille.

Figure 7–10
Résultat intermédiaire

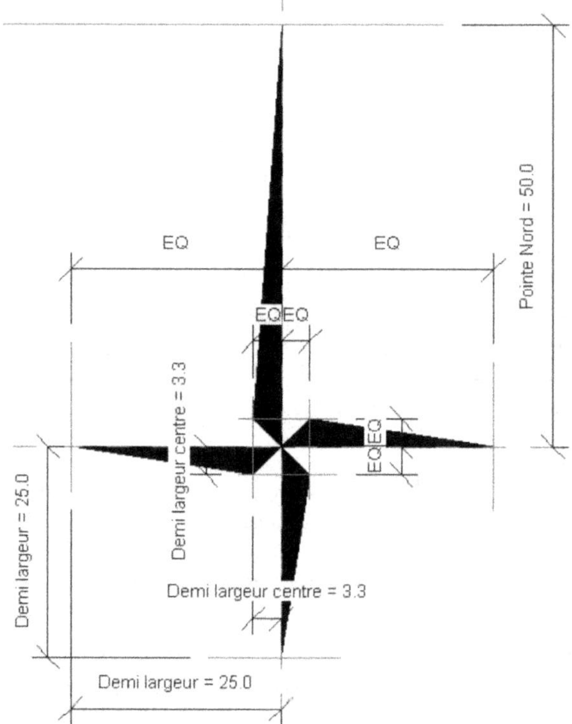

Paramétrage de la visibilité de la trajectoire du Soleil

La trajectoire du Soleil n'apparaît que pour la grande flèche. Il ne sera donc pas nécessaire de paramétrer ses dimensions. En revanche, afin de pouvoir masquer les traits pour la petite flèche, nous allons agir sur leur visibilité. Je vous laisse tracer les traits nécessaires pour obtenir un résultat proche de celui de la figure 7-1.

Sélectionnez l'un des traits. Sa visibilité est gérée par la propriété *Visible*, de format *Oui/Non*. Le fait d'agir sur cette propriété vous permettra de masquer ou non l'objet sélectionné, uniquement dans la famille et non dans le projet.

Pour modifier la visibilité des objets directement dans le projet, en changeant simplement la valeur d'un paramètre, il faut lui associer un paramètre de visibilité.

Figure 7–11
Associer un paramètre

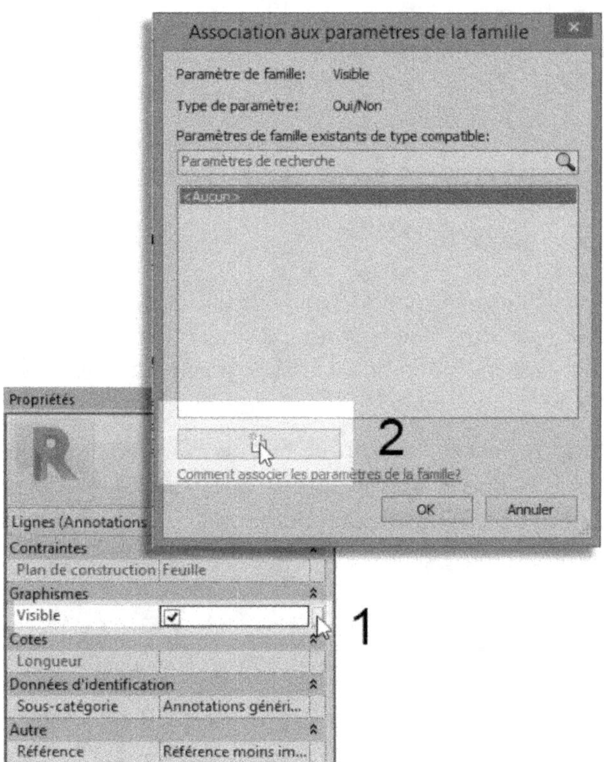

1 Sélectionnez tous les traits de la trajectoire du Soleil et cliquez sur l'icône située à droite de la propriété *Visible*.

2 La fenêtre *Association aux paramètres de la famille* s'ouvre alors. Dans la zone principale apparaissent les paramètres de format compatible *(Oui/Non)* déjà existants. Dans notre cas c'est vide. Il faut donc cliquer sur l'icône *Nouveau paramètre*.

3 La fenêtre *Propriétés des paramètres* s'ouvre afin de pouvoir créer notre nouveau paramètre. Nommez-le « Trajectoire solaire » et sélectionnez *Graphisme* dans *Regrouper les paramètres sous*. Conservez les autres options comme proposées par défaut et cliquez sur *OK* pour valider la création du paramètre. Cliquez à nouveau sur *OK* pour valider l'association.

4 Pour finaliser cette étape, rendez-vous dans la fenêtre *Types de familles* et cochez la case *Trajectoire du Soleil* pour le type *Flèche Nord 50 mm* et décochez-la pour le type *Flèche Nord 30 mm*.

En changeant le type pour vérifier l'action de visibilité, vous constaterez que les lignes restent visibles à l'écran même si la case est décochée. Pour obtenir le résultat réel, il faut activer l'option *Aperçu de la visibilité* de la barre de contrôle *Vue* pour les versions ultérieures à la version 2016 R2 ou tout simplement l'insérer dans un projet pour les versions antérieures.

Exercice 2 — Création d'une annotation générique pour libeller une famille

Si notre flèche ne changeait pas de taille, nous aurions pu utiliser du texte simple. Malheureusement, celui-ci n'a pas de réelle géométrie pour pouvoir être calé ou contraint sur une référence. Or si l'on veut que les lettres s'adaptent aux dimensions de la flèche, nous avons besoin d'un minimum de géométrie « accrochable ».

La solution consiste à créer une famille d'annotations que nous allons imbriquer dans le présent symbole. Cette famille aura des plans de référence et pourra ainsi être contrainte et positionnée précisément. Faites la manipulation sans fermer la famille de flèches.

Création de l'annotation

1 Sélectionnez le menu *Revit > Nouveau > Famille*. Dans le dossier *Annotation*, choisissez le même gabarit que celui utilisé pour la flèche, soit *Annotation générique métrique*. Supprimez le texte rouge et zoomez vers le centre.

Nous allons ensuite placer un *Libellé*, un texte dont le contenu est paramétrique, c'est-à-dire qu'il pourra être renseigné dans le projet ou la famille hôte.

2 Cliquez sur l'onglet *Créer* puis sur le panneau *Texte* et la commande *Libellé*. Cliquez au centre de la famille (intersection des deux plans) pour positionner le libellé.

La fenêtre *Modifier le libellé* s'ouvre. Cette dernière est composée de deux parties distinctes : à gauche sont regroupés les paramètres disponibles et à droite, les paramètres insérés dans le libellé. Pour l'instant tout est vide. Nous allons commencer par créer un paramètre.

Figure 7–12
Fenêtre Modifier le libellé

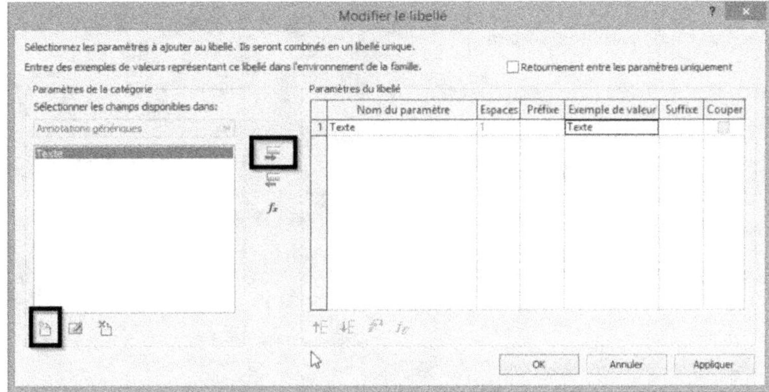

3　Cliquez sur l'icône *Paramètre* en bas à gauche et créez un paramètre de format *Texte (Type de paramètre)* que vous pouvez appeler tout simplement « Texte ». Choisissez *Occurrence* et non *Type* afin que la valeur du contenu puisse être différente sans avoir à créer des types différents pour les quatre lettres. Après avoir validé la création du paramètre, il apparaît dans la liste de gauche.

4　Sélectionnez le paramètre et cliquez sur l'icône *Ajouter le(s) paramètre(s) au libellé* afin qu'il apparaisse dans le tableau de droite. Dans la colonne *Exemple de valeur*, tapez « N » pour afficher dans la famille un texte exemple qui correspond à la réalité. Laissez les autres valeurs du tableau par défaut et validez la création du libellé en cliquant sur *OK*. Nous reviendrons dans un exercice ultérieur sur la mise en forme détaillée des libellés.

5　Dans la fenêtre *Types de familles*, vous retrouverez le paramètre d'occurrence *Texte* (*(par défaut)* est indiqué) et vous pourrez lui attribuer la valeur « N », par exemple, puis valider.

　　Le libellé par défaut fait 3 mm de haut, ce qui est un peu faible par rapport à la taille de notre flèche. Nous allons donc modifier ses propriétés.

6　Sélectionnez le libellé et dans la fenêtre *Propriétés*, sélectionnez *Modifier le type>Renommer*. Indiquez « 5mm » et n'oubliez pas de changer la valeur de *Taille du texte* à 5 mm.

Vous pouvez également agir sur les autres propriétés du libellé afin de modifier l'apparence et le comportement du texte. Les propriétés correspondent aux propriétés des objets texte dans le projet.

Comme il s'agit d'un texte, vous pouvez décider de son comportement en termes de lisibilité. Souhaitez-vous que le texte puisse se « renverser » ou non ? Ces comportements se définissent dans les propriétés de la famille ou dans la fenêtre *Catégorie et paramètres de famille* de l'onglet *Créer*.

Figure 7–13
Orientation et lisibilité du texte

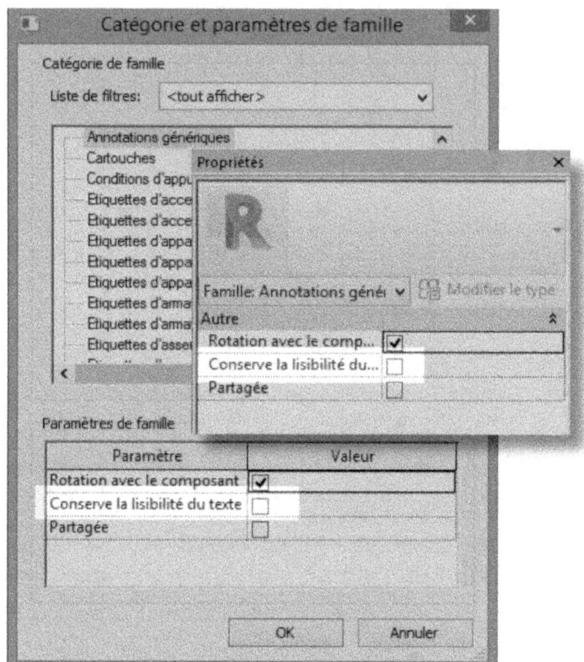

Chargement de l'annotation générique dans une flèche

1 Enregistrez votre annotation et chargez-la depuis n'importe quel onglet en cliquant sur *Charger dans le projet*.

2 De retour dans votre famille de flèches, l'annotation créée devrait apparaître accrochée au curseur de votre souris, prête à être positionnée. Si ce n'est pas le cas, rendez-vous dans l'arborescence et sous *Famille>Symbole d'annotation*, sélectionnez la famille « nom de votre annotation », puis le type « nom de votre annotation ». Cliquez sur le type souhaité et faites-le glisser vers la zone de dessin. Étant donné qu'il s'agit d'une annotation générique, vous pouvez aussi directement choisir la commande *Symbole* de l'onglet *Créer* et sélectionnez l'annotation dans le sélecteur de type.

3 Positionnez une occurrence de l'annotation à chaque point cardinal sans vous placer précisément dessus.

Figure 7–14
Positionnement des annotations

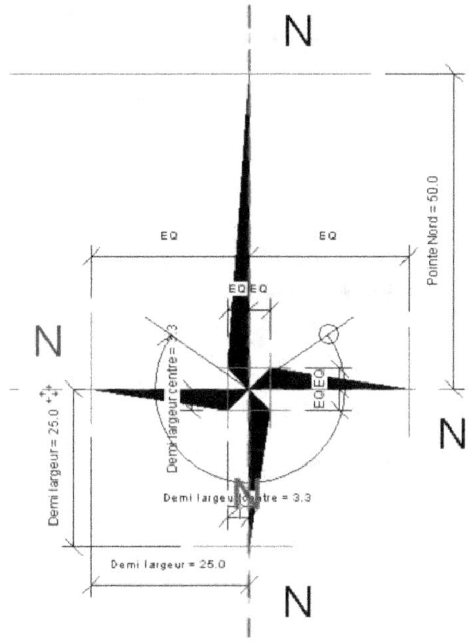

Conseil

Si vous êtes débutant, je vous conseille de positionner les objets ainsi :

1. Posez manuellement les objets à leur emplacement de façon très approximative.

2. Puis positionnez et contraignez-les précisément avec les outils d'alignement et de cotes.

Cette méthode permet de mieux se rendre compte de ses actions.

Positionnement et contrainte de l'annotation générique

Nous allons maintenant contraindre la position des annotations par rapport aux différents objets de référence afin que les lettres se déplacent correctement en fonction
de la taille de la flèche.

1 Cliquez sur la commande *Aligner* et sélectionnez le plan de référence horizontal de
la flèche, puis la référence horizontale de l'annotation.

2 Cadenassez l'alignement afin de verrouiller la position horizontale du texte.

3 Posez une cote entre la ligne de référence verticale de la flèche et la référence verticale de l'annotation.

4 Déplacez l'annotation à 5 mm du plan, sélectionnez la cote et activez le cadenas
afin de la verrouiller. Il est inutile ici de transformer cette cote en paramètre.

Figure 7–15
Alignement des annotations
génériques

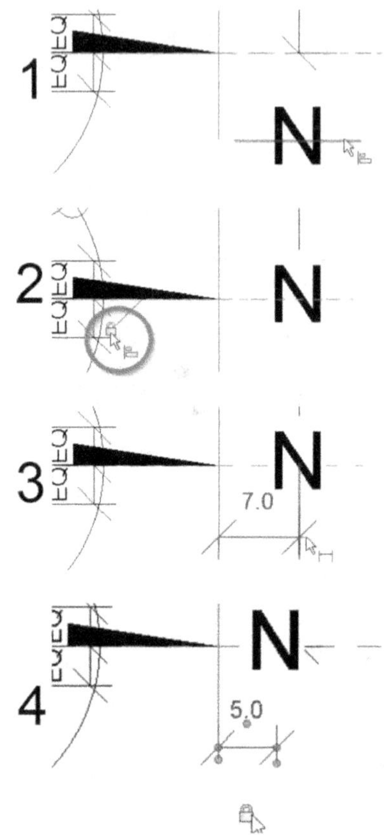

Procédez de la même façon pour les quatre occurrences de l'annotation. Il ne vous restera plus qu'à changer le texte afin qu'il corresponde aux points cardinaux N, E, S et O.

5 Cliquez une première fois sur une annotation ensuite une seconde fois pour modifier le texte directement dans la zone de dessin. Vous pouvez également changer la valeur du texte dans les propriétés d'occurrence de l'objet *via* le paramètre *Texte* ou le nom du paramètre indiqué dans la famille d'annotations.

Testez votre famille une dernière fois afin de vérifier que les textes se déplacent correctement avec le changement de la taille de la flèche. Chargez la famille dans un fichier. Posez deux occurrences d'un type et changez le type pour l'une d'entre elles afin d'obtenir l'image de la figure 7-1.

Exercice 3 · Un mobilier simple : un lit

Il n'est pas toujours nécessaire de représenter en 3D du mobilier. Pour ce type d'objet, il est important d'avoir en plan leur encombrement pour notamment vérifier certaines contraintes réglementaires comme les règles d'accessibilité aux personnes à mobilité réduite (PMR).

Dans certains cas cependant, comme la visualisation 3D, il peut être nécessaire d'avoir du mobilier en 3D mais rarement sur la totalité d'un projet. Si tout le mobilier et les équipements sanitaires étaient représentés en 3D, cela aurait pour conséquence une certaine lourdeur informatique dans la manipulation 3D du modèle.

Nous voulons ici obtenir une famille de détail qui représente un lit schématisé avec ses encombrements PMR, sachant que la taille du lit et de ses encombrements sont variables et que la présence ou non de ces derniers de chaque côté du lit est également variable.

Figure 7–16

Divers lits avec leurs encombrements PMR

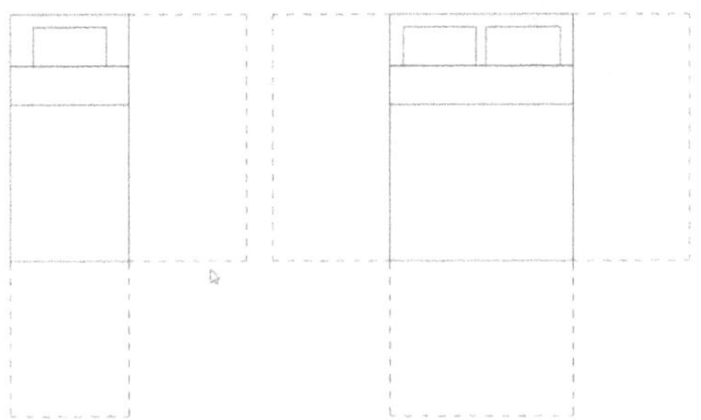

Nous verrons au chapitre 9 que la famille de détail, telle que nous allons la créer en composants de détail, ne sera probablement pas utilisée directement dans un projet.

Démarrage, création du squelette et paramétrage

1 Sélectionnez le menu *Revit* puis *Nouveau>Famille*. Choisissez le gabarit *Éléments de détail métrique*. Nous considérerons que le point d'insertion du lit se situe au milieu de la tête de lit.

2 Pour créer l'ossature, cliquez sur l'onglet *Créer* puis sur *Référence>Plan de référence*. Tracez trois plans de référence : un en bas pour le pied du lit et deux autres de chaque côté de l'axe pour les côtés du lit.

3 Voyons maintenant les contraintes et le paramétrage. Placez une cote continue horizontale entre les trois plans verticaux et activez l'option *EQ* pour assurer la symétrie. Placez les cotes de largeur et de longueur et transformez-les en paramètres selon la méthode présentée dans le premier exercice. Attribuez des valeurs cohérentes aux dimensions : 1 400 × 1 900 mm, par exemple. Attention, nous avons ici des unités physiques réelles et non plus des millimètres imprimés.

4 Paramétrez correctement les plans de référence (*Nom* et *Est la référence*) :

– pour le plan existant *Centre (avant/arrière)*, renommez-le « Arrière » et spécifiez la référence *Arrière*, ce qui est plus logique par rapport à notre placement ;

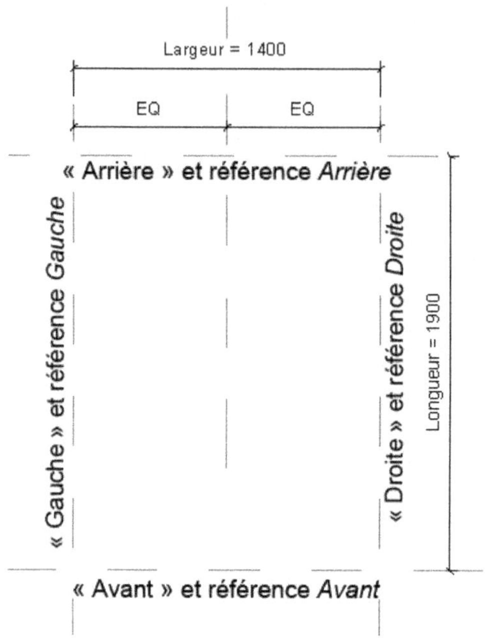

Figure 7–17
Situation intermédiaire

– pour le plan situé à gauche, nommez-le « Gauche » et attribuez-lui la référence *Gauche* ;

– pour le plan situé à droite, nommez-le « Droite » et attribuez-lui la référence *Droite* ;

– pour le plan situé devant le lit, nommez-le « Avant » et attribuez-lui la référence *Avant*.

Propriété Est la référence des plans

En plus de celles des lignes de référence, les plans peuvent avoir les références suivantes : *Gauche, Droite, Bas, Haut, Avant, Arrière, Centre (avant/arrière), Centre (gauche/droite)*. Ces références agissent toutes comme des références importantes.

Création de la géométrie

Le lit

1 Cliquez sur l'onglet *Créer* puis sur *Détail>Ligne* et tracez un rectangle volontairement en dehors des quatre plans de référence afin de bien visualiser vos déplacements.

2 Alignez et cadenassez les quatre lignes sur les plans de référence.

3 Pour symboliser le drap, tracez deux lignes horizontales sur la largeur du lit, une à 400 mm de l'arrière et l'autre plus bas, à 700 mm.

Figure 7–18
Situation intermédiaire

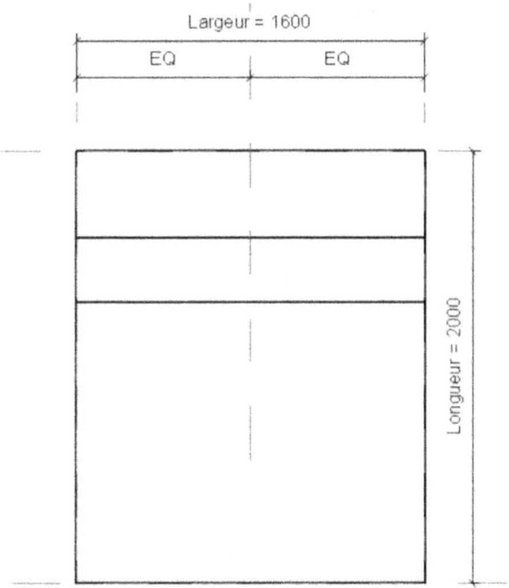

Précaution

Nous pourrions penser que comme les lignes du drap ne doivent pas bouger par rapport au point d'origine de la famille, il n'est pas nécessaire de les contraindre. C'est vrai pour des valeurs de longueur suffisamment grandes, mais lorsque la longueur diminue, à 1 400 mm par exemple, et que vous souhaitez revenir à 1 900, vous constaterez que les lignes repartent avec la position du pied de lit.

Que s'est-il passé ?

En fait, sans que vous le sachiez, Revit a créé des contraintes automatiques lors du tracé de la géométrie. Il a automatiquement contraint les lignes sur les éléments de référence qu'il estime être les plus pertinents (figure 7-19, schéma A1). Une fois la cote réduite à 1 400, puis ramenée à 1900, Revit a basculé les contraintes sur le plan *Avant* (figure 7-19, schéma A2). Ces contraintes sont « faibles », plus faibles que des cotes (même non verrouillées) ou des contraintes manuelles (cadenas et paramètres). C'est pourquoi il suffit de poser de simples cotes pour éviter ces automatismes.

Pour visualiser ces contraintes automatiquement, vous pouvez activer l'option *Cotes automatiques de l'esquisse*. Pour cela il faut d'abord réussir à afficher les propriétés de la vue (chapitre 3, section « Présentation de l'interface », figure 3-7 page 47).

1. Cliquez sur *Remplacement visibilité/graphisme*.
2. Cliquez sur l'onglet *Catégories d'annotation*.
3. Cochez la sous-catégorie *Cote automatique de l'esquisse*.

Vous allez voir apparaître ces contraintes automatiques en bleu. Dès que vous aurez posé de vraies cotes entre les lignes et le plan *Arrière*, ces contraintes disparaîtront et vous pourrez faire varier la longueur sans aucun déplacement intempestif (figure 7-19, schémas B1 et B2)

Figure 7–19
Cotes automatiques
de l'esquisse

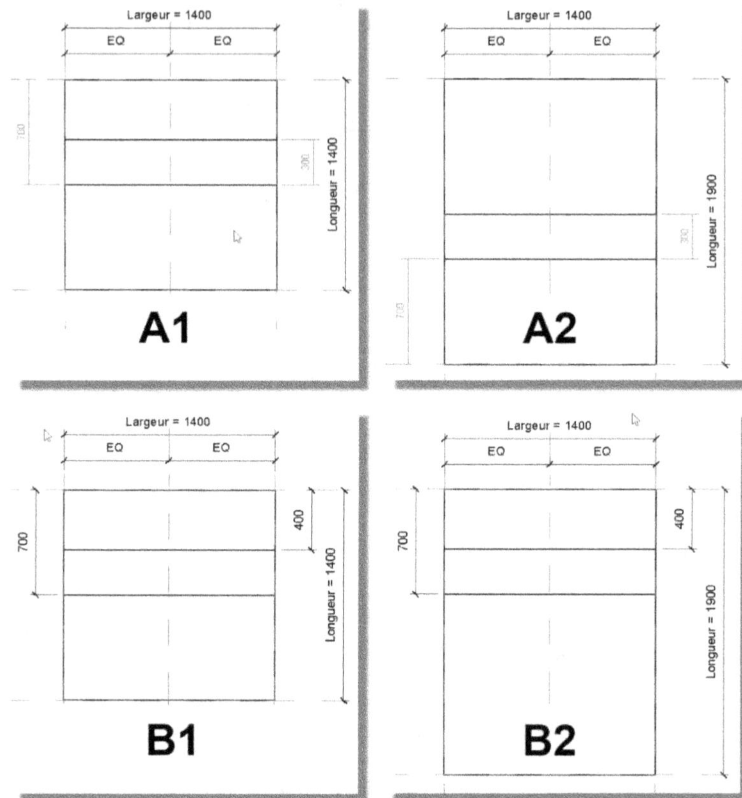

Même si vous pouvez le faire, il n'est pas nécessaire de poser les cotes au préalable sur des plans de référence et de contraindre les lignes sur ces plans car ce sont des lignes et qu'elles ne doivent pas se déplacer. L'étirement automatique des lignes en fonction de la largeur est le comportement normal de Revit avec les raccords automatiques des lignes, murs, etc.

4 Posez donc des cotes entre ces deux lignes et le plan de référence *Arrière* afin de vous assurer qu'elles ne se déplacent pas. Pour plus de sécurité, cadenassez-les.

Cette première étape étant terminée, testez la famille en modifiant ses dimensions. Vous pouvez aussi créer des types différents de lits.

Les oreillers

Pour les oreillers, cela va se compliquer un peu car en fonction de la largeur du lit, il y en aura un ou deux. Pour gérer ce comportement, nous allons utiliser les propriétés de visibilité vues lors de l'exercice 1. On pourrait naturellement créer deux familles, une pour les lits simples et une pour les lits doubles, mais cela compliquerait la gestion des familles.

1   Tracez un premier oreiller avec trois lignes : 560 mm de large, 300 mm de haut et à 100 mm des bords *Droite* et *Arrière*.

2   Rassemblez ces trois lignes dans un groupe nommé « Oreiller double » et contraignez sa position en plaçant des cotes cadenassées avec les plans de référence *Droite* et *Arrière*.

3   Copiez le groupe de l'autre côté du lit et contraignez-le de la même façon.

4   Copiez le groupe une troisième fois au centre du lit. Convertissez-le cette fois en un autre type de groupe nommé « Oreiller simple » afin de pouvoir régler la visibilité des lignes différemment des deux autres. Il n'est pas nécessaire de contraindre la position de ce dernier oreiller puisqu'elle ne varie pas.

Figure 7–20
Situation intermédiaire
avec les trois oreillers

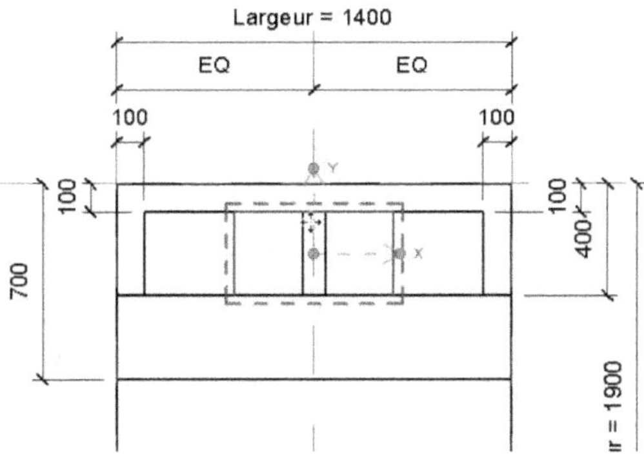

Nous verrons plus loin comment automatiser la visibilité des oreillers.

Les encombrements PMR

1   Tracez approximativement les trois encombrements PMR (figure 7-21) sur les trois côtés du lit. Sélectionnez les lignes et spécifiez-les en sous-catégorie *Lignes cachées* (onglet contextuel *Modifier*, paramètre *Sous-catégorie*).

2   Pour la ligne arrivant à l'angle supérieur droit, il faut aligner/cadenasser son extrémité au plan *Droite* (a) et aligner/cadenasser sa position sur le plan *Arrière* (b). Répétez cette opération pour les cinq autres lignes qui aboutissent aux angles du lit.

3   Cotez et paramétrez les autres lignes par rapport aux plans de référence *Avant*, *Gauche* et *Droite*. Nommez les paramètres « Encombrement lateral » (« lateral » sans accent, voir chapitre 5, section « Conseils de nommage » page 103) sur les côtés et « Encombrement avant » pour l'avant du lit. Ne vous souciez pas des valeurs pour l'instant.

Figure 7–21
Contrainte de l'encombrement
PMR

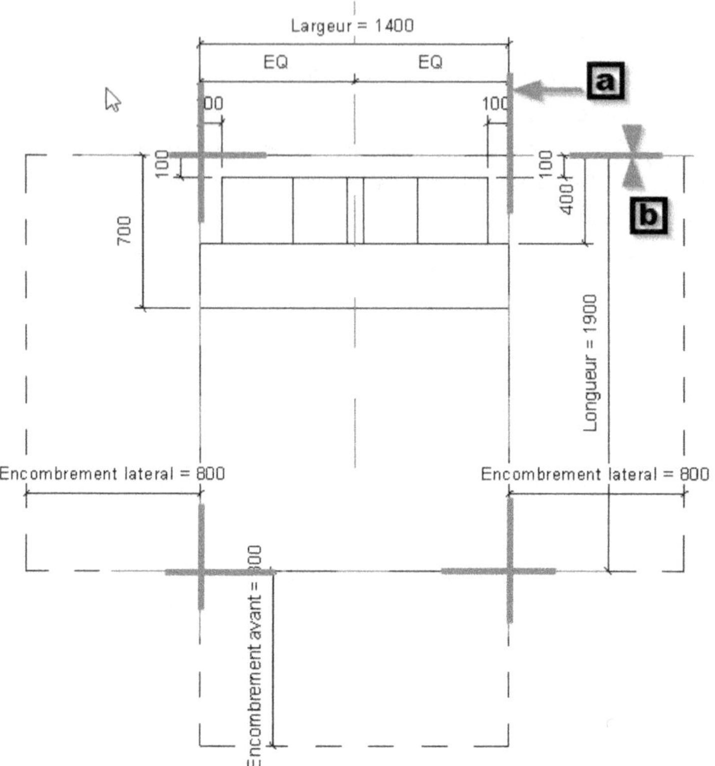

Paramétrage de la visibilité des objets

Les oreillers

1 Vous allez modifier l'une des occurrences du groupe *Oreiller double*. Sélectionnez les trois lignes et associez leur propriété *Visible* à un nouveau paramètre de visibilité nommé « Lit double », créé comme nous l'avons fait dans le premier exercice pour la trajectoire du Soleil.

2 Faites de même pour le groupe *Oreiller simple* mais avec un autre nouveau paramètre de visibilité nommé « Lit simple ».

On pourrait s'arrêter là et spécifier manuellement les valeurs de visibilité en fonction du type afin que l'oreiller central soit visible pour les lits simples et que les oreillers latéraux le soient pour les lits doubles. Cette méthode manuelle peut conduire à des erreurs de paramétrage. Afin d'éviter tout risque, nous allons automatiser l'affichage des oreillers en fonction de la taille du lit en utilisant des formules conditionnelles simples.

Le fait qu'un lit soit simple ou double dépend directement de sa largeur. La règle que l'on peut ajouter à la famille est donc la suivante : « Si la largeur est inférieure à 1 400 mm, alors l'oreiller central s'affiche ; sinon, ce sont les oreillers latéraux qui s'affichent. »

3 Ouvrez la fenêtre *Types de familles* et ajoutez les formules indiquées sur la figure 7-22.

Figure 7–22
Fenêtre Types de familles

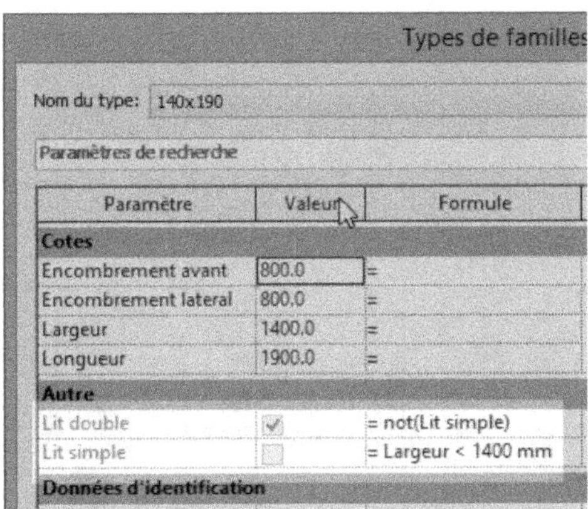

Pour des paramètres *Oui/Non*, la syntaxe conditionnelle est simplifiée à la seule condition du Oui. Pour *Lit double*, comme sa valeur est toujours contraire à celle *de Lit simple*, il suffit d'utiliser l'opérateur logique « not » devant *Lit simple*.

Encombrement PMR

Dans les règles d'accessibilité aux PMR, un seul encombrement latéral est nécessaire pour les lits simples. Nous allons donc paramétrer et automatiser la visibilité d'un des encombrements latéraux en fonction de la largeur. La manipulation est ici simplifiée puisque les paramètres *Oui/Non* existent déjà.

Sélectionnez les lignes de l'encombrement gauche, par exemple, et associez leur visibilité au paramètre *Lit double*. Les lignes de l'encombrement gauche ne seront donc visibles que si le lit fait 1 400 mm ou plus.

Création des types de lits et finalisation de la famille

Nous arrivons à la fin de l'exercice. Il nous reste à créer et paramétrer correctement les deux types de lits de la figure 7-16. Créer un type nommé « 140×190cm » et un autre nommé « 90×190cm » en n'oubliant pas de modifier les valeurs en fonction des types. Vous verrez que le simple fait de changer la largeur du lit fait apparaître ou disparaître les oreillers et l'encombrement à gauche.

Afin de pouvoir inverser l'objet à son insertion dans le projet, nous allons ajouter des flèches de contrôle.

1 Cliquez sur l'onglet *Créer* puis sur *Contrôle>Vertical double* **ⓐ**. Positionnez le contrôle en cliquant dans la zone de dessin **ⓑ**.

2 Choisissez *Horizontal double* **ⓒ** et positionner le contrôle de la même façon **ⓓ**.

Figure 7–23
Positionnement des flèches
de contrôle

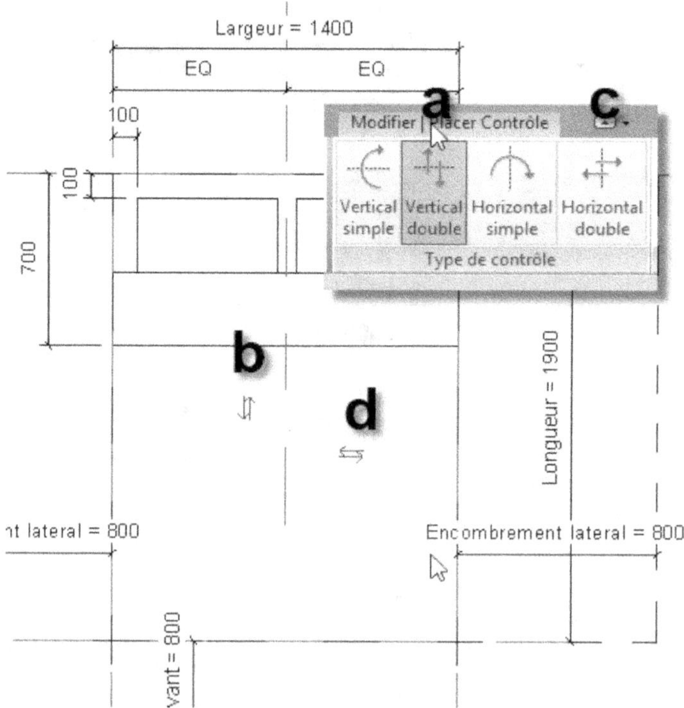

Vous pouvez éventuellement classer les paramètres afin de les regrouper de manière cohérente dans les propriétés de la famille (fenêtre *Propriétés des paramètres* (figure 7-24, **ⓐ**) option *Regrouper le paramètre sous* et choisissez le classement). Dans chaque classement, vous pouvez aussi faire monter **ⓑ** ou descendre **ⓒ** les paramètres dans la liste.

Figure 7–24
Classement des paramètres

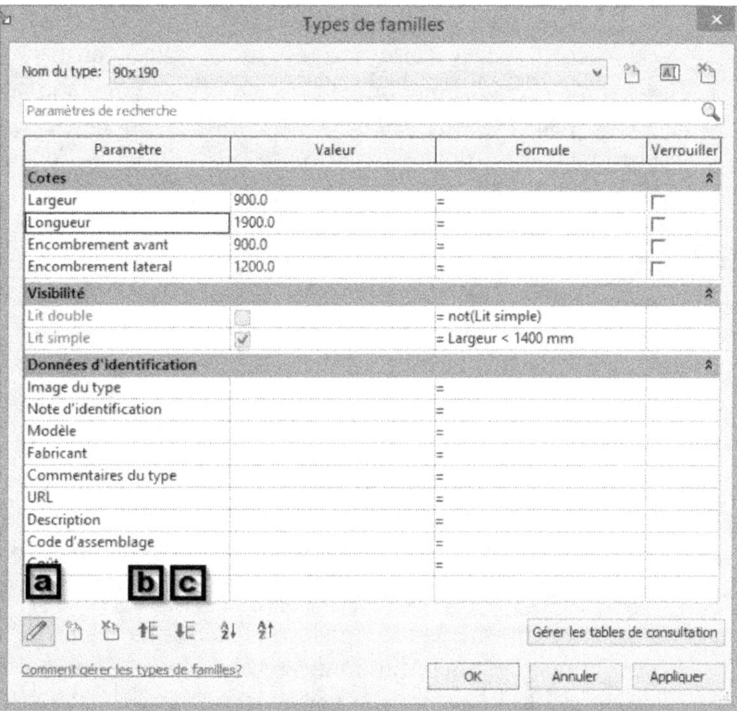

Bien entendu, vous pouvez également utiliser l'outil *Profils en relief* du projet si vous souhaitez plutôt modéliser en 3D ce type d'ouvrage.

(Exercice 4) **Un composant de détail ligne : une couvertine**

Les composants de détail sont souvent utilisés pour agrémenter les vues de détail avec divers éléments constructifs qui ne sont pas modélisés. Nous allons créer ici une couvertine métallique qui chapeaute les murs acrotères des bâtiments. Elle aura la particularité de s'adapter à toutes les largeurs de murs.

Figure 7–25
Une couvertine métallique en
tête d'acrotère

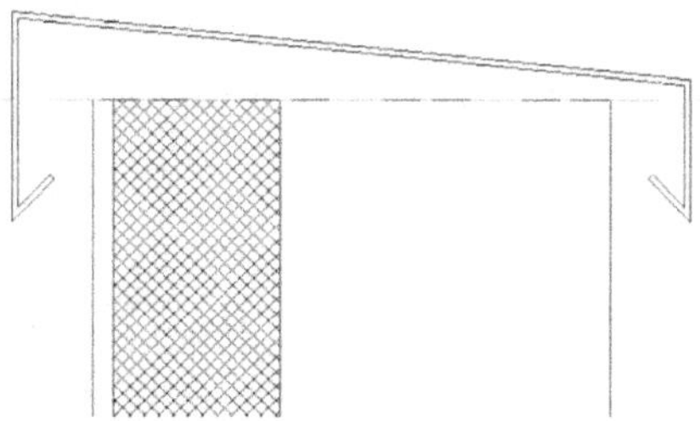

Démarrage, création du squelette et paramétrage

Pour commencer cette famille, nous allons utiliser le gabarit *Élément de détail métrique (ligne)*. Pour rappel, les gabarits *(ligne)* sont utilisés pour créer des familles qui se placent dans le projet en cliquant sur deux points, comme une ligne. Cette particularité va nous permettre de positionner et de spécifier la largeur de la couvertine en une seule manipulation dans le projet.

Figure 7–26
Gabarit Élément de détail
métrique (ligne)

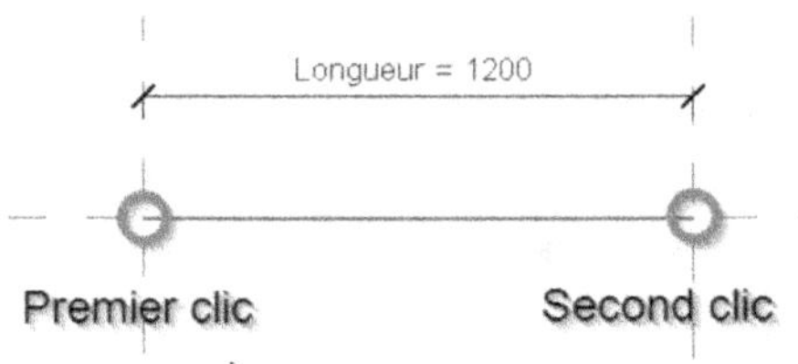

En plus des deux plans de référence traditionnels, le gabarit contient un plan secondaire à droite, contraint par une cote, ainsi qu'une ligne de référence qui part de l'intersection à gauche et va jusqu'à l'intersection à droite. L'intersection gauche correspond au premier clic et celle de droite correspond au second clic.

Avant de commencer le squelette, il serait judicieux de spécifier une valeur cohérente par rapport à l'objet que nous créons. Dans la fenêtre *Types de familles*, spécifiez une valeur de 300 mm pour le paramètre *Longueur*. Remarquez que le paramètre intégré *Longueur* est d'occurrence, ce qui paraît logique puisqu'à chaque nouvelle insertion de l'objet, les dimensions peuvent varier. Étant donné la taille de l'objet, je vous conseille également de passer l'échelle de la vue à 1/5.

1 Comme sur la figure 7-27, positionnez les plans de référence, les paramètres et tracez une ligne de référence inclinée entre les intersections des plans en veillant bien à aligner/cadenasser les sommets de la ligne en x et y, sur les plans de référence.

Figure 7–27
Mise en place du squelette

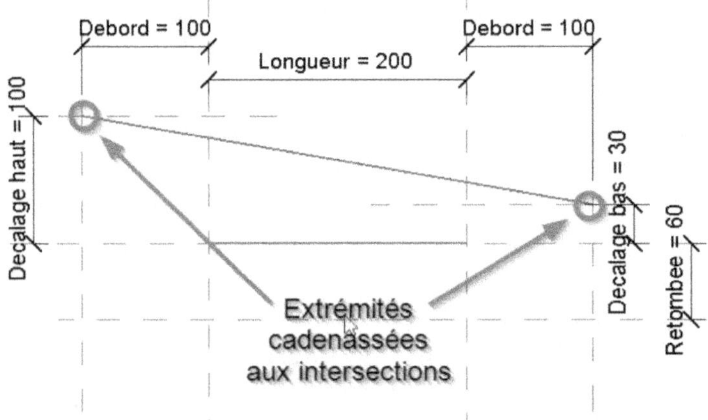

2 Zoomez vers l'extrémité basse et tracez une petite ligne de référence partant de l'intersection et montant à 45° vers l'intérieur de la couvertine. Alignez et cadenassez son extrémité à l'intersection des plans comme précédemment.

3 Sélectionnez cette petite ligne de référence et transformez la cote temporaire en cote permanente et cadenassez-la à une valeur de 30 mm.

4 Posez une cote angulaire entre la ligne de référence et le plan horizontal. Cadenassez cette cote à 45°.

Figure 7–28
Finalisation du squelette

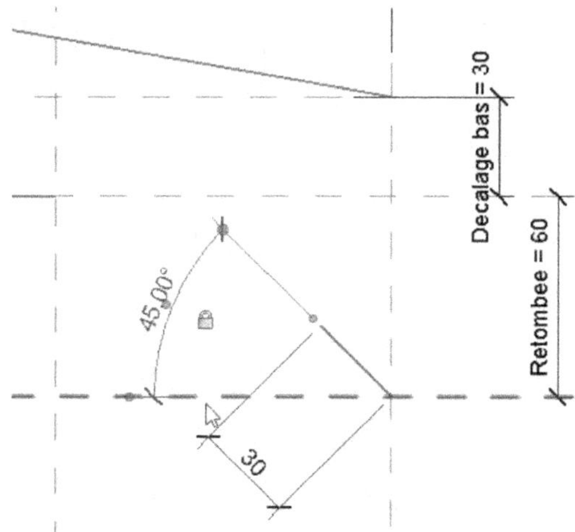

5 Répétez les étapes 2 à 4 de l'autre côté.

Figure 7–29
Situation intermédiaire

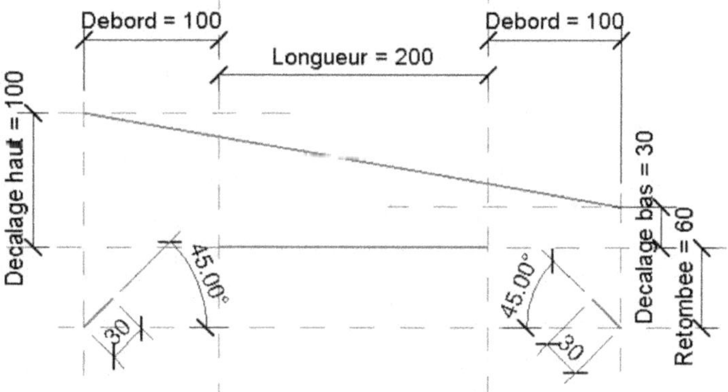

Notre squelette est prêt, vous pouvez le tester en modifiant les valeurs des paramètres. Pour le moment, nous conservons des valeurs exagérées afin de rendre le tracé plus confortable par la suite.

Création de la géométrie

Je vous conseille de commencer par les lignes intérieures de la couvertine, c'est-à-dire celles qui ne se situent pas directement sur des objets de référence.

1 Tracez le contour intérieur en veillant à respecter le parallélisme par rapport aux lignes de référence inclinées et avec un décalage d'environ 10 mm.

2 Posez des cotes entre les lignes et les objets de référence parallèles. Sélectionnez les cinq cotes et paramétrez-les avec un nouveau paramètre nommé « Epaisseur ».

3 Zoomez à l'extrémité inférieure droite afin d'aligner l'extrémité de la petite ligne avec l'extrémité de la petite ligne de référence. Passez à l'échelle 1/1 si besoin.

4 Sélectionnez la ligne, cliquez sur la poignée de forme (petite boule) et faites-la glisser pour qu'elle s'aligne automatiquement à l'extrémité de la ligne de référence ❶. Veillez à rester toujours parallèle.

5 Activez le cadenas après avoir relâché la poignée ❷.

Figure 7–30
Création et contrainte du
contour extérieur

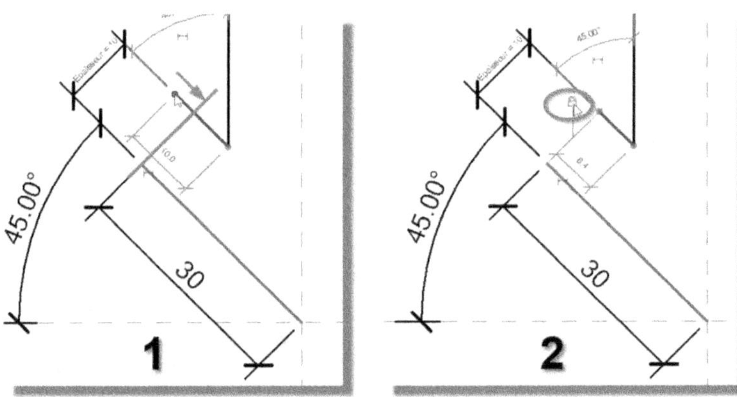

6 Reprenez ces étapes pour l'autre côté.

Il reste maintenant à terminer le contour extérieur de la couvertine.

7 Sélectionnez l'outil ligne et désactivez l'option *Chaîner* de la barre d'options. Commencez à tracer en partant de l'extrémité de l'une des petites lignes que nous venons d'ajuster, jusqu'à l'extrémité de la petite ligne référence. N'oubliez pas de verrouiller le(s) petit(s) cadena(s) ouvert(s) que Revit vous propose. Attention car il peut parfois arriver qu'un cadenas ouvert se positionne juste sur un ancien déjà fermé. Soyez donc attentif.

8 Procédez ainsi pour chaque segment de ligne qui reste. Il se peut que Revit affiche le message d'erreur suivant : « La cote constituerait une contrainte excessive pour l'esquisse. » Comme nous l'avons expliqué dans le premier exercice, cela signifie tout simplement que Revit considère que les points sont déjà verrouillés entre eux.

Figure 7–31
Création et contrainte du
contour extérieur

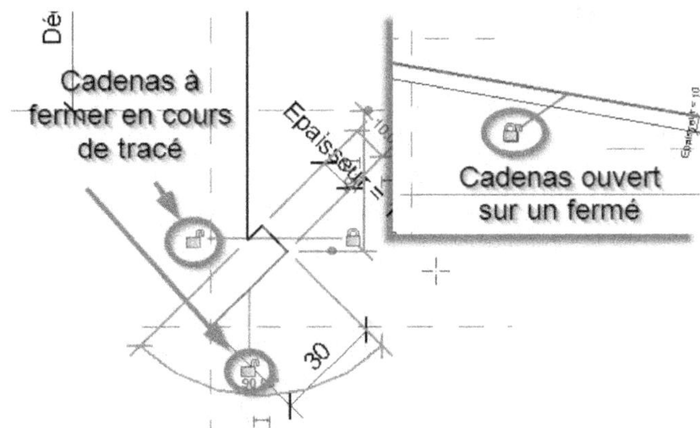

N'oubliez pas de cadenasser en cours de tracer, après chaque segment, sinon les cadenas disparaissent. Si c'est le cas, il vaut mieux effacer la ligne et recommencer correctement.

9 Une fois le contour terminé, posez des flèches de contrôle pour permettre l'inversion de l'objet. Spécifiez également des valeurs cohérentes pour les différentes dimensions (épaisseur, débord, etc.).

Comme pour le premier exercice, on aurait pu pour chaque extrémité de chaque nouvelle ligne cadenasser dans toutes les directions possibles sur les références. Je préfère ici faire confiance aux automatismes de Revit et ne cadenasser que ce que Revit propose. Cela nous évitera une quantité non négligeable de manipulations délicates.

Vous pouvez naturellement tester votre famille dans une vue de détail. Après la pose de votre objet, vous pouvez cadenasser les références de la famille (largeur et position verticale) aux faces et têtes des murs afin que la couvertine suive l'évolution de votre projet. Pour que les plans de référence soient sélectionnables dans le projet, ils doivent, au sein de votre famille, être définis au minimum comme *Référence moins importante*.

Conseil

Nous aurions pu symboliser l'épaisseur de la tôle par un seul trait épais, ce qui nous aurait évité de devoir tracer et contraindre le contour intérieur. Le graphisme aurait été certes différent mais plus rapide à réaliser et pour une compréhension graphique équivalente. Personnellement, tous mes composants de détail de ce type sont réalisés avec un seul trait épais.

La méthode que nous venons de voir (double trait) sera en revanche nécessaire pour les familles de profils que nous aborderons plus loin.

Amélioration du paramétrage

Nous avons créé la pente de la bavette en décalant la position des sommets, ce qui est le plus rapide. Cependant, il est plus fréquent de spécifier une pente, en pourcentage depuis un point fixe et non en décalage altimétrique. C'est tout à fait envisageable, il suffit de créer un paramètre « Pente » au format *Nombre*, de transformer le paramètre *Decalage haut* en occurrence et de placer la formule suivante :

Decalage haut = Decalage bas + (Longueur + Debord * 2) * Pente

Figure 7–32
Fenêtre Types de familles, ajout
des formules

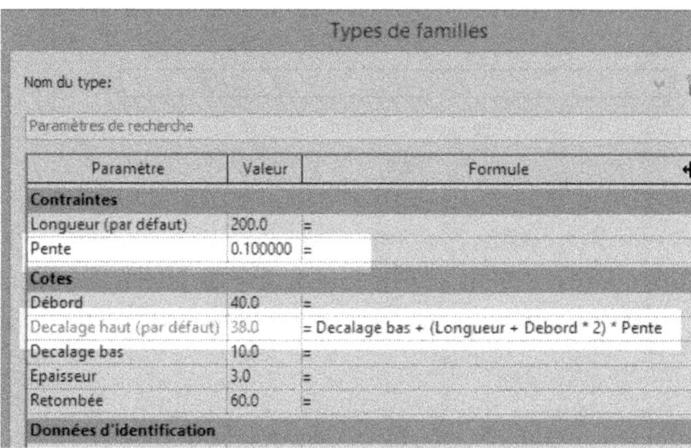

L'inclinaison se spécifie désormais par la pente et la position du point haut est maintenant le résultat de la pente et de la largeur de la bavette.

Aller plus loin avec des éléments de détail ligne

Nous avons ici utilisé le gabarit ligne pour générer un objet qui s'étire selon la ligne. Un autre usage intéressant est la répétition d'objets selon la ligne. Nous ne l'aborderons pas en composants de détail mais nous le ferons plus tard, pour une famille de modèles.

Un exemple intéressant de répétition de composant de détail est présenté dans le livre *Revit, initiation et perfectionnement par la structure* de Jonathan Renou, paru aux éditions Eyrolles. Jonathan exploite ce gabarit ligne pour réaliser une famille de lignes symboliques de réseaux avec indication du type de réseau sous forme de texte (EDF, GAZ, etc.) comme sur la figure 7-33.

Figure 7–33
Ligne de réseau

Les anciens utilisateurs d'AutoCAD risquent d'être frustrés car ces lignes étaient simplement réalisées par un style de ligne particulier. AutoCAD permet d'ailleurs de faire des lignes et des courbes, ce qui n'est pas le cas avec Revit.

8

Les étiquettes et les cartouches

Les étiquettes sont le principal usage des familles d'annotations. Elles servent à afficher les propriétés des familles de modèles dans le projet. Pour cela, il faut que les propriétés des objets soient des paramètres intégrés de la catégorie d'objets ou des paramètres partagés. Si vous avez besoin de vous rafraîchir la mémoire sur les paramètres partagés (principe et création) et les paramètres intégrés, reportez-vous à la section « Les différents types de paramètres » du chapitre 4, page 61.

Les cartouches sont quant à eux des étiquettes géantes capables d'extraire et d'afficher des informations liées principalement au projet.

(Exercice 5) Création d'une étiquette de fenêtre

Nous voulons ici obtenir une étiquette qui affiche trois propriétés : la hauteur de la fenêtre, la hauteur d'allège et la surface globale de la menuiserie (figure 8-1).

Figure 8–1
Étiquette de fenêtre

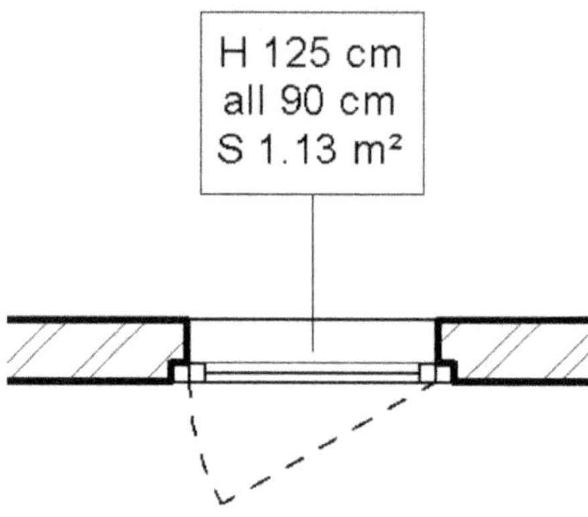

La méthode étant proche de celle que nous avons utilisée dans l'exercice 2 du chapitre précédent pour créer une annotation générique, nous ne nous attarderons que sur les nouveautés.

Démarrage

1 Dans le menu *Revit*, sélectionnez *Nouveau>Famille*. Dans la fenêtre qui s'ouvre, rendez-vous dans le dossier *Annotations* et choisissez le gabarit *Étiquette de fenêtre métrique*.

Comme nous l'avons expliqué précédemment (voir chapitre 3, section « Les différents gabarits », page 41), nous pourrions aussi partir du gabarit *Étiquette générique* et spécifier par la suite qu'il s'agit d'une étiquette de fenêtre.

2 Placez un libellé à l'intersection des deux plans de référence et conservez la justification milieu et centre proposée par défaut.

La fenêtre *Modifier le libellé* apparaît comme pour l'annotation générique, mais cette fois, la liste des paramètres disponibles contient tous les paramètres intégrés de la catégorie *Fenêtre*.

3 Choisissez les paramètres *Hauteur* et *Hauteur de l'appui* et déplacez-les dans le tableau de droite. Vous pouvez les sélectionner simultanément avec la touche *Ctrl*.

Si l'étiquette doit libeller un paramètre partagé de la fenêtre, il faudra le créer.

4 Pour ce faire, cliquez sur l'icône *Paramètres* (en bas à gauche) pour ouvrir la fenêtre *Propriétés des paramètres*. Vous n'aurez pas le choix et serez contraint de sélectionner des paramètres partagés depuis votre fichier des paramètres partagés (voir chapitre 4, section « Les paramètres partagés », page 61). Les paramètres partagés viendront alors s'ajouter à la liste des paramètres disponibles.

Création d'une valeur calculée (à partir de la version 2017)

La surface de la menuiserie n'est pas un paramètre intégré. Dans la famille, on pourrait créer un paramètre partagé dont la valeur serait obtenue par la formule *Largeur × Hauteur*. Il suffirait ensuite de sélectionner ce paramètre et de l'ajouter dans l'étiquette.

Depuis la version 2017, une alternative est disponible, à savoir la création d'une valeur calculée dans l'étiquette qui fonctionne comme les valeurs calculées des nomenclatures du projet. Attention, ce paramètre ne se transforme pas en paramètre de fenêtre. Il n'apparaîtra que dans l'étiquette.

Figure 8–2
Fenêtre Modifier le libellé

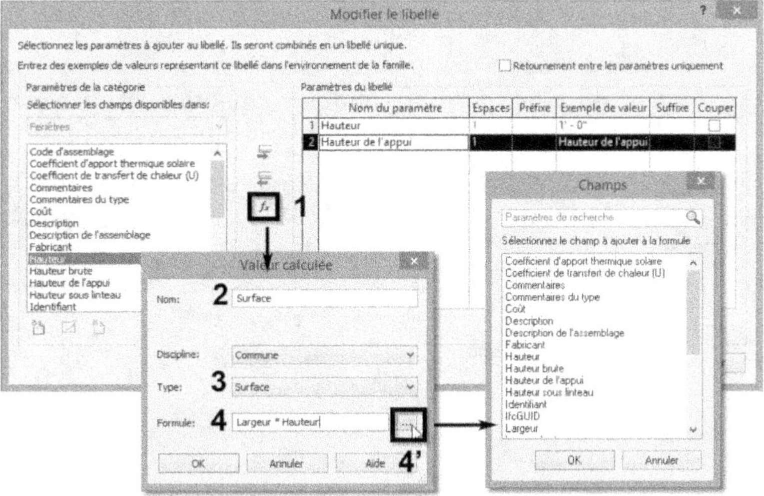

1 Cliquez sur l'icône *Valeur calculée* pour ouvrir la fenêtre éponyme ❶.

2 Saisissez « Surface » dans le champ *Nom* ❷.

3 Sélectionnez le bon format du paramètre *via* la liste déroulante *Type*, en l'occurrence *Surface* ❸.

4 Saisissez la formule manuellement en respectant la casse du nom des paramètres et la syntaxe des formules disponibles (voir chapitre 4, section « Automatiser des valeurs de paramètres par des formules », page 76) ❹.

Vous pouvez également cliquer sur le bouton et sélectionner les paramètres que vous souhaitez intégrer dans la formule ❹'. Cela permet d'éviter les erreurs de saisie.

5 Validez toutes les fenêtres afin de revenir dans la zone de dessin.

Figure 8–3
Résultat intermédiaire,
étiquette sélectionnée

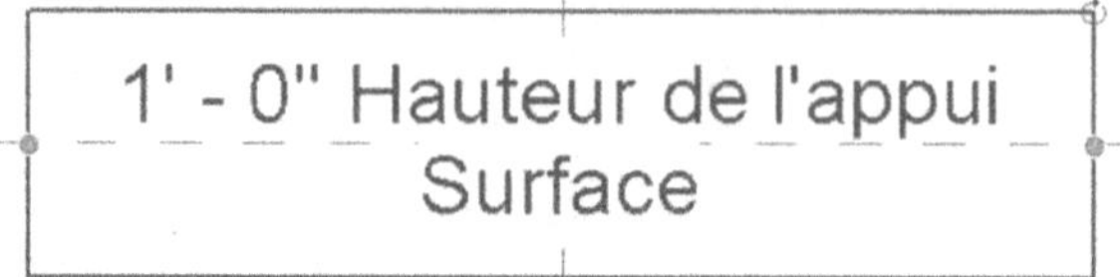

Mise en forme finale

Un travail de mise en forme graphique de l'étiquette est maintenant nécessaire. Pour cela, vous pouvez agir sur le format du texte depuis les propriétés du libellé. Par exemple, dans les propriétés du type, vous pouvez réduire la taille du texte à 2 mm, activer l'option *Afficher le cadre* et diminuer la valeur de décalage *(Décalage du cadre/ du repère)* à 1 mm afin de créer un cadre ajusté autour du texte.

Vous pouvez aussi faire pivoter le texte (flèche circulaire dans l'angle supérieur droit) et l'étirer à l'aide des poignées latérales du cadre. Si le cadre est trop petit, Revit ajoutera automatiquement un retour à la ligne. Par conséquent, assurez-vous que la largeur du cadre est suffisante par rapport à la longueur des valeurs habituelles afin d'éviter un retour à la ligne non souhaité.

Figure 8–4
Mise en forme du contenu
des libellés

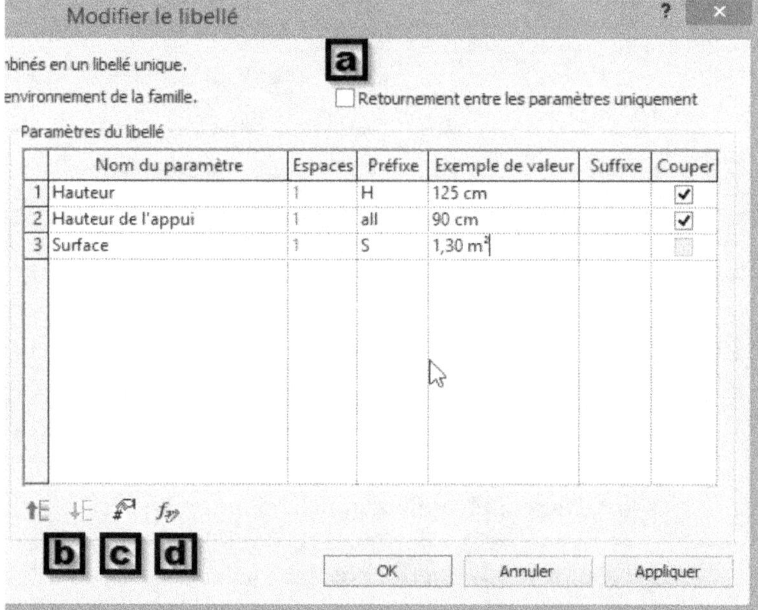

	Nom du paramètre	Espaces	Préfixe	Exemple de valeur	Suffixe	Couper
1	Hauteur	1	H	125 cm		✔
2	Hauteur de l'appui	1	all	90 cm		✔
3	Surface	1	S	1,30 m³		

Cela dit, le travail de mise en forme concerne surtout le contenu du libellé. Voici comment procéder :

1 Sélectionnez le libellé et dans l'onglet contextuel *Modifier*, cliquez sur *Modifier le libellé*. Vous revenez alors dans la fenêtre de modification du libellé. La mise en forme du contenu s'effectue dans la partie droite de la fenêtre.

Le tableau de la fenêtre *Modifier le libellé* regroupe le contenu du libellé. Il se lit de gauche à droite et de bas en haut :

– la colonne *Nom du paramètre* affiche les noms des différents paramètres ;

– la colonne *Espaces* permet d'ajouter des espaces entre les valeurs ;

– la colonne *Préfixe* permet d'ajouter un texte qui s'affichera devant la valeur du paramètre ;

– la colonne *Exemple de valeur* affiche un exemple de contenu affiché dans la famille ;

– la colonne *Suffixe* contient le texte que l'on souhaite afficher après la valeur du paramètre ;

– la colonne *Couper* permet d'indiquer si l'on souhaite un retour à la ligne après le paramètre ou non.

2 Saisissez les valeurs indiquées sur la figure 8-4. Veillez bien à ajouter les espaces à la fin des préfixes. Vous remarquerez que j'ai ajouté les unités pour la colonne *Exemple de valeur*, et non dans la colonne *Suffixe*. En effet, pour l'affichage définitif, j'exploiterai l'affichage automatique de l'unité, tel que réglé dans le format ⓒ de chaque paramètre.

Si vous le souhaitez, vous pouvez faire monter ou descendre les paramètres afin de modifier leur ordre ⓑ.

3 Nous allons maintenant spécifier le format des valeurs pour les trois paramètres. Cliquez sur l'icône *Format* ⓒ afin d'ouvrir une fenêtre identique à celle qu'on retrouve dans le projet (formats des valeurs de cotes, valeurs dans les nomenclatures, etc.). Je vous conseille de désactiver l'option *Utiliser les paramètres du projet* et de spécifier manuellement les unités pour chaque paramètre. Vous pourrez ainsi préciser l'affichage des unités à la fin des valeurs (cm, m²…), le nombre de décimales, le mode d'arrondis, etc., de manière différente que pour les unités du projet.

Vous pouvez encore revenir sur la valeur calculée ⓓ ou activer l'option *Retournement entre les paramètres uniquement* ⓐ pour vous éviter des retours à la ligne incompréhensibles. Personnellement, j'agrandis le cadre de mes libellés de manière à privilégier les retours à la ligne spécifiés ou non dans la colonne *Couper* des propriétés du libellé.

4 Une fois l'étiquette attachée à un objet, il faut spécifier son orientation. Dans les propriétés de la famille (*Propriétés* si aucun objet n'est sélectionné), vous pouvez activer ou non l'option *Rotation avec le composant* qui a pour effet de faire pivoter l'étiquette dans le même sens que l'objet auquel elle est attachée. Cela fonctionne avec les objets hébergés dans des murs (portes, fenêtres, etc.) mais pas avec des familles autonomes.

Figure 8–5
Différents cas d'étiquettes positionnées

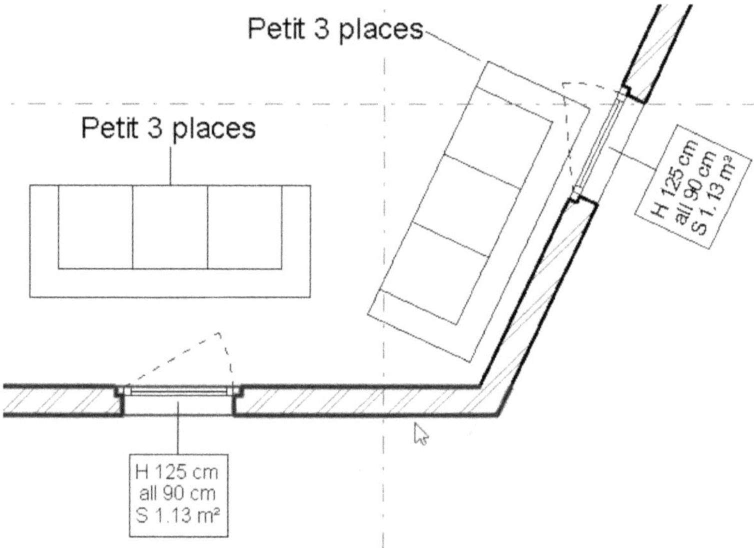

L'option *Rotation avec le composant* des deux familles d'étiquettes (mobilier et fenêtre) est activée. Cependant, seule celle de la fenêtre fonctionne.

5 Si l'option *Rotation avec le composant* est activée, il est également judicieux de faire en sorte que le texte ne puisse pas se renverser lors d'une orientation à plus de 90°. Pour ce faire, sélectionnez le libellé et dans ses propriétés d'occurrence, activez l'option *Conserver en lecture*.

Notre famille est maintenant terminée. Vous pouvez la charger dans un projet et commencer à étiqueter des fenêtres. Cela dit, nous pourrions agrémenter notre étiquette d'effets graphiques supplémentaires tels que des effets d'ombres ou autres formes de cadre. Il faudrait alors désactiver l'option de cadrage automatique du texte et tracer des lignes et/ou des zones remplies (voir exercice 1 page 129).

Exercice 6 Création d'un cartouche de feuille

Les familles de cartouches fonctionnent comme les étiquettes, mais avec des spécificités bien particulières. En effet, les cartouches n'affichent pas des propriétés d'objets physiques mais bien des propriétés liées au projet et aux vues. Les catégories « d'objets » dont ils sont capables d'extraire de l'information sont les :

- informations sur le projet ;
- feuilles (mise en page d'impressions) ;
- vues.

Nous allons apprendre à créer un cartouche aux dimensions paramétriques, dont la constitution sera modulable afin de satisfaire à la fois les petits formats (A4, A3 et A2) et les grands formats (A1 et supérieurs). Nous verrons aussi comment gérer les intervenants sur un cartouche.

Il s'agit en fait du cartouche que j'utilise personnellement dans mon agence. Beaucoup de mes confrères le trouvent un peu trop *old school*, ce qui est vrai puisqu'il reprend à l'identique la version que j'avais créée sur AutoCAD il y bientôt 20 ans. Il a l'avantage d'être particulièrement efficace et clair.

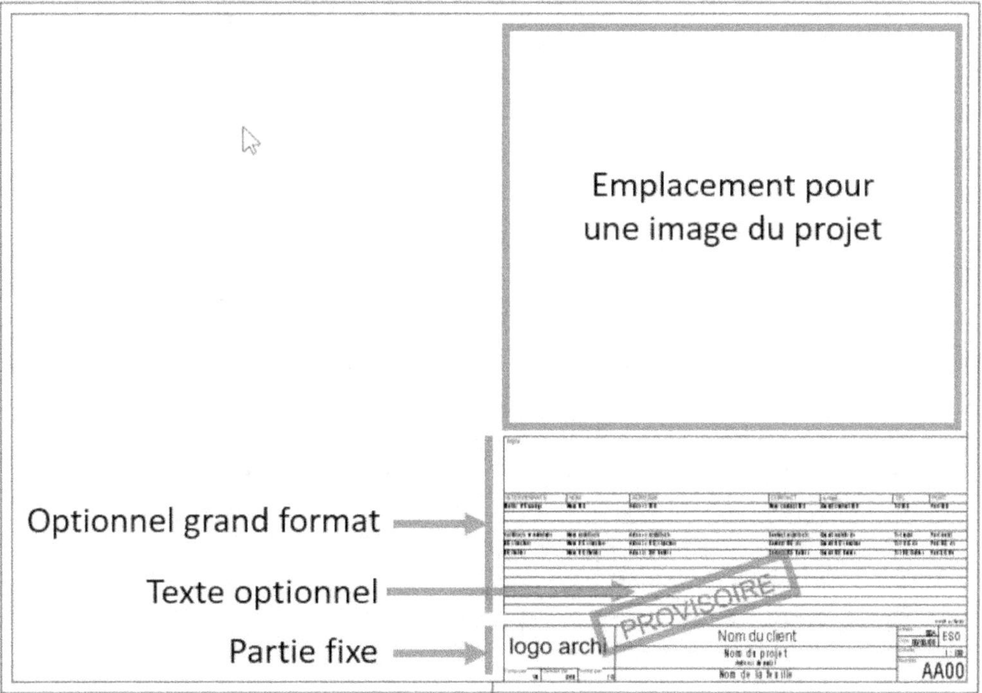

Figure 8–6 Cartouche final

Vous constaterez qu'en réalité, les familles de cartouches selon Revit constituent la feuille d'impression complète, dont le cartouche en lui-même.

Dans la partie fixe du cartouche sont présentes les informations indispensables : nom de l'affaire, nom du client, votre logo, date, n° de la feuille… Dans la partie optionnelle, vous retrouverez une liste d'intervenants ainsi qu'une zone où vous pourrez placer les principaux logos. Nous utiliserons également un texte « Provisoire », à la manière d'un tampon qu'on pourra naturellement rendre visible ou pas.

Plusieurs cartouches ?

Vous aurez probablement besoin de plusieurs versions différentes de cartouches, bien que celui-ci, grâce à sa modularité, va vous permettre de satisfaire la majorité des cas de figure standards. Certains besoins requièrent cependant des graphismes particuliers pour lesquelles il va falloir adapter les méthodes du présent exercice. Le cas typique est celui des plans de vente qui nécessitent bien souvent une version différente de cartouche par Maître d'Ouvrage différent.

Ensuite, il vous faudra gérer les cartouches à deux niveaux : celui de l'entreprise et celui du projet. Vous aurez donc une version de cartouche MAITRE que vous copierez, pour chaque projet, dans le dossier d'affaire (la version PROJET). C'est dans cette dernière version que pourront être gérés les images du projet, les logos et les intervenants.

Démarrage et graphisme

Le cadre de la feuille

Dans le menu _Revit_, sélectionnez _Nouveau>Cartouche_. Dans la fenêtre qui s'ouvre, choisissez le gabarit _Nouvelle taille (métrique)_. Ils s'agit juste d'un raccourci pour arriver dans le sous-dossier _Cartouche_ du dossier des gabarits de familles. Votre famille s'ouvre sur quatre lignes formant un rectangle et reliées deux à deux par deux cotes. Les quatre lignes sont très spéciales (vous ne pouvez pas les effacer d'ailleurs car elles sont intégrées au gabarit) et conditionnent le format de la feuille (bords extérieurs).

Nous allons transformer les cotes en paramètres de longueurs comme nous l'avons déjà fait précédemment, sauf que les dimensions des feuilles d'un dossier sont des informations importantes susceptibles d'être nomenclaturées. Il va donc falloir utiliser des paramètres partagés.

1 Cliquez sur la cote horizontale et transformez-la en paramètre partagé de type _Largeur_ suivant la méthode décrite au chapitre 4 (section « Les paramètres partagés » page 61). Le paramètre sera créé dans un nouveau groupe _Dimensions_.

2 Faites de même avec la cote verticale en la transformant en paramètre partagé *Hauteur*.

3 Portez les valeurs à un format équivalent A2 paysage (594 × 420 mm).

4 Créez le cadre intérieur à 5 mm de l'extérieur (avec l'outil *Ligne* de l'onglet *Créer*), placez quatre cotes entre les lignes intérieures et extérieures et cadenassez-les afin d'annihiler toutes les contraintes automatiques (chapitre 7, encadré « Précaution », page 147).

Problème de comportement du gabarit

En faisant varier les valeurs des paramètres, vous constaterez que ce sont les lignes droite et haute qui se déplacent. Le déplacement de la ligne haute ne pose pas de problème mais le déplacement de la ligne droite peut créer des soucis de contraintes géométriques du cartouche car, chez nous, le cartouche est systématiquement « calé » dans l'angle inférieur droit. Vous aurez beau verrouiller la ligne de droite, rien n'y fera, c'est inhérent au gabarit.

Deux solutions existent. La première consiste à intégrer tout le graphisme du cartouche (lignes, texte et libellés) dans un groupe de détails. La seconde consiste à créer le cartouche dans une famille d'annotation générique et à l'insérer dans la famille de feuille en tant que famille imbriquée. Je vous propose ici une troisième solution simple afin de contrer ce phénomène : basculez simplement la ligne de droite, à gauche de la ligne gauche. Changez la valeur du paramètre *Largeur* et vous constaterez le déplacement de la ligne, désormais vers la gauche.

Figure 8–7
Déplacement de la ligne droite
du cadre

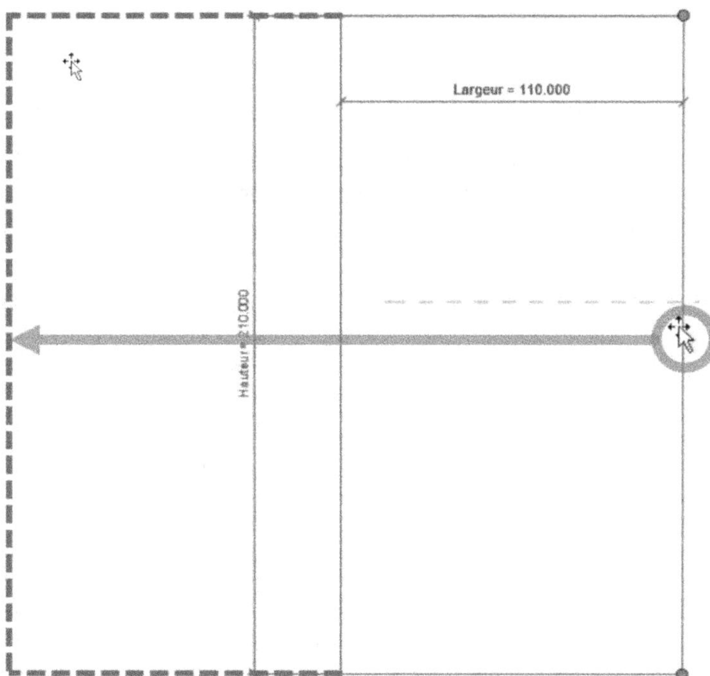

5 Une dernière chose reste à faire, à savoir positionner deux petits traits de pliage qui indiquent le format A4. Nous les positionnerons entre les cadres interne et externe et les contraindrons avec deux côtes cadenassées.

Le résultat intermédiaire devrait ressembler à la figure 8-8.

Figure 8–8
Création du cadre de la feuille

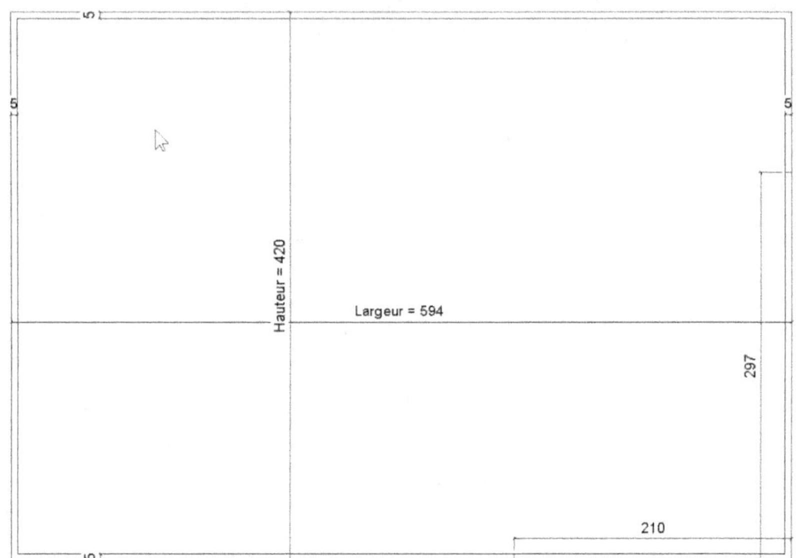

Le cartouche

Nous nous attaquons maintenant au cartouche de la feuille et allons mettre en place les lignes et les notes textuelles qui sont du simple graphisme statique. Les manipulations ne comportent aucune difficulté particulière. Les cotes que vous voyez sur la figure 8-9 sont juste présentes pour vous indiquer les dimensions. Ne les dessinez pas.

1 Dessinez les lignes et les notes textuelles tel qu'indiqué sur la figure 8-9.

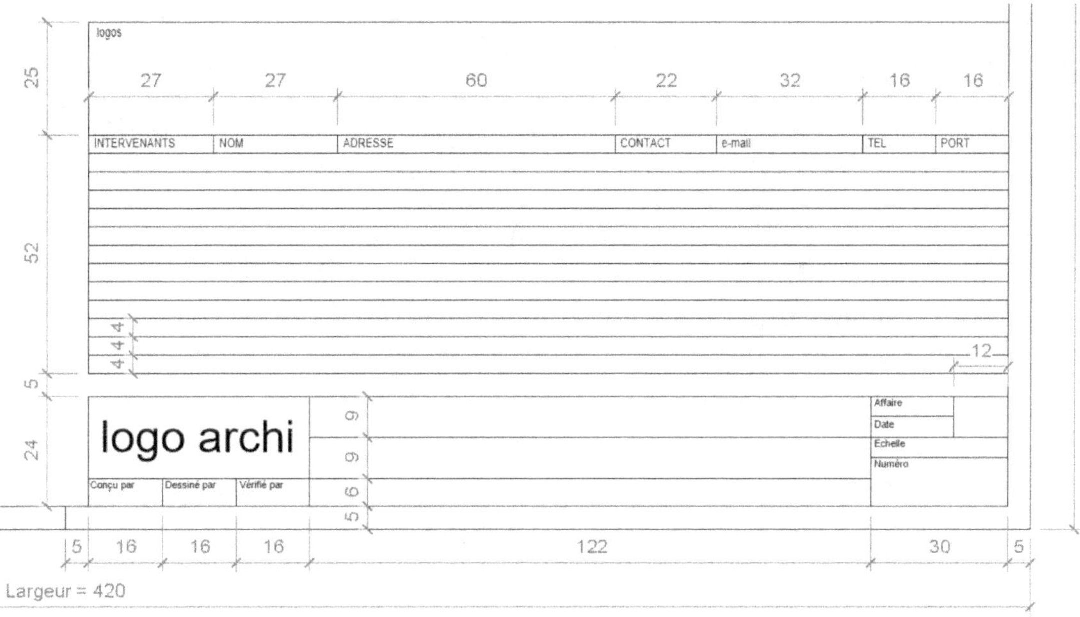

Figure 8–9 Création du cadre de la feuille

Les textes de la partie fixe (en bas) sont en Arial 1,5 mm et ceux de la partie optionnelle en 2 mm. Vous pouvez ajouter le logo de votre entreprise également dans l'emplacement indiqué. Rien ne vous empêche naturellement d'adapter le graphisme à vos goûts personnels ou à ceux de votre entreprise.

2 Sélectionnez l'ensemble des lignes et textes de la partie optionnelle et associez la visibilité des objets à un nouveau paramètre de type et de format Oui/Non *Intervenants*, comme nous l'avons fait dans l'exercice 1 avec la trajectoire du soleil page 139.

3 Sélectionnez toutes les lignes et textes créés et verrouillez-les (punaise, onglet *Modifier*) afin que rien ne bouge lors des changements de dimensions de la feuille.

Création des libellés

Nous allons créer maintenant les libellés qui vont extraire et afficher les informations des trois catégories : *Informations sur le projet, Feuilles* et *Vues*. La méthode est identique à celle de l'exercice précédent (voir page 160), si ce n'est que chaque libellé numéroté sur la figure 8-10 est individuel. C'est ce qui va permettre d'avoir des tailles différentes pour chaque ligne. Il va falloir créer différents types de libellés en fonction de la taille et de la justification. La police utilisée est de l'Arial, avec un facteur de largeur légèrement réduit à 0,8.

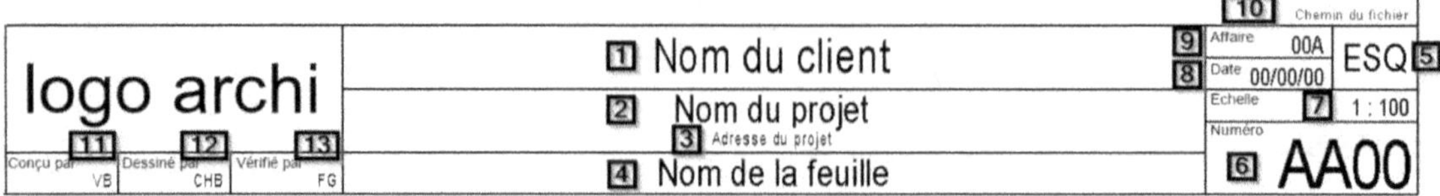

Figure 8–10 Création des 13 libellés

Les libellés créés sont (n°, paramètre, taille et justification) :

1 *Nom du client*, 5 mm, centre

2 *Nom du projet*, 4 mm, centre

3 *Adresse du projet*, 2 mm, centre

4 *Nom de la feuille*, 4 mm, centre

5 *État du projet*, 4 mm, centre

6 *Numéro de la feuille*, 7 mm, droite

7 *Échelle*, 2,5 mm, droite

8 *Date de fin de la feuille*, 2,5 mm, droite

9 *Numéro du projet*, 2,5 mm, droite

10 *Chemin du fichier*, 1,5 mm, droite

11 *Conçu par*, 2 mm, droite

12 *Dessiné par*, 2 mm, droite

13 *Vérifier par*, 2 mm, droite

Comme *Exemple de valeur*, veillez à taper un exemple de même longueur que les valeurs réelles afin de donner une apparence représentative de votre cartouche final.

Remarques sur certains paramètres

Échelle

Le paramètre *Echelle* est le seul paramètre lié à la catégorie vue. Il fonctionne correctement lorsqu'une seule vue est posée sur la feuille. Si plusieurs vues sont posées, la valeur indiquée sera « comme indiquée ». Dans ce cas, l'information sera indiquée sur les *Titre de vue* qui sont des étiquettes de vue personnalisable (gabarit *Titre de vue métrique* dans le sous-dossier *Annotation*).

Date de fin de feuille

Il s'agit d'un paramètre à renseigner manuellement sous la forme d'un simple texte libre. Si vous souhaitez avoir une date automatique, le seul paramètre disponible est l'*Horodate* mais vous aurez alors aussi l'indication de l'heure, des minutes et des secondes du moment d'impression, ce qui n'est pas spécialement souhaitable.

Gestion des intervenants

La gestion des intervenants est la seule partie de la création d'un cartouche qui pose question pour ne pas dire problème. Deux solutions « officielles » existent, que je vais commenter brièvement. Puis je vous présenterai plus en détail une troisième solution que j'ai personnellement développée.

Solutions 1 : du simple texte fixe

Solution la plus simple, elle fait appel à du simple texte que vous positionnez dans la version PROJET du cartouche puisque tous les intervenants sont spécifiques à chaque projet. Lors d'un changement d'intervenant, il vous suffit de mettre à jour le cartouche et de le recharger dans vos fichiers projet.

Cette solution, bien que simple, présente le défaut de devoir à chaque fois réécrire les informations des intervenants, même si vous les avez déjà probablement rentrées pour des projets précédents. En effet, il n'est pas rare de travailler sur ses propres projets avec des intervenants récurrents. De plus, si certaines informations d'intervenants sont amenées à changer, vous devrez les modifier dans tous les différents cartouches de tous les projets dans lesquelles ils interviennent.

Solutions 2 : utiliser des paramètres de projet

Une autre solution consiste à utiliser des paramètres du projet personnalisés. Cette méthode est expliquée dans le livre *Revit pour les architectes* (page 312) de Julie Guézo et Pierre Navarra, paru aux éditions Eyrolles. Cette méthode paraît plus « intelligente » car paramétrique. Cependant, dans la pratique, je ne la trouve pas plus intéressante que la première méthode. La voici expliquée sommairement.

1 Dans votre cartouche MAITRE, créez des paramètres partagés pour les informations des intervenants. Vous pouvez avoir un paramètre pour chaque information d'un intervenant, le mieux ici étant d'utiliser le format *Texte multiligne* afin d'éviter de multiplier les paramètres. Vous aurez donc un paramètre multiligne par intervenant. Cette technique fonctionne bien si vous souhaitez présenter les intervenants en « pavés » sur le cartouche.

2 Mettez en place des libellés (un par intervenant) qui iront rechercher les paramètres partagés multilignes que vous venez de créer.

3 Dans votre fichier **gabarit**, créez des paramètres de projet **partagés** et de catégorie *Informations sur le projet*, en les piochant dans le fichier des paramètres partagés dans lequel vous avez enregistré ceux créés pour le cartouche.

4 Renseignez les informations des intervenants dans les *Informations sur le projet* (onglet *Gérer*, panneau *Paramètres*).

5 Insérez le cartouche dans votre gabarit ou dans un projet et vous verrez apparaître les intervenants s'ils sont renseignés.

Cette solution offre l'avantage de pouvoir gérer la mise en forme des informations des intervenants dans le cartouche MAITRE (dans votre bibliothèque d'entreprise). Sauf si vous souhaitez avoir des images personnalisées (vue du projet, logos intervenants), vous pouvez même vous dispenser de créer un cartouche PROJET.

Cependant, cette solution présente l'inconvénient de devoir renseigner dans chaque fichier du projet les informations des intervenants. Vous pouvez bien entendu utiliser le transfert des normes pour récupérer les *Informations sur le projet*, d'un fichier à un autre.

Solutions 3 : utiliser des familles d'annotation génériques

L'utilisation de familles d'annotation générique pour gérer chaque intervenant est une méthode que j'ai partagée il y a une dizaine d'année sur le forum Revit français de AUGI *(Autodesk User Group International)* et qui est maintenant connue. Plus récemment, j'y ai apporté une petite amélioration intéressante que je vais vous expliquer en détail ici. Le but de cette méthode particulière est de gérer les informations des intervenants de manière plus cohérente.

Le principe est assez simple, il consiste à utiliser des familles d'annotation générique qui contiennent les informations des intervenants et de les imbriquer au niveau du cartouche PROJET. La figure 8-11 en explique le fonctionnement général.

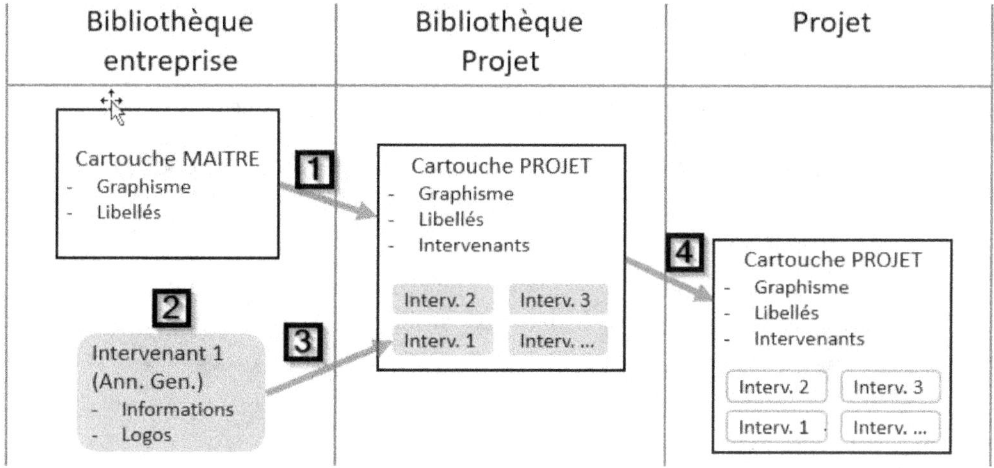

Figure 8–11 Principe d'imbrication

1 Copiez le cartouche dans le dossier de bibliothèque du projet afin de créer le cartouche PROJET. Ajoutez les graphismes particuliers au projet, si vous le souhaitez.

2 Créez une famille d'annotation générique :
 – Créez les libellés avec les paramètres (format *Texte*) nécessaires à l'affichage des informations (nom, adresses, téléphone…).
 – Créez des types différents en fonction de vos différents intervenants : 1 type de famille = 1 intervenant.

3 Chargez l'annotation dans le cartouche PROJET. Dupliquez les annotations, mettez-les en place comme vous le souhaitez et attribuez les bons types en fonction des différents intervenants.

4 Chargez le cartouche PROJET dans votre fichier projet.

Si les informations des intervenants changent, il vous suffit de mettre à jour la famille d'annotation générique et de réitérer les étapes ❸ et ❹.

Remarques importantes

Mise à jour de l'annotation dans le cartouche

Quand vous rechargez une famille dans un projet ou dans une autre famille, Revit vous propose deux options : *Remplacer la version existante* ou *Remplacer la version existante et ses valeurs de paramètres*. Lors du rechargement de l'annotation dans le cartouche PROJET ❸, il est primordial de cocher la seconde option.

> **Remarques importantes (suite)**
>
> **Gestion des logos**
>
> Vous pouvez intégrer les logos des intervenants dans l'annotation générique mais vous ne pourrez pas paramétrer la visibilité d'une image dans une famille (du moins, facilement). Il faudrait donc avoir autant de fichiers de familles d'annotations que vous avez de sociétés partenaires avec qui vous travaillez. C'est tout à fait envisageable mais cela vous amènera à gérer plusieurs dizaines de familles d'annotation pour vos intervenants.

Cette troisième solution consiste finalement à utiliser une famille d'annotation comme carnet d'adresses. Si les trois solutions se valent en temps de travail, cette dernière est plus cohérente car en centralisant l'information, elle évite d'avoir à la renseigner plusieurs fois.

Variante améliorée : familles d'annotation génériques avec catalogues de types

Principe et méthode

Centraliser l'information dans une famille est intéressant mais la renseigner de toutes les données d'un carnet d'adresses reste un travail un peu fastidieux. C'est d'autant plus pénible que Revit n'est pas un gestionnaire de contacts et que par ailleurs, cette information existe déjà dans un vrai carnet d'adresses d'entreprise (base de données clients, Outlook, fichier Excel…).

Fort de cette constatation, j'ai eu l'idée d'associer à cette famille d'annotation générique un catalogue de type (voir chapitre 5, section « Les catalogues de types », page 104). Ces fichiers texte, qui peuvent accompagner une famille pour déterminer un grand nombre de valeur de types, ne sont ni plus ni moins qu'une base de données simplifiée. Ils peuvent d'ailleurs s'ouvrir et se modifier avec Excel, comme nous l'avons évoqué au chapitre 5 et comme nous allons le faire ici.

Création de l'annotation générique

L'annotation qui va nous servir à mettre en forme les informations se présente sous la forme d'une seule ligne par intervenant qui viendra se positionner dans la grille de notre cartouche (partie haute optionnelle).

1 Créez l'annotation générique suivant la figure 8-12. Elle est composée de 7 libellés indépendants (Arial 2 mm, largeur 0,8) qui mettent en œuvre des paramètres uniques à chaque fois de format *Texte*.

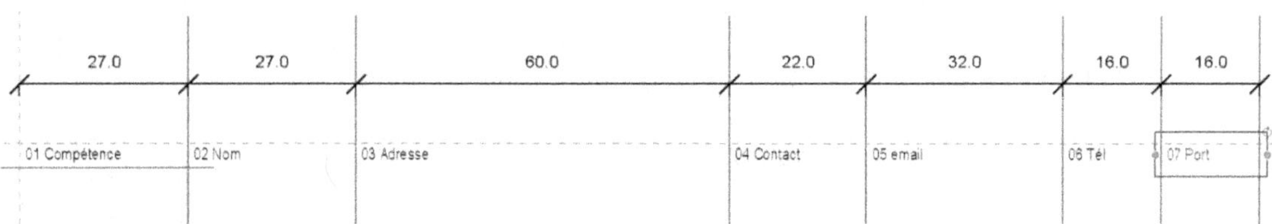

Figure 8–12 Création des 7 libellés

2 Réglez bien les emprises de chaque libellé, faites-les déborder légèrement (1 mm environ) à gauche et à droite des colonnes comme sur la figure.

3 Enregistrez la famille.

Les lignes de références et les cotes ne sont là que pour vous donner des indications d'emplacement. Vous pouvez éventuellement les effacer une fois que vous aurez terminé.

Comme nous allons nous appuyer sur un catalogue de type pour gérer les valeurs des paramètres, il est inutile de créer des types particuliers dans la famille. C'est lorsqu'on insèrera l'annotation dans le cartouche PROJET que l'on sélectionnera les intervenants du projet.

Création du catalogue de type

Dans le présent exercice, nous allons mettre en application le catalogue de type, dont nous avons expliqué le fonctionnement dans le chapitre 5 page 104.

1 Depuis la famille d'annotation, cliquez sur l'onglet *Fichier* (menu *R* avant Revit 2018)*>Exporter>Type de famille*. Positionnez le fichier au même endroit que votre famille et surtout ne changez pas le nom du fichier que Revit vous propose, car le catalogue doit avoir exactement le même nom que la famille.

2 Depuis Excel, ouvrez le catalogue (c'est un fichier au format *.txt*) et validez les options et choix suivants dans les trois fenêtres d'import qui vous seront présentées.

– Première fenêtre : cochez *Délimité* et *Mes données ont des en-têtes*.

– Deuxième fenêtre : choisissez *Virgule* comme séparateur et choisissez *aucun* dans *Identificateur de texte*.

– Troisième fenêtre : choisissez *Standard* comme *Format des données en colonne*.

3 Cliquez sur *Terminer* afin d'ouvrir le fichier dans Excel. Vous obtenez alors un fichier avec une ligne d'en-tête qui correspond aux paramètres et au moins une ligne de données (les différents types). Vous remarquerez que la première colonne n'a pas d'en-tête car elle correspond au nom du type. Si l'ordre de tri des colonnes ne vous plaît pas, vous pouvez les réorganiser, sauf la première colonne.

4 Rajoutez des lignes qui vont correspondre aux types de familles (dans notre cas, aux intervenants) et renseignez les valeurs des paramètres tel que vous le suggère la figure 8-13.

	A	B	C	D	E	F	G	H
1		01 Compétence##OTHER##	02 Nom##OTHER##	03 Adresse##OTHER##	04 Contact##OTHER##	05 email##OTHER##	06 Tél##OTHER##	07 Port##OTHER##
2	ARC_Architecte	Architecte mandataire	Nom architecte	Adresse architecte	Contact architecte	Email architecte	Tel archi	Port archi
3	FLU_BE fluides	BE fluides	Nom BE fluides	Adresse BE fluides	Contact BE fluides	Email BE fluides	Tel fluides	Port fluides
4	STR_BE structure	BE structure	Nom BE structure	Adresse BE structure	Contact BE structure	Email BE structure	Tel STR	Port STR
5	CT_Bureau de contrôle	Bureau de contrôle	Nom Bureau de contrôle	Adresse Bureau de contrôle	Contact CT	Email Bureau de contrôle	Tel CT	Port CT
6	SPS_Coordonnateur SPS	Coordonnateur SPS	Nom Coordonnateur SPS	Adresse Coordonnateur SPS	Contact SPS	Email Coordonnateur SPS	Tel SPS	Port SPS
7								

Figure 8–13 Fichier Excel complété et renseigné

5 Une fois terminé, enregistrez le fichier au format *.csv* mais attention, pas n'importe lequel. Choisissez *CSV* tout court et non *CSV UTF-8* (figure 8-14). Le format *CSV* va transformer les virgules en points-virgules mais ce n'est pas grave.

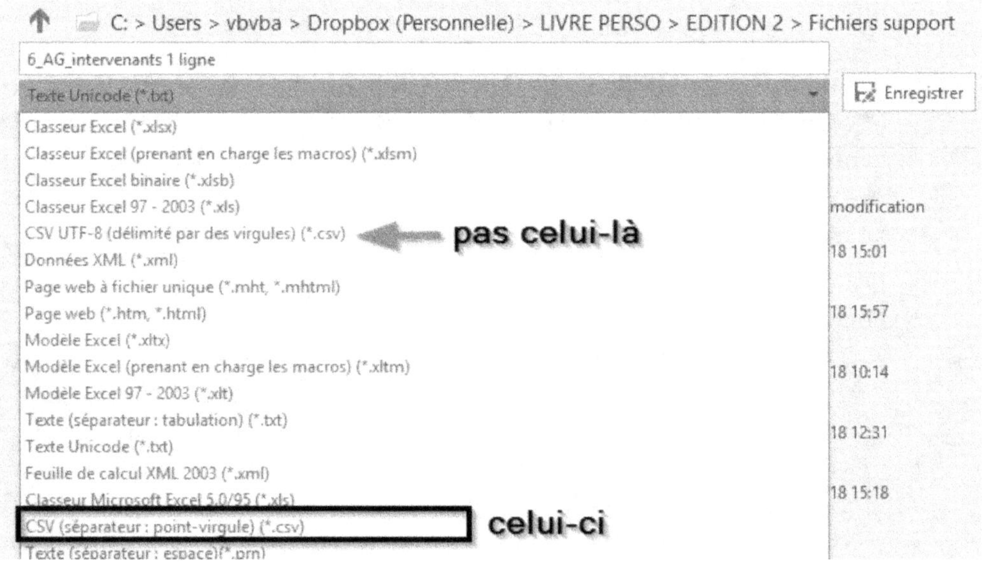

Figure 8–14 Choisir le bon format CSV

Il reste une dernière chose à faire pour que cela fonctionne : transformer l'extension du fichier *.csv* en *.txt*.

Mise en place des annotations dans le cartouche

Revenez à votre famille de cartouches.

1. Insérez l'annotation générique. Lorsque vous chargerez la famille, Revit va vous ouvrir le catalogue dans la fenêtre *Spécifier les types* (figure 8-15).

Figure 8–15
Sélection des types
du catalogue

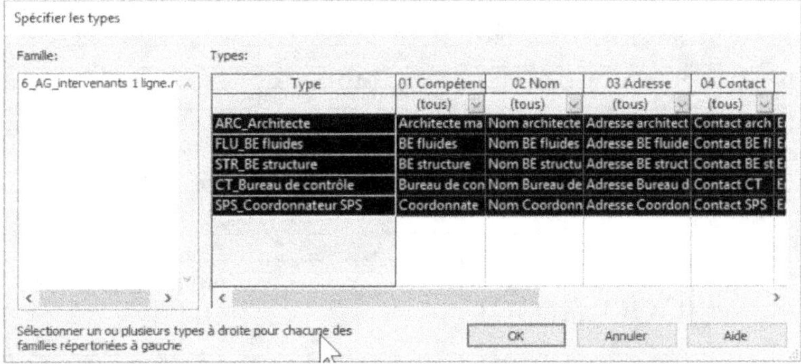

2. Sélectionnez les types désirés (touche *Maj* et/ou *Ctrl*) et cliquez sur OK.

3. Positionnez une occurrence d'un des types d'annotation dans la première ligne de la grille. Copiez-la autant de fois que nécessaire dans les lignes suivantes.

4. Sélectionnez les occurrences dupliquées et attribuez-leur les bons types en fonction des intervenants afin d'obtenir le cartouche final de la figure 8-16.

5. Sélectionnez toutes les annotations et associez leur propriété *Visible* au paramètre Oui/Non *Intervenant* afin qu'elles n'apparaissent que quand la partie optionnelle supérieure du cartouche est activée.

Finalisation avec le tampon PROVISOIRE

Notre exercice s'arrête avec une dernière manipulation : le fameux tampon « PROVISOIRE » qui accompagne toutes les impressions provisoires d'un plan.

1. Créez une simple note textuelle de 8 mm « PROVISOIRE » et positionnez-la comme un tampon au milieu du cartouche, légèrement inclinée.

2. Sélectionnez le texte et associez sa propriété *Visible* avec un nouveau paramètre Oui/Non « Provisoire ».

Dorénavant, par simple clic sur l'option, le texte *Provisoire* apparaîtra ou non sur vos cartouches.

INTERVENANTS	NOM	ADRESSE	CONTACT	e-mail	TEL	PORT
Architecte mandataire	Nom architecte	Adresse architecte	Contact architecte	Email architecte	Tel archi	Port archi
Bureau de contrôle	Nom Bureau de contrôle	Adresse Bureau de contrôle	Contact CT	Email Bureau de contrôle	Tel CT	Port CT
BE fluides	Nom BE fluides	Adresse BE fluides	Contact BE fluides	Email BE fluides	Tel fluides	Port fluides
Coordonnateur SPS	Nom Coordonnateur	Adresse Coordonnateur SPS	Contact SPS	Email Coordonnateur SPS	Tel SPS	Port SPS
BE structure	Nom BE structure	Adresse BE structure	Contact BE str	Email BE structure	Tel STR	Port STR

logo archi — Nom du client — Nom du projet — Adresse du projet — Nom de la feuille — Affaire 00A — Date 00/00/00 — ESQ — Echelle 1 : 100 — Numéro AA00 — Conçu par VB — Dessiné par CHB — Vérifié par FG — Chemin du fichier

Figure 8–16 Cartouche final

Conclusion

Cette méthode améliorée est une petite trouvaille personnelle qui ne fait pas gagner énormément de temps mais elle offre d'autres avantages.

- Elle est plus élégante que la version de base.
- Renseigner et mettre à jour des données d'intervenants est bien plus aisé depuis un fichier Excel que directement dans Revit.
- Cette tâche peut être réalisée par quelqu'un qui ne connaît pas Revit.

Un dernier avantage, et non des moindres, c'est qu'elle fournit la possibilité de connecter le catalogue de type à un vrai carnet d'adresse de l'entreprise, moyennant naturellement du développement informatique. Avis donc aux passionnés de Dynamo (outils de programmation visuelle) ou de C# (langage de programmation), je vous invite à essayer de développer un connecteur pour carnet d'adresses !

9

Les familles 2,5D

Le terme « familles 2,5D » désigne les familles de modèles, donc 3D, qui ne comportent pas de véritable géométrie 3D. À quoi de telles familles peuvent-elles servir ?

Reprenons l'exemple du lit que nous avons réalisé au chapitre précédent. Nous l'avons créé depuis un gabarit d'élément de détail, ce qui signifie que si cet objet est inséré directement dans le projet, il appartiendra aux vues du projet dans lequel il apparaît et non au modèle. Si le lit doit apparaître dans plusieurs vues en plan d'un même niveau, il faut qu'il soit dupliqué dans toutes les vues. C'est le propre des familles spécifiques aux vues (voir chapitre 2, section « Les familles de modèles ou spécifiques aux vues », page 28).

Par ailleurs, même s'il n'est pas nécessaire de modéliser tous les objets en 3D, vous devez malgré tout les quantifier. Or, si vous quantifiez les lits créés en éléments de détail, Revit renverra le nombre total de lits posés sur toutes les vues, même si ce sont des vues dupliquées d'un même niveau.

Pour ces raisons, nous allons créer des familles de modèles qui ne contiennent que de la géométrie 2D. Les architectes procèdent souvent ainsi pour les mobiliers et les équipements qui doivent agrémenter leurs différents documents graphiques.

(Exercice 7) Un mobilier par imbrication de familles de détail

Nous allons créer une famille de catégories de mobiliers un peu particulière. En plan, la famille affichera la vue en plan du lit et en coupe ou élévation, elle affichera les élévations du lit. En fonction de l'orientation de la vue, on verra l'élévation latérale quand on regardera de côté et l'élévation avant quand on regardera l'avant du lit. Ce stratagème donnera l'impression d'un objet 3D. Il est à noter qu'une élévation biaise n'affichera rien. C'est la limite de la méthode.

Figure 9–1
Le lit en plan, en élévation latérale et frontale

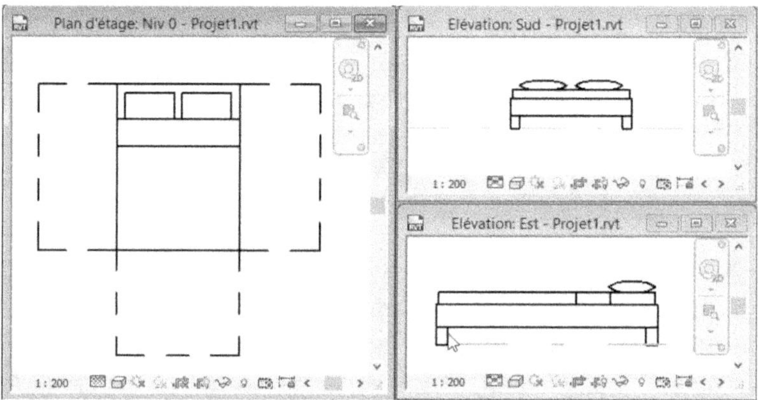

Même si nous pouvons directement dessiner le plan et les élévations dans la famille finale, il est plus pratique d'utiliser des familles de détail imbriquées dans la famille de modèles. Pour la vue en plan, nous avons déjà réalisé le composant de détail adéquat dans l'exercice 3. Il nous reste à réaliser les composants pour les vues latérales et la vue avant.

Réalisation des familles de détail pour les élévations du lit

Reprenez les méthodes utilisées pour créer le lit en plan afin de réaliser les représentations latérale et frontale du lit. Il est important ici d'utiliser la même convention pour le point d'insertion : dans notre cas, à l'arrière bas du lit pour le côté et au centre bas pour l'avant. Les encombrements PMR ne seront naturellement pas représentés en élévation. Restez sobre dans la représentation mais dessinez les bons traits qui indiqueront sans équivoque la nature de l'objet.

Pour y voir clair, renommez et caractérisez les plans de manière pertinente par rapport à l'orientation des détails (ce sont des élévations).

* Pour l'élévation latérale : le *Centre (avant/arrière)* peut devenir le *Bas* et le *Centre (gauche/droite)* peut devenir l'*Arrière*.

* Pour l'élévation avant : le *Centre (avant/arrière)* devient le *Bas* mais le *Centre (gauche/droite)* reste inchangé.

N'oubliez pas de poser un contrôle horizontal double pour l'élévation latérale afin de réaliser les deux côtés avec la même famille.

Figure 9–2
Les deux familles de détail
pour les élévations

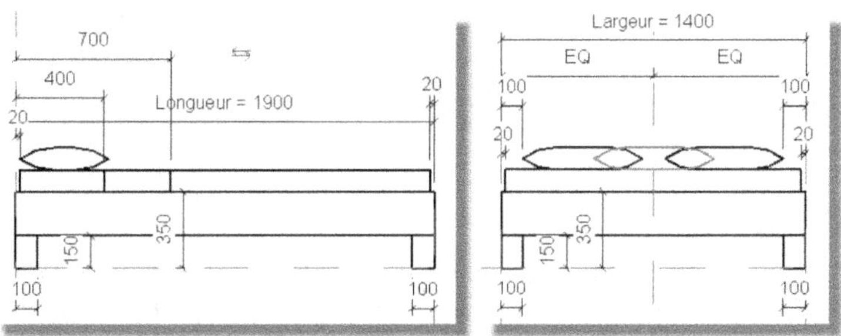

Dans l'élévation avant, si vous souhaitez faire apparaître les oreillers, n'oubliez pas de procéder aux mêmes manipulations de regroupement, de duplication et de visibilité que pour les oreillers en plan de l'exercice 3.

Assemblage des composants de détail dans la famille de modèles

Vous verrez, il n'y a que très peu de choses à faire dans la famille finale.

Démarrage et préparation des paramètres

1 Créez une nouvelle famille de mobiliers en utilisant le gabarit *Mobilier métrique.* Vous pouvez aussi utiliser le gabarit *Modèle générique métrique* et ensuite choisir la catégorie *Mobilier* dans *Catégories et paramètres de famille*.

2 Insérez les trois familles de détail du lit (un plan et deux élévations) : cliquez sur l'onglet *Insérer* puis sur *Charger la famille* et sélectionnez les trois familles de détail.

3 Dans l'arborescence, déroulez le nœud *Familles>Éléments de détail*. Pour les trois familles chargées, vérifiez qu'un seul type est présent, peu importe lequel et peu importent les valeurs des paramètres pour l'instant.

Figure 9–3
Familles imbriquées dans
l'arborescence

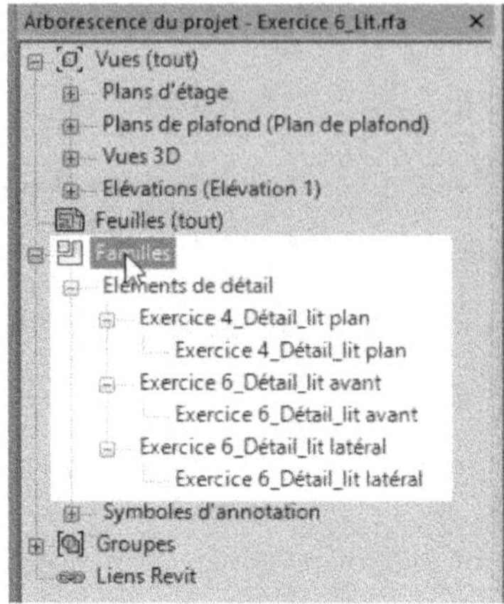

Insertion des composants de détail

1 Depuis la vue en plan, commencez par placer le détail en plan du lit. Positionnez-le approximativement puis alignez et cadenassez sa position sur les plans de votre famille de mobiliers.

Lorsque vous procédez à l'alignement, veillez bien à sélectionner les références à l'intérieur de la famille de détail et non un bord ou une ligne.

2 Placez les deux contrôles habituels (*Horizontal double* et *Vertical double*).

Si nous avions voulu avoir uniquement la vue en plan pour cette famille, nous aurions pu nous arrêter là. Personnellement, tout mon mobilier et mes équipements de logement n'existent qu'en plan.

3 Depuis l'élévation *Droite*, placez le détail d'élévation latérale du lit. Alignez/cadenassez l'arrière du lit (détail) au plan vertical et le bas du lit (détail) au niveau de référence.

Attention au sens de l'élévation car depuis l'élévation droite, l'avant du lit (détail) doit être à gauche. S'il est dans le mauvais sens, cliquez sur les flèches de contrôle qui apparaissent une fois le détail sélectionné.

Figure 9–4
Élévation droite du lit

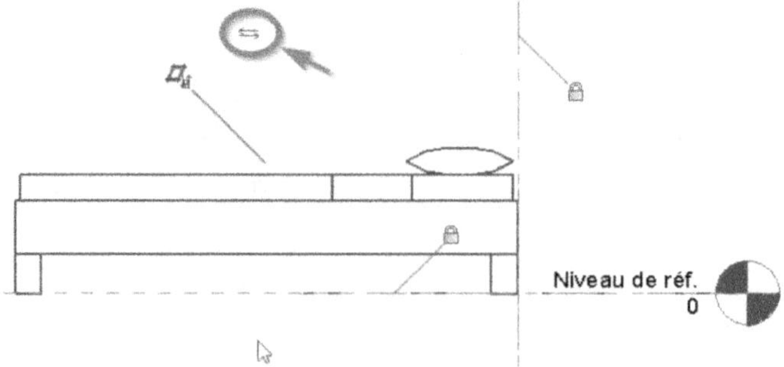

4 Faites de même pour l'élévation avant en sélectionnant le détail correspondant. Alignez/cadenassez le centre du lit (détail) avec le plan *Centre (gauche/droite)* et le bas du lit (détail) avec le niveau de référence.

Figure 9–5
Élévation avant et arrière du lit

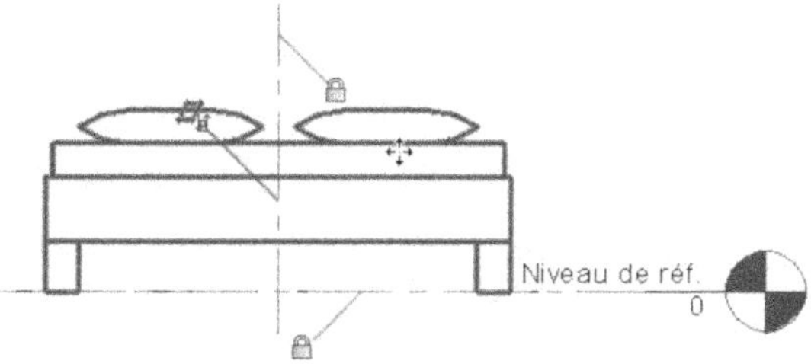

Pour les autres vues (*Arrière* et *Gauche*), il n'est pas nécessaire de refaire les étapes 3 et 4 puisque les composants de détail se voient dans les deux sens.

Association des paramètres

Pour que l'utilisateur final puisse faire varier la taille de l'objet, il est nécessaire de récupérer les paramètres présents dans les familles de détail imbriquées et de les associer à des paramètres de la famille hôte.

1 Sélectionnez la famille hôte et ouvrez la fenêtre *Types de familles*. Créez les paramètres suivants : « Largeur », « Longueur », « Encombrement avant » et « Encombrement latéral ». Créez ces paramètres en tant que simple *Paramètre de la famille* (Type de paramètre), en *Type* (Type ou Occurrence) et de format *Longueur*.

2 Dans l'arborescence, sélectionnez le type d'une des familles de détail (le détail en plan, par exemple), effectuez un clic droit et sélectionnez *Propriétés du type*. La fenêtre éponyme de la famille imbriquée s'ouvre alors. Vous pouvez aussi directement sélectionner le détail dans la zone de dessin et aller dans les propriétés de la famille.

Nous allons maintenant associer les paramètres de la famille imbriquée aux paramètres créés dans la famille hôte. Cela se passe de la même façon que pour la propriété *Visible* des objets lignes des exercices précédents.

3 Cliquez sur l'icône située à droite des valeurs de paramètres et choisissez parmi les paramètres de votre famille hôte. Une fois l'association effectuée, les paramètres se grisent et un signe = apparaît sur le bouton.

Il n'est bien entendu pas possible d'associer les paramètres *Lit double* et *Lit simple* car ils sont pilotés automatiquement par des formules au sein de la famille imbriquée.

Figure 9–6
Association des paramètres
d'une famille imbriquée

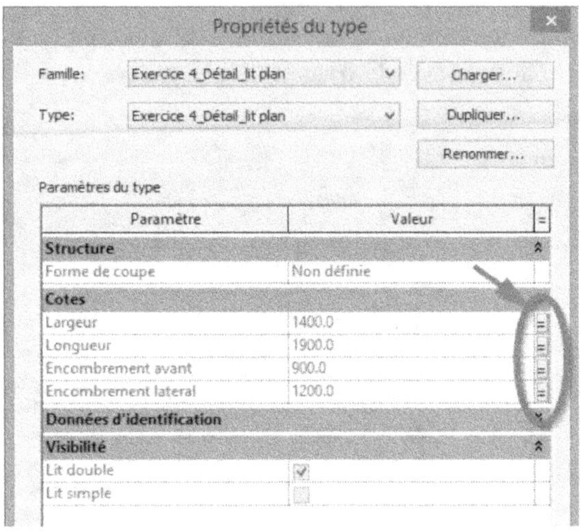

4 Procédez de la même façon pour les autres familles de détail.

Il ne vous reste plus qu'à créer les différents types dans la famille de mobiliers et de la tester dans le projet.

Exercice 8 Création d'un arbre par imbrication de fichiers AutoCAD

Le dessin de la végétation dans Revit est encore une source de frustration pour les architectes. Aucune des trois versions de familles d'arbres disponibles n'a un rendu graphique satisfaisant en 2D.

Figure 9–7
Les différentes versions
d'arbres dans Revit

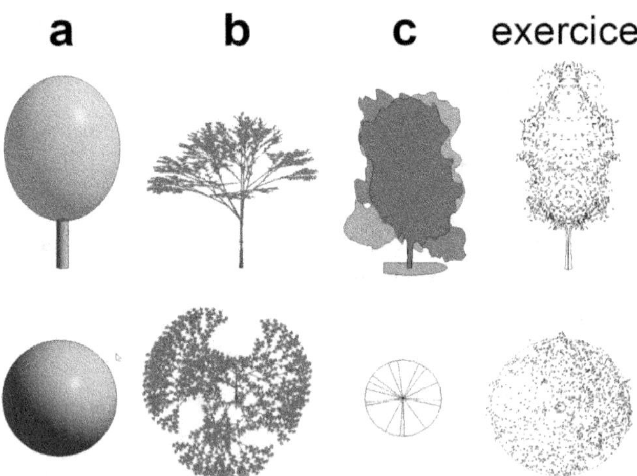

Vous avez le choix entre des arbres volumiques simples ⓐ, des arbres 3D très détaillés ⓑ et des arbres RPC ⓒ. Dans l'exercice, nous verrons comment réaliser un arbre dont le rendu sera plus graphique en 3D et en élévation, mais surtout qui en plan correspondra davantage aux attentes des architectes.

Cet arbre sera composé principalement de dessin AutoCAD assemblés. Nous nous attarderons sur une spécificité de la catégorie *Plantes*, à savoir la mise en échelle des objets. Vous trouverez en téléchargement sur le site de l'ouvrage, les deux fichiers DWG qui vont nous servir à constituer la géométrie.

Démarrage

1 Créez une nouvelle famille à partir du gabarit *Plante métrique*.

2 Importez le fichier DWG de l'arbre en plan en activant l'option *Vue active uniquement*. Insérez-le en *Automatique origine à origine* pour qu'il vienne se placer au centre de la famille. Les unités du fichier DWG sont exprimées en mètres. L'arbre en plan mesure environ 8 m de diamètre par défaut.

3 Depuis l'élévation *Avant*, importez le fichier de l'arbre en élévation avec la même option de placement. En revanche, veillez à ce que l'option *Vue active uniquement* soit bien désactivée. Faites de même depuis la vue *Droite* ou *Gauche* afin d'obtenir deux élévations de l'arbre « debout » en croix.

Figure 9–8
Situation intermédiaire

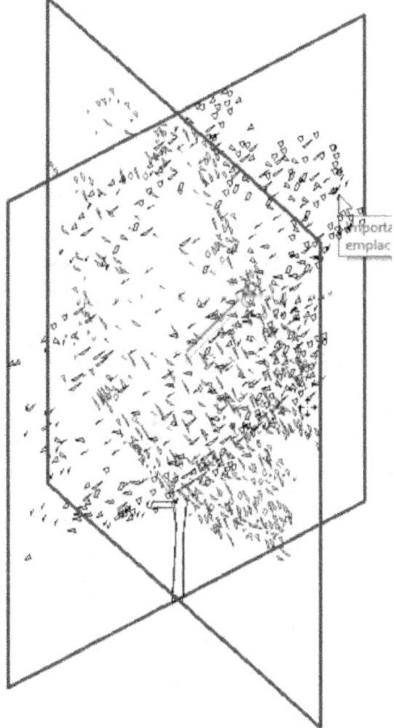

L'arbre mesure environ 12 m de haut et 8 m de large.

4 Dans la fenêtre *Types de familles*, passez la valeur du paramètre *Hauteur* à 12 000 mm.

Le paramètre *Hauteur* est le paramètre intégré de la catégorie *Plantes*. Il permet de modifier l'échelle des familles de plantes dans le projet.

Création d'une géométrie complémentaire et paramétrage

Pour compléter, il peut être intéressant de créer un graphisme en plan spécifique pour des vues schématiques où l'on ne souhaiterait pas voir le détail de l'arbre mais juste deux cercles (un pour son tronc et un autre pour sa couronne).

1 En plan, masquez temporairement les fichiers importés.

2 Tracez les cercles des troncs et de la couronne avec des lignes symboliques (onglet *Annoter*). Sélectionnez le cercle extérieur et attribuez-lui la sous-catégorie *Ligne cachée*. Le centre des cercles ne doit pas être contraint sur les plans de référence car leur position ne varie pas.

3 Placez une cote de diamètre sur chacun des deux cercles et nommez-les respectivement « Diametre couronne » et « Diametre tronc ».

4 Notre arbre faisant 12 m de haut et 8 m de large, nous allons tout simplement piloter les paramètres de diamètre en fonction du paramètre *Hauteur* :
  – Diametre couronne = Hauteur * 2 / 3
  – Diametre tronc = Hauteur / 25

5 Faites réapparaître l'ensemble de la géométrie.

Figure 9–9
Situation intermédiaire

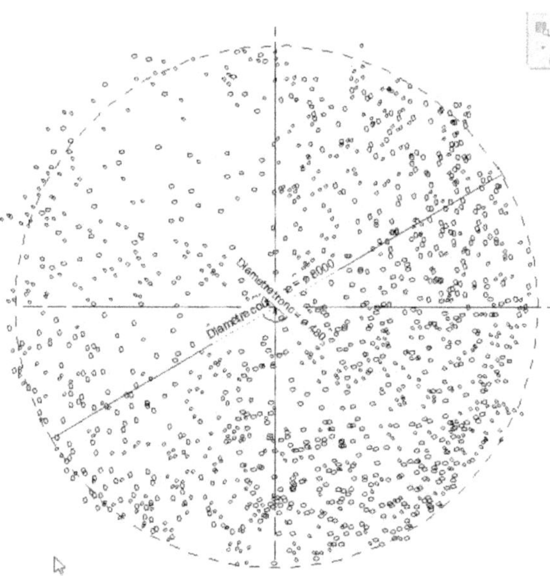

Réglage de la visibilité

Les imports DWG ne doivent pas tous être visibles dans toutes les vues. Pour la vue en plan de l'arbre, comme nous l'avons importée en spécifiant *Vue active uniquement*, rien n'est à spécifier car le dessin DWG n'apparaîtra qu'en plan. En revanche, les élévations sont bien visibles partout et notamment en plan sous la forme de deux lignes croisées.

1 Sélectionnez les deux élévations importées et dans leur propriété, cliquez sur *Remplacement visibilité/graphisme>Modifier*.

La fenêtre *Paramètres de visibilité des éléments de la famille* s'ouvre alors. Elle permet de régler la visibilité des objets selon deux critères : l'orientation des vues et le niveau de détail.

Figure 9–10
Paramètres de visibilité
des éléments de la famille

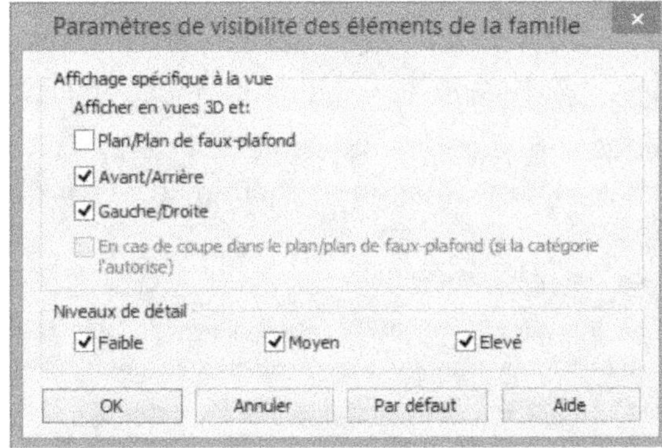

2 Désactivez l'option *Plan/Plan de faux-plafond* et laissez les trois niveaux de détail cochés.

3 Sélectionnez le plan de l'arbre et vérifiez son *Remplacement visibilité/graphisme*. Vous constaterez que la fenêtre ne comporte aucune option sur l'orientation des vues puisque le fichier n'a été importé que dans la vue en plan. Décochez le niveau de détail *Faible* (il sera remplacé par les cercles que nous avons tracés).

Figure 9–11
Paramètres de visibilité
des éléments de la famille
pour le plan

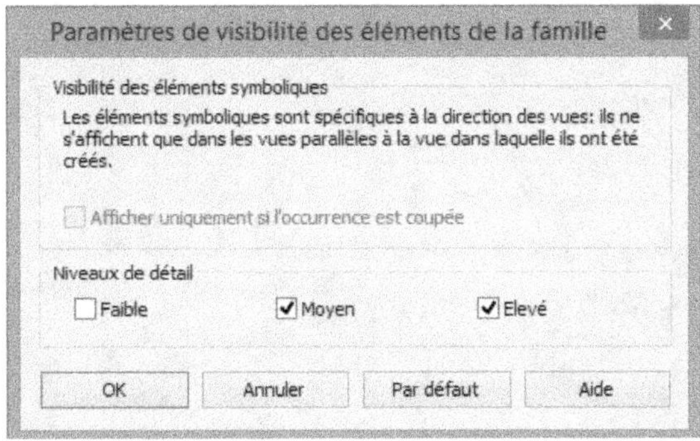

4 Sélectionnez les deux cercles et dans *Remplacement visibilité/graphisme*, conservez ici uniquement le niveau de détail *Faible*.

Finalisation et test

La famille semble terminée mais si vous l'insérez telle quelle dans un projet, vous constaterez que la modification de la valeur de la hauteur n'agit pas sur la taille de l'arbre. En effet, il y a une astuce : il faut imbriquer cet arbre dans une autre famille de plantes pour que la hauteur agisse correctement (http://domokurarchitects.blogspot.fr).

1 Nommez votre famille « Exercice 8_Arbre imbriqué » et enregistrez-la.

2 Créez une nouvelle famille de plantes et enregistrez-la sous le nom « Exercice 8_Arbre ».

3 Insérez la famille *Exercice 8_Arbre imbriqué* dans la famille *Exercice 8_Arbre* et posez une occurrence de la famille imbriquée au centre de la famille hôte.

Maintenant que votre famille est terminée, insérez-la dans un projet et testez sa mise à l'échelle par la modification du seul paramètre *Hauteur*.

Et pour les autres catégories alors ?

Ce comportement de mise à l'échelle globale ne fonctionne que pour les catégories de plantes. Si vous souhaitez bénéficier de cet avantage pour d'autres catégories d'objets, la méthode est la suivante :

1. Créez votre objet dans une famille de catégorie *Plantes*.
2. Imbriquez cette famille dans une seconde famille (hôte) de catégorie *Plantes* également.
3. Imbriquez cette seconde famille *Plantes* dans une troisième famille de la catégorie souhaitée.
4. Enfin, associez le paramètre *Hauteur* de la deuxième famille *Plantes* à un paramètre dimensionnel de la troisième famille. Cette astuce est très bien expliquée sur le blog de l'agence Domokur Architects (http://domokurarchitects.blogspot.fr/2013/01/revit-tip-scalable-model-family.html) dans un article publié le 17 janvier 2013.

10

Les formes 3D

Avant d'aborder la création de nos premières familles en 3D, il faut comprendre comment la 3D est générée dans Revit. Comme nous l'avons vu au chapitre 3, la géométrie 3D est créée à partir de formes simples, solides ou vides qui, en les associant, peuvent générer des géométries très complexes. Dans ce chapitre, nous allons apprendre à créer ces formes.

Les outils disponibles pour créer des formes sont présents dans tous les gabarits de familles de modèles, dans l'onglet Créer. Les icônes des cinq formes vides illustrent parfaitement comment elles sont générées (figure 10-1).

Figure 10–1
Les formes solides et vides

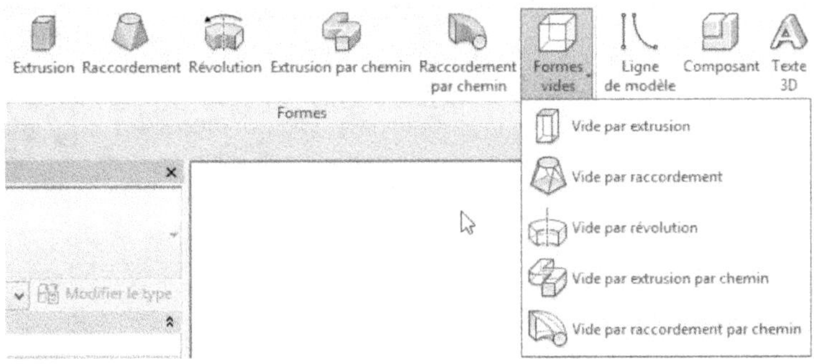

Toutes les formes 3D sont des extrusions de contours 2D fermés. C'est la manière dont les contours sont extrudés qui donne la spécificité de la forme finale.

Nous allons réaliser un exemple de volumétrie 3D pour chaque forme solide. Les formes vides se créent exactement de la même façon. Nous partirons du gabarit *Modèle générique métrique*.

L'extrusion simple

C'est la forme la plus simple puisqu'il s'agit de l'extrusion d'un contour fermé 2D perpendiculairement à son plan de création.

1 Depuis la vue *Plan d'étage*, cliquez sur l'icône *Extrusion*. Vous passez en mode esquisse, que vous connaissez bien puisque c'est le même que celui utilisé dans le projet. D'ailleurs, la méthode est identique à la création d'un sol dans le projet.

2 Choisissez l'option de dessin *Rectangle* et tracez un rectangle.

Étant donné que nous sommes en plan, le rectangle sera hébergé sur le *Niveau de ref.* mais vous pouvez définir un autre plan de construction avec la commande *Plan de construction>Définir* qui fonctionne de la même façon que dans le projet.

3 Valider pour quitter le mode esquisse.

Revit ne vous a demandé à aucun moment la hauteur d'extrusion. Par défaut, elle est de 250 mm, comme spécifié dans les propriétés de l'extrusion et dans la barre des options.

4 Sélectionnez la forme et saisissez « 1 000 mm» comme valeur d'extrusion.

Figure 10–2
Hauteur d'extrusion

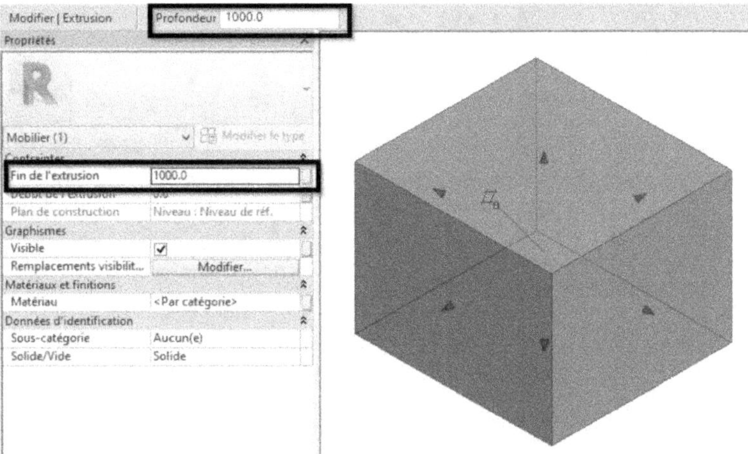

Vous pouvez transformer ce solide en forme vides en utilisant simplement les propriétés de la forme, à savoir en modifiant sa propriété *Solide/Vide*. Vous disposez également de poignées de formes pour étirer les faces de l'extrusion.

L'extrusion par raccordement

Création de la forme

Comme son nom l'indique, il s'agit ici d'une extrusion qui s'effectue par le raccordement entre deux contours différents, décalés en hauteur.

1 Depuis la vue en plan, cliquez sur l'icône *Raccordement*.

2 Vous êtes sur le point de créer le contour bas. Tracez par exemple un rectangle.

3 Cliquez ensuite sur la commande *Modifier le haut* dans l'onglet contextuel *Modifier*, pour tracer le contour haut.

Figure 10–3
Onglet contextuel Modifier

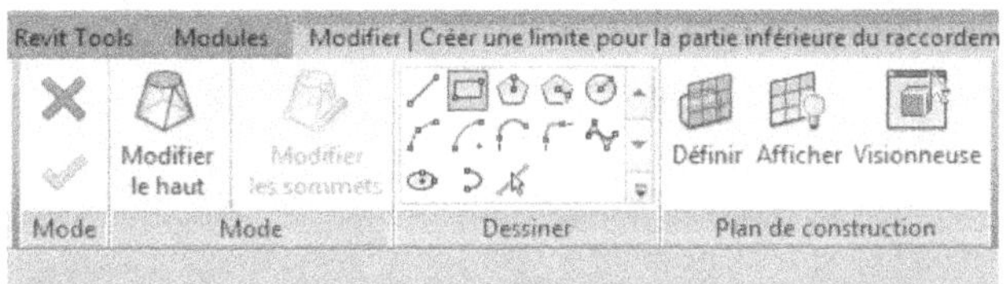

Vous remarquerez qu'au final, vous tracez les deux contours au même endroit et c'est la différence des valeurs de *Seconde extrémité* et de *Première extrémité* qui crée le décalage en hauteur.

Figure 10–4
Propriétés de décalage

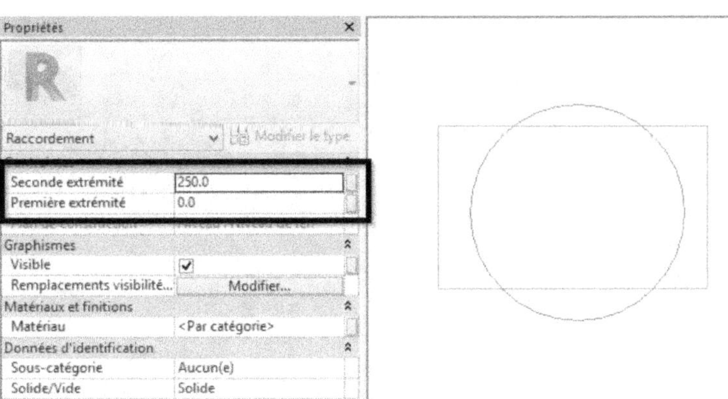

4 Passez la valeur *Seconde extrémité* à 1 000 puis validez pour voir le résultat.

Figure 10–5
Résultat final

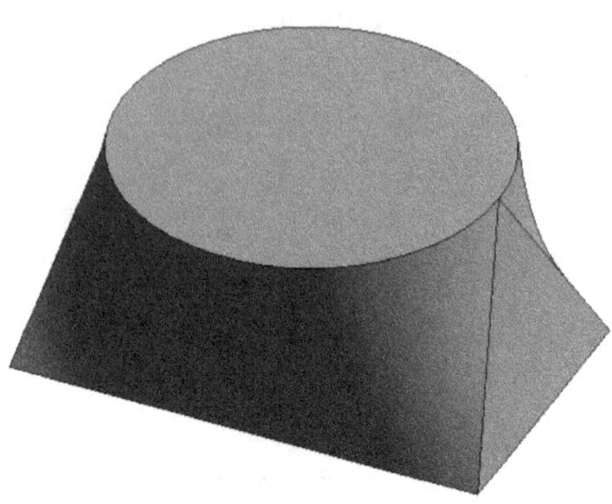

Les surfaces de raccordement entre les deux contours sont des surfaces réglées, ce qui signifie qu'elles sont générées par des droites appelées « génératrices ».

Modification de la forme

Pour cette forme, vous avez la possibilité de modifier l'ordre dans lequel les sommets des différents contours sont reliés entre eux.

1 Sélectionnez la forme et cliquez sur *Modif. haut* ou *Modif. bas* pour commencer la modification de la forme.

2 Cliquez sur *Modifier les sommets* pour afficher une série d'outils destinés à modifier les sommets.

Figure 10–6
Modification des sommets

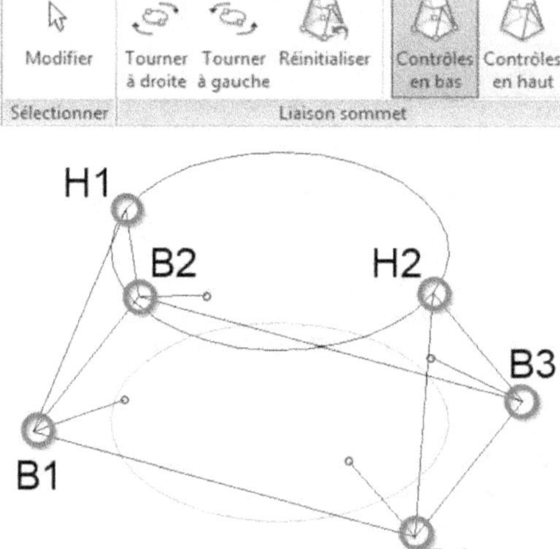

Ce qu'on constate c'est que Revit a relié les sommets B1 et B2 avec le sommet H1 et les sommets B3 et B4 avec le sommet H2. Le résultat peut être différent pour chaque forme différente de contour.

1 *Contrôles en bas* et *Contrôles en haut* vous permettent d'agir sur les sommets du contour haut ou du contour bas.

2 Cliquez sur *Tourner à droite* ou *Tourner à gauche* pour faire tourner les liaisons entre les sommets de chaque contour.

Les amorces de diagonale (petits points bleus sur votre écran) vous permettent d'ajouter une liaison de sommets. Cela génère une ou des arêtes supplémentaires. Effectuez les manipulations jusqu'à obtenir ce que vous souhaitez. En cliquant sur *Réinitialiser*, vous revenez à la situation initiale.

3 Pour revenir dans la modification de l'extrusion, cliquez sur *Modifier* et validez pour sortir définitivement de la modification de l'extrusion.

> **Conseil**
>
> Pour obtenir de meilleurs résultats, vous devez faire en sorte que les deux contours contiennent le même nombre de sommets. Cela évite l'apparition d'arêtes mal placées. Dans notre cas, vous pouvez scinder le cercle haut en quatre segments d'arcs afin d'obtenir le résultat présenté à la figure 10-7.

Figure 10–7
Résultat après division
du contour haut

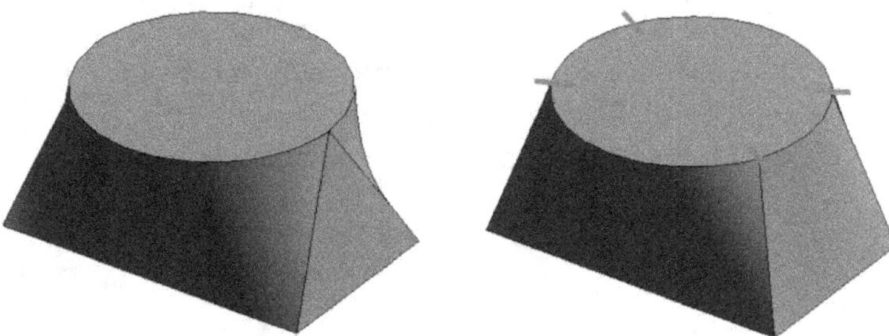

L'extrusion par révolution

Il s'agit d'une extrusion très simple à réaliser.

1 Sélectionnez l'outil *Révolution*.

2 Tracez le contour à extruder.

3 Tracez l'axe.

4 Validez pour obtenir la forme souhaitée.

Figure 10–8
Révolution

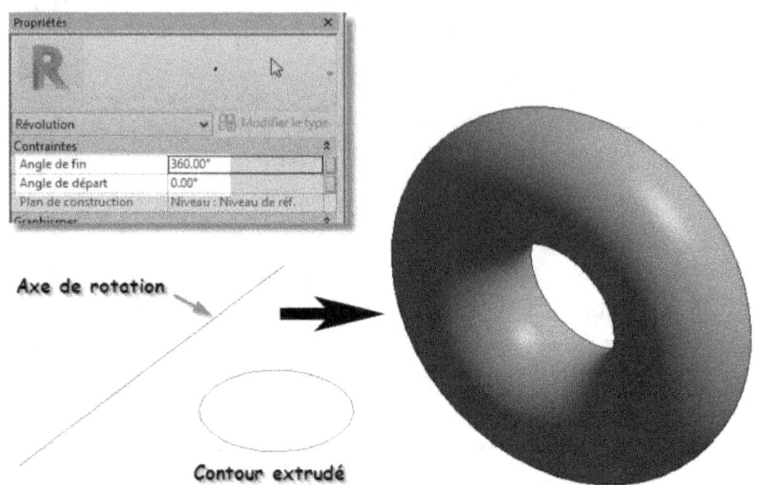

Dans les propriétés, vous pouvez régler l'angle de la révolution en spécifiant séparément l'*Angle de départ* et l'*Angle de fin*.

L'extrusion par chemin

L'extrusion par chemin consiste à extruder un contour (le profil) le long d'un chemin (la trajectoire). L'intérêt de cette manipulation est que le chemin peut être multisegmenté et en 3D. La commande contient deux niveaux d'esquisses : le premier pour tracer la trajectoire et le second pour tracer le profil.

Figure 10–9
Modifier/créer l'extrusion
par chemin

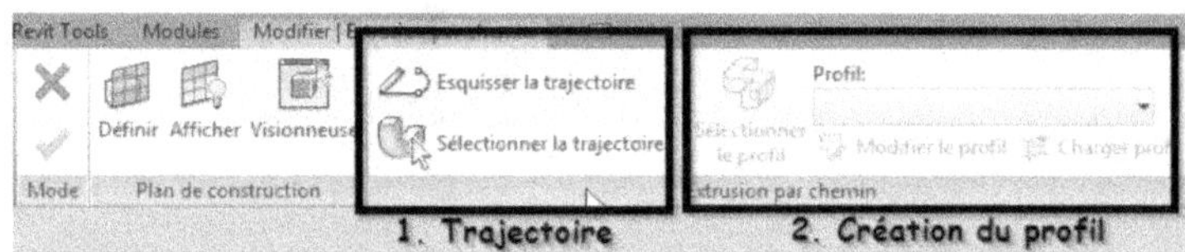

La première chose à faire est de créer la trajectoire (les outils de création des profils sont d'ailleurs grisés).

Création de la trajectoire

Il existe deux façons de créer une trajectoire : en l'esquissant ou en la sélectionnant. C'est la seconde option qui permet la création d'un chemin en 3D.

Trajectoire esquissée

1 Activez la commande *Esquisser la trajectoire* et tracez, depuis la vue en plan, par exemple, un chemin en forme de U. Le premier segment dessiné contient en son milieu, le plan de construction du profil.

2 Validez pour sortir de la création de la trajectoire.

Figure 10–10
Trajectoire créée

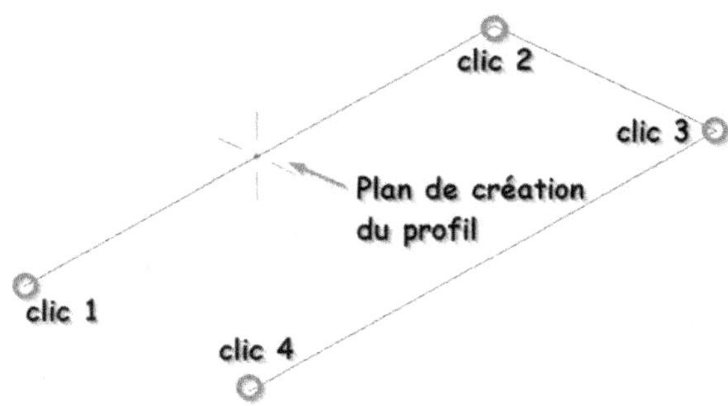

Trajectoire sélectionnée

Dans de nombreux cas, la trajectoire d'une extrusion par chemin existe déjà sous la forme d'arêtes de volumétrie 3D. C'est le cas si vous voulez, par exemple, appliquer un profil de finition sur les bords d'une table.

En utilisant cette option, vous allez pouvoir sélectionner les arêtes qui constitueront la trajectoire d'extrusion. L'avantage de cette manipulation est que la trajectoire sera associée à la position des arêtes et suivra donc l'évolution globale de la géométrie. Les objets sélectionnés peuvent être des arêtes d'objets 3D ou des lignes de modèles.

1 Activez la commande *Sélectionner la trajectoire* et sélectionnez des arêtes d'une des précédentes extrusions. La première arête sélectionnée contiendra en son milieu le profil.

Figure 10–11
Sélection d'arêtes
de volumes 3D

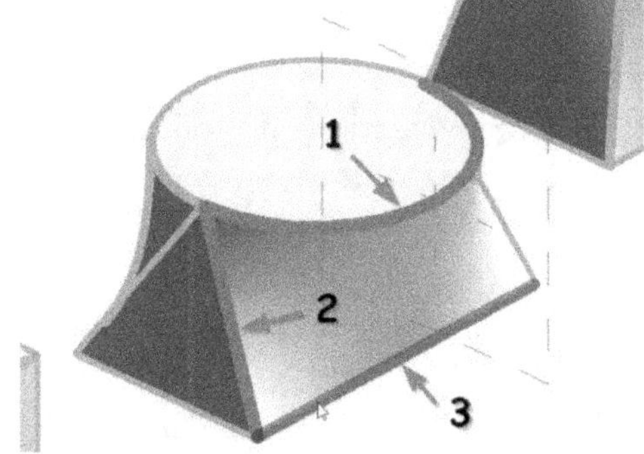

2 Validez pour terminer la création de la trajectoire.

Création du profil

Une fois la trajectoire terminée, vous avez accès aux outils de création de profils. Il existe également deux façons de créer le profil : par esquisse ou par chargement et sélection d'une famille de profils.

Figure 10–12
Création d'un profil

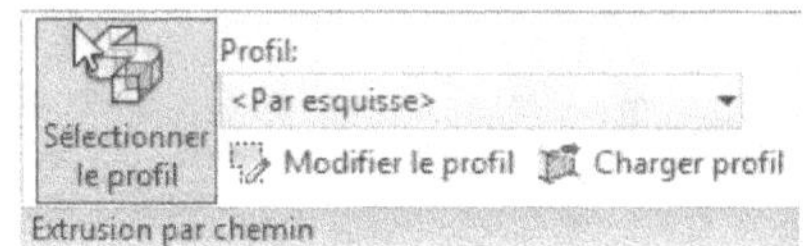

Profil esquissé

1 Au terme d'une des deux créations de trajectoires, sélectionnez l'option *Modifier le profil* afin de rentrer dans l'esquisse de la création du profil. Si l'option est grisée, sélectionnez le plan de création du profil.

2 Depuis une vue 3D ou une vue d'élévation du plan du profil, tracez un contour fermé. Les dimensions du contour peuvent bien entendu être paramétrées.

Figure 10–13
Esquisse du profil

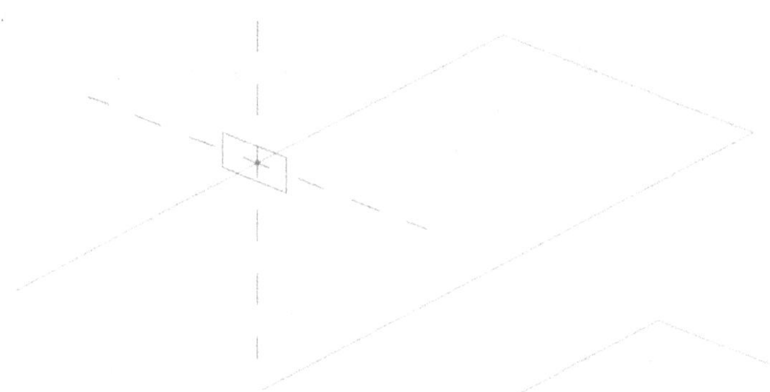

3 Validez une première fois pour confirmer la création du profil et une seconde fois pour confirmer la création de l'extrusion par chemin.

Sélection d'une famille de profils

1 Au terme d'une des deux créations de trajectoires, sélectionnez l'option *Charger profil*. Si l'option est grisée, sélectionnez le plan de création du profil. Dans le contenu Autodesk, allez dans le dossier *Profils>En relief – En creux* et choisissez le profil *Appui prémoulé*.

2 Dans l'onglet *Modifier*, cliquez sur *Sélectionner le profil* ou sélectionnez le plan de construction du profil.

3 Dans les propriétés, développez la liste déroulante du paramètre *Profil* et sélectionnez l'un des types de profils.

Figure 10–14
Sélection d'un profil et calage

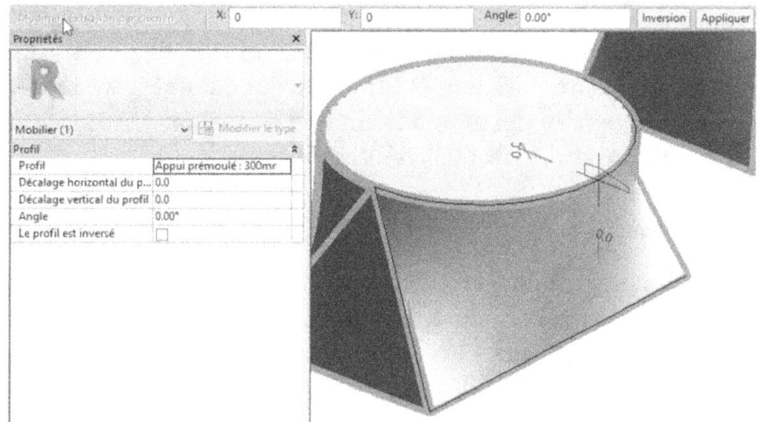

Grâce aux propriétés et à la barre d'options, vous avez la possibilité de caler et d'orienter précisément le profil par rapport à la trajectoire.

4 Validez pour terminer la création de l'extrusion par chemin.

Figure 10–15
Résultat final

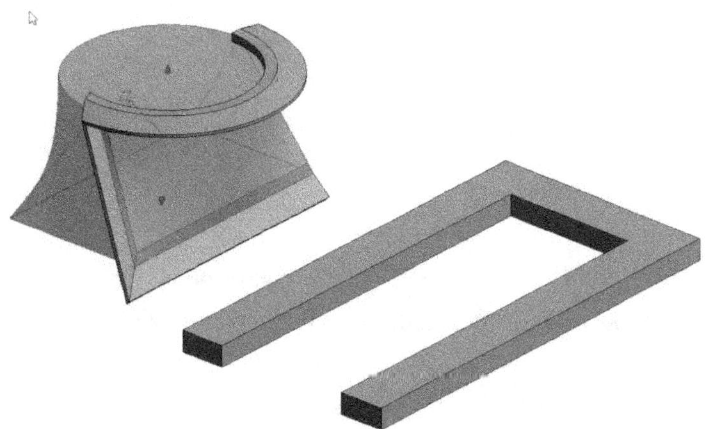

Message d'erreur

Dans certains cas, il est possible que Revit affiche le message d'erreur suivant : « Impossible de créer l'extrusion. » C'est très probablement parce que le volume généré par le profil « s'interpénètre » à cause d'une configuration de la trajectoire. C'est le cas si un rayon de courbure de la trajectoire est trop petit ou si la trajectoire se croise.

Le raccordement par chemin

Le raccordement par chemin est un mélange entre l'extrusion par raccordement et l'extrusion par chemin. Il s'agit donc d'une extrusion par chemin avec un contour différent au début et à la fin de l'extrusion. La trajectoire de l'extrusion peut être en 3D mais elle n'est pas multisegmentée.

Création de la trajectoire

La trajectoire est créée exactement de la même façon que pour l'extrusion par chemin, à la seule différence qu'il est impossible de tracer ou de sélectionner plusieurs segments.

1 Tracez une trajectoire en forme d'arc de cercle en plan.

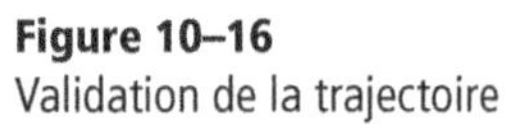

Figure 10–16
Validation de la trajectoire

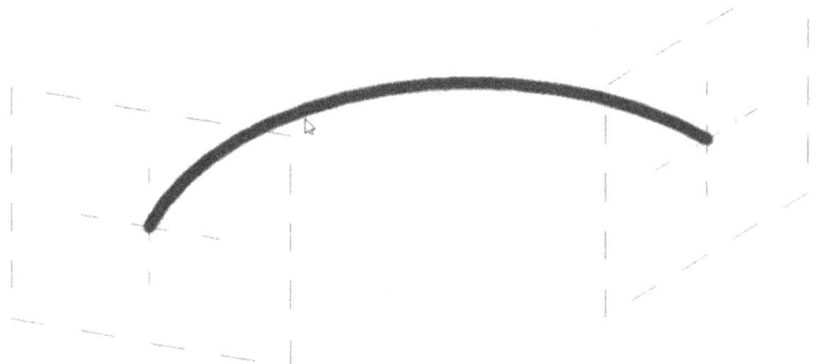

2 Validez pour terminer la trajectoire.

Nous aurions naturellement pu sélectionner une arête 3D pour créer la trajectoire.

Création des profils

Vous allez maintenant créer les deux profils qui seront hébergés sur deux plans perpendiculaires aux extrémités de la trajectoire.

1 Depuis une vue 3D (le plus simple), sélectionnez le profil 1 et tracez un contour ou sélectionnez une famille de profils. Validez pour terminer le profil 1.

2 Faites de même pour le profil 2.

Figure 10–17
Création des deux profils

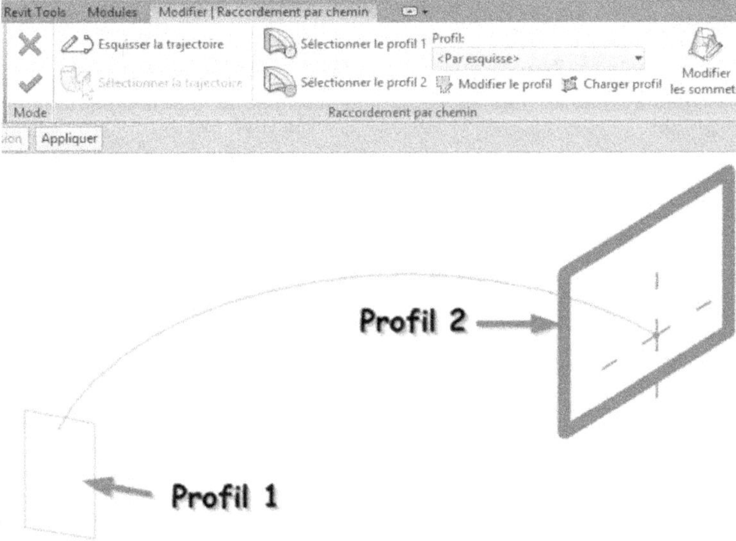

Comme pour l'extrusion par raccordement, vous pouvez changer la liaison des sommets entre le profil 1 et le profil 2 avec l'outil *Modifier les sommets*.

3 Validez pour terminer le raccordement par chemin.

Figure 10–18
Résultat final

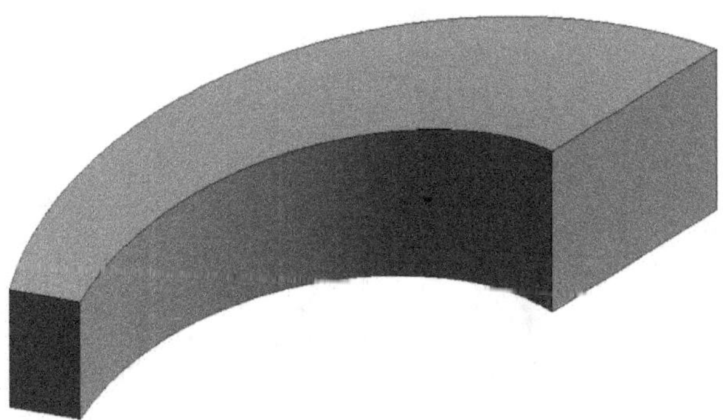

11

Les familles de modèles standards

Avec ce chapitre, nous abordons nos premières familles qui comportent de la géométrie 3D. Beaucoup de manipulations et de méthodes sont identiques à celles présentées dans les exercices des chapitres 7 à 9 mais certaines sont vraiment spécifiques à la présence d'objets 3D. Le principe squelette-muscles-peau (voir chapitre 6, section « Utiliser des plans et des lignes de référence », page 126) doit ici tout particulièrement être respecté si vous voulez que vos familles fonctionnent correctement.

(Exercice 9) Création d'une table Ikea

Le géant suédois de l'ameublement propose un système de tables modulables intéressant pour un créateur de familles. Il s'agit du plateau de table LINNMON, que l'on peut associer à différents types de pieds. Le plateau LINNMON existe en plusieurs finitions et dimensions (100 × 60 cm, 120 × 60 cm, 150 × 75 cm et 200 × 60 cm).

Les tables obtenues par l'assemblage du plateau et des pieds comportent quatre pieds sauf pour le plateau le plus grand (200 × 60 cm) pour lequel un cinquième pied est ajouté au centre de la table étant donné sa portée. Par ailleurs, il existe une variante à LINNMON, à savoir GLASHOLM, plateau en verre trempé qui utilise les mêmes pieds que ceux de LINNMON. Le verre trempé a deux finitions : translucide ou noir opaque.

Nous sommes donc face à un système standardisé et modulable d'un meuble dont une partie des caractéristiques est commune et une autre est variable en fonction de différents paramètres. Toutes ces variantes sont réalisables avec une seule famille Revit.

Figure 11–1
Les tables LINNMON
et GLASHOLM de Ikea

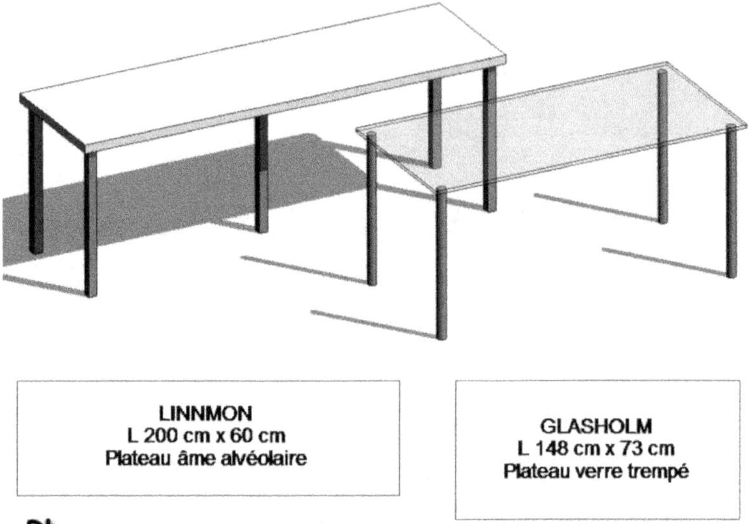

Plans

Cet exercice est pour vous l'opportunité d'aborder avec un objet simple, sans beaucoup d'enjeux, les nombreuses méthodes que vous appliquerez dans d'autres familles d'objets. Dans la réalité de vos projets, à moins d'être fabricant de meubles, il est peu probable que vous ayez besoin de réaliser une table aussi « riche » d'automatismes et de possibilités.

Création des familles de pieds imbriquées

Dans le bâtiment, la plupart des ouvrages sont composés de plusieurs sous-composants. Ainsi, notre bureau est par exemple composé d'un modèle de plateau et de divers modèles de pieds. Il en est de même pour une porte qui est le résultat de l'assemblage d'un cadre, d'un panneau et de diverses quincailleries, souvent standardisées.

Afin de rationaliser la création des familles, il est judicieux de recréer cette décomposition en constituant des familles « génériques » de sous-composants qui seront destinées à être imbriquées dans des familles hôtes pour constituer au final les familles qui seront insérées dans le projet. Nous avons déjà utilisé cette méthode pour le lit en 2,5D. Nous allons donc commencer par créer des familles de pieds : un pied rectangulaire et un pied rond.

Création du pied rectangulaire

Création du squelette, de la géométrie et paramétrage

1 Créez une nouvelle famille à partir du gabarit *Modèle générique métrique*.

2 Choisissez l'outil *Formes > Extrusion* et depuis la vue en plan, tracez approximativement au centre, les quatre côtés du profil du pied.

3 Toujours dans le mode esquisse, placez des cotes d'équidistance entre les deux lignes verticales et le plan *Centre (gauche/droite)*. Faites de même pour les deux lignes horizontales avec le plan *Centre (avant arrière)*.

4 Placez des cotes entre les deux lignes verticales et les deux lignes horizontales.

5 Sélectionnez la cote horizontale et transformez-la en paramètre de longueur « X ». Sélectionnez la cote verticale et transformez-la en paramètre de longueur « Y ».

Figure 11–2
Situation intermédiaire

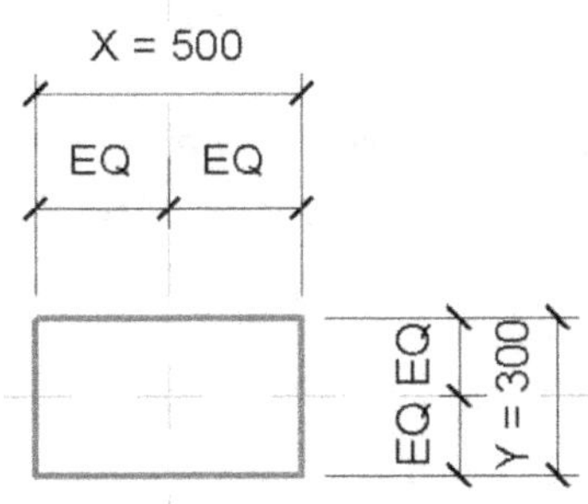

6 Validez pour créer la géométrie.

7 En vue 3D, sélectionnez la forme et associez la propriété *Fin de l'extrusion* à un nouveau paramètre de longueur « Z » en cliquant sur l'icône rectangulaire gris (figure 11-3).

8 Pour finir, testez la variation des trois paramètres.

Figure 11–3
Association de propriétés
à des paramètres

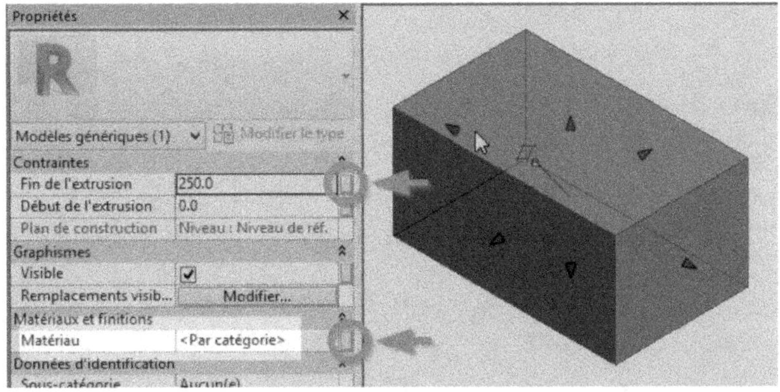

En sélectionnant la géométrie, vous avez sans doute remarqué qu'il existe une propriété de matériau qui permettrait de spécifier l'apparence de l'objet. Le problème c'est que ce n'est pas un paramètre de famille mais une propriété directe de la forme. Vous n'aurez donc pas la possibilité d'agir dessus une fois l'objet inséré dans la table et encore moins une fois la table insérée dans un projet. Il va donc falloir créer un paramètre de matériau et lui associer la propriété.

Attribution d'un paramètre de matériau et finalisation

1 Sélectionnez la forme et associez un nouveau paramètre nommé « Matériau » à la propriété *Matériau* de la forme (figure 10-3).

2 Enregistrez la famille sous le nom « 3D Boite ». Il vaut mieux lui donner ici un nom très générique puisqu'il s'agit d'un composant qui sera probablement utilisé autrement qu'en tant que pied de table.

Création du pied rond

Pour créer le pied rond, on va repartir du pied rectangulaire afin de gagner du temps.

1 Ouvrez la famille *3D Boite* et enregistrez-la sous le nom « 3D cylindre » afin de créer une nouvelle famille.

2 En plan, sélectionnez la boîte actuelle et dans l'onglet contextuel *Modifier*, cliquez sur *Modifier l'extrusion*. Vous revenez en mode esquisse de l'extrusion.

3 Supprimez le rectangle formé par les quatre lignes et remplacez-le par un cercle approximativement placé.

4 Afin d'aligner et cadenasser le cercle au centre, sélectionnez-le et activez la propriété *Marque centrale visible* afin de faire apparaître la croix au centre du cercle. Alignez et cadenassez la croix sur les deux plans de référence.

   Cette dernière opération n'est pas vraiment nécessaire car le cercle ne se déplacera jamais par rapport au plan de référence.

5 Toujours en mode esquisse, placez une cote de diamètre sur le cercle. Associez-lui le paramètre X existant. Vous pouvez supprimer le paramètre Y dont nous n'avons plus besoin.

Figure 11–4
Situation intermédiaire

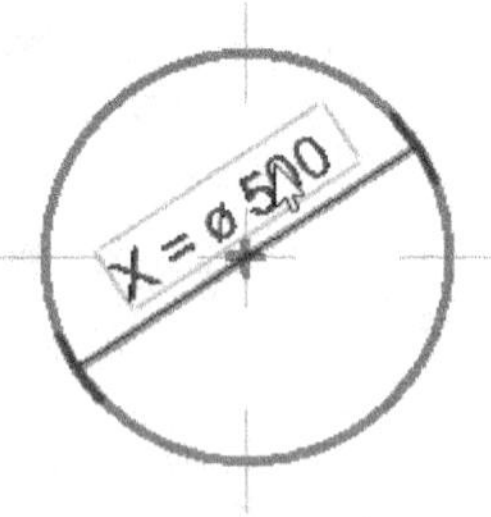

6 Validez pour terminer l'extrusion et testez la variation des paramètres.

Il n'est pas nécessaire d'en faire davantage car nous sommes repartis de la boîte, les associations des autres propriétés sont donc maintenues.

Création de la table

Même s'il s'agit d'une famille simple, il est nécessaire de procéder par étapes successives et cohérentes. Nous commencerons donc par créer le plateau et ensuite seulement nous passerons aux pieds.

Création du plateau

Création du squelette et paramétrage

1 Créez une nouvelle famille en partant du gabarit *Mobilier métrique*.

2 En plan, placez les quatre plans de référence du bord de table. Donnez-leur le nom et la propriété de référence qui correspondent à leur placement : « Avant », « Arrière », « Gauche » et « Droite ».

Sous-catégorisation des plans de référence

Depuis la version 2017, vous pouvez créer des sous-catégories de plans de référence afin de mieux hiérarchiser et visualiser le squelette. Voici comment faire :

1. Cliquez sur l'onglet *Gérer*, puis sur *Style d'objets>Objets d'annotations*.
2. Sélectionnez *Plan de référence* et, en bas à droite, cliquez sur *Nouvelle* afin de créer des nouvelles sous-catégories de plans de référence.
3. Saisissez les noms « 1_Pas référence », « 2_Moins importante » et « 3_Très important ».
4. Choisissez ensuite des couleurs différentes pour les distinguer : un orange, un vert et un rouge, par exemple, ainsi qu'un autre type de ligne : « Tiret long ».

Attention à ne pas créer trop de sous-catégories car chacune d'elles sera créée dans le projet une fois les familles chargées dedans.

Si vous n'avez pas la version 2017, vous pouvez utiliser les longueurs des plans pour visualiser leur hiérarchie.

---

3 Placez les habituelles cotes d'équidistance ainsi que les cotes que vous transformerez en paramètres « Longueur » et « Largeur » (figure 11-5). Il peut être intéressant ici de les créer en tant que paramètres partagés suivant la méthode expliquée au chapitre 4, section « Les paramètres partagés », page 61.

Figure 11–5
Situation intermédiaire

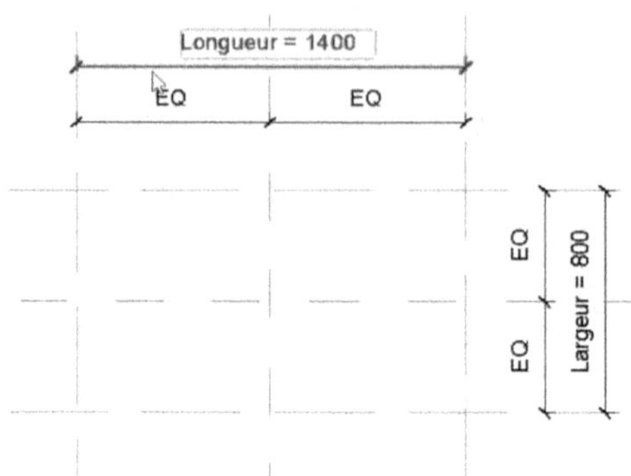

4 Avant de passer à l'élévation, faites varier les deux paramètres pour vérifier que le squelette et les muscles fonctionnent correctement.

Il nous reste maintenant à créer et paramétrer notre squelette en élévation.

5 Depuis l'élévation *Avant*, placez un plan très important en haut et un autre moins important juste en dessous, pour l'épaisseur du plateau. Renommez le plan supérieur en « Haut » et renommez le plan inférieur en « Plateau ».

6 Placez une cote entre le niveau de référence (faites attention à bien prendre le niveau et non le plan qui se trouve au même endroit) et le plan *Haut* ainsi qu'une cote depuis le plan *Haut* et le plan *Plateau*. Transformez ces cotes en nouveaux paramètres « Hauteur » et « Plateau epaisseur ». Donnez des valeurs cohérentes.

Figure 11–6
Situation intermédiaire,
élévation

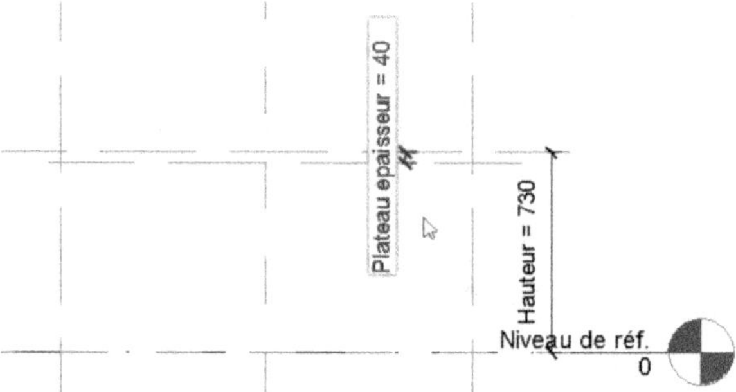

7 Testez la variation des valeurs de paramètres.

Création de la géométrie du plateau

1 Depuis la vue en plan, sélectionnez la forme *Extrusion* et avant de commencer à tracer les lignes d'esquisse, spécifiez le plan de référence *Plateau* comme plan de construction (*Plan de construction>Définir>Nom*).

2 Sélectionnez l'outil de dessin *Rectangle* et tracez un rectangle en dehors des plans de référence. Alignez et cadenassez les quatre lignes aux quatre plans *Gauche*, *Droite*, *Arrière* et *Avant*.

3 Validez pour terminer l'extrusion du plateau et placez-vous en élévation *Avant*.

Vous voyez alors une extrusion qui fait 250 mm de haut et qui commence sur le plan de référence *Plateau* puisque la forme y est hébergée.

4 Pour spécifier la hauteur d'extrusion, deux solutions s'offrent à vous :

– sélectionner l'extrusion et associer sa propriété *Fin de l'extrusion* au paramètre *Plateau epaisseur* ;

– aligner/cadenasser la face supérieure de l'extrusion au plan *Haut* grâce à la fonction *Aligner* ou en faisant glisser la poignée de l'extrusion sur le plan (Revit vous proposera un cadenas).

Figure 11–7
Alignement de l'extrusion
sur le plan Haut

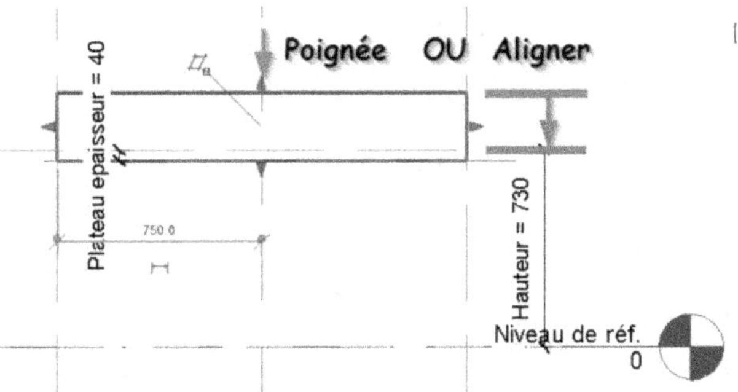

5 Comme pour les pieds, associez à la propriété *Matériau* de l'extrusion un nouveau paramètre de matériau nommé « Plateau mat » afin de pouvoir faire varier la constitution du plateau dans le projet. Si vous souhaitez que le matériau du plateau puisse être étiqueté, vous devrez créer le paramètre en tant que paramètre partagé.

6 Depuis une vue 3D, faites varier tous les paramètres associés au plateau pour faire un test.

> **Attribution d'un matériau dans la famille**
>
> Lorsque vous créez un paramètre de matériau, la valeur de ce dernier est par défaut *<Par catégorie>* ce qui signifie que par défaut, dans le projet, la valeur sera celle spécifiée dans *Styles d'objets*. Personnellement, je vous conseille de conserver cette valeur de matériau et de gérer l'attribution spécifique des matériaux dans le projet. Si vous attribuez un matériau dans les familles, il sera chargé avec la famille dans les projets, ce qui peut vite générer un nombre considérable de matériaux.

Gestion de la finition du plateau

La notion de matériau dans Revit est double. Elle peut désigner le matériau constructif ou l'apparence. Pour notre table, le paramètre *Plateau mat* peut désigner la nature du plateau, sa composition (panneau alvéolaire, verre trempé, bois stratifié, etc.) ou sa finition (laqué blanc, stratifié hêtre, verre translucide, etc.).

Si le matériau désigne la nature constructive d'un objet alors, assez logiquement, le paramètre doit être de type car un changement de nature modifie le type de l'objet. Si le matériau est utilisé en tant qu'apparence ou finition, il est plus logique d'utiliser un paramètre d'occurrence. Comment faire pour gérer les deux ?

Revit vous permet de gérer les deux cas de figure de manière paramétrique dans une famille. Ce que nous avons fait jusqu'à présent, à savoir associer la propriété de matériau des formes 3D, s'accommode bien avec la notion constructive du matériau. Pour la finition, nous pouvons peindre les surfaces des formes 3D avec un autre paramètre de matériau qui désignera quant à lui la finition, l'apparence.

1 Ouvrez la fenêtre *Types de familles* et créez un paramètre de matériau d'occurrence nommé « Plateau finition ».

2 Depuis une vue 3D, sélectionnez la fonction *Peindre* de l'onglet *Modifier* (la même que dans le projet). La fenêtre *Navigateur de matériaux* s'ouvre, elle regroupe les matériaux disponibles mais aussi les paramètres de matériau et le dernier que nous venons de créer (figure 11-8).

Figure 11–8
Fenêtre Navigateur
de matériaux

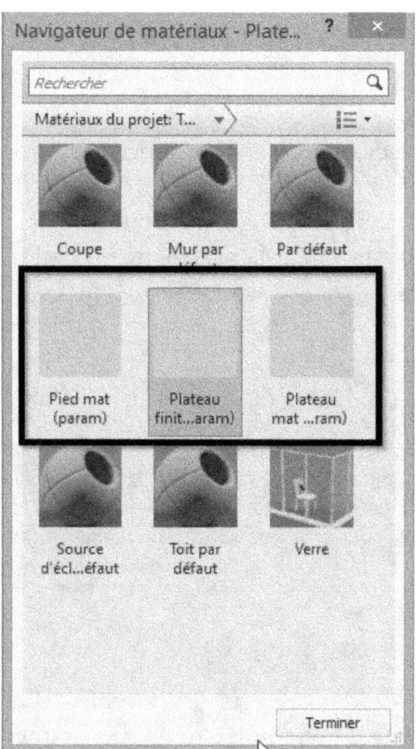

3 Sélectionnez le paramètre *Plateau finition* et cliquez sur les faces du plateau pour leur attribuer le nouveau paramètre de matériau.

Vous avez maintenant la possibilité de gérer la finition du matériau de manière différente. Vous pouvez éventuellement utiliser plusieurs matériaux de finition : un pour la face supérieure et un autre pour les faces du champ. L'intérêt de cette différenciation réside dans le fait qu'une couleur différente, par exemple, pour une même nature constructive ne nécessite pas la création de types différents.

Création des pieds

Complément de squelette et paramétrage

Avant d'insérer nos pieds, nous avons besoin de quelques plans de référence en plan pour les positionner par rapport aux bords du plateau.

1 Tracez quatre plans de référence à l'intérieur du plateau, à environ 100 mm du bord.

2 Placez quatre cotes entre ces quatre plans et les quatre plans extérieurs. Encore une fois, veillez à bien coter de plan à plan et non sur le bord du plateau. Vous pouvez masquer temporairement la forme.

3 Sélectionnez ces quatre cotes et associez-leur le même nouveau paramètre nommé « Pied ecart ».

Il peut être judicieux de passer à l'échelle 1/10 les vues dans lesquelles vous allez maintenant travailler.

Figure 11–9
Fin du squelette
et paramétrage

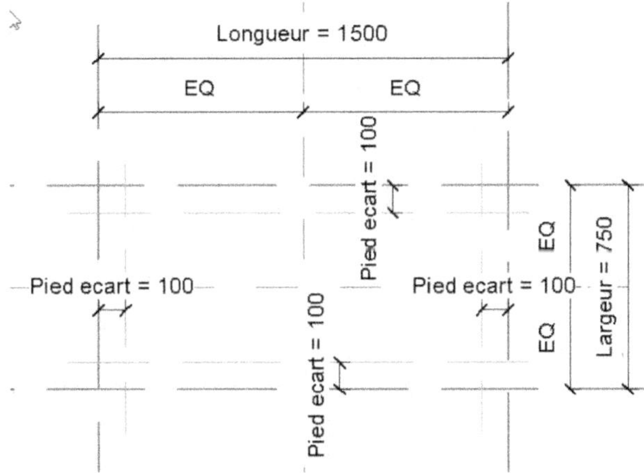

Il nous manque trois paramètres dans la famille : la hauteur des pieds, leur largeur (ou leur diamètre) et leur matériau. La hauteur des pieds sera calculée automatiquement.

4 Ouvrez la fenêtre *Types de familles* et créez un nouveau paramètre de format *Longueur* nommé « Pied hauteur ». Saisissez la formule suivante dans la colonne *Formule* : Pied hauteur = Hauteur – Plateau epaisseur. Faites bien attention à la frappe.

5 Créez un nouveau paramètre de format *Matériau* que vous nommerez « Pied mat ».

6 Créez un paramètre de format *Longueur* nommé « Pied largeur ». Il sera utilisé indifféremment dans le cas d'un pied carré ou d'un pied rond. Il est important de ne pas laisser sa valeur à zéro mais de spécifier déjà la bonne valeur, 40 mm par exemple.

Insertion et placement des pieds

1 Insérez les deux familles depuis l'onglet *Insérer>Charger la famille*. Étant donné qu'il s'agit de modèles génériques, elles se sont placées dans l'arborescence sous le nœud *Famille>Modèles génériques*.

2 Créez quatre occurrences du type *3D Boite* et placez-les approximativement proches des emplacements de pieds. Les dimensions des futurs pieds ne correspondent pas du tout à la réalité.

3 Il faut maintenant associer les paramètres internes des pieds aux paramètres correspondant de la famille *Table*.

– Sélectionnez une occurrence de *3D Boite* et cliquez sur *Modifier le type* dans les propriétés. Associez les paramètres comme suit :

– *Matériau* de la boîte avec *Pied mat* de la table ;

– *X et Y* de la boîte avec *Pied largeur* de la table car nous souhaitons avoir des pieds carrés ;

– *Z* de la boîte avec *Pied hauteur* de la table.

Figure 11–10
Association des paramètres
de la famille imbriquée

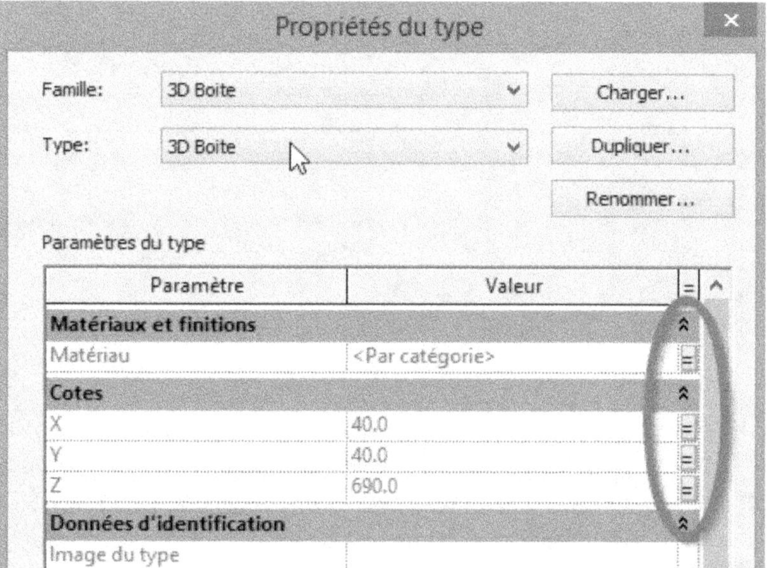

4 En plan, alignez et cadenassez le centre des quatre pieds sur les quatre plans intérieurs, en *X* et en *Y*. Veillez à bien sélectionner les plans de référence centraux de
la famille de pieds.

Figure 11–11
Situation après placement
des pieds

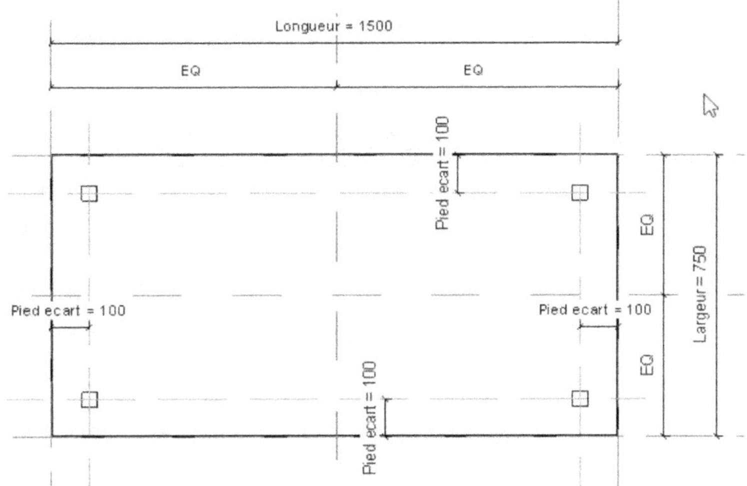

Il nous reste à placer le 5e pied, présent dans le cas de la table de 200 × 60 cm.
Même si ce pied n'existe que dans un cas particulier de type, il doit être présent
dans la famille. Comme pour les oreillers du lit de l'exercice 3, il nous faudra
paramétrer sa visibilité en fonction de la longueur de la table.

5 Copiez un 5e pied au centre de la table. Vous pouvez l'aligner et le cadenasser sur
les plans centraux de la table.

6 Sélectionnez ce pied central et associez sa propriété de visibilité à un nouveau
paramètre *Oui/Non* nommé « Pied central ».

Il nous reste maintenant à automatiser le paramètre *Pied central* en fonction de la
longueur de la table.

7 Dans la fenêtre *Types de familles*, à côté du paramètre *Pied central*, saisissez
« Longueur > 1999 ». Pour rappel, pour un paramètre *Oui/non*, il suffit de spécifier la condition du *Oui*.

Pour afficher l'effet, vous pouvez activer la fonction *Aperçu de la visibilité* (à partir de
la version 2016 R2) dans la barre de contrôle *Vue* et modifier la longueur de la table.

Figure 11–12
Visibilité du pied central

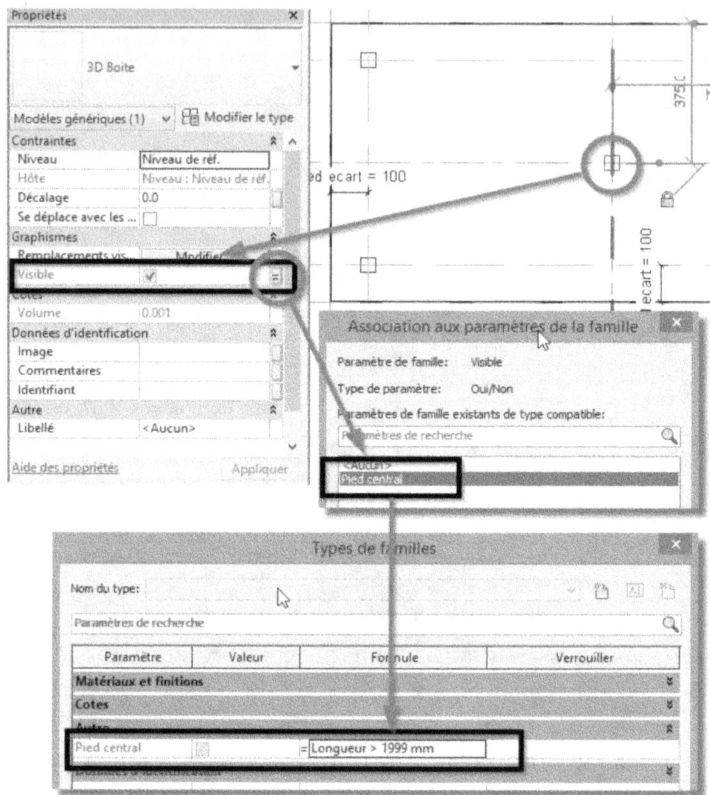

Amélioration possible de la formule

Il n'est pas rare qu'un utilisateur inverse l'utilisation des paramètres, qu'il confonde longueur avec largeur, par exemple. Cependant, il ne se rendra pas compte de son erreur si la largeur dépasse les 1 999 mm : le 5e pied n'apparaîtra pas. Pour pallier cela, on peut améliorer la formule comme ceci :
Pied central = or (Longueur > 1999, Largeur > 1999)
Ainsi, quelle que soit la valeur qui dépasse 1 999, le pied central apparaîtra.

Création de la variante à pieds ronds

Pour créer la version à pieds ronds, on pourrait naturellement créer une autre famille de table avec des pieds ronds à la place des pieds carrés. C'est d'ailleurs ce que je vous conseillerais de faire si vous débutez dans la création de familles.

Au chapitre 6, nous avons évoqué le fait qu'il convient de trouver une juste mesure entre tout faire avec une famille et faire une famille pour chaque variante d'objet. Par ailleurs, ce que nous avons abordé au chapitre 5, sur la maintenance des familles, doit faire réfléchir sur la multiplicité inutile du nombre de familles.

La variante du pied me permet également d'aborder une fonction un peu magique concernant les familles de Revit : les paramètres de format *Type de famille*.

1 Sélectionnez les cinq pieds rectangulaires.

2 Dans la barre des options, cliquez sur *Libellé* et développez le menu déroulant pour sélectionner *Ajouter un paramètre*.

3 La fenêtre *Propriétés des paramètres* s'ouvre alors, vous permettant de créer un nouveau paramètre d'un format très particulier : *Type de famille : « Catégorie des objets sélectionnés »* (dans notre cas, *Modèle générique*, figure 11-13).

Figure 11–13
Propriétés des paramètres
de format Type de famille

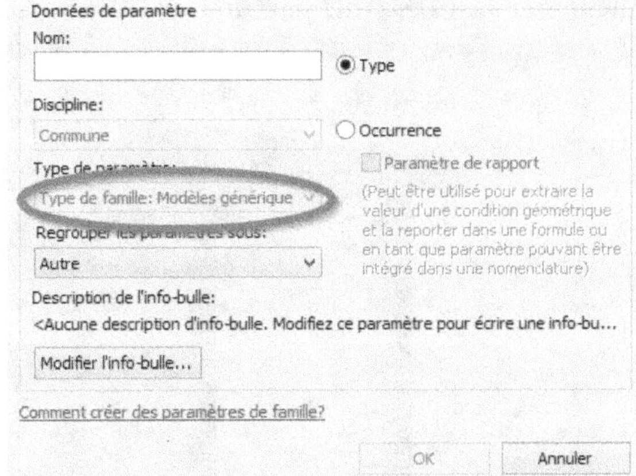

4 Saisissez le nom du paramètre, par exemple « Type de pieds », et validez.

5 Dans la fenêtre *Types de familles*, le nouveau paramètre apparaît. Au lieu de saisir une valeur dans la colonne *Valeur*, vous allez pouvoir choisir parmi toutes les familles imbriquées de la catégorie spécifiée, présentes dans la famille hôte.

Figure 11–14
Fenêtre Types de familles, paramètre de format Type de famille

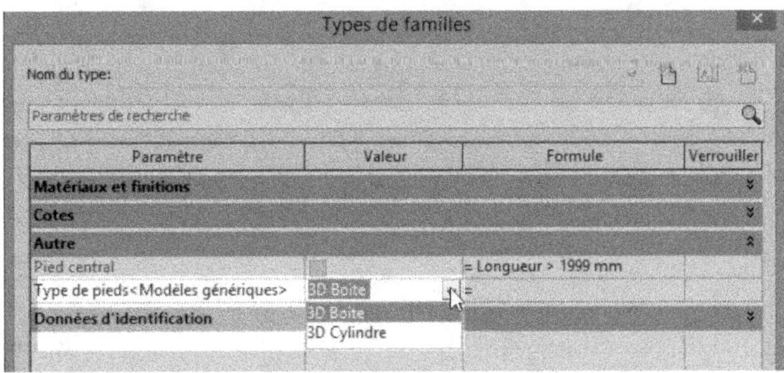

6 Choisissez *3D Cylindre* et observez les changements obtenus dans la zone de dessin. Les pieds carrés ont été remplacés par des pieds ronds.

7 Associez les paramètres de la famille imbriquée *3D Cylindre* avec les paramètres de la famille, comme nous l'avons fait pour les carrés. N'oubliez pas de vérifier l'association de la propriété d'occurrence *Visibilité* du pied central rond. Ici, l'association a été maintenue malgré le changement de type, ce qui est souvent le cas, mais ce n'est pas systématique. Il vaut donc mieux vérifier.

Ce qui est un peu magique, c'est qu'il n'est pas nécessaire (normalement) de contraindre les pieds ronds sur les plans de référence. Revit est capable de faire le lien si dans les deux familles, les plans internes ont les mêmes propriétés. Au pire, vous devrez réaligner et recadenasser les pieds à leur emplacement.

8 Pour enregistrer la valeur du paramètre *Type de famille*, vous devez créer deux types de familles, l'une à pieds ronds et l'autre à pieds carrés.

Figure 11–15
Le résultat avec les deux types
de pieds

Automatiser la position des pieds en fonction des paramètres

Imaginons maintenant que nous souhaitons spécifier simplement si les pieds sont décalés du bord de la table ou alignés à ce dernier et ce, quelle que soit la largeur des pieds. Vous pouvez bien sûr faire cela manuellement en calculant la demi-largeur des pieds et en reportant la valeur dans le paramètre *Pied ecart*. Mais pourquoi le faire ainsi alors qu'on peut facilement automatiser cette opération et donc supprimer les risques d'erreurs ?

Pour ce faire, nous allons devoir créer un paramètre *Oui/Non* qui commandera la valeur de *Pied ecart*. Cette valeur sera soit la moitié de la largeur du pied (pieds au bord du plateau) soit une distance indiquée manuellement. C'est pourquoi nous avons besoin également d'un troisième paramètre qui correspondra à cette distance.

Figure 11–16
Position des pieds en fonction
des paramètres

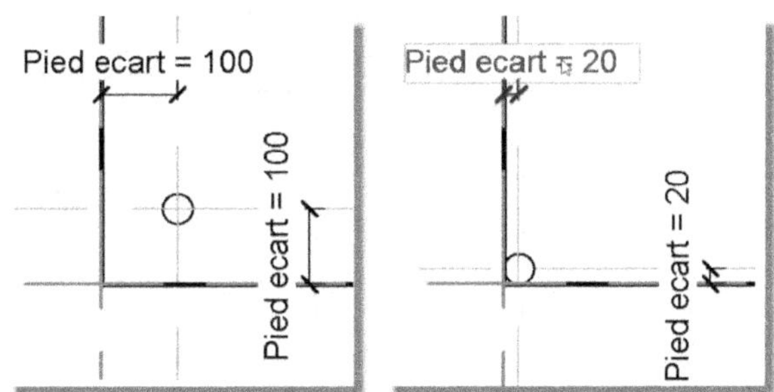

1 Dans la fenêtre *Types de familles*, créez les paramètres suivants :

– le paramètre *Oui/Non* nommé « Pied au bord » ;

– le paramètre de *Longueur* nommé « Pied ecart manuel » qui aura pour valeur 100 mm, par exemple.

2 Pour le paramètre *Pied ecart*, spécifiez la formule suivante :

Pied ecart = if (Pieds au bord, Pied largeur / 2, Pied ecart manuel)

3 Testez le changement de la valeur de *Pied au bord* et vous verrez les pieds se positionner automatiquement.

Libeller la table avec de l'information

Nous allons intégrer la possibilité d'afficher les caractéristiques de la table. Lors de l'exercice 5, nous avons vu comment afficher des informations contenues dans les objets grâce à des étiquettes, ce qui permet de les afficher dans le projet. Nous pouvons également utiliser une annotation générique imbriquée, comme celle que nous avons utilisée pour le premier exercice. Cette méthode ne nécessite pas de paramètres partagés puisque l'extraction de l'information s'effectue à l'intérieur de la famille.

Création d'une annotation générique

1 Comme dans l'exercice 2, créez une annotation générique et placez un libellé au centre avec les paramètres suivants :

– « Texte 1 », de format *Texte* ;

– « Dim 1 », de format *Longueur* ;

– « Dim 2 », de format *Longueur* ;

– « Mat 1 », de format *Matériau*.

2 Diminuez la taille du texte du libellé à 1,5 mm.

3 Selon les méthodes décrites dans l'exercice 5, mettez en forme le libellé comme indiqué sur la figure 11-17.

Figure 11–17
Mise en forme du libellé

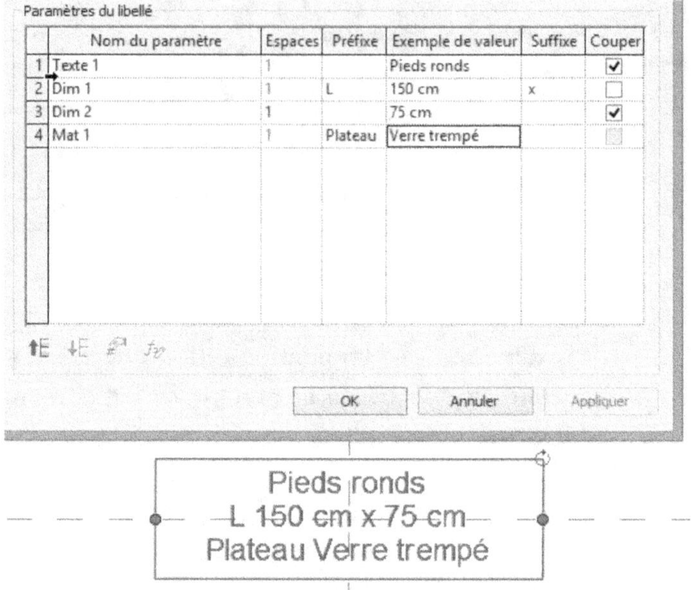

N'oubliez pas de spécifier correctement les formats des deux paramètres de longueur : forcez les unités en *cm* et affichez le suffixe *cm*.

4 Enregistrez la famille en lui donnant un nom générique tel que « AG 1,5mm_1T 2D 1M », qui indique uniquement qu'il s'agit d'une annotation générique de 1,5 mm contenant un texte, deux dimensions et un matériau. Vous l'utiliserez probablement dans d'autres familles.

Imbrication et association des paramètres

1 Insérez la famille d'annotations dans la famille de tables et depuis la vue en plan, placez une occurrence au centre de la table. Il est inutile de cadenasser la position de l'annotation car le centre de la table ne bouge jamais.

Dans l'exercice 2, nous avons simplement rempli le paramètre texte des différentes annotations car leurs valeurs ne devaient pas être paramétrées (valeurs fixes N, S, E et O). Nous voulons ici que le libellé reflète automatiquement les valeurs de certains paramètres. Pour cela, il nous faut simplement associer les paramètres de la famille d'annotations imbriquée avec les paramètres souhaités de la table.

2 Choisissez l'annotation placée au centre de la table et dans la propriété de type, associez les paramètres comme suit :

- *Texte 1* au paramètre de texte *Modèle* ;

- *Dim 1* au paramètre de longueur *Longueur* ;

- *Dim 2* au paramètre de longueur *Largeur* ;

- *Mat 1* au paramètre de matériau *Plateau mat*.

3 Modifiez la valeur des paramètres affichés par le libellé et vous verrez l'annotation se mettre automatiquement à jour.

Il existe une limite concernant l'affichage de la valeur des matériaux. En effet, le libellé affiche *<Par catégorie>* si c'est la valeur spécifiée, même dans le projet. Revit n'est pas capable de faire le lien et d'aller rechercher dans *Style d'objet* la valeur réelle du paramètre de matériau spécifiée par défaut. Pour que l'affichage du matériau soit correct, il doit être explicitement précisé dans la valeur du paramètre.

Réglage de visibilité

Il est fort probable que vous souhaitiez que cette annotation ne soit visible que dans certaines conditions. On peut naturellement paramétrer sa visibilité mais on peut aussi l'automatiser par rapport aux niveaux de détail des vues.

1 Sélectionnez la propriété *Visibilité* de la famille imbriquée d'annotations et associez-la à un nouveau paramètre *Oui/Non* nommé « Texte visible ». La visibilité du texte peut être indépendante du type de famille donc je vous conseille de passer ce paramètre en *Occurrence*.

2 Toujours dans les propriétés de la famille imbriquée d'annotations, cliquez sur *Modifier* à côté de *Remplacement visibilité/graphisme* et désactivez les niveaux de détail pour lesquels vous ne souhaitez pas voir l'annotation.

Figure 11–18
Fenêtre Paramètres de visibilité
des éléments de la famille

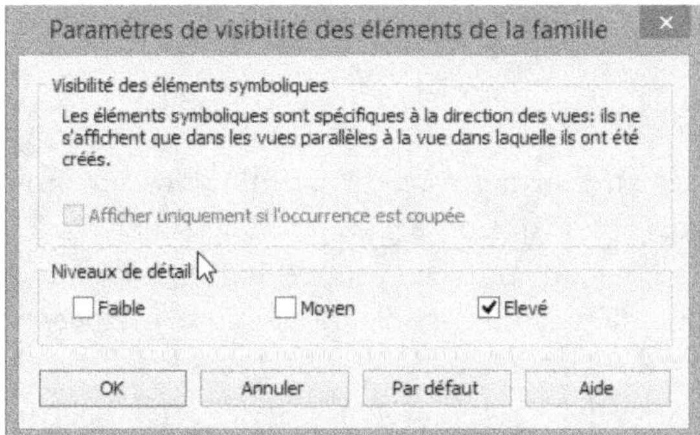

Ainsi, l'annotation n'est visible que lorsque les vues sont en niveau de détail *Élevé* et même dans ce cas, pour chaque occurrence de table, nous pourrons masquer manuellement ces informations.

Rajouter un point de calcul de pièce

Il est très utile, notamment dans le cadre d'une collaboration BIM avec un économiste, de pouvoir localiser facilement les objets par rapport aux pièces dans lesquelles ils se trouvent. Pour ce faire, il existe depuis la version 2014 un outil intégré nommé *Point de calcul de pièce*.

Dans les propriétés de la famille, activez l'option *Point de calcul de pièce* afin de faire apparaître une boule bleue reliée à l'origine de la famille par une courbe. Vous pouvez sélectionner cet objet et déplacer le point. La position de ce dernier dans le projet déterminera l'appartenance à la pièce.

Figure 11–19
Point de calcul de pièce

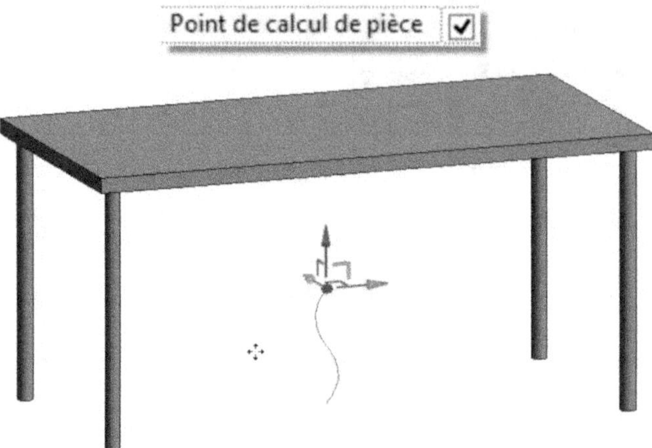

Lors de la création d'une nomenclature d'objet, cette fonction vous permet de sélectionner les propriétés des pièces dans lesquelles les objets sont insérés (par exemple, le nom et le numéro de la pièce).

Trier les paramètres

Avant d'enregistrer et de tester sa famille dans un projet, il est nécessaire de ranger les paramètres créés (option *Regrouper les paramètres sous* de la fenêtre *Propriétés des paramètres*). Chacun aura sa propre logique de rangement, l'important est qu'à l'échelle d'une même entreprise, cette logique soit respectée. Cela garantira une utilisation simple des familles par les utilisateurs finaux.

- Sous *Construction* sont rangés les paramètres relatifs à l'organisation constructive de la famille.
- Sous *Graphisme*, nous trouvons les paramètres qui agissent sur le graphisme en plan, coupe et élévation sans modifier la constitution de la famille.
- Sous *Matériaux et finition* se trouvent tous les paramètres qui concernent les matériaux et les finitions
- Sous *Cotes* on trouve les paramètres des dimensions principales de la famille.
- Sous *Autre* sont rangés tous les paramètres dont la valeur est générée automatiquement par formule. Les utilisateurs ne devront jamais modifier ces valeurs. Personnellement, j'ajoute également ici des paramètres sur lesquels il est « interdit » d'intervenir.

Figure 11–20
Exemple de classification des
paramètres

Paramètre	Valeur	Formule	Ve
Construction			
Pied au bord	☐	=	
Pied ecart manuel	50.0	=	⌐
Type de pieds<Modèles gén	3D Cylindre	=	
Graphismes			
Texte visible (par défaut)	☑	=	
Matériaux et finitions			
Pied mat	<Par catégorie>	=	
Plateau finition (par défaut)	<Par catégorie>	=	
Plateau mat	<Par catégorie>	=	
Cotes			
Longueur	1500.0	=	⌐
Largeur	750.0	=	⌐
Hauteur	730.0	=	⌐
Plateau epaisseur	40.0	=	⌐
Pied largeur	40.0	=	⌐
Autre			
Pied central		= Longueur > 1999 mm	
Pied hauteur	690.0	= Hauteur - Plateau epaisseur	⌐
Pied ecart	50.0	= if(Pied au bord, Pied largeur / 2, Pied ecart manuel)	⌐
Données d'identification			

(Exercice 10) Gestion de la répétition : création d'un rayonnage

Beaucoup de familles doivent gérer des répétitions automatiques de composants en fonction des dimensions. C'est le cas par exemple des rayonnages utilisés dans les bâtiments de stockage, dans les bibliothèques ou encore dans des locaux d'archives. Pour ce faire, vous pouvez efficacement utiliser un gabarit ligne, comme celui que nous avons exploité pour la couvertine de l'exercice 4.

Nous allons donc créer un rayonnage qui se pose en deux points, comme une ligne, et qui est capable de générer ses propres étagères et montants en fonction de la longueur totale de l'élément, suivant une règle paramétrable. Par ailleurs, le nombre d'étagères sera également déterminé en fonction de la hauteur totale du système.

Le principe de ces rayonnages est toujours le même. Le rayonnage est composé d'un module complet au départ, avec quatre pieds, et en fonction de la longueur, viennent s'ajouter des modules partiels composés de deux pieds seulement. Pour sa réalisation, nous avons à notre disposition toutes les briques élémentaires puisqu'aux exercices précédents, nous avons créé des parallélépipèdes rectangles qui nous serviront à la fois pour les montants et pour les étagères.

Figure 11–21
Rayonnages de différentes
dimensions

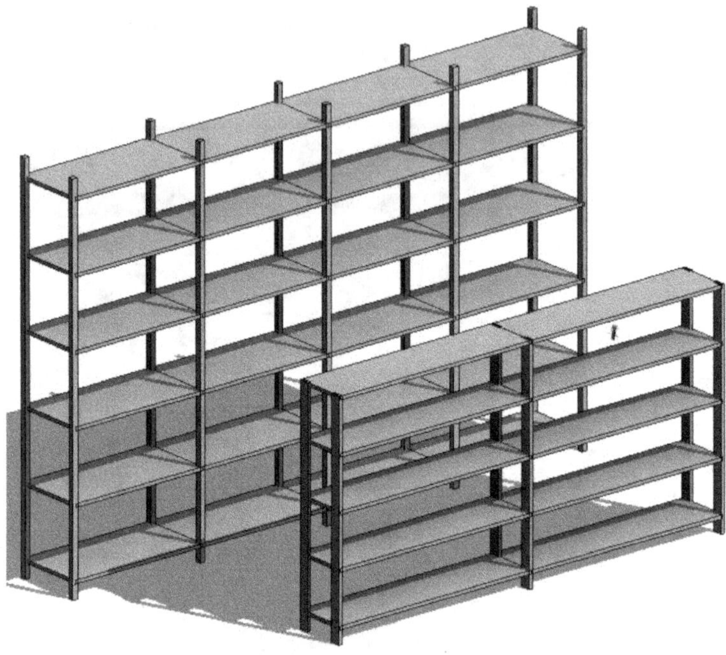

Figure 11–22
Principe de rayonnage
(Source :
www.equip-rayonnage.com)

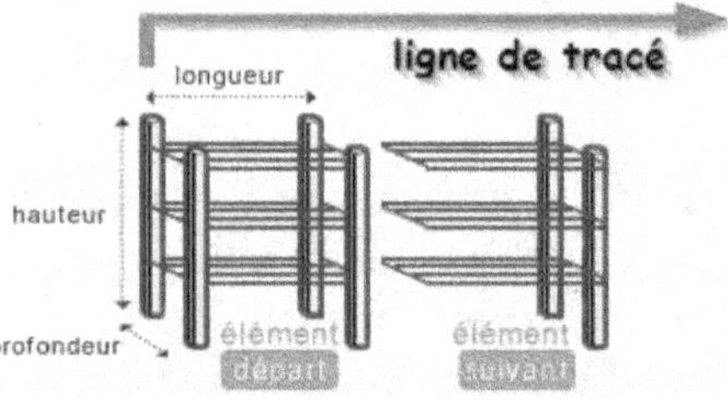

La multiplication d'objets dans les familles fait appel à l'outil *Réseau* de Revit. Dans notre cas, la complexité réside ici dans le fait qu'il s'agit d'un réseau de modules et que ces derniers sont eux-mêmes des réseaux d'étagères. Nous scinderons donc la création de cette famille en deux parties : la création du réseau d'étagères (le module) en tant que famille imbriquée et la création du rayonnage global.

Création du module d'étagères

Création de la première étagère et paramétrage

1. Créez une nouvelle famille à partir du gabarit *Mobilier générique métrique*.

2. Insérez la famille *3D Boite* de l'exercice 9 et posez une occurrence au centre. Alignez et cadenassez ses plans centraux.

3 Depuis l'élévation avant, alignez/cadenassez l'étagère **sous** le niveau car la hauteur des étagères est généralement spécifiée sur leur face supérieure.

4 Sélectionnez l'occurrence et associez les paramètres de type suivants :

– *Matériau* à un nouveau paramètre nommé « Etagere mat » ;

– *X* à un nouveau paramètre nommé « Module L » ;

– *Y* à un nouveau paramètre nommé « Module P » ;

– *Z* à un nouveau paramètre nommé « Etagere ep. ».

Donnez des valeurs cohérentes à ces nouveaux paramètres.

Création du réseau et paramétrage

Préparation des paramètres

Pour gérer la répétition, nous allons paramétrer un réseau d'objets. Nous avons besoin de quelques paramètres supplémentaires et surtout, d'une règle de comportement automatique *via* une formule (figure 11-23).

Figure 11–23
Types de familles

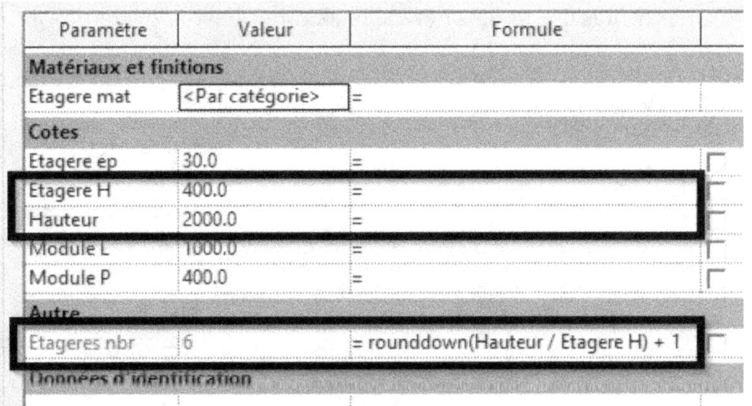

Paramètre	Valeur	Formule	
Matériaux et finitions			
Etagere mat	<Par catégorie>	=	
Cotes			
Etagere ep	30.0	=	
Etagere H	400.0	=	
Hauteur	2000.0	=	
Module L	1000.0	=	
Module P	400.0	=	
Autre			
Etageres nbr	6	= rounddown(Hauteur / Etagere H) + 1	
Données d'identification			

Les trois paramètres qui entrent en jeu dans la répétition des étagères sont :

- Etagere H : correspond à la hauteur individuelle entre les étagères ;
- Hauteur : correspond à la hauteur totale ;
- Etageres nbr (nombre entier) : résulte de la hauteur totale et de la hauteur d'étagère. Un arrondi inférieur avec incrément de 1 est spécifié car la première étagère (étagère basse) est incluse dans le calcul du nombre. Un arrondi supérieur fonctionne sauf pour une division ronde : 1 200/300 = 4 et un *Roundup* de 4 est toujours égal à 4, donc il manquerait une étagère.

Création du réseau

1 Depuis l'élévation avant, sélectionnez l'étagère, activez la commande *Réseau* et spécifiez les options suivantes dans la barre des options :

- choisissez réseau *Linéaire* ;

- cochez *Regrouper et associer* ;

- spécifiez une quantité supérieure à deux pour *Nombre* ;

- sélectionnez *2ème* pour *Déplacer vers*.

2 Cliquez sur un point de départ (clic 1) et sur le point d'arrivée (clic 2) du second objet du réseau avec volontairement un décalage latéral et hors position précise (figure 11-24). Revit créera les autres objets en extrapolant leur position par rapport à la position du deuxième objet.

3 Cliquez sur le symbole de réseau qui apparaît (dans le cas contraire, sélectionnez l'un des objets du réseau et zoomez/dézoomez, il devrait apparaître) et dans le menu déroulant *Libellé* de la barre d'options, sélectionnez le paramètre *Etagere nbr*.

Grâce à cette manipulation, nous venons d'associer le nombre d'objets du réseau à un paramètre. Vous devriez voir votre réseau se modifier sauf si naturellement, par hasard, vous aviez déjà spécifié dans la barre d'options le bon nombre d'objets.

Figure 11–24
Création du réseau
et alignement en élévation

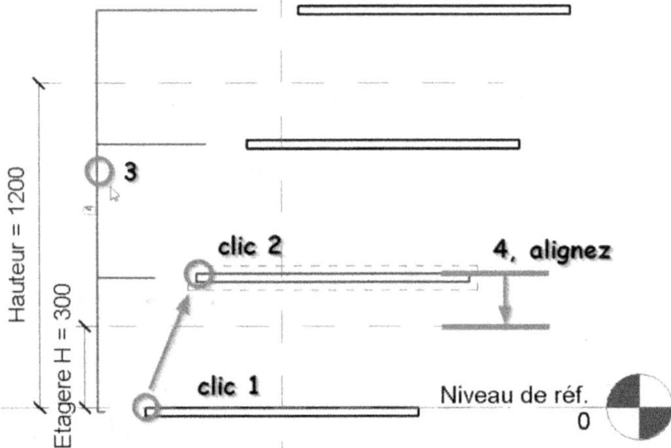

Il ne nous reste plus qu'à caler les objets correctement. Le calage s'effectue en alignant/cadenassant uniquement la deuxième étagère puisque la position des autres en découle.

4 Toujours en élévation *Avant*, alignez/cadenassez la deuxième étagère sur le plan de référence correspondant.

5 Depuis la vue en plan, déplacer les étagères afin d'avoir un décalage prononcé dans les deux axes. Alignez/cadenassez les plans centraux de la deuxième étagère.

Figure 11–25
Alignement en plan

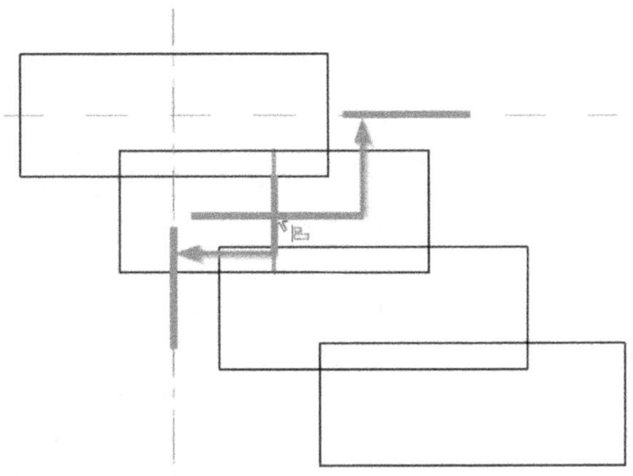

Activez la 3D et vérifiez le fonctionnement de votre premier module d'étagères en faisant varier toutes les dimensions. Vous constaterez que lorsque vous augmentez la hauteur totale, Revit crée automatiquement des étagères supplémentaires sans jamais dépasser la hauteur spécifiée.

Figure 11–26
Différentes dimensions
de modules

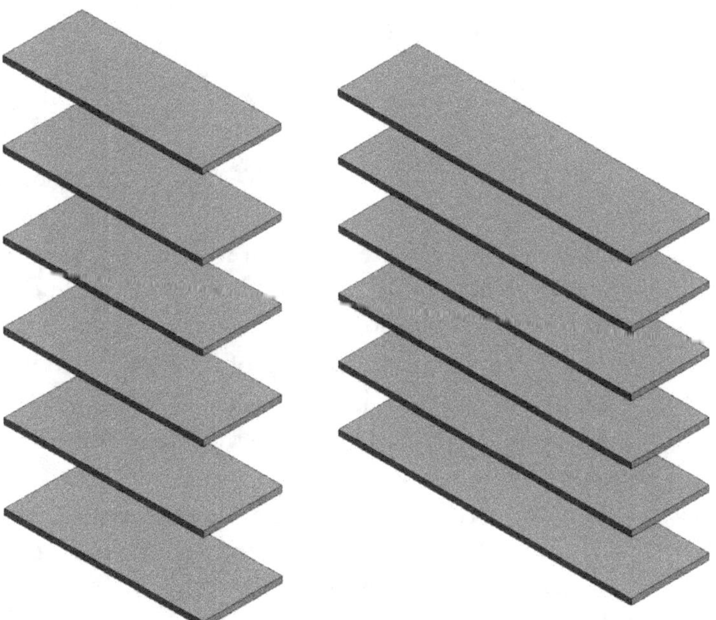

6 Enregistrez la famille en tant que « Etagères » et fermez.

Création du rayonnage

Création du squelette et paramétrage

1 Créez une nouvelle famille à partir du gabarit *Modèle générique métrique (ligne)*. Choisissez la catégorie *Mobilier* et agrandissez la longueur à 1 800 mm en déplaçant le plan de référence *Droite*.

Le fonctionnement des gabarits ligne est expliqué en détail à l'exercice 4.

2 En plan, créez le squelette et les paramètres de la figure 11-27. N'oubliez pas de caractériser correctement les plans de référence (nom et référence). Les cotes doivent être prises sur les plans de référence et non sur la ligne.

Figure 11–27
Plan du squelette

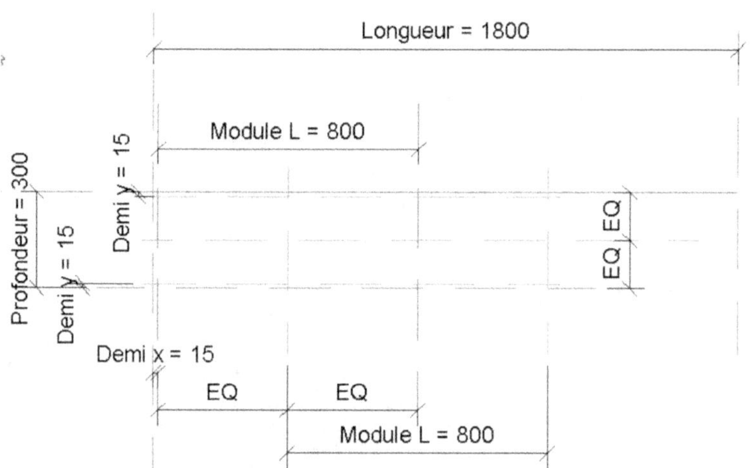

* *Module L* : représente la largeur nominale des modules qui se répètent, en d'autres termes la largeur de la trame. La largeur réelle est plus longue car les pieds sont généralement positionnés sur leur axe vertical et donc ils débordent de la trame.

* *Profondeur* : correspond à la profondeur du rayonnage.

* *Demi x* : permettra de positionner la trame en tenant compte de la demi-largeur des premiers pieds. Un paramètre *Pied x* devra donc être créé puisque *Demi x* est la moitié de *Pied x*.

* *Demi y* : permettra simplement de positionner correctement les occurrences de la famille *3D Boite* imbriquée dont l'origine est au centre de la géométrie. Créez également *Pied y* puisque *Demi y* est la moitié de *Pied y*.

* Depuis l'élévation *Avant*, créez les plans de référence et les paramètres indiqués à la figure 11-28.

Figure 11–28
Élévation du squelette

Création des pieds

Mise en place des premiers pieds

1 Chargez la famille *3D Boite* de l'exercice 9.

2 Placez une occurrence de pied et associez les paramètres de la famille imbriquée comme suit :
   - *Matériau* à un nouveau paramètre nommé « Pied mat » ;
   - *X* à *Pied x* ;
   - *Y* à *Pied y* ;
   - *Z* à *Hauteur*.

3 Créez une occurrence supplémentaire du pied et placez-les tous les deux en tant que premiers pieds à gauche. Alignez et cadenassez leur position sur les plans de référence en utilisant les plans centraux des familles imbriquées et non leurs côtés.

Création des réseaux de pieds

Nous allons maintenant multiplier les pieds. La seule contrainte est qu'il faudra créer deux réseaux séparés, soit un pour chaque pied, à cause du groupement qui est consécutif à la création du réseau. Si l'on créait un seul réseau de pieds, on se retrouverait avec un groupe contenant les deux pieds et on ne pourrait plus faire varier la profondeur du rayonnage sans que les groupes se dissocient.

1 Nous devons au préalable créer des paramètres supplémentaires pour pouvoir paramétrer le réseau.

Figure 11–29
Les nouveaux paramètres pour le réseau de pieds

Paramètre	Valeur	Formule	
Contraintes			
Longueur (par défaut)	1800.0	=	☐
Matériaux et finitions			
Cotes			
Autre			
Demi x	15.0	= Pied x / 2	☐
Demi y	15.0	= Pied y / 2	☐
L utile (par défaut)	1770.0	= Longueur - Pied x	
Modules nbr (par défaut)	2	= rounddown(L utile / Module L)	
Pieds nbr (par défaut)	3	= Modules nbr + 1	
Données d'identification			

- *L utile* : correspond à la longueur effective qui va servir à calculer le nombre de modules à créer. Elle correspond à la différence entre la longueur et la largeur d'un pied.
- *Modules nbr* (nombre entier) : correspond au nombre de modules complets à générer. Il sera utilisé pour paramétrer le réseau de modules d'étagères.
- *Pieds nbr* (nombre entier) : correspond au nombre de pieds à générer. Il est égal à *Modules nbr* + 1.

2 En plan, sélectionnez un pied et créez un réseau en pointant le deuxième objet en décalé, comme pour les étagères.

3 Sélectionnez le symbole du réseau et attribuez-lui le paramètre *Pieds nbr*.

4 Alignez/cadenassez le deuxième pied (choisissez les plans centraux) du réseau sur les plans comme sur la figure 11-30.

5 Faites de même pour l'autre pied.

Figure 11–30
Réseaux de pieds

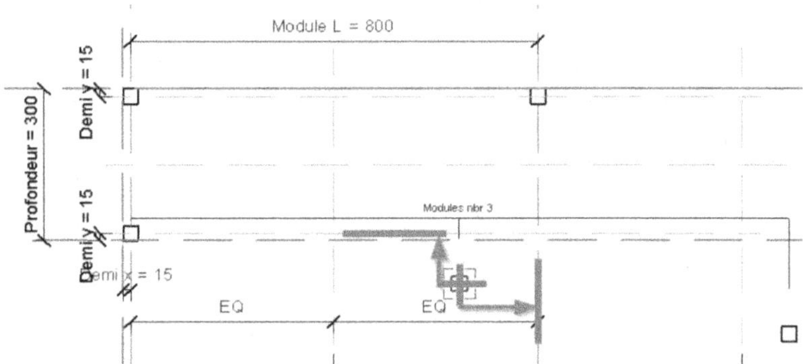

Création des étagères

Mise en place du premier module

1 Chargez la famille *Etagères* créée au début de l'exercice.

2 Placez une occurrence du module d'étagères et associez ses paramètres ainsi :

- *Etagere mat* à un nouveau paramètre nommé « Etagere mat » ;
- *Etagere ep* à un nouveau paramètre nommé « Etagere ep » ;
- *Etagere H* à un nouveau paramètre nommé « Etagere H » ;
- *Hauteur* à un nouveau paramètre nommé « H utile » qui correspond à la différence entre la hauteur totale du rayonnage et la hauteur de l'étagère basse ;
- *Module L* à *Module L* ;
- *Module P* à *Profondeur*.

3 En plan, positionnez et alignez/cadenassez correctement votre module d'étagères sur ses plans centraux.

4 Faites de même en élévation *Avant*, en alignant et cadenassant la face haute de la première étagère au plan de référence de l'étagère basse.

5 Testez le comportement en modifiant les valeurs.

Répétition des modules d'étagères

1 Depuis la vue en plan, sélectionnez le premier module, activez la commande réseau et placez le deuxième objet du réseau.

2 Sélectionnez le symbole du réseau et attribuez-lui le paramètre *Modules nbr*.

3 Alignez en plan le deuxième module, toujours sur ses plans centraux.

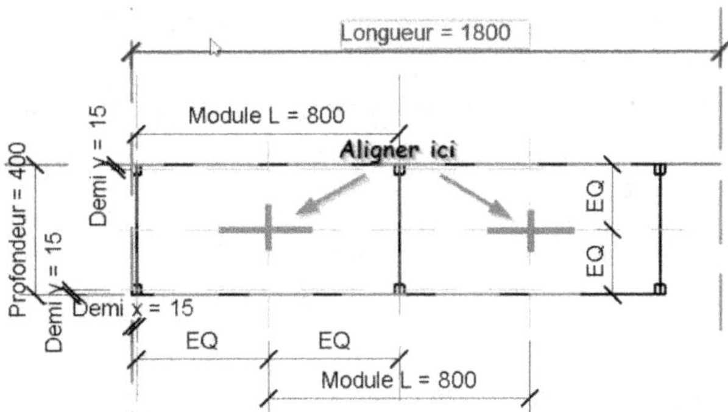

Figure 11–31
Alignement vertical du module

4 En élévation, alignez/cadenassez l'étagère basse du second module au plan de référence correspondant.

Notre famille est presque terminée. Vous pouvez la tester dans un projet vide. Pour ce faire, créez différents types d'étagères et placez-en de différentes longueurs. Étant donné qu'il s'agit d'une famille ligne, vous avez la possibilité, lors du tracé, de chaîner les segments. Bien entendu, cela ne crée pas de raccord automatique des segments. Vous constaterez également qu'il est impossible de créer un rayonnage d'un seul module. C'est la limite de la fonction *Réseau* de Revit qui nécessite un minimum de deux objets répétés.

> **Contraindre les familles imbriquées**
>
> J'ai insisté à plusieurs reprises sur la nécessité d'aligner sur les plans centraux des familles imbriquées. En fait, ce qui est important pour le bon comportement de ces dernières est de les contraindre par rapport aux plans qui définissent leur origine. Dans notre cas il s'agissait des plans centraux.
>
> Si vous ne le faites pas, il peut arriver que Revit affiche le message d'erreur « Les contraintes ne sont pas satisfaites » lorsque vous voulez modifier des paramètres liés à la taille ou la position de ces familles imbriquées.

Pour aller plus loin

Sans rentrer dans le détail des manipulations, je vais vous présenter quelques perfectionnements possibles de notre famille de rayonnage. Avec les connaissances acquises jusqu'à présent (si vous avez fait tous les exercices), vous devriez y arriver avec un peu de détermination.

Extraction d'information

Extraire des informations par valeurs calculées

Pour ce genre d'objet, il est souvent nécessaire de vérifier que le linéaire d'étagères est suffisant par rapport au programme du client. Il peut être intéressant également d'obtenir la quantité d'étagères et de pieds. C'est assez simple, il suffit de créer des paramètres partagés d'occurrence qui seront pilotés par des formules :

- Nombre etageres_PA (nombre entier) = Module nbr × (rounddown (H utile/ Etagere H) + 1) ;
- Nombre de pieds_PA (nombre entier) = Pieds nbr × 2 ;
- Lineaire etageres_PA = Nombre etageres_PA × Module L.

Si, en plus, vous voulez obtenir le détail des principales dimensions pour pouvoir trier les nombres d'étagères et de pieds par dimensions, il est conseillé de remplacer les principaux paramètres de dimensions par des paramètres partagés.

- *Hauteur* en *Hauteur_PA* ;
- *Profondeur* en *Profondeur_PA* ;
- *Module L* en *Largeur module_PA*.

Extraction d'informations par familles imbriquées partagées

Une alternative aux valeurs calculées est le partage des familles imbriquées. Les plus observateurs d'entre vous auront peut-être remarqué l'option *Partagé* dans les propriétés de toutes les familles. Si vous l'activez, vous rendez « visibles » dans le projet les familles imbriquées des familles (figure 11-32).

Figure 11–32
Principe des familles partagées

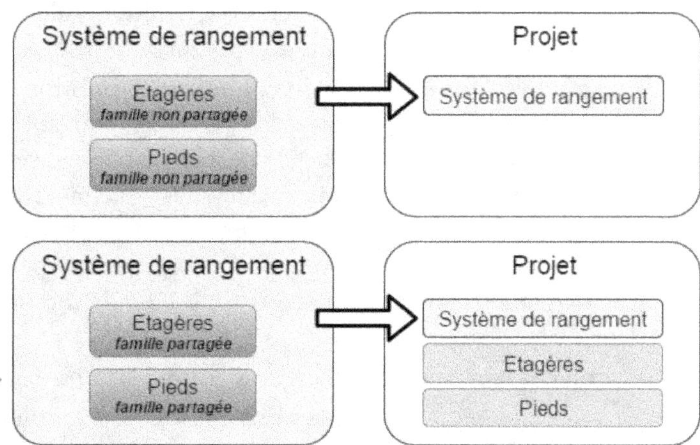

Dès lors, il vous est possible de nomenclaturer les familles imbriquées (quantité d'étagères et de pieds), ainsi que leurs paramètres si ces derniers ont été déclarés en tant que paramètres partagés.

Les familles imbriquées partagées sont soumises à une contrainte majeure : il est impossible d'associer leurs paramètres de type aux paramètres de la famille hôte. Ceci implique de n'avoir dans ces familles que des paramètres d'occurrence. L'impact final n'est pas très important car les paramètres d'occurrence d'une famille imbriquée peuvent indifféremment être associés à un paramètre de type ou d'occurrence de la famille hôte.

Créer un rayonnage d'un seul module

Pour créer un rayonnage unique, vous pouvez naturellement créer une autre famille qui ne comportera qu'un seul module d'étagères et seulement quatre pieds. Il est cependant pertinent de le faire avec la même famille de rayonnages.

Les pieds ne posent aucun problème, car nous avons toujours deux composants dans chaque réseau de pieds. C'est sur le module d'étagères que nous allons agir. Il faut en fait créer une copie du premier module et jouer sur la visibilité des deux exemplaires. La version réseau sera visible quand le nombre de modules est supérieur ou égal à deux et la version solitaire du module sera visible dans la condition inverse. Quoi qu'il arrive, le nombre d'objets du réseau ne doit jamais descendre en dessous de « 2 ».

Tous les paramètres créés devront être d'occurrence car ils seront indirectement liés au paramètre *Longueur*.

1 Créez un paramètre nommé « Module nbr verif » (nombre entier) que vous piloterez avec la même formule que celle utilisée pour *Module nbr* (figure 11-29). Il s'agit en fait de créer une valeur de vérification.

2 Modifiez ensuite la formule de *Module nbr* comme suit :

$$\text{if(Module nbr verif} < 1, 1, \text{if(Module nbr verif} < 2, 2,$$
$$\text{rounddown(L utile / Module L)))}$$

Il s'agit d'une formule avec du conditionnel imbriqué pour interdire que la valeur soit inférieure à « 1 » (même pas assez long pour un seul module). Si *Module nbr verif* est inférieur à « 1 », alors le nombre du réseau sera de « 1 », ce qui est impossible. En d'autres termes, tant que la longueur ne permet pas au minimum un module, vous ne pourrez pas valider la création. Ensuite, si le nombre est inférieur à « 2 » (soit 1), la valeur restera à « 2 » afin de vous permettre la création de l'objet. Enfin, quand la valeur est supérieure à « 2 », le module prendra la valeur normale issue de la formule initiale.

3 Il est nécessaire aussi de changer la formule de *Pied nbr* :

$$\text{if(Module nbr verif} < 2, 2, \text{Modules nbr} + 1)$$

Le nombre des réseaux de pieds restera à « 2 » lorsque la vérification est inférieure à « 2 ».

4 Sélectionnez la famille imbriquée d'étagères dans l'un des groupes du réseau (il faut rentrer dedans) et associez sa visibilité à un nouveau paramètre *Oui/Non* nommé « Module reseau » que vous piloterez avec la formule suivante :

$$\text{Module nbr verif} > 1$$

5 Copiez une occurrence du groupe de modules et dissociez ce dernier. Associez sa *Visibilité* à un nouveau paramètre nommé « Module solitaire » que vous conditionnerez à la formule suivante : « not (Module reseau) » afin qu'il ne soit jamais visible en même temps que l'exemplaire réseau.

6 Alignez/cadenassez le module solitaire au même endroit que le premier exemplaire du réseau (n'oubliez pas de le faire en élévation aussi). Revit vous avertira qu'il y a deux exemplaires du même objet au même endroit, ce qui est normal.

7 Testez la famille dans un projet. Si la longueur de la ligne de positionnement est inférieure à un module, vous ne pourrez pas valider la création (figure 11-33 ❶). À partir d'une longueur suffisante, Revit fera apparaître le module solitaire (figure 11-33 ❷) et au-delà, c'est le réseau qui apparaîtra.

Figure 11–33
Comportement du système

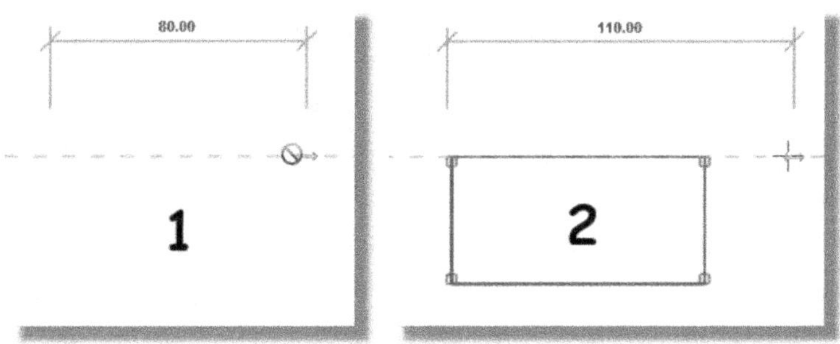

Au terme des deux améliorations précédentes vous devriez obtenir une famille dont le comportement est déjà assez complexe (figure 11-34).

Paramètre	Valeur	Formule
Contraintes		
Longueur (par défaut)	2200.0	=
Matériaux et finitions		
Etagere mat	<Par cat	=
Pieds mat	<Par cat	=
Cotes		
Hauteur_PA	1800.0	=
Profondeur_PA	400.0	=
Largeur module_PA	1000.0	=
Etagere H	300.0	=
Etagere ep	30.0	=
Etagere basse H	100.0	=
Pied x	40.0	=
Pied y	40.0	=
Données		
Lineaire d'etageres_PA (par défaut)	12000.0	= Nombre d'etageres_PA * Largeur module_PA
Nombre d'etageres_PA (par défaut)	12	= Module nbr verif * (rounddown(H utile / Etagere H) + 1)
Nombre de Pieds_PA (par défaut)	6	= Pieds nbr * 2
Autre		
Demi x	20.0	= Pied x / 2
Demi y	20.0	= Pied y / 2
H utile	1700.0	= Hauteur_PA - Etagere basse H
L utile (par défaut)	2160.0	= Longueur - Pied x
Module nbr verif (par défaut)	2	= rounddown(L utile / Largeur module_PA)
Module solitaire (par défaut)	☐	= not(Module reseau)
Modules nbr (par défaut)	2	= if(Module nbr verif < 1, 1, if(Module nbr verif < 2, 2, rounddown(L utile / Largeur module_PA)))
Pieds nbr (par défaut)	3	= if(Module nbr verif < 2, 2, Modules nbr + 1)
Module reseau (par défaut)	☑	= Module nbr verif > 1
Données d'identification		

Figure 11–34 Types de familles

12

Les familles hébergées simples

Toutes les méthodes décrites dans les chapitres précédents sont également valables pour les familles hébergées. Cependant, il existe certaines particularités et donc des méthodes très spécifiques aux familles destinées à être posées sur un hôte dans le projet. Ces spécificités concernent deux sujets importants : la gestion des vides et la relation des objets à l'hôte. Par ailleurs, dans le cadre du BIM, les hôtes de ces familles sont souvent des ouvrages qui ne vous « appartiennent » pas, ce qui nécessite des stratégies de création de familles très spécifiques.

(Exercice 11) Création d'une famille d'ouverture de mur

Cet exercice peut être appréhendé comme un exercice à part entière ou comme une première étape pour la création de portes et fenêtres. Les méthodes de création sont applicables aux ouvertures de toits, de plafonds et de sols. Ce sera l'occasion pour nous d'aborder les particularités des vides.

Pourquoi créer des familles d'ouverture de mur alors qu'il existe un outil d'ouverture de mur dans le projet ? Tout simplement parce que l'outil existant est très limité et qu'il n'est pas adapté au BIM. Julie Guézo et Pierre Navarra en parlent très bien dans leur livre, *Revit pour les architectes* (page 249), paru aux éditions Eyrolles.

L'outil *Ouverture de mur* crée un mur négatif plutôt qu'un objet « ouverture ». D'ailleurs, ses propriétés sont celles d'un mur et non d'une ouverture. Ces limites sont, entre autres, les suivantes :

- Il est impossible de personnaliser sa forme et la manière dont il perce les murs : c'est un rectangle qui perce perpendiculairement à la face.
- Il est impossible de lui donner une autre phase que le mur dans lequel il perce et ne peut donc pas être utilisé facilement dans le cas d'une création d'ouverture dans un mur existant.
- Il a tendance, comme un mur, à vouloir se raccorder automatiquement avec d'autres murs ce qui peut modifier les dimensions finales de l'ouverture.

Nous allons créer ici une famille d'ouverture de forme rectangulaire, qui pourra avoir ou non une feuillure rectangulaire ainsi qu'une réservation pour coffre de volet roulant. On verra également comment gérer le cas des percements de murs multiples (mur multicouche composé de plusieurs murs).

Figure 12–1
La famille d'ouverture

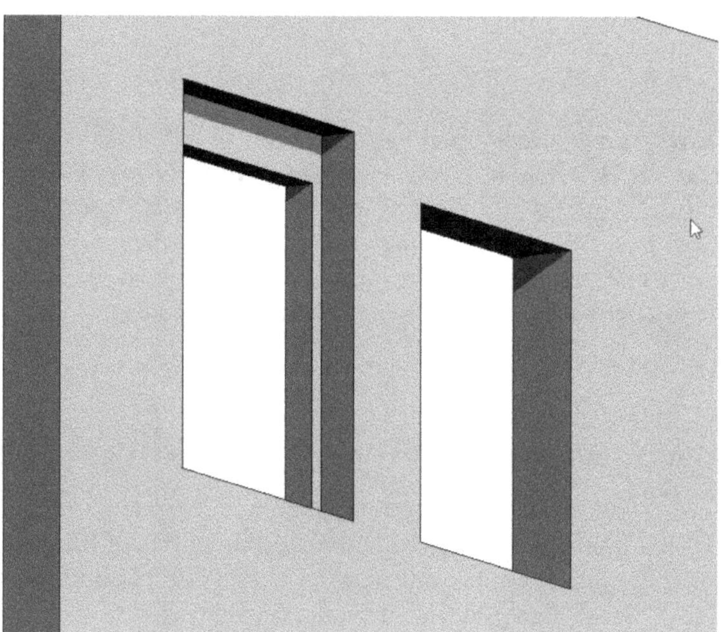

Démarrage et préparation

Pour créer notre famille, nous pourrions partir du gabarit *Modèle générique métrique (mur)*, mais comme cet exercice va nous servir de point de départ pour notre fenêtre, nous allons choisir un gabarit de fenêtre. Par ailleurs, la catégorie pour ce type d'objet est difficile à sélectionner : *Fenêtre*, *Porte* ou *Ossature* ?

1 Créez une nouvelle famille depuis le gabarit *Fenêtre métrique*.

Vous constaterez la présence d'un mur (pour l'hébergement) avec une ouverture, des plans de référence (le plan *Gauche*, les plans *Centre* et le plan *Droite*), un paramètre *Largeur* posé entre le plan *Gauche* et le plan *Droite*, une contrainte d'équidistance ainsi que l'indication de l'*Extérieur* et de l'*Intérieur*. Comme tous les simples textes, ces indications ne seront pas visibles dans le projet.

2 Sélectionnez le mur et réduisez sa longueur en déplaçant les poignées de forme à ses extrémités. Vous verrez apparaître deux plans de référence (*Intérieur* et *Extérieur*) qui sont très importants pour la création de notre objet. Ces plans sont alignés/cadenassés sur les faces respectives du mur avec deux cotes cadenassées à zéro.

Figure 12–2
Apparition des plans une fois
le mur réduit

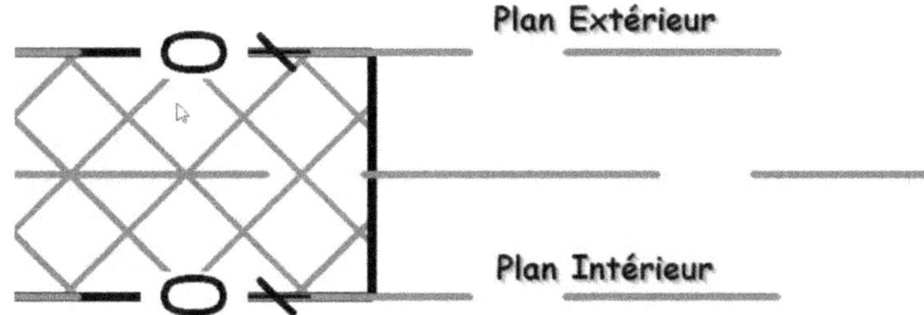

Le gabarit *Modèle générique métrique (mur)* n'en possède qu'un seul du côté du placement de l'objet.

3 Augmentez l'épaisseur de mur afin de bénéficier d'un peu plus d'espace pour travailler. Sélectionnez-le et choisissez un type plus épais dans le sélecteur de types.

L'ouverture que nous souhaitons créer est caractérisée par une forme de découpe non rectiligne dans l'épaisseur du mur (feuillure et réservation coffre VR). Or, l'ouverture présente par défaut *(Coupe d'ouverture)* est un objet qui permet uniquement de percer de manière droite dans l'épaisseur de l'hôte. Sa forme globale peut simplement être modifiée pour qu'elle devienne une ouverture avec linteau cintré par exemple. Paradoxalement, il faut d'abord le supprimer pour continuer, car nous allons utiliser d'autres outils : les formes vides.

4 En plan, sélectionnez le bord intérieur de l'ouverture et supprimez la *Coupe d'ouverture*.

En élévation, vous constaterez la présence de deux plans de référence : *Appui* (référence *Bas*) et *Tête* (référence *Haut*) ainsi que deux paramètres (*Hauteur* et *Hauteur de l'appui* par défaut).

Création du squelette et paramétrage

Pour y voir clair, vous pouvez masquer temporairement le mur. Par ailleurs, il peut être utile d'exploiter les sous-catégories des plans de référence que nous avons créées pour notre table (Revit 2017). N'hésitez pas à les copier/coller dans la famille afin de récupérer toutes leurs propriétés.

1 En plan, tracez les plans et créer les paramètres indiqués sur la figure 12-3.

Figure 12–3
Squelette et forme définitive de l'ouverture

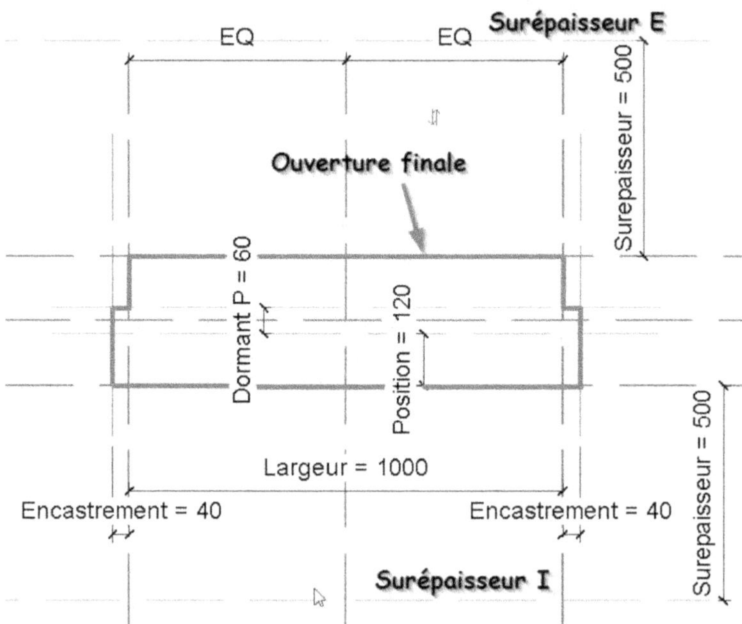

Les plans en haut et en bas (*Surépaisseur I* et *Surépaisseur E*) vont nous permettre d'agrandir les vides au-delà de l'épaisseur de mur et de trouer les murs complémentaires qui seraient ajoutés à l'hôte (cas des murs multiples). Les cotes des paramètres *Position* et *Surepaisseur* doivent absolument être placées sur les plans de référence et non sur les faces du mur.

Les noms des paramètres correspondent déjà à leur futur usage dans la famille de fenêtres. S'il s'agit pour vous d'une simple ouverture de mur, choisissez des noms et des placements plus adéquats.

Surepaisseur est un paramètre d'occurrence, c'est évident. *Position* est plutôt un paramètre de type pour une ouverture simple. Il sera d'occurrence dans le cas d'une fenêtre car la position d'une menuiserie dans l'épaisseur de son hôte ne caractérise pas forcément le type de menuiserie. Les autres paramètres peuvent rester de type.

2 En élévation, créez et paramétrez le squelette comme indiqué sur la figure 12-4.

Figure 12–4
Squelette et paramètres en élévation

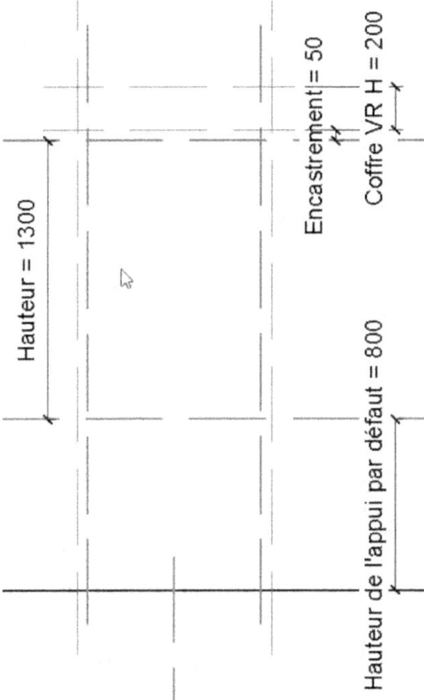

Le paramètre *Coffre VR H* nous permettra de prévoir la réservation supplémentaire lorsqu'un coffre *VR* sera présent dans la future fenêtre.

Création des formes vides

Le vide de l'ouverture devra être créé avec deux formes vides distinctes étant donné la présence possible d'une feuillure. Comme dans le projet, Revit n'aime pas que des éléments arrivent à une valeur zéro. Par exemple, une forme à 6 faces ne peut pas devenir une forme à 4 faces par modification de paramètres, car cela reviendrait à définir la largeur de 2 faces à une valeur égale à zéro.

1 Depuis la vue en plan, sélectionnez l'outil *Formes vides>Vide par extrusion*.

2 Avant de tracer son contour, vous devez spécifier un plan de construction (*Plans de construction>Définir*). Sélectionnez le plan *Appui*.

3 Pour la partie extérieure du vide, tracez un rectangle suivant la figure 12-5 en alignant/cadenassant les quatre lignes d'esquisse sur les plans *Gauche*, *Droite*, *Surépaisseur E et Dormant*. Validez la création de la forme.

4 Faites de même pour la partie intérieure du vide mais choisissez les plans à l'extrême gauche et à l'extrême droite *(Encastrement)*. Validez la création de la forme.

Figure 12–5
Création des deux vides

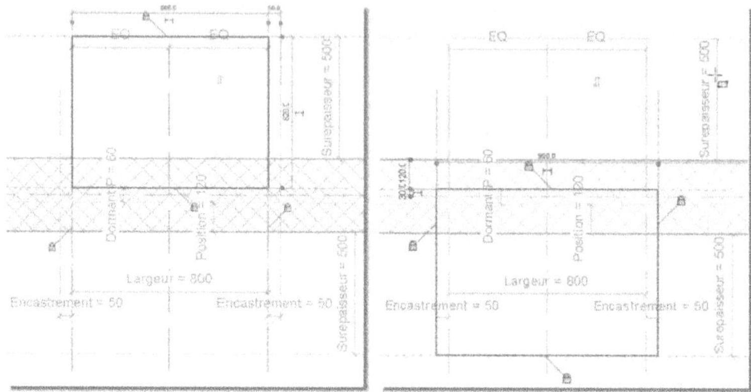

Une fois les formes validées, elles apparaissent en orange clair tant qu'elles n'ont pas agi dans le mur. Avant de continuer, il est intéressant de créer une coupe qui traverse l'ouverture. En coupe, nous allons régler la hauteur d'extrusion des vides.

5 Alignez/cadenassez le haut du volume extérieur au plan *Haut* et le haut du volume intérieur au plan supérieur du coffre *VR*.

6 Faites agir les vides en utilisant l'outil *Couper* (menu *Modifier>Géométrie*). Sélectionnez un vide et le mur, puis répétez la manipulation pour l'autre vide.

Une fois que les vides ont agi, ils disparaissent au profit du résultat final mais ils restent bien présents. Approchez-vous de l'un des bords intérieurs de l'ouverture et vous verrez son fantôme que vous pouvez toujours sélectionner.

Figure 12–6
Vides après action

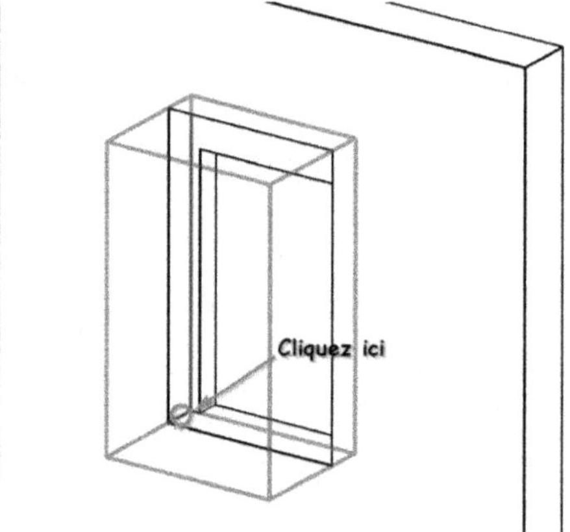

7 Vérifiez le comportement de votre famille en faisant varier les paramètres.

Pour aller plus loin

Si vous êtes ingénieur structure, il serait intéressant d'imbriquer des symboles (familles de détail) de réservation pour le graphisme de vos plans et élévations. La méthode sera sensiblement la même que pour notre mobilier lit.

Vous pouvez naturellement complexifier la découpe dans le mur en prévoyant le cas échéant une pente en appui, des ébrasements d'embrasure, etc. Toutes ces complexifications devront être réalisées avec des vides complémentaires.

Ouvertures et hôtes multiples

En matière de modélisation des parois composites (murs, sols et toits), deux tendances coexistent :

- modéliser avec une seule paroi multicouche ;
- séparer la couche porteuse dans une paroi indépendante.

La seconde méthode amène souvent, pour des murs de façades, à réaliser trois murs séparés : un pour la vêture extérieure, un pour le porteur et un pour le doublage intérieur. Je suis moi-même assez partisan de cette méthode qui correspond à la réalité du terrain.

Pour les familles qui doivent percer les murs multiples, comme notre ouverture, l'adaptation à faire est assez simple puisqu'elle consiste à créer des vides qui débordent largement des faces du mur hôte. Dans le projet, étant donné que nous attachons la géométrie des différents murs, les vides débordants agissent sur tous les composants « attachés ».

Pour les autres parois (sols, toits et plafonds), l'attachement géométrique ne conduit pas à cet automatisme et seul le composant hôte reste percé. Vous pouvez créer manuellement les ouvertures mais une autre solution existe. Elle consiste à créer un vide supplémentaire (du côté de la ou des parois supplémentaires) qui n'agit pas sur l'hôte principal dans la famille hébergée (donc visible en orange clair).

1 Créez une famille hébergée par toit (par exemple) en utilisant le gabarit *Modèle générique métrique (toit)*.

2 Activez l'option *Couper avec des vides une fois chargée* (un bel exemple de traduction approximative en français…) dans les propriétés de la famille.

3 Créez un vide qui perce le toit dans la famille et un autre qui ne le perce pas, en dessous du toit (figure 12-7).

Figure 12–7
Famille d'ouverture de toit

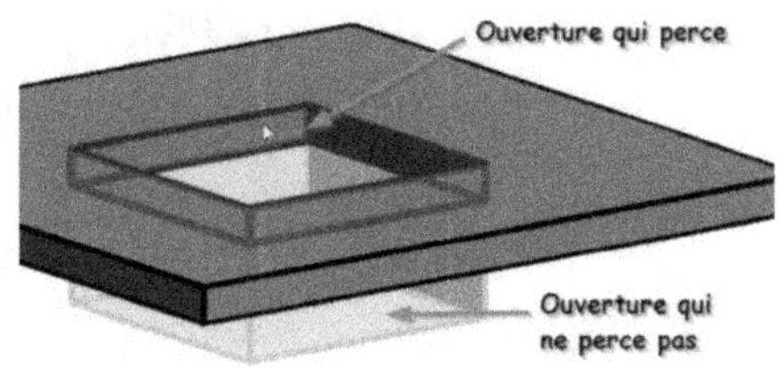

4 Dans un projet, créez un toit et un faux-plafond isolé en dessous. Chargez la famille d'ouverture et placez une occurrence sur le toit. La famille va percer le toit, mais pas le faux-plafond, ce qui est tout à fait normal.

5 Pour que l'ouverture coupe le faux-plafond également, il faut sélectionner l'outil *Couper* (menu *Modifier>Géométrie*) et sélectionner d'abord le faux-plafond ❶ puis la famille d'ouverture de toit ❷.

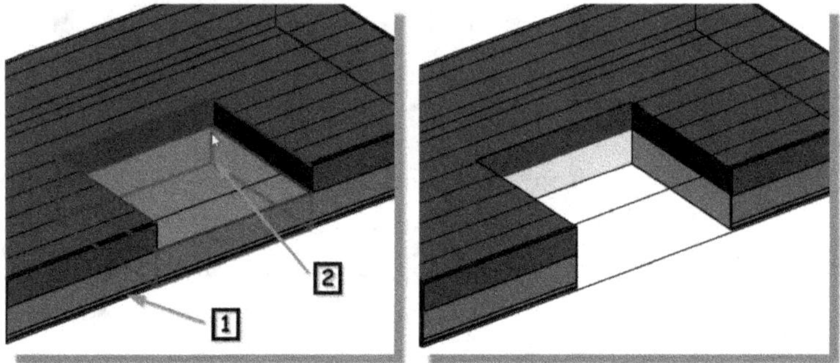

Figure 12–8
Faire agir la famille sur le plafond

Vous pouvez également utiliser cette méthode pour percer des formes à l'intérieur des familles chargées dans le projet. Par exemple, imaginons que vous ayez créé une famille de gaines pour modéliser les colonnes de désenfumage. Ces gaines sont souvent enfermées derrière un doublage (mur). Grâce à cette méthode, vous pourrez créer une famille de grilles (hébergées par face ou par mur). Une fois posée sur le doublage, elle va également pouvoir percer les parois de la famille de gaines.

(Exercice 12) Famille hébergée en utilisant des familles autonomes

Dans la bibliothèque Autodesk de Revit, on trouve différents appareils sanitaires qui sont pour beaucoup en placement autonome. On va créer une version hébergée par face de la famille *Vasque à poser* du sous-dossier *Appareils sanitaires*. Cette vasque est de forme rectangulaire, paramétrique dans ses trois dimensions et peut être posée librement dans le projet, contre un mur du projet mais également contre un mur d'un fichier lié structure, par exemple. En revanche, dans ce dernier cas, vous ne pourrez pas maintenir de contrainte si le mur du fichier lié est déplacé. (voir chapitre 5, section « Les familles hébergées et le BIM », page 92).

Nous allons créer une famille hébergée par face qui exploite la famille de la bibliothèque.

Figure 12–9
Vasques hébergées par face

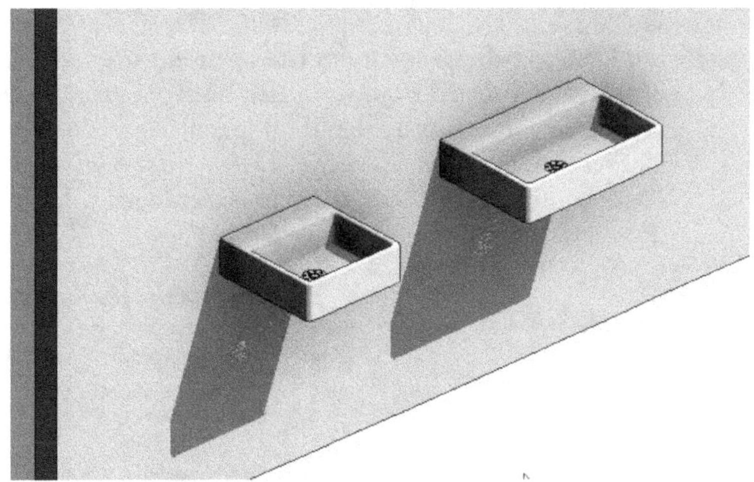

Préparation de la famille autonome

Avant de pouvoir exploiter correctement la famille autonome dans la famille hébergée, il faut modifier deux propriétés de la famille d'origine comme indiqué sur la figure 12-10.

Figure 12–10
Propriété à changer

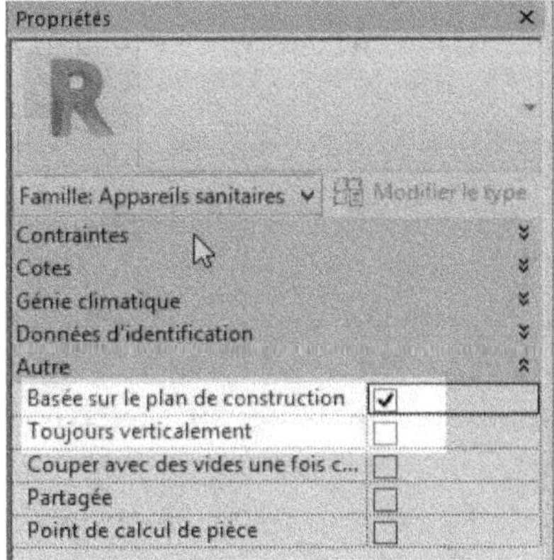

Désactivez l'option *Toujours verticalement* et activez *Basée sur le plan de construction* afin que la famille puisse être posée sur n'importe quel plan de construction (pas seulement un niveau) et qu'elle s'oriente comme la face d'hébergement et non verticalement.

Orientation des familles hébergées par face

Les familles hébergées sur des faces peuvent se poser indifféremment sur des faces ou des plans de construction, verticaux, horizontaux ou inclinés. Dans le gabarit, c'est la face horizontale supérieure d'un parallélépipède rectangle qui constitue la face d'hébergement de la géométrie. Dans le cas d'une face inclinée ou verticale, il faut savoir comment Revit considère le bas et le haut. La figure 11-11 indique les directions du haut et du bas ainsi que la base.

Figure 12–11
Directions du bas et du haut
des familles sur face

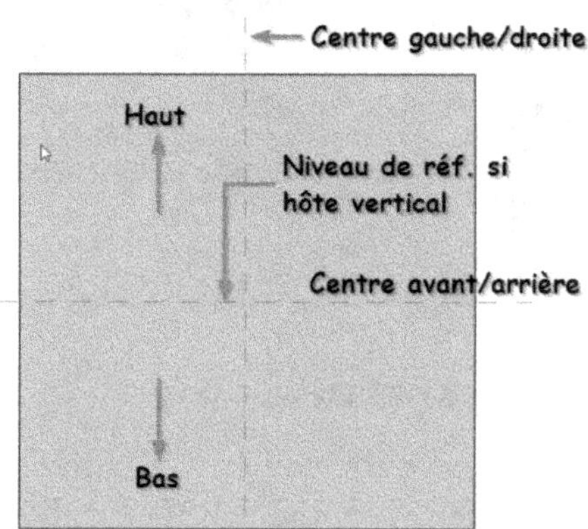

Le bas est vers l'avant et le haut vers l'arrière. Tenez-en bien compte lors de l'orientation de la géométrie.

Placement de la famille autonome

1 Mettez-vous en élévation arrière. Pour un placement sur mur, cela correspond au plan d'étage.

2 Créez un plan de référence nommé « Position » un peu au-dessus du niveau, posez une cote entre ce plan et le niveau, et libellez-la en paramètre d'occurrence « Decalage hote ». Ce paramètre va nous permettre de décaler l'objet de son hôte si besoin.

3 Posez une occurrence de l'un des types de la vasque approximativement au centre. Lors du placement, spécifiez *Placer sur le plan de construction* dans l'onglet *Modifier>Positionnement*.

Figure 12–12
Mode de positionnement

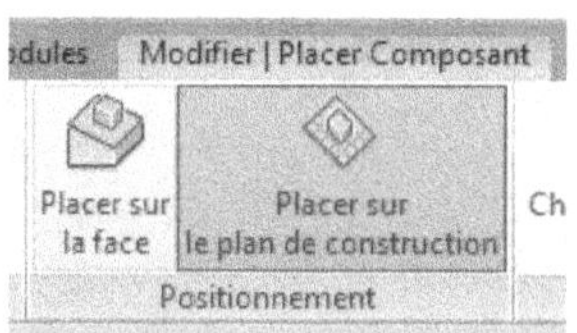

4 La vasque se place dans le plan *Centre avant/arrière* mais étant donné l'orientation du plan, elle peut se trouver la tête en bas (figure 12-13). Dans ce cas, il faut simplement l'inverser avec l'outil *Symétrie* depuis la vue en plan d'étage.

Figure 12–13
Situation intermédiaire

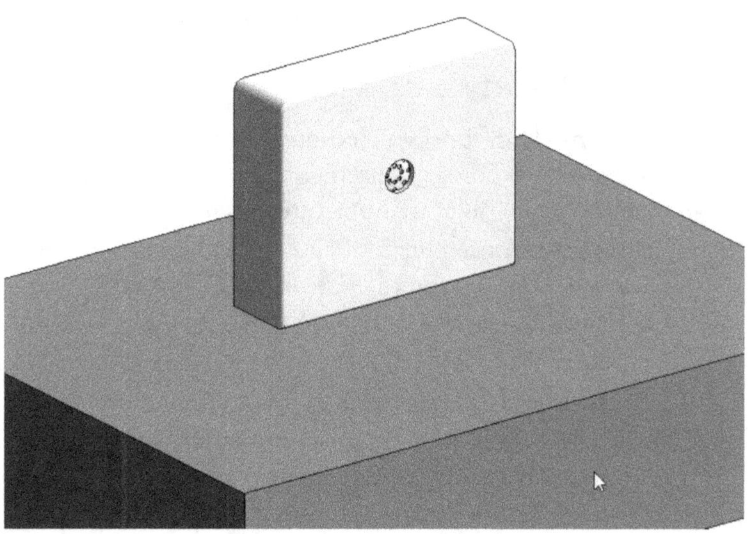

5 Alignez/cadenassez le centre de la vasque sur les plans *Centre gauche/droite* et l'arrière au plan *Position*. En plan, alignez le haut de la vasque au plan *Centre avant/arrière*.

Figure 12–14
Situation intermédiaire

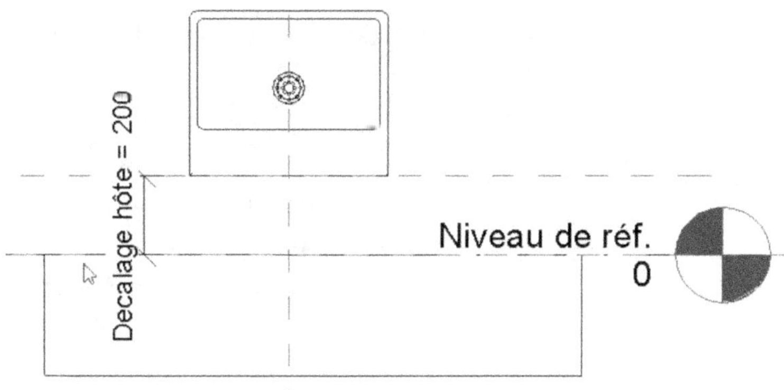

6 Passez la valeur de *Decalage hote* à zéro et de *Élévation par défaut* à 850 mm, ce qui correspondra au décalage par défaut par rapport au niveau lors d'un placement sur face verticale.

7 Changez la catégorie de la famille en *Appareils sanitaires* (actuellement en *Modèle générique*).

Paramétrage

Vous pouvez paramétrer la famille de deux façons différentes comme présentées dans les exercices précédents : utiliser un paramètre de format *‹Type de famille›* comme pour les pieds de table (chapitre 11, section « Création de la variante à pieds ronds », page 212) ou associer les paramètres de la famille imbriquée à des paramètres de la famille hôte.

Paramètre ‹Type de famille›

Cette méthode est bien indiquée dans le cas d'objets dont les différents types sont limités en nombre et clairement prédéfinis. C'est le cas de notre vasque qui sera probablement un objet manufacturé avec un nombre de modèles différents limités.

1 Créez les différents modèles de vasques imbriquées (sélectionnez la famille imbriquée, puis l'option *Modifier le type › Dupliquer*). Il en existe déjà deux.

2 Sélectionnez la famille imbriquée et dans l'option *Libellé* de la barre d'options, choisissez *Ajouter un paramètre*.

3 Nommez le paramètre « Type de vasque » et validez.

4 Dans la famille hôte, créez les différents types qui correspondent aux différents types de la famille imbriquée en faisant à chaque fois correspondre le bon *Type de vasque* au bon type de la famille de vasques.

Association des paramètres de la famille imbriquée

Cette méthode est bien adaptée à des objets non manufacturés, pour lesquels les dimensions sont variables.

1 Supprimez tous les types de familles à l'exception d'un seul et nommez-le de manière générique « Vasque à poser ».

2 Sélectionnez la vasque et associez les paramètres comme suit :
   - *Vasque* à un nouveau paramètre nommé « Vasque mat » ;
   - *Profondeur* à un nouveau paramètre nommé « Profondeur » ;
   - *Largeur* à un nouveau paramètre nommé « Largeur » ;
   - *Épaisseur* à un nouveau paramètre nommé « Epaisseur ».

3 Créez les différents types de familles en spécifiant correctement les valeurs des différents paramètres.

J'ai une petite préférence pour cette méthode qui a le mérite de permettre la création de nouveaux types, directement dans le projet, sans modifier la famille imbriquée.

13

Les familles hébergées complexes : fenêtres et portes

Les objets fenêtres et portes sont les deux composants CAO les plus emblématiques pour des architectes. Comme mentionné précédemment, il est indispensable de maîtriser certaines techniques pour pouvoir créer des familles de fenêtres et de portes. Toutes ces techniques ont été étudiées dans les chapitres précédents.

Les enjeux

En matière de besoins, on peut légitimement se demander s'il est nécessaire de personnaliser les portes et les fenêtres. Pourquoi ne pas utiliser des familles de fabricants qui sont de plus en plus disponibles dans les portails d'objets BIM ? Même si une grande partie de la réponse a déjà été donnée à la fin des chapitres 1 et 5, les objets fenêtres et portes sont confrontés à des enjeux propres.

Pour les fenêtres, l'argument est assez simple : un fabricant ne pourra jamais couvrir tous les modèles possibles de fenêtres de son catalogue. Car si les gammes de fenêtres d'un fabricant industriel sont limitées, les possibles combinaisons géométriques de ces dernières sont quasi infinies. Par ailleurs, encore beaucoup de projets font appel à de la menuiserie artisanale (surtout en bois) pour laquelle un vrai travail sur la conception, les profils, le dessin de la fenêtre, le détail des quincailleries, etc., est encore bien présent entre l'architecte et le menuisier.

Pour les portes, dont la fabrication est largement industrialisée et normalisée avec des modèles prédéfinis, la justification du besoin de personnalisation est plus difficile à argumenter. Pour autant, je ne connais aucun cabinet d'architectes, expérimentés dans Revit, qui n'exploite pas sa propre bibliothèque de portes. Pourquoi ? Voici un début de réponse :

- La première raison est historique : dans le passé, les objets Revit proposés par les fabricants étaient d'une qualité médiocre. Aujourd'hui, la qualité globale est en forte progression mais pour les précurseurs, c'est un peu tard.

- Dans la CAO, les fenêtres et les portes sont le vecteur de beaucoup d'enjeux de représentations graphiques sur les plans. Toutes les agences d'architecture ont une idée très personnelle de comment ces composants doivent être représentés. Bien souvent, le passage à Revit ne remet pas en cause les chartes graphiques, bien au contraire. Un des souhaits souvent exprimés par les dirigeants est de pouvoir reproduire avec Revit les mêmes dessins qu'avant, le plus fidèlement possible. Cet objectif est d'ailleurs parfois difficile à atteindre. Cette singularité « à la française » est probablement une des conséquences de l'absence totale, dans le secteur du bâtiment, de conventions graphiques partagées sur le plan national.

- Pour le cas particulier des portes, le peu de succès des bibliothèques de fabricants de portes (pourtant de plus en plus présents) s'explique par le fait que ces objets portent également de forts enjeux fonctionnels (contrôle d'accès, exigences programme), réglementaires (sécurité incendie, PMR), informationnels et collaboratifs (entre architectes et économistes, par exemple). Les architectes et les économistes qui travaillent sur des projets un peu complexes (ERP, hospitalier, tertiaire, laboratoires…) savent qu'il n'est jamais simple de définir précisément les caractéristiques des portes dans leur projet. Les fonctionnalités de Revit nous aident grandement dans cette tâche ardue et les agences maîtrisant le logiciel ont toutes développé des familles de portes « intelligentes », des méthodes de renseignement, des automatismes et même parfois des utilitaires personnalisés pour accomplir au mieux cette tâche. Une porte d'un fabricant, aussi belle et aussi fournie d'informations qu'elle puisse être, ne conviendra jamais pleinement au besoin de tous ces professionnels.

(Exercice 13) Création d'une fenêtre

Pour des familles comme les fenêtres et les portes, il est tout particulièrement indispensable de les décomposer en différentes familles imbriquées. Ces sous-composants seront d'ailleurs assez similaires dans les fenêtres et les portes même si dans le jargon technique, ils portent des noms différents : « dormant » et « ouvrant » pour une fenêtre mais « huisserie » et « panneau » pour une porte.

La fenêtre que nous allons créer est composée d'un ouvrant battant, d'une allège fixe et d'un coffre intérieur optionnel de volet roulant. Il s'agit d'une fenêtre très courante en logement collectif.

Figure 13–1
Fenêtre sur allège vitrée

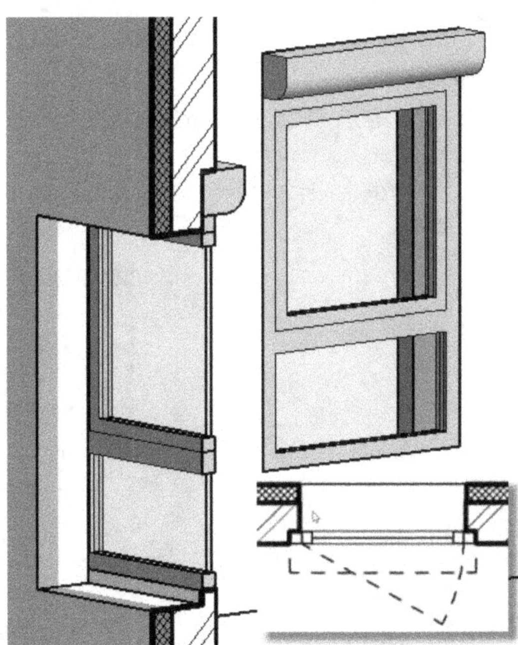

Une des difficultés lors de la création de fenêtres est de définir le degré de détail de la modélisation 3D. Au début, vous aurez tendance à vouloir trop en faire. Si pour les vues 3D, le détail en 3D est intéressant, il l'est beaucoup moins pour les vues en plan et en élévation. Par exemple, si je modélise la bavette métallique d'appuis, avec sa pente et son rejingot, j'obtiendrai en élévation de l'appui, quatre lignes dans moins de 10 cm, ce qui à l'échelle 1/100 (échelle courante des façades) conduirait inévitablement à afficher un seul gros trait de 1 mm.

Création des sous-composants

La géométrie de notre fenêtre sera composée de plusieurs familles imbriquées :
- un cadre dormant avec une traverse ;
- un ouvrant pour la partie battante ;
- un vitrage simple pour la partie fixe ;
- un coffre de volet roulant.

Le fait de créer ces géométries sous la forme de familles imbriquées et non en formes solides directement dans la fenêtre, nous facilitera la création de toutes les autres fenêtres.

Toutes les sous-familles sont créées à partir du gabarit *Modèle générique métrique* pour ensuite être changé en catégorie *Fenêtre*.

Le cadre dormant

Création de la géométrie

1 Créez le squelette et les paramètres en plan et en élévation suivant la figure 13-2. Renommez et caractérisez les plans *Centre avant/arrière* en *Avant* et *Centre gauche/droite* en *Gauche*. Nommez également le plan *Droite*, *Arrière* et *Haut* en élévation.

Figure 13–2
Squelette et paramètres

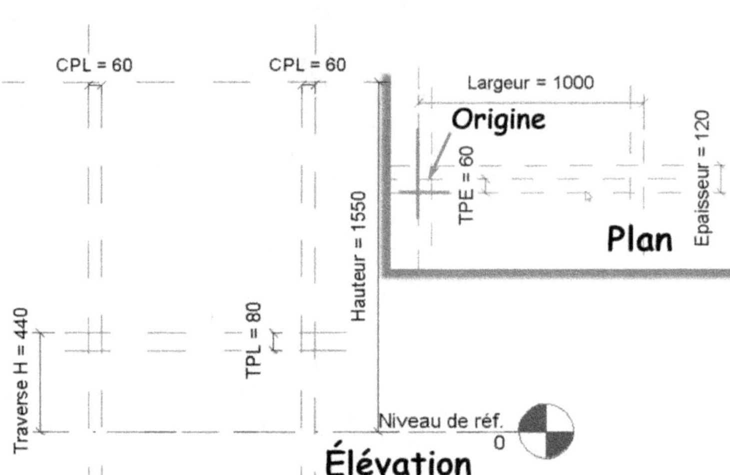

J'utilise ici des abréviations pour les dimensions secondaires du cadre afin d'écourter les formules dans lesquelles elles seront utilisées : CPL pour *Cadre Profil Largeur*, TPL pour *Traverse Profil Largeur* et TPE pour *Traverse Profil Epaisseur*. Ce sont des informations qui normalement ne devront pas être communiquées à d'autres intervenants du projet. Il faut juste veiller à toujours utiliser les mêmes abréviations pour les mêmes dimensions.

Il est important de retenir la position de l'origine puisque comme nous l'avons vu dans l'exercice 10, il est préférable de contraindre dans l'hôte les familles imbriquées sur leur origine.

2 Créez la géométrie du cadre en utilisant une extrusion par chemin pour le cadre extérieur (voir chapitre 10, section « L'extrusion par chemin », page 194). N'oubliez pas de cadenasser les lignes d'esquisse de la trajectoire sur les plans

Gauche, *Droite*, *Haut* et *Niveau de ref.* Lors de la création du profil, veillez bien à ne pas aligner/cadenasser sur les petits plans de la cible du plan de construction mais bien sur les plans externes à l'esquisse.

3 Créez la traverse avec une extrusion simple depuis une élévation. Vous pouvez masquer le cadre afin de vous assurer de bien sélectionner les plans de référence et non les faces du cadre.

Figure 13–3
Situation intermédiaire

4 Attachez la géométrie de la traverse avec le cadre afin que la ligne de séparation, visible depuis l'intérieur, disparaisse.

5 Testez la géométrie en faisant varier les paramètres.

Important

Lors du travail sur la famille, spécifiez les valeurs des paramètres de telle sorte que les positions de tous les plans de référence soient bien distinctes. Pour notre cadre, par exemple, spécifiez deux valeurs différentes pour *Épaisseur* et *TPE*. Cela vous évitera de poser des cotes sur les mauvais plans.

Propriétés des formes

Il nous reste maintenant à caractériser correctement notre famille de cadres. Sélectionnez les deux formes et modifiez les propriétés suivantes :

- *Matériau* : attribuez-leur un paramètre de matériau nommé « Cadre mat ».
- *Remplacement visibilité/graphisme* : vérifiez mais *a priori*, il n'y a pas de changements à faire puisque nous souhaitons voir la géométrie à tous les niveaux de détail et depuis toutes les sortes de vues. Tout doit donc être coché.
- *Sous-catégorie* : attribuez-leur la sous-catégorie *Cadre/meneau*.

> **Sous-catégorie**
>
> L'attribution d'une sous-catégorie pour les familles complexes est une chose importante. Elle permet de structurer sa famille et, dans le projet, de maîtriser de manière globale le graphisme et les matériaux spécifiés en *Par catégorie*. Les sous-catégories présentes sont propres à la catégorie *Fenêtre* et peuvent être complétées, si besoin, par des sous-catégories personnelles. Dans ce cas, veillez à utiliser toujours les mêmes noms puisqu'elles sont toutes ajoutées au projet quand les familles y sont chargées.

L'ouvrant

L'ouvrant est composé d'un cadre, comme le dormant, et d'un remplissage vitré. On pourrait créer un second niveau d'imbrication avec une famille de cadres et une famille de vitrages mais personnellement, j'éviterais de le faire pour des raisons de gestion des familles.

La création du cadre étant quasi identique à celle du cadre dormant, nous ne nous y attarderons pas. Je vous laisserai créer (ou télécharger) la famille sur les principes que nous venons de voir.

Création de la géométrie du vitrage

1 Créez un plan de référence nommé « Vitrage » que vous positionnerez comme sur la figure 13-4, avec un nouveau paramètre nommé « Vitrage position ». En élévation, placez les plans (intérieur du cadre) avec le paramètre *CPL* existant.

Figure 13–4
Squelette et paramètres

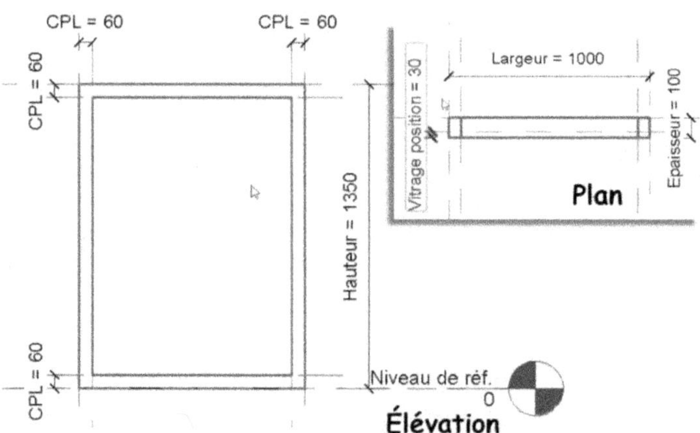

2　En élévation *Avant*, créez l'extrusion du vitrage en exploitant le plan de construction *Vitrage*. Alignez/cadenassez les lignes d'esquisse sur les plans intérieurs du cadre et associez la propriété *Fin de l'extrusion* à un nouveau paramètre nommé « Vitrage ep ». Spécifiez une valeur de 24 mm pour *Vitrage ep*.

3　Pilotez le paramètre *Vitrage position* avec la formule suivante :

Vitrage position = (Epaisseur − Vitrage ep) / 2

Propriétés du vitrage

Réglez les paramètres du vitrage comme suit :

- *Matériau* : attribuez au vitrage un nouveau paramètre de matériau nommé « Vitrage mat ».

- *Remplacement visibilité/graphisme* : spécifiez les paramètres de visibilité des éléments comme indiqué sur la figure 13-5.

Figure 13–5
Paramètres de visibilité
du vitrage

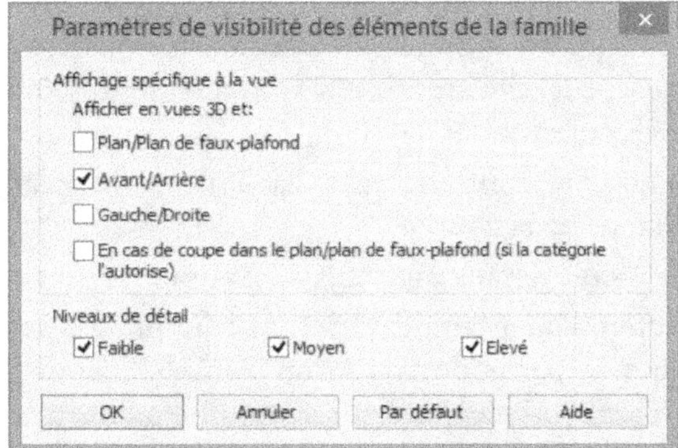

Le vitrage sera visible dans tous les niveaux de détail en vues 3D et élévations mais il ne sera jamais visible en plans ni en coupes. Dans ces vues, la géométrie sera remplacée par une ligne.

- *Sous-catégorie* : attribuez au vitrage la sous-catégorie *Verre*.

Symbole du vitrage

Nous allons tracer en élévation et en plan une simple ligne qui remplacera la géométrie 3D du vitrage. Les lignes que nous allons utiliser sont des lignes symboliques disponibles dans l'onglet *Annoter*. Ce sont les équivalents des lignes de détail dans le projet. On les trouvera dans toutes les vues de même orientation que les vues de la famille dans lesquelles elles ont été tracées.

1　Masquez temporairement, en plan et en élévation, les géométries 3D existantes.

2　En plan, environ au milieu de l'épaisseur de l'ouvrant, tracez une ligne horizontale entre le plan intérieur du cadre à gauche et le plan intérieur du cadre à droite.

Activez les cadenas que Revit vous propose afin de contraindre les extrémités de la ligne (il faut que l'option *Chaîner* soit désactivée).

3 Dans les propriétés de la ligne, spécifiez le *Remplacement visibilité/graphisme* comme indiqué sur la figure 13-6.

Figure 13–6
Paramètres de visibilité de la ligne symbolique

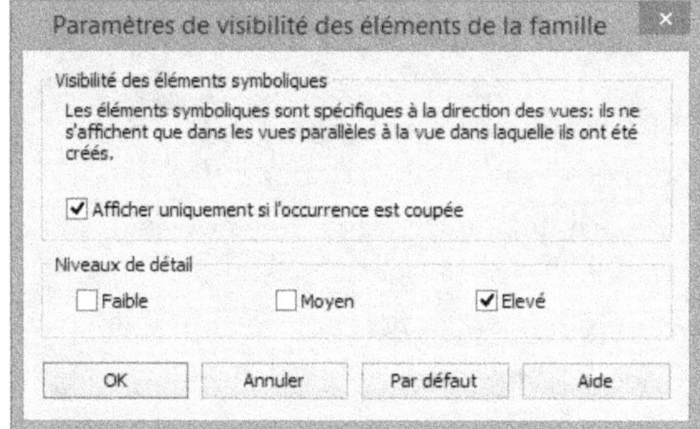

4 Toujours dans les propriétés, spécifiez la sous-catégorie *Verre [coupe]*. Pour les lignes, on peut choisir s'il s'agit d'une représentation « vu » [Projection] ou « coupé » [coupe].

5 Placez une cote continue entre la ligne et les plans *Avant* et *Arrière*. Activez l'équidistance de la cote.

6 Faites de même depuis une vue d'élévation.

7 Testez la famille en faisant varier les paramètres. Vous pouvez activer l'aperçu de la visibilité (à partir de la version 2016 R2) pour voir l'impact des niveaux de détail sur la visibilité de la ligne symbolique de vitrage.

Symboles d'ouverture en plan

Les dessinateurs en bâtiment ont pour habitude de représenter en plan et en élévation le mode d'ouverture des ouvrants. Comme pour la ligne du vitrage, ces symboles d'ouverture seront réalisés avec des lignes symboliques, en plan et en élévation.

Notre ouvrant sera utilisé aussi bien pour des fenêtres que pour des portes-fenêtres. Le symbole s'ouvrira à 30° pour des fenêtres et à 90° pour des portes-fenêtres. On peut réaliser cela assez simplement en créant deux symboles, l'un à 30° et l'autre à 90°, et en jouant sur leur propriété de visibilité. Une solution plus « élégante », mais plus délicate existe : paramétrer la rotation. C'est cette dernière que nous allons étudier.

1 Masquez temporairement toutes les géométries 3D en plan. Pour rappel, nous utiliserons des lignes symboliques.

2 Tracez un arc de cercle de l'ouverture en plan, avec l'option de dessin *Arc centre/ fin*. Prenez déjà comme centre l'intersection des plans *Gauche* et *Avant*. Commen-

---

Paramétrer des rotations

Le paramétrage des rotations constitue une étape particulièrement délicate dans la création des familles. Beaucoup de créateurs de familles contournent d'ailleurs le problème soit en créant des versions différentes de familles ouvertes et fermées, soit en jouant sur la visibilité des éléments dupliqués ouverts et fermés. Il m'est déjà arrivé de trouver une famille de portes avec quatre exemplaires de panneaux : un fermé, un à 30°, un à 90° et un à 180°.

Dans cet exercice, nous allons aborder la rotation des lignes, le cas le plus facile. Nous verrons dans les exercices suivants trois autres cas : la rotation d'annotations génériques, la rotation simple et la rotation avec translation d'objet (persiennes accordéons) qui sont plus complexes à mettre en œuvre.

---

cez à tracer en positionnant le premier point quelque part sur le plan de référence *Avant* et arrêtez votre arc à environ 30°.

3 Activez le cadenas que Revit vous propose. Il s'agit du cadenassage de l'extrémité de la ligne sur le plan *Avant*. Si le logiciel ne vous propose rien, alignez/cadenassez manuellement.

4 Sélectionnez l'arc et activez l'option *Marque centrale visible*. Alignez/cadenassez cette marque aux plans *Gauche* et *Avant*. Décochez ensuite l'affichage de la marque centrale pour que cela ne nous perturbe pas visuellement pour la suite de nos manipulations.

Figure 13–7
Alignement du centre de l'arc et activation de la cote de rayon

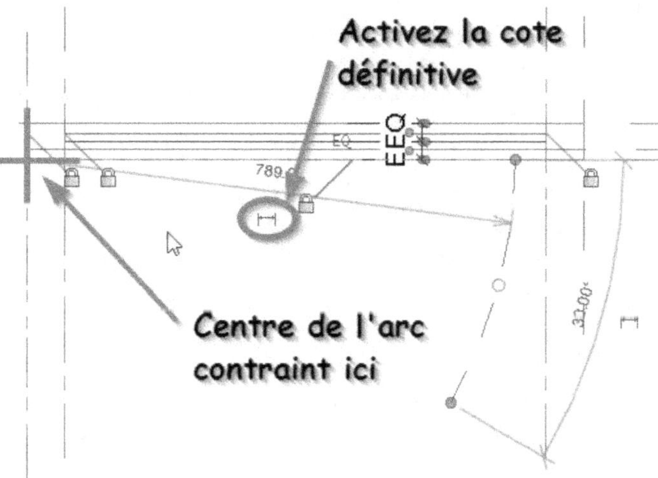

5 Sélectionnez l'arc et transformez la cote temporaire du rayon en cote définitive. Associez-lui le paramètre *Largeur*.

6 Tracez une ligne depuis la charnière de l'ouvrant jusqu'à l'extrémité de la l'arc de cercle. Alignez/cadenassez l'extrémité de la ligne (petite boule pleine) sur la charnière avec les plans *Gauche* et *Avant*. Si vous avez du mal à voir la boule d'extrémité, vous pouvez basculer en mode *Lignes fines*. Vous devrez utiliser la touche

Tab. À l'autre extrémité, les automatismes de Revit nous assurent la liaison de la ligne avec l'arc.

7 Placez une cote angulaire entre la ligne et le plan *Avant*. Libellez cette cote avec un nouveau paramètre d'occurrence nommé « Ouverture ».

Figure 13–8
Contrainte et paramétrage
de la ligne

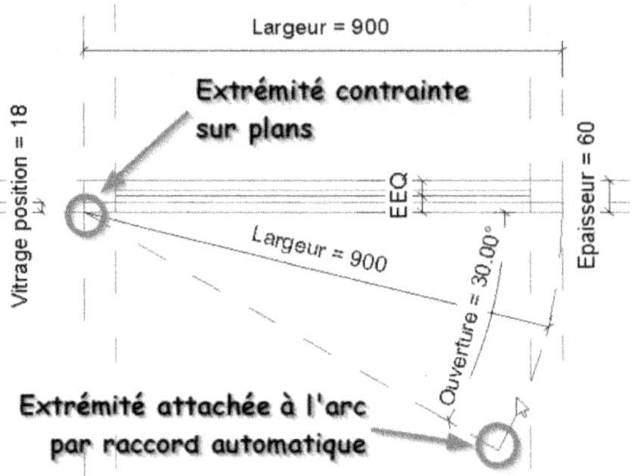

Valeurs limites

De manière générale, Revit rencontre quelques difficultés avec les valeurs limites. Nous avons déjà évoqué ce problème dans l'exercice 11, avec la transformation de longueurs d'éléments à zéro. Pour les rotations, on retrouve les mêmes limites avec les valeurs 0 (parfois) et 180 (parfois) mais pour différentes raisons. Dans notre cas, une ouverture de 0° créerait une longueur d'arc égale à zéro. Une ouverture à 180° fonctionne, mais avec le risque de revenir à un angle inférieur parfois du mauvais côté.

---

8 Sélectionnez la ligne et l'arc. Attribuez-leur la sous-catégorie *Lignes cachées [coupe]*.

9 Vérifiez les paramètres de visibilité des lignes *(Remplacement visibilité/graphisme)*. Activez l'option *Afficher uniquement si l'occurrence est coupée* et décochez le niveau de détail *Faible*.

Symboles d'ouverture en élévation

1 En élévation *Avant*, ajoutez un plan de référence à environ 300 mm du *Niveau de réf*. et du côté de la poignée. Cotez et paramétrez avec un nouveau paramètre nommé « Poignee H ».

2 Masquez la géométrie 3D et tracez une première ligne de l'angle supérieur gauche et l'intersection avec le plan de la poignée à droite.

3 Alignez les deux extrémités de la ligne aux plans respectifs en x et y.

4 Faites de même pour l'autre segment de ligne. Vous ne devrez probablement contraindre que l'extrémité inférieure gauche car de l'autre côté, la ligne s'est liaisonnée avec l'extrémité de l'autre ligne qui est déjà contrainte dans les deux axes.

5 Vérifiez les paramètres de visibilité des lignes *(Remplacement visibilité/graphisme)*. Désactivez l'option *Afficher uniquement si l'occurrence est coupée* et décochez le niveau de détail *Faible*.

Figure 13–9
Élévation de l'ouvrant

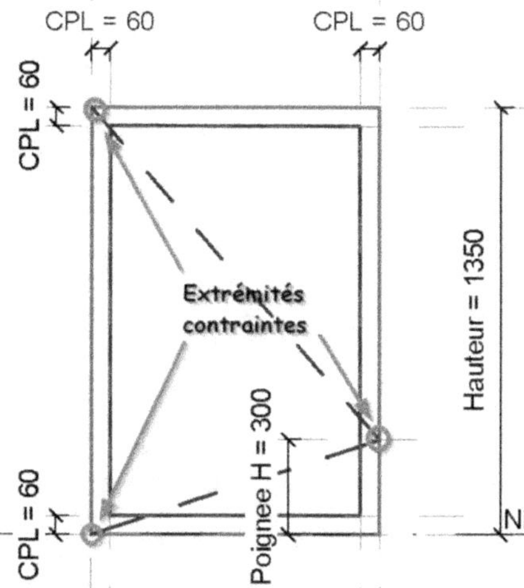

Lignes symboliques ou de modèles

Pour les symboles d'élévation, l'usage des lignes symboliques nous interdit de les voir en 3D et quand les vues ne sont pas strictement frontales à la fenêtre. Pour cette raison, on peut préférer les réaliser en lignes de modèles. Il faut juste spécifier correctement au préalable les plans de construction des lignes (les deux faces du cadre) et les tracer deux fois, une fois de chaque côté.

Le vitrage fixe

On pourrait directement modéliser cette géométrie dans la fenêtre, mais le fait de le créer sous la forme d'une famille imbriquée vous évite de recommencer ces opérations pour chaque famille de fenêtres. Les manipulations sont identiques au vitrage de l'ouvrant.

1 Créez le squelette et le paramétrage comme indiqué sur la figure 13-10.

2 Créez la géométrie du vitrage. Attribuez-lui un nouveau paramètre de matériau nommé « Vitrage mat », réglez ses paramètres de visibilité comme pour le vitrage de l'ouvrant et attribuez-lui la même sous-catégorie.

3 En plan et en élévation latérale, tracez une ligne symbolique contrainte à l'axe de l'épaisseur (cotes d'équidistance) et alignez/cadenassez ses extrémités sur les plans *Gauche* et *Droite* (en plan) et *Bas* et *Haut* (en élévation). Attribuez-leur les mêmes paramètres de visibilité que dans la ligne du vitrage de l'ouvrant.

Figure 13–10
Squelette et paramétrage
du vitrage

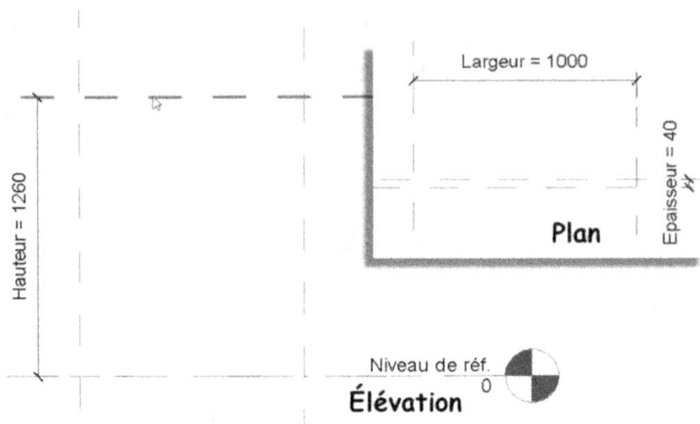

Le coffre VR

1 Créez le squelette et le paramétrage comme indiqué sur la figure 13-11.

Figure 13–11
Squelette et paramétrage
du coffre

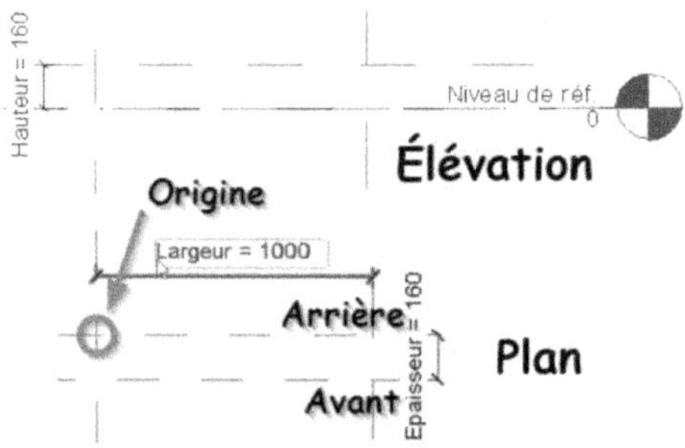

2 Depuis l'élévation *Droite*, créez une extrusion simple et esquissez le contour suivant la figure 13-12. Le plus simple est de commencer par un rectangle, de l'aligner/cadenasser aux plans et ensuite de faire un arc de congé.

Figure 13–12
Extrusion du coffre

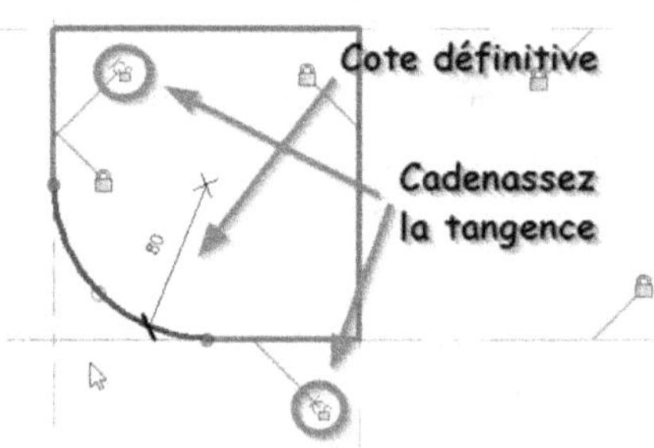

Pour contraindre l'arc, sélectionnez-le, transformez la cote temporaire en cote définitive et activez le cadenassage de la tangente en cliquant sur les deux petites icônes qui apparaissent (à partir de Revit 2017). Pour les versions antérieures, vous devrez ajouter des plans de référence pour y contraindre le centre de l'arc.

3 En plan, alignez/cadenassez correctement les faces de l'extrusion avec les plans concernés.

4 Sélectionnez le coffre, attribuez-lui un paramètre de matériau nommé « Coffre VR mat » et la sous-catégorie *Cadre/meneau*.

5 Dans les paramètres de visibilité, vérifiez que toutes les options sont cochées sauf l'affichage en plan. Dans le cas contraire, en fonction des paramètres de la plage de vue, le coffre risque de masquer la fenêtre.

Il peut être intéressant de voir en plan l'encombrement du coffre sous la forme de lignes interrompues. Ces lignes pourront vous alerter sur d'éventuels conflits entre le coffre de volet roulant et d'autres ouvrages (portes, autres fenêtres, …)

6 En plan, tracez des lignes symboliques contraintes sur les plans de référence et choisissez la sous-catégorie *Ligne cachée [coupe]* afin qu'elles apparaissent en traits interrompus. Masquez la géométrie 3D si besoin.

Assemblage dans la famille finale

Pour démarrer notre fenêtre finale, nous allons reprendre l'exercice 11 et y insérer, paramétrer et contraindre toutes les familles imbriquées que nous venons de créer. Toutes les manipulations nécessaires ont déjà été abordées dans les précédentes familles.

Toutes les manipulations décrites ici devront s'effectuer dans des vues avec un niveau de détail élevé afin de s'assurer de bien voir tous les éléments.

Préparation

1 Dans la famille d'ouverture, attribuez une valeur de 500 au paramètre *Position* afin de faire ressortir le plan *Position* en dehors de l'épaisseur du mur.

C'est ce plan qui va faire office de placement principal de la géométrie. Nous le décalons en dehors du mur afin de nous faciliter le travail et d'éviter de confondre les plans à l'intérieur du mur. Avant de quitter la famille, il ne faudra pas oublier de ramener cette valeur à zéro afin que la fenêtre vienne se poser dans le nu intérieur de son hôte.

Figure 13–13
Placement temporaire
de la géométrie

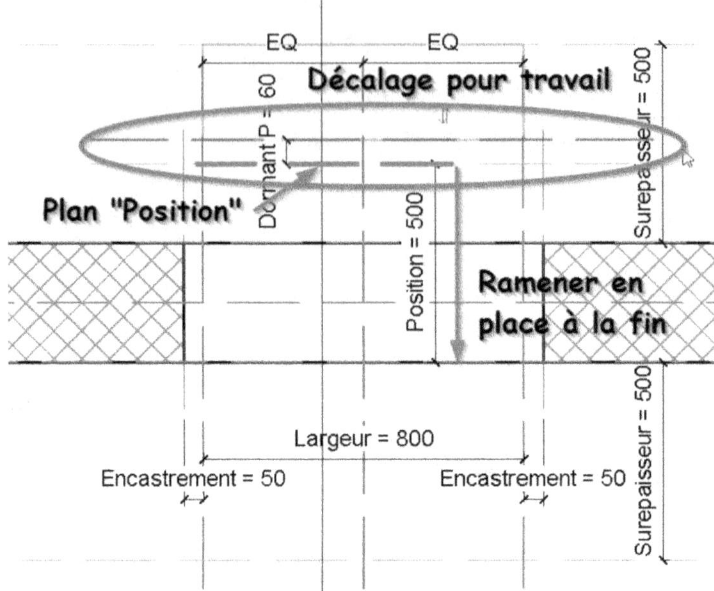

2 Spécifiez les caractéristiques des plans de référence suivants :

- plan à l'extrême gauche : nommez-le et caractérisez-le comme *Gauche*. Si nécessaire, changez les caractéristiques de l'ancien plan *Gauche*.

- plan à l'extrême droite : faites de même pour ce plan (*Droite*)

- en élévation, spécifiez le plan qui correspond au haut du cadre (pas le haut du coffre VR) comme *Haut*.

Conséquence des références Gauche, Droite…

Les plans de référence caractérisés comme *Gauche, Droite, Avant, Arrière, Haut, Bas, Centre (avant/arrière), Centre (gauche/droite)* et *Centre* (élévation) agissent comme des références importantes mais en plus, ils ont la particularité de constituer dans le projet les accroches des cotes temporaires lorsque l'objet est sélectionné. Quand vous travaillez dans le projet et que vous calez les objets avec leurs cotes temporaires, il est difficile de déceler visuellement la position exacte de la cote. Un référencement illogique de ce qu'est la référence *Gauche, Droite…* peut générer des erreurs de positionnement d'objets. Il est donc important de spécifier le plus naturellement et systématiquement possible ces références (généralement aux extrêmes).

---

3 En coupe, créez un plan inférieur et contraignez-le sous le plan *Appui* avec le paramètre *Encastrement*.

4 Utilisez les poignées pour aligner/cadenasser la face inférieure du vide sur ce plan. Cela permet de schématiser en 3D le rejingot et de faire apparaître en élévation un double trait symbolisant l'appui.

Figure 13–14
Extension du vide en coupe
pour création du rejingot

5 En plan, ajouter des flèches de contrôle *Horizontal double* (une flèche *Verticale double* existe déjà dans le gabarit) afin de pouvoir inverser la géométrie.

6 Chargez les quatre familles précédemment créées.

Mise en place des composants et paramétrage

Le cadre dormant

1 Placez une occurrence de la famille *Cadre dormant* et associez les paramètres de la famille imbriquée comme suit :

- *Cadre mat* à un nouveau paramètre nommé « Cadre mat » ;

- *CPL* à un nouveau paramètre nommé « DPL » (pour *Dormant Profil largeur*) ;

- *Epaisseur* au paramètre *Dormant P* ;

- *Largeur* au paramètre *Largeur brute* ;

- *Hauteur* au paramètre *Hauteur brute* ;

- *TPE* à un nouveau paramètre nommé « OPP » (pour *Ouvrant Profil Profondeur*) ;

- *TPL* à un nouveau paramètre nommé « TPL » (pour *Traverse Profil Largeur*) ;

- *Traverse H* à un nouveau paramètre nommé « Traverse H ».

2 Alignez/cadenassez le cadre depuis ses plans définissant l'origine sur les plans *Position* et *Gauche* en plan et sur le plan *Appui* en élévation.

3 En élévation *Arrière*, ajoutez les plans et paramètres *DPL* et *Traverse H* comme sur la figure 13-15. Ces plans vont nous servir à contraindre le vitrage fixe et l'ouvrant.

Figure 13–15
Rajout des plans et paramètres
Traverse H et DPL

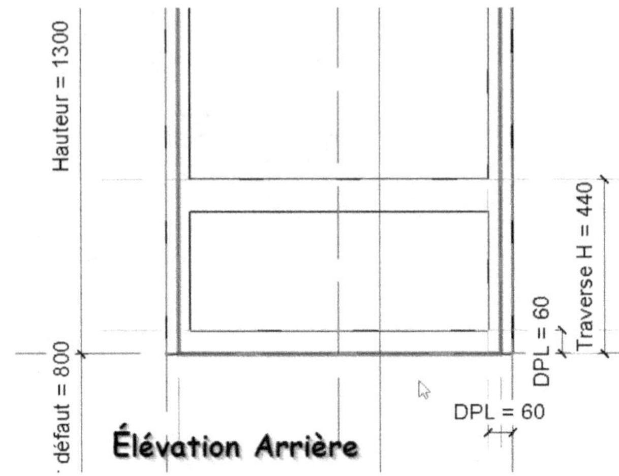

L'ouvrant

1 Placez une occurrence de la famille *Ouvrant* et associez les paramètres de la famille imbriquée comme suit :

- *Cadre mat* à *Cadre mat* ;

- *Vitrage mat* à un nouveau paramètre nommé « Vitrage mat » ;

- *CPL* à un nouveau paramètre nommé « OPL » (pour *Ouvrant Profil Largeur*) ;

- *Épaisseur* au paramètre *OPP* ;

- *Largeur* à un nouveau paramètre nommé « Ouvrant L », piloté par la formule suivante : Largeur brute – DPL × 2 ;

- *Hauteur* à un nouveau paramètre nommé « Ouvrant H », piloté par la formule suivante : Hauteur brute – Traverse H – DPL ;

- *Poignee H* à un nouveau paramètre nommé « Poignee H » ;

- *Vitrage ep* à un nouveau paramètre nommé « Vitrage ep » ;

- *Ouverture* (occurrence) à un nouveau paramètre d'occurrence nommé « Ouverture ».

2 Alignez/cadenassez l'ouvrant sur sa position définitive, toujours en alignant les plans de l'origine de la famille imbriquée.

Le vitrage fixe

1 Placez une occurrence de la famille *Vitrage fixe* et associez ses paramètres ainsi :

- *Vitrage mat* à un nouveau paramètre nommé « Vitrage fixe mat » ce qui permettra d'avoir une allège d'un matériau différent ;

- *Epaisseur* au paramètre *Vitrage ep* ;

- *Largeur* au paramètre *Ouvrant L* ;

- *Hauteur* à un nouveau paramètre nommé « Vitrage fixe H » défini par la formule suivante : Traverse H – DPL – TPL.

2 Alignez/cadenassez le vitrage sur sa position définitive. Pour la position en profondeur dans le plan, vous pouvez contraindre le vitrage avec une cote d'équidistance sur la ligne symbolique du vitrage.

Le coffre de volet roulant

Nous terminerons la famille par la mise en place du coffre VR suivant une typologie de « bloc baie » (fenêtre qui intègre le coffre VR), qui déborde donc à l'intérieur. Le calage de l'objet va se faire en coupe et en élévation extérieure. S'il n'existe pas de coupe, créez-en une au milieu de l'ouverture.

1 Créez une occurrence de la famille *Coffre VR* et associez ses paramètres comme suit :

- *Coffre VR mat* à un nouveau paramètre nommé « Coffre VR mat » ;
- *Epaisseur* à un nouveau paramètre nommé « Coffre VR P » ;
- *Largeur* au paramètre *Largeur brute* ;
- *Hauteur* au paramètre *Coffre VR H*.

2 Alignez/cadenassez l'objet sur sa position.

Figure 13–16
Situation intermédiaire

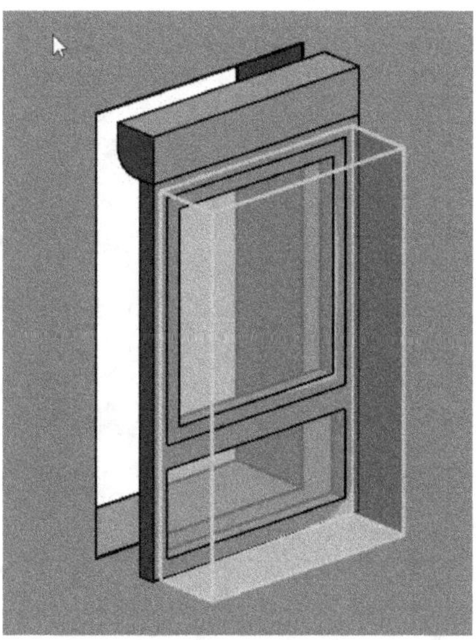

3 Avant de charger la fenêtre dans un projet, il ne faut pas oublier de ramener la position du châssis dans une position cohérente, alignée au nu intérieur de son hôte.

Paramétrer la visibilité du coffre

Un coffre de volet roulant n'est pas toujours associé à la fenêtre et il ne serait pas pertinent de créer une autre famille de fenêtres sans coffre. Nous allons tout simplement associer sa visibilité à un paramètre *Oui/Non* et automatiser la présence ou non de sa réservation en linteau.

1 Sélectionnez le coffre et associez sa propriété de visibilité à un nouveau paramètre nommé « Coffre VR ».

2 Créez un nouveau paramètre de format *Longueur* nommé « Coffre VR reservation H » qui reprend la formule suivante :

Coffre VR reservation H = If (Coffre VR, Coffre VR H, 0)

qui signifie que la hauteur de la réservation dans le linteau est égale à la hauteur du coffre si un coffre existe sinon, la valeur est égale à zéro.

3 Depuis une élévation, sélectionnez la cote de paramètre *Coffre VR* et associez-lui le paramètre *Coffre VR reservation H*.

4 Avant de tester la famille, rangez les paramètres dans les différentes classifications (figure 13-17).

Figure 13–17
Types de familles, rangement des paramètres

Paramètre	Valeur	Formule	
Contraintes			
Position (par défaut)	120.0	=	
Surepaisseur (par défaut)	500.0	=	
Construction			
Dormant P	60.0	=	
DPL	60.0	=	
TPL	80.0	=	
OPL	50.0	=	
OPP	60.0	=	
Poignee H	300.0	=	
Vitrage ep	24.0	=	
Coffre VR	☑	=	
Coffre VR H	160.0	=	
Coffre VR P	200.0	=	
Fermeture du mur	Par hôte	=	
Type de construction		=	
Graphismes			
Ouverture (par défaut)	30.00°	=	
Matériaux et finitions			
Cadre mat	<Par catégorie>	=	
Vitrage mat	<Par catégorie>	=	
Vitrage fixe mat	<Par catégorie>	=	
Coffre VR mat	<Par catégorie>	=	
Cotes			
Largeur	800.0	=	
Hauteur	1300.0	=	
Traverse H	500.0	=	
Encastrement	50.0	=	
Largeur brute	900.0	= Largeur + Encastrement * 2	
Hauteur brute	1350.0	= Hauteur + Encastrement	

Figure 13–17 (suite)

Propriétés analytiques			
Paramètres IFC			
Autre			
Hauteur de l'appui par défaut	800.0	=	☑
Coffre VR réservation H	160.0	= if(Coffre VR, Coffre VR H, 0 mm)	☐
Epaisseur hôte (rapport)	300.0	=	
Ouvrant H	790.0	= Hauteur brute - Traverse H - DPL	☐
Ouvrant L	730.0	= Largeur brute - DPL * 2	☐
Vitrage fixe H	360.0	= Traverse H - DPL - TPL	☐
Données d'identification			

Test de la famille dans un projet et derniers réglages

Chargez la famille dans un projet et insérez-la dans une façade. Vous devriez constater quelques soucis graphiques en plan dont le résultat peut varier en fonction de la plage de vue et de la hauteur de la fenêtre. Ces « soucis » sont bien connus et concernent les catégories *Fenêtres* et *Portes*, même si dans cette dernière, leur hauteur standard rend ce phénomène moins tangible.

Figure 13–18
Graphisme en plan

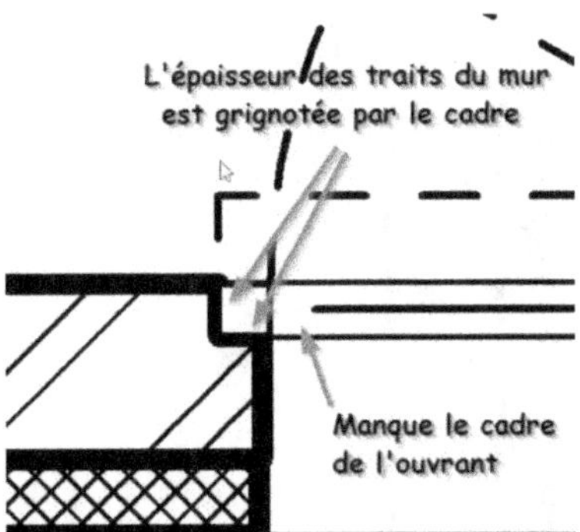

Si la hauteur de la menuiserie dans le projet, lorsqu'elle est reportée dans la famille, n'est pas coupée par le plan de coupe de la vue en plan dans la famille, Revit n'affiche pas la géométrie 3D coupée. Comme nous avons travaillé avec des familles imbriquées, il s'agit de la hauteur des familles imbriquées (dormant, ouvrant) résultant de la taille de la fenêtre dans le projet, à mettre en relation avec la hauteur du plan de coupe dans la vue en plan de la famille imbriquée.

Dans ce cas précis, on voit que dans la famille imbriquée, le plan de coupe est au-dessus du dormant (défini à H = 1 200 mm). Deux solutions existent pour contourner cette contrainte :

- ne pas afficher en plan la géométrie 3D et la remplacer par des éléments 2D (lignes et zone de masquage) ;
- abaissez le plan de coupe de la vue en plan des familles imbriquées concernées à une hauteur suffisamment basse pour qu'il coupe systématiquement la géométrie.

Figure 13–19
Corrélation des hauteurs
entre le projet et la famille

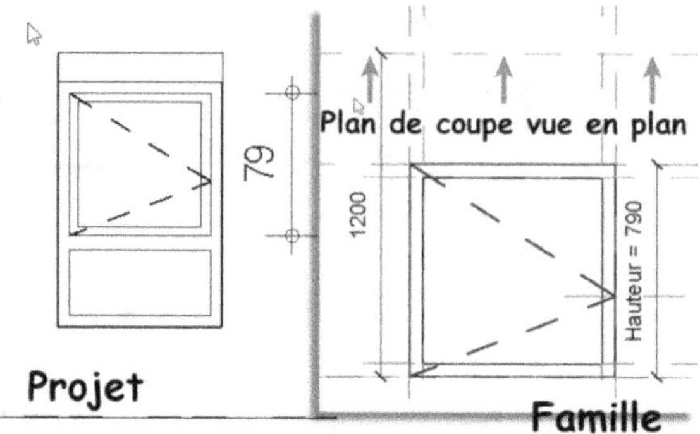

Une hauteur de 150 mm semble convenir car il est peu probable que vous ayez des ouvrants dont la hauteur soit inférieure à cette valeur.

Personnellement, je préfère la seconde solution car elle évite de créer des objets supplémentaires. Faites cette manipulation dans les familles de cadres dormants et d'ouvrants, rechargez-les dans la famille de fenêtres pour finalement recharger celle-ci dans le projet.

Figure 13–20
Résultat final après
modification de la plage de vue

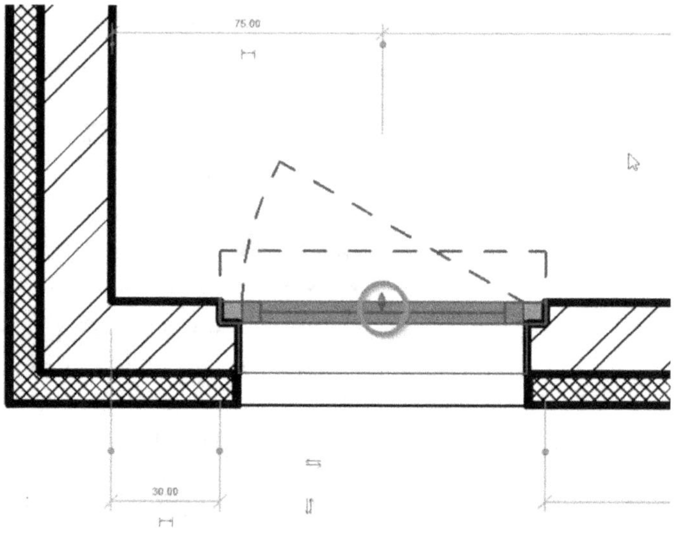

Sur la figure 13-20, on voit les cotes temporaires qui s'accrochent bien aux plans *Gauche*, *Droite* et *Centre (gauche/droite)*. On voit aussi apparaître une poignée de forme sur la face intérieure qui permet de déplacer la fenêtre dans la profondeur du mur. C'est le résultat de la présence d'un paramètre d'occurrence, de format *Longueur*, qui est posé sur un plan de référence caractérisé comme *Référence moins importante* au minimum. Je trouve cela assez dangereux car un clic de souris maladroit est vite arrivé. Pour faire disparaître ces poignées de forme, il suffit de passer le plan *Position* en *Pas référence*.

Paramètre Hauteur de l'appui

Le paramètre *Hauteur de l'appui* est un paramètre d'occurrence intégré qui n'apparaît pas dans la fenêtre *Types de familles*. À sa place, on trouve un autre paramètre de type nommé *Hauteur de l'appui par défaut* qui n'est pas un paramètre intégré et qui contraint le plan horizontal *Appui*, présent dans le gabarit. La prise de la hauteur de l'appui d'une occurrence de fenêtre se calcule sur ce plan de référence. Tenez-en bien compte lors de la création et de la contrainte des géométries 3D. Le paramètre *Hauteur de l'appui par défaut* correspond, comme son nom l'indique, à la valeur par défaut que prendra le paramètre *Hauteur de l'appui* quand une occurrence du type sera posée dans le projet.

Pour aller plus loin

Différentes manipulations complémentaires pourraient être réalisées afin, notamment, d'augmenter le niveau de détail 3D :

- On pourrait permettre l'option oscillo-battant de l'ouvrant en ajoutant des symboles d'ouverture en plan et en élévation dans la famille d'ouvrants. La visibilité de ces lignes symboliques serait associée à un paramètre *Oui/Non* nommé « OB ».
- On pourrait ajouter des accessoires tels que des poignées, des grilles d'entrée d'air ou encore une pièce d'appui. Tous ces accessoires devraient être ajoutés en tant que familles imbriquées.
- On pourrait aussi ajouter un retour d'isolant afin d'assurer en plan et en coupe un affichage plus précis. Pour rappel, Revit est incapable de gérer correctement ces retours directement dans le projet.
- On pourrait associer des équipements à la famille tels que des BSO (pour Brise Soleil Orientable) ou des volets battants. Personnellement, je préfère les ajouter manuellement dans le projet afin d'éviter la trop grande multiplicité de familles à gérer (la fenêtre avec et sans BSO, avec et sans volets battants…).

Je vous conseille de ne pas en faire trop au début. Familiarisez-vous d'abord avec les opérations les plus élémentaires avant de vous lancer dans quelque chose de plus complexe.

(Exercice 14) Création d'une porte

Les méthodes de création des familles de portes ont beaucoup en commun avec celles des fenêtres. Nous nous attarderons donc uniquement sur ce qui est spécifique à cette catégorie d'objet.

Nous allons créer une porte standard, à un seul ventail battant, qui peut être composé d'un panneau plein ou d'un panneau à oculus rectangulaire. De plus, l'épaisseur de son huisserie (son cadre) pourra soit s'adapter automatiquement à l'épaisseur de l'hôte, soit être d'une dimension fixe paramétrable.

Cette souplesse de comportement est très importante car quand les portes sont posées dans les différentes cloisons d'un projet, l'épaisseur du cadre doit s'adapter automatiquement aux diverses épaisseurs présentes (5, 7, 10 cm). Il est inimaginable, pour un architecte, qu'à chaque nouveau type de cloison, il doive faire varier manuellement l'épaisseur du cadre et encore moins recréer à chaque fois un type de porte différent. À l'inverse, lorsqu'une porte est posée dans un mur porteur épais, son huisserie est souvent d'épaisseur fixe constante et ne s'adapte pas à l'épaisseur de l'hôte.

Figure 13–21
Portes avec un double
comportement possible
de l'huisserie

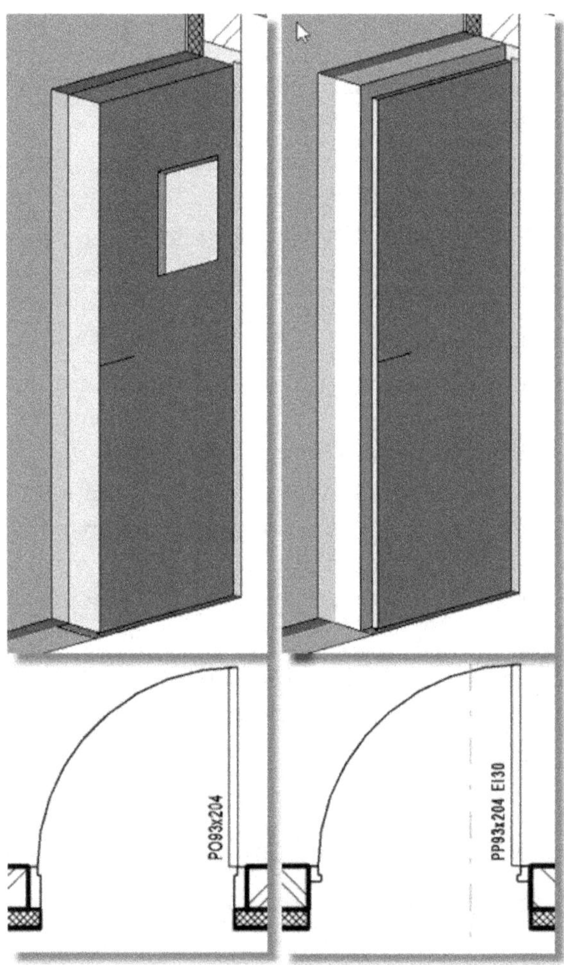

Création des sous-composants

Nous allons assembler deux composants principaux dans la porte : l'huisserie et le panneau.

L'huisserie

Création de la géométrie 3D

1 Depuis le gabarit *Modèle générique métrique*, créez l'huisserie selon les mêmes méthodes d'extrusion que celles utilisées pour les cadres de fenêtres.

2 Créez les plans de référence et les paramètres suivant la figure 13-22.

3 Modélisez l'huisserie avec la feuillure pour le panneau de porte et n'oubliez pas les opérations suivantes :

– catégorisation de la famille en *Porte* ;

– sous-catégorisation de la géométrie en *Cadre/Meneau* ;

– association d'un paramètre de matériau nommé « Cadre mat ».

Visibilité et graphisme 2D

L'apparence en coupe de l'huisserie avec la feuillure de porte convient parfaitement en 3D mais pas en plan, à un niveau de détail moyen et faible. Pour les vues en plan, nous allons donc remplacer la vision de la 3D par de simples lignes symboliques. Ces lignes ne devront pas apparaître en niveau de détail faible, mais en simple rectangle en niveau de détail moyen et apparaître avec la feuillure en niveau élevé.

Figure 13–22
Graphisme du cadre pour les différents niveaux de détail

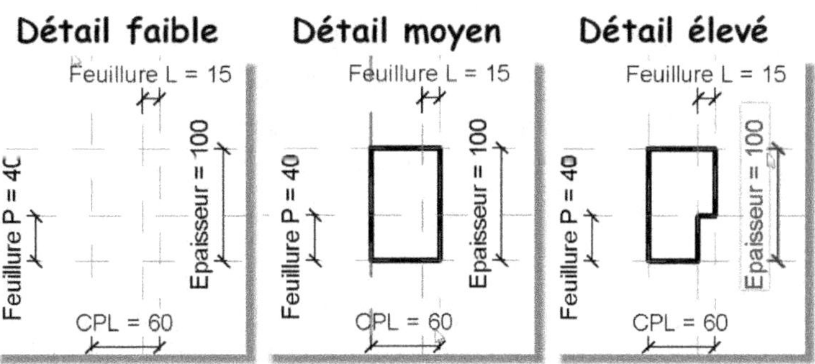

1 Sélectionnez la géométrie du cadre et dans *Remplacement visibilité/graphisme*, désactivez *Plan/Plan de faux-plafond* et *En cas de coupe dans le plan/plan de faux-plafond*. Laissez bien tous les niveaux de détail cochés.

2 À gauche de l'huisserie, tracez un rectangle en lignes symboliques et alignez/cadenassez ces lignes sur les plans de référence du profil de l'huisserie. Attribuez-leur la sous-catégorie *Cadre [coupe]*.

3 Visibilité graphisme : activez l'option *Afficher uniquement si l'occurrence est coupée* et :

- pour les lignes verticale gauche et horizontale supérieure : cochez les niveaux de détail *Moyen* et *Élevé* ;
- pour les lignes verticale droite et horizontale inférieure : cochez uniquement le niveau de détail *Moyen*.

4 Tracez les lignes complémentaires pour le détail *Élevé* et alignez/cadenassez-les sur les plans de référence du profil de l'huisserie. Attribuez-leur la sous-catégorie *Cadre [coupe]*.

5 Pour l'option *Remplacement visibilité/graphisme*, sélectionnez les lignes tracées à l'étape précédente et activez l'option *Afficher uniquement si l'occurrence est coupée* ainsi que le niveau de détail *Élevé* uniquement.

6 Répétez les étapes 2 à 5 pour le côté droit de l'huisserie.

Le panneau

Pour un panneau de porte, il est judicieux de différencier le panneau de porte 3D (pour la visualisation en élévation, coupe et 3D) qui restera toujours fermé et la représentation du panneau en plan qui devra s'ouvrir selon différents angles.

Création et paramétrage du panneau 3D

Depuis le gabarit *Modèle générique métrique*, créez le panneau et n'oubliez pas les opérations suivantes :

1 catégorisation de la famille en *Porte* ;

2 sous-catégorisation de la géométrie en *Panneau* ;

3 association d'un paramètre de matériau nommé « Panneau mat » ;

4 dans *Remplacement visibilité/graphisme* : désactivez *Plan/Plan de faux-plafond* et *En cas de coupe dans le plan/plan de faux-plafond*. Tous les niveaux de détail doivent rester cochés.

Création de l'oculus

La création de l'oculus se fera par une extrusion vide. Le problème est que la visibilité des vides n'est pas paramétrable, à la différence des solides. Le vide sera donc toujours présent, seule sa hauteur d'extrusion variera de manière à percer ou non le panneau.

1 Tracez les plans complémentaires afin d'obtenir le squelette du vide de l'oculus comme sur la figure 13-23. Nommez le plan d'extrusion « Oculus ».

Figure 13–23
Squelette et paramétrage
du vide pour l'oculus

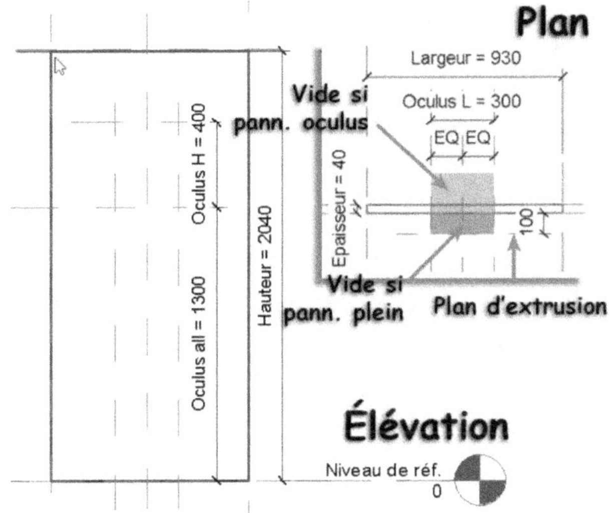

2 En élévation *Avant*, créez une extrusion vide alignée/cadenassée sur les plans de l'oculus et en choisissant le plan de construction *Oculus*. Faites agir le vide sur le panneau.

3 Associez la *Fin de l'extrusion* de la forme à un nouveau paramètre nommé « Vide oculus P ».

4 Créez un nouveau paramètre *Oui/Non* nommé « Oculus ».

5 Pilotez *Vide oculus P* par la formule suivante :

Vide oculus P = If (Oculus, 200mm, 100mm)

Ce qui signifie que si le paramètre *Oculus* est coché, le vide, par sa profondeur, percera le panneau ; sinon, sa profondeur sera insuffisante et ne le percera donc pas.

Figure 13–24
Action du vide en fonction
d'un paramètre

6 En élévation *Avant*, créez une extrusion pour le vitrage depuis le plan de construction *Avant* et rentrez les valeurs 15 et 25 (ou -15 et -25 en fonction de l'orientation du plan) pour les propriétés *Début de l'extrusion* et *Fin de l'extrusion*.

7 Propriétés de la forme : sous-catégorie *Verre*, associez le *Matériau* à un nouveau paramètre de matériau nommé « Vitrage mat » et dans *Remplacement visibilité/graphisme*, désactivez *Plan/Plan de faux-plafond* et *En cas de coupe dans le plan/plan de faux-plafond*.

Création des symboles en plan du panneau et de l'ouverture

Il est important d'intégrer les symboles dans le panneau afin de ne pas avoir à le refaire pour chaque famille de portes. Si l'on se satisfaisait d'une seule ligne pour symboliser le panneau, la méthode serait identique au symbole d'ouverture de la fenêtre. Mais comme nous souhaitons obtenir un rectangle en niveau de détail *Élevé*, la solution la plus fiable consiste à imbriquer un composant de détail rectangle.

1 Créez une famille de détail depuis le gabarit *Élément de détail métrique*. Tracez un rectangle contraint par deux paramètres « Largeur » et « Epaisseur ». Choisissez correctement l'emplacement de l'origine par rapport à la future charnière de la porte. Chargez le détail dans la famille de panneaux sans placer d'occurrence.

2 Dans la famille de panneaux, masquez temporairement la géométrie 3D et les plans de référence non concernés de l'oculus.

3 Tracez une ligne de référence qui part de la charnière (angle inférieur gauche) et contraignez son extrémité sur les plans *Avant* et *Gauche*. Tracez selon un angle quelconque (évitez les angles 0°, 45° et 90°).

4 Placez entre la ligne et le plan *Avant*, une cote angulaire et associez-lui un nouveau paramètre d'occurrence nommé « Ouverture»

5 Créez une occurrence de la famille de détail et lors du placement (figure 13-25), choisissez *Placez sur le plan de construction* ❶ et dans *Plan de placement* de la barre d'options, sélectionnez *Choisir...* ❷. Dans la fenêtre *Plan de construction*, choisissez l'option *Choisir un plan* et validez. Approchez-vous de la ligne jusqu'à ce que Revit surligne le plan horizontal de la ligne. Cliquez pour le sélectionner ❸ et enfin, cliquez pour positionner l'occurrence du rectangle.

Ce que nous venons de faire est une opération « clé ». Nous avons placé l'objet de détail, non pas sur le niveau mais sur le plan horizontal de la ligne de référence. Ainsi, pour faire pivoter le rectangle, il suffit de faire pivoter la ligne. Dans Revit, c'est la meilleure méthode pour faire pivoter des objets qui ne sont pas de simples lignes. Faites varier la valeur d'*Ouverture* et vous verrez le rectangle suivre la rotation de son hôte.

6 Associez les paramètres *Largeur* et *Epaisseur* du détail aux paramètres *Largeur* et *Epaisseur* du panneau.

Figure 13–25
Placement de l'objet sur
le plan de ligne de référence

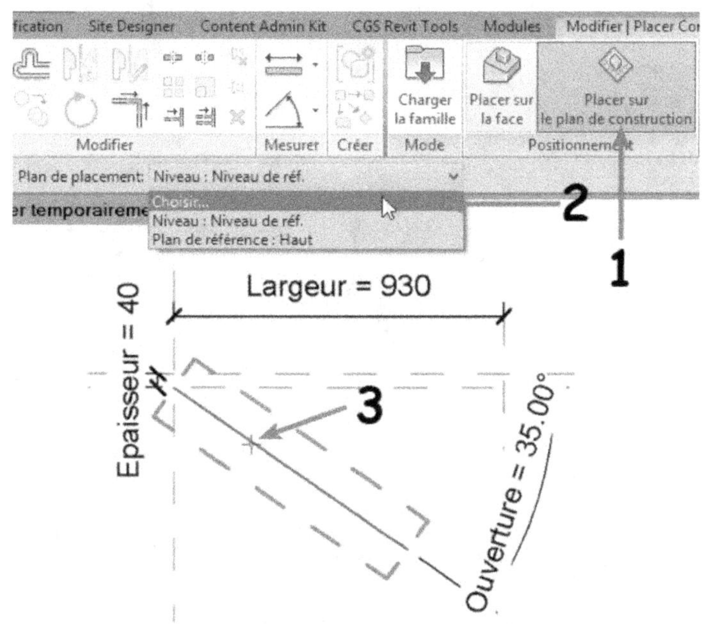

Les lignes de référence

Le rôle des lignes de référence dans les familles d'annotations est le même que celui des plans de référence dans les familles de modèles. Elles ont cette particularité de comporter quatre plans de référence (figure 13-26) : deux plans croisés le long de la ligne et un plan perpendiculaire à chacune des extrémités de la ligne, deux sont perpendiculaires à la ligne et un autre se trouve à chacune de leurs extrémités. Cette particularité fait que dans les familles de modèles, elles servent surtout à paramétrer des rotations d'objets en les hébergeant dans un de ces plans de références.

Figure 13–26
Plans de référence
des lignes de référence

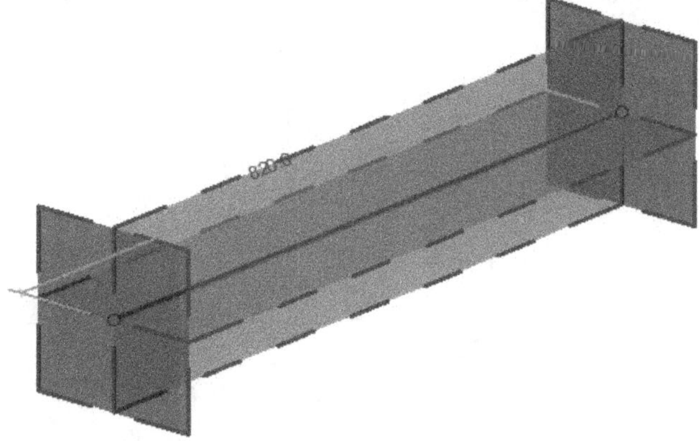

7 Alignez/cadenassez le grand côté du rectangle sur la ligne de référence et alignez/
cadenassez son petit côté sur l'extrémité de la ligne de référence (petite boule

pleine). Vous devrez appuyer sur la touche *Tab* pour surligner la petite boule qui représente cette extrémité.

Figure 13–27
Alignement du rectangle sur l'extrémité de la ligne de référence

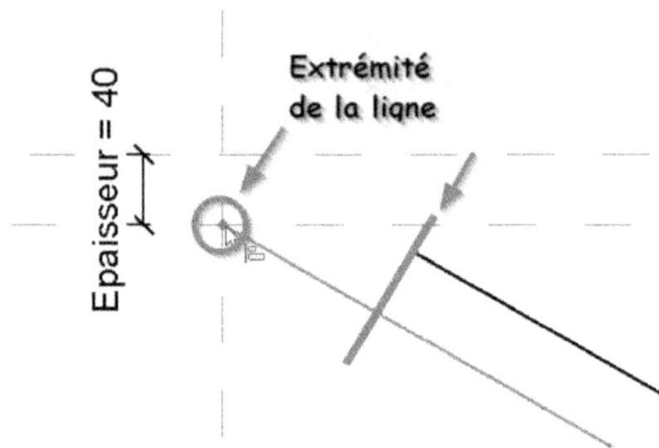

8 Sélectionnez le détail et dans *Remplacement visibilité/graphisme*, activez l'option *Affichez uniquement si l'occurrence est coupée* et décochez les niveaux de détail *Faible* et *Moyen*.

9 Il ne vous reste plus qu'à tracer et contraindre l'arc d'ouverture et la ligne qui symbolisera le panneau (en niveau de détail *Faible* et *Moyen*). Cette opération est identique à celle de l'ouvrant de la fenêtre. Veillez à attribuer les bonnes sous-catégories (*Panneau [coupe]* et *Ouverture [coupe]*) et les bonnes options de visibilité (*Affichez uniquement si l'occurrence est coupée*, niveaux de détail *Faible* et *Moyen* cochés pour la ligne du panneau et tous les niveaux pour l'arc d'ouverture).

10 Vérifiez bien que l'extrémité de l'arc est cadenassée sur le plan horizontal comme sur la figure 13-28. Dans le doute, effectuez un aligné/cadenassé avec l'extrémité de la ligne se trouvant déjà sur le plan (important !).

Figure 13–28
Contrainte de l'extrémité de l'arc

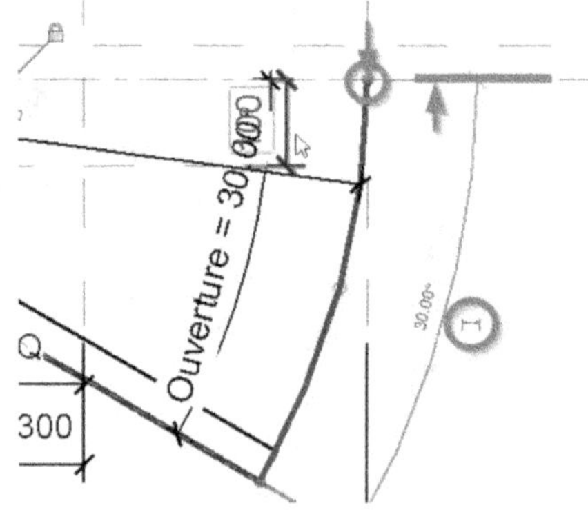

N'hésitez pas à tester différentes valeurs pour l'angle d'ouverture et la largeur du panneau.

> **Conseil**
>
> Pour plus de sécurité, je vous conseille aussi d'activer la cote temporaire angulaire qui s'affiche lorsque vous sélectionnez l'arc (figure 13-28) et de lui associer le paramètre d'angle *Ouverture*.

Représentation des poignées de porte

On pourrait représenter le sens d'ouverture en élévation, comme pour l'ouvrant de la fenêtre. Personnellement je trouve cela graphiquement un peu lourd dans les coupes de bâtiment. Je vous propose de remplacer ces grandes diagonales par deux petits traits représentant les poignées de porte. L'idéal est de les tracer en tant que lignes de modèles afin qu'elles soient visibles également en 3D.

1 En élévation *Avant*, sélectionnez *Ligne de modèle* et avant de la tracer, vérifier dans la barre d'options que le plan de placement est bien sur le plan *Avant*. Tracez une ligne horizontale de 200 mm, placée approximativement au milieu de la porte.

2 Posez une cote d'équidistance entre la ligne et le *Niveau de réf.* en bas et le plan *Haut* en haut.

3 Dans *Remplacement visibilité/graphisme* : désactivez les options *Plan/Plan de faux-plafond* et *En cas de coupe dans le Plan/Plan de faux-plafond*.

4 Transformez la ligne en groupe pour éviter qu'elle se déforme lors de changement de largeur du panneau.

5 Alignez/cadenassez l'extrémité de la ligne au plan vertical *Droite*.

6 Faites de même à l'arrière en choisissant le plan de construction *Arrière*.

Figure 13–29
Le panneau de porte terminé

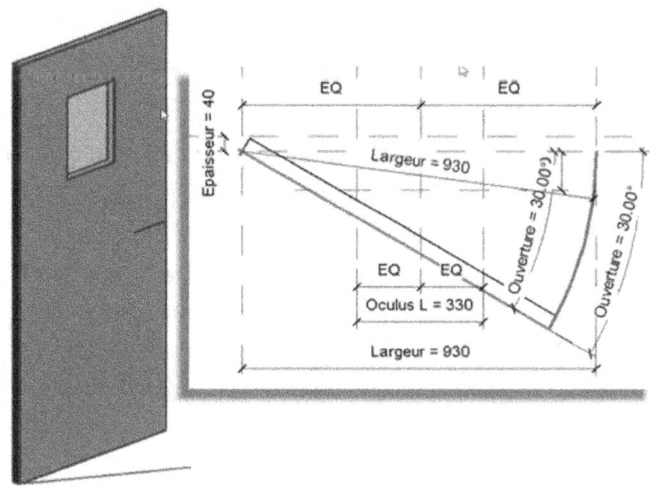

Assemblage final de la porte

Préparation, mise en place du squelette et paramétrage

1 Créez une nouvelle famille depuis le gabarit *Porte métrique*. Vous pouvez y supprimer les éléments suivants :

- la coupe d'ouverture ;
- les deux encadrements présents de part et d'autre du mur (ces cadres pourraient convenir si nous faisions une porte avec chambranles et non avec huisserie) ;
- les trois paramètres associés à ces encadrements : *Projection – Ext. de l'encadrement*, *Projection Int. de l'encadrement* et *Largeur du cadre* ;
- en élévation *Intérieur* ou *Extérieur*, les lignes symboliques d'ouverture.

2 Créez l'ouverture avec la feuillure, son squelette de plans de référence ainsi que les paramètres selon les méthodes de l'exercice 11.

Figure 13–30
Squelette, ouverture
et paramètres

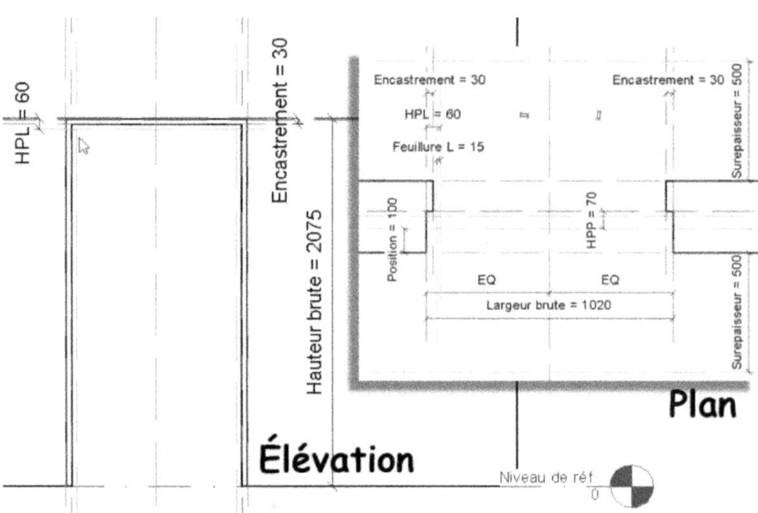

3 Spécifiez les formules suivantes aux paramètres :

- Largeur brute = Largeur + (HPL - Feuillure L) × 2
- Hauteur brute = Hauteur + (HPL – Feuillure)

Largeur et Hauteur seront les paramètres d'entrée et correspondent aux dimensions du panneau de porte. Les parenthèses ne sont pas toutes nécessaires du point de vue mathématique mais elles permettent de mieux comprendre les formules.

4 Chargez les familles *Huisserie* et *Panneau* dans la porte.

Assemblage des familles imbriquées et paramétrage

1 Positionnez la porte à 500 mm afin qu'elle sorte de l'épaisseur du mur pour faciliter le placement des sous-composants.

2 Placez une occurrence de l'huisserie et associez ses paramètres ainsi :
   - *Cadre mat* à un nouveau paramètre nommé « Huisserie mat » ;
   - *CPL* au paramètre *HPL* ;
   - *Epaisseur* au paramètre *HPP* ;
   - *Feuillure L* au paramètre *Feuillure L* ;
   - *Feuillure P* au paramètre *Epaisseur* ;
   - *Largeur* au paramètre *Largeur brute* ;
   - *Hauteur* au paramètre *Hauteur brute*.

3 Alignez/cadenassez l'huisserie sur les plans *Position* et *Gauche*.

4 Placez une occurrence du panneau et associez ses paramètres ainsi :
   - *Ouverture* à un nouveau paramètre d'occurrence nommé « Ouverture » ;
   - *Panneau mat* à un nouveau paramètre nommé « Panneau mat » ;
   - *Vitrage mat* à un nouveau paramètre nommé « Vitrage mat » ;
   - *Largeur* au paramètre *Largeur* ;
   - *Hauteur* au paramètre *Hauteur* ;
   - *Epaisseur* au paramètre *Epaisseur* ;
   - *Oculus H* à un nouveau paramètre *Oculus H* ;
   - *Oculus L* à un nouveau paramètre *Oculus L* ;
   - *Oculus all* à un nouveau paramètre *Oculus all* ;
   - *Oculus* à un nouveau paramètre *Oculus*.

5 Alignez/cadenassez le panneau sur les plans *Position* et sur le plan vertical de la feuillure.

Figure 13–31
Alignement de la famille de panneaux sur la charnière

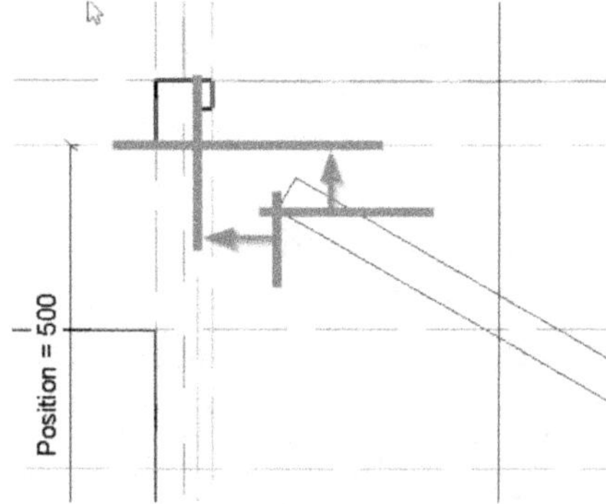

Affichage des informations de la porte

En France, il est très courant d'afficher le long du panneau un petit texte contenant un minimum d'informations comme la largeur, la hauteur et le degré CF de la porte. Dans Revit, c'est possible en exploitant dans le projet les étiquettes et les paramètres partagés.

Une alternative aux étiquettes consiste à imbriquer une annotation générique dans la famille de portes. L'avantage de cette solution est qu'elle ne nécessite pas de paramètre partagé et que l'annotation peut s'orienter parallèlement au panneau de porte, ce qui est impossible avec une étiquette posée dans le projet. C'est ce que nous avons fait pour l'affichage du modèle de table dans l'exercice 9.

Création de l'annotation générique

1 Créez une famille d'annotations depuis le gabarit *Annotation générique métrique*. Effacez le texte contenant les informations.

2 Posez un libellé dans le quart supérieur droit de la zone de dessin, proche du centre. Créez deux paramètres de longueur nommés « Dim 1 » et « Dim 2 » et deux paramètres de texte nommés « Texte 1 » et « Texte 2 », le tout en occurrence.

3 Mettez en forme comme indiqué sur la figure 13-32. N'oubliez pas le format des longueurs à forcer en centimètres.

Figure 13–32
Mise en forme de l'annotation

Paramètres du libellé

	Nom du paramètre	Espaces	Préfixe	Exemple de valeur	Suffixe	Couper
1	Texte 1	1		PO		☐
2	Dim 1	0		93	x	☐
3	Dim 2	0		204		☐
4	Texte 2	1		EI30		

4 Dans les propriétés du libellé : réduisez la taille du libellé à 1,2 mm, justifiez le texte en bas et à gauche, définissez les paramètres *Arrière-plan* transparent et *Facteur de largeur* à 0.8. Calez le libellé approximativement comme sur la figure 13-33. Il faudra probablement le recaler une fois inséré dans la porte.

Figure 13–33
Position du libellé

5 Dans les propriétés des familles, activez l'option *Conserver la lisibilité du texte* afin que le texte ne soit pas renversé.

6 Enregistrez la famille et chargez-la dans la famille de portes.

Positionnement dans la porte et association des paramètres

1 En plan, zoomez dans la zone de la charnière et ajoutez une occurrence de l'annotation. Associez ses paramètres comme suit :

– *Texte 1* au paramètre *Type de construction* ;

- *Texte 2* au paramètre *Protection contre l'incendie* ;
- *Dim 1* au paramètre *Largeur* ;
- *Dim 2* au paramètre *Hauteur*.

2 Attribuez des valeurs à *Type de construction* (« PO ») et à *Protection contre l'incendie* (« EI30 »).

3 Faites pivoter l'annotation et posez une cote d'angle entre la référence de l'annotation et le plan *Position* (figure 13-34). Libellez la cote avec le paramètre *Ouverture* Ⓐ. Alignez/cadenassez la référence horizontale de l'annotation avec le plan interne du détail du panneau Ⓑ. Alignez/cadenassez la référence verticale de l'annotation avec le plan interne de la tranche du panneau Ⓒ.

Figure 13–34
Calage de l'annotation sur
les références du panneau

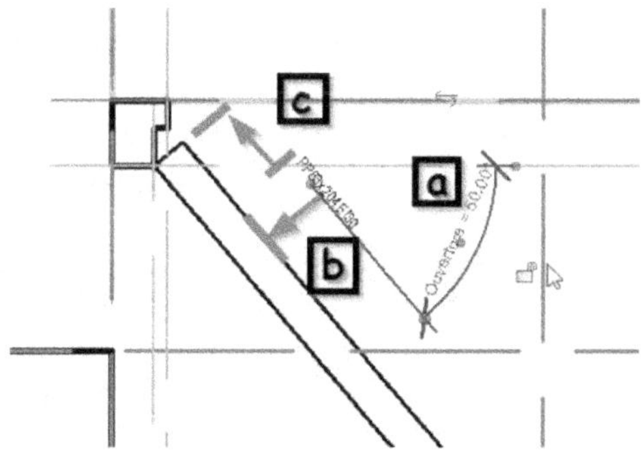

Ne vous inquiétez pas de la taille et de la position de l'annotation qui ne conviennent pas à cause de l'échelle de la vue dans la famille. Pour avoir un aperçu du résultat, il faut vérifier l'apparence aux échelles courantes 1/50 et 1/100.

4 Masquez temporairement toutes les cotes et les plans, puis basculez la vue en *Ligne fine* (les épaisseurs dans les familles ne correspondent pas du tout à l'apparence dans le projet). Passez l'échelle de la vue à 1/50 et vérifiez l'apparence du texte. Testez à l'échelle 1/100 et si nécessaire, adaptez la position du libellé dans la famille d'annotations.

Figure 13–35
Apparence selon les deux
échelles, 1/50 et 1/100

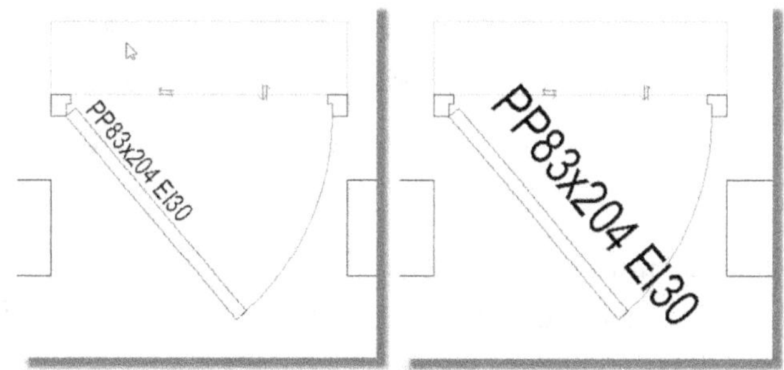

5 Dans *Remplacement visibilité/graphisme*, activez l'option *Affichez uniquement si l'occurrence est coupée* et cochez le niveau de détail *Élevé*.

> **Annotation imbriquée dans la porte ou dans le panneau ?**
>
> Nous avons imbriqué l'annotation générique dans la porte alors qu'il aurait été plus simple pour la suite de l'imbriquer dans le panneau. Le problème c'est qu'une annotation générique n'est pas visible lorsqu'elle subit une double imbrication dans une famille de modèles. La solution aurait été de pouvoir la spécifier comme famille partagée, sauf qu'une famille partagée d'annotations générique ne peut pas être insérée dans une famille de modèles.

Automatisme et amélioration du comportement

Profondeur de l'huisserie automatique et fixe

Comme mentionné précédemment, nous souhaitons que l'huisserie s'adapte à l'épaisseur du mur quand il s'agit d'une cloison mince et quand elle est insérée dans les murs épais, nous souhaitons pouvoir rentrer manuellement la valeur. Ce double comportement sera dépendant de l'activation ou non d'une option (paramètre *Oui/Non*).

Lorsque l'huisserie doit prendre la valeur d'épaisseur de son hôte, nous devrons pouvoir extraire cette information. Celle-ci sera obtenue par la création d'un paramètre de rapport (chapitre 4, section « Les paramètres de rapport », page 75), de format *Longueur*, posé sur les faces du mur dans la famille. Une fois la famille insérée dans le projet et posée dans un mur, ce paramètre sera mis à jour et renverra donc la bonne valeur pour chaque porte.

1 Posez une cote entre chaque face du mur de la famille. Il est primordial de bien prendre les faces et non les plans sur les faces. Masquez temporairement les plans si besoin. Libellez cette cote avec un nouveau paramètre d'occurrence et de rapport nommé « Hote ep ».

Figure 13–36
Création d'un paramètre
de rapport

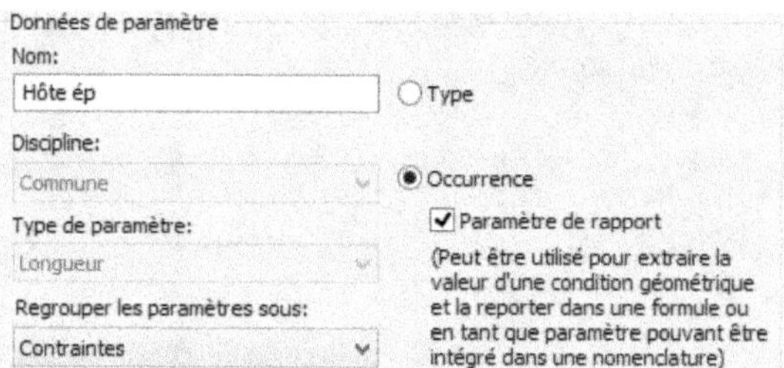

2 Créez un nouveau paramètre d'occurrence *Oui/Non* nommé « Huisserie auto ».

3 Créez un nouveau paramètre de *Longueur* nommé « HPP manuelle » qui servira à « stocker » la valeur fixe de l'épaisseur de l'huisserie. Attribuez une valeur à ce paramètre, 70 mm par exemple.

4 Transformez le paramètre *HPP* en occurrence et spécifiez la formule suivante :

HPP = if (Huisserie auto, Hote ep, HPP manuelle)

5 Ramenez le paramètre *Position* à zéro et testez le comportement de l'huisserie en cochant et décochant *Huisserie manuelle*.

Tout fonctionne correctement. Cependant, notre automatisme présente une petite limite : la valeur *Hôte ép* pour l'huisserie n'est cohérente que lorsque *Position* est à 0. Or, pour l'instant, rien ne relie ces deux paramètres. Nous allons donc améliorer la formule de *HPP* pour prendre en compte la valeur de *Position*.

6 Transformez la formule de *HPP* comme suit :

HPP = if (and (Huisserie auto, Position = 0), Hote ep, HPP manuelle)

Ce qui signifie que l'épaisseur de l'huisserie sera égale à l'épaisseur de l'hôte seulement si *Huisserie auto* est cochée et que la porte est alignée au nu intérieur du mur.

Affichage automatique du type de panneau

Le texte *PP* ou *PO* de l'annotation générique reflète la valeur du paramètre *Type de construction* que l'utilisateur doit renseigner manuellement. Cette manipulation risque de générer des incohérences entre le nom du type (« PP93x204 EI30 », par exemple), la valeur de *Type de construction* et l'état du paramètre *Oui/Non Oculus*.

Sans utilitaire particulier, il est impossible d'automatiser le nom du type en fonction d'*Oculus*. En revanche, il est possible d'automatiser le contenu de *Type de construction* en fonction de ce paramètre. Il suffit de spécifier la formule suivante :

Type de construction = if (Oculus, "PO", "PP")

Cela signifie tout simplement que si *Oculus* est coché, le texte « PO » sera inscrit, sinon ce sera le texte « PP ».

Figure 13–37
Contenu automatique
de l'annotation

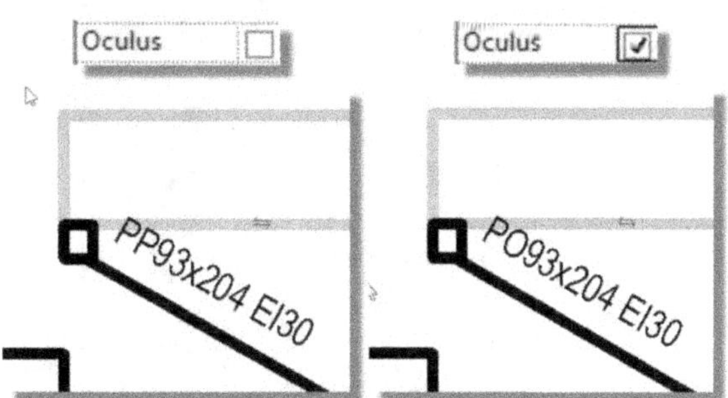

Point de calcul de pièce

Pour une porte, il est tout particulièrement stratégique de savoir entre quelles pièces elle se situe. La nature des pièces déterminera de nombreuses caractéristiques de la porte : son degré coupe-feu, son affaiblissement acoustique, sa résistance thermique, son contrôle d'accès… Nous allons donc activer le *Point de calcul de pièce* qui se présente différemment pour cette catégorie d'objet.

1 Depuis la vue en plan, activez la propriété de la famille *Point de calcul de pièce*. Vous voyez apparaître deux flèches reliées entre elles par une courbe.

Figure 13–38
Point de calcul de pièce

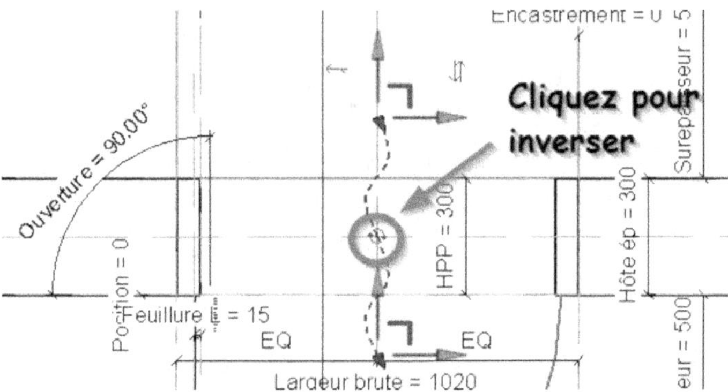

2 Le sens des flèches caractérise les deux « indicateurs » *De la pièce* et *A la pièce*. Cliquez au centre pour inverser le sens si besoin. Dans le projet, le point de calcul va vous permettre d'intégrer dans une nomenclature de porte les informations des pièces comme sur la figure 13-39.

Figure 13–39
Les indicateurs De la pièce et A la pièce dans les nomenclatures

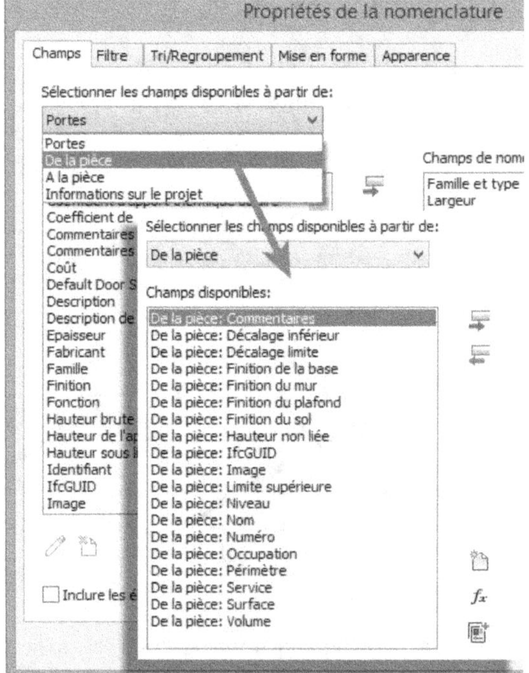

Tri final des paramètres

Avant d'enregistrer et de charger la famille dans un projet, il faut ranger les paramètres et procéder aux dernières vérifications. N'oubliez pas de ramener les paramètres suivants à des valeurs cohérentes : *Position* et *Encastrement* à 0, *Ouverture* à 90°.

Figure 13–40

Le type de famille final de la porte

Paramètre	Valeur	Formule	V
Contraintes			
Position (par défaut)	0.0	=	
Surepaisseur (par défaut)	500.0	=	
Encastrement	0.0	=	
Hôte ép (rapport)	300.0	=	
Construction			
Huisserie auto (par défaut)	☑	=	
HPP manuelle	70.0	=	
Oculus	☐	=	
Fermeture du mur	Par hôte	=	
Type de construction	PP	= if(Oculus, "PO", "PP")	
Fonction	Intérieur	=	
Graphismes			
Ouverture (par défaut)	90.00°	=	
Matériaux et finitions			
Huisserie mat	<Par cat	=	
Panneau mat	<Par cat	=	
Vitrage mat	<Par cat	=	
Cotes			
Largeur	930.0	=	
Hauteur	2040.0	=	
HPL	60.0	=	
Largeur brute	1020.0	= Largeur + (HPL - Feuillure L) * 2	
Hauteur brute	2085.0	= Hauteur + (HPL - Feuillure L)	
Epaisseur	40.0	=	
Oculus L	300.0	=	
Oculus H	400.0	=	
Oculus all	1300.0	=	
Propriétés analytiques			
Paramètres IFC			
Autre			
Feuillure L	15.0	=	
HPP (par défaut)	300.0	= if(and(Huisserie auto, Position = 0 mm), Hôte ép, HPP manuelle)	
Données d'identification			
Protection contre l'incendie	EI30	=	

14

Exploitation de familles système pour créer des objets personnalisés

Dans les familles système de Revit, il en existe deux qui sont particulièrement adaptées à la création des objets personnalisés : les garde-corps et les murs-rideaux. Ces objets sont composés de familles imbriquées personnalisables. Sans rompre complètement avec la rigueur requise dans un processus BIM de classification d'objets, nous pouvons quand-même envisager quelques adaptations.

(Exercice 15) Un brise-soleil avec l'outil Garde-corps

Dans Revit, un garde-corps est constitué de traverses et de barreaux. Les traverses sont directement générées à partir de familles de profils personnalisables tandis que les barreaux sont des familles chargeables à part entière. Cet exercice pourrait être réalisé à partir d'une famille ligne comme nous l'avons fait pour l'étagère de l'exercice 10 mais l'utilisation de l'outil Garde-corps présente l'avantage de pouvoir faire des tracés courbes.

Le brise-soleil sera composé de consoles (les barreaux) et de lames horizontales filantes inclinées (les traverses). Nous souhaitons pouvoir paramétrer l'inclinaison des lames. L'usage d'un garde-corps n'est selon moi pas une aberration car généralement, cet ouvrage sera réalisé par la même entreprise que les garde-corps, à savoir le serrurier.

Figure 14–1
Le brise-soleil une fois posé
dans le projet

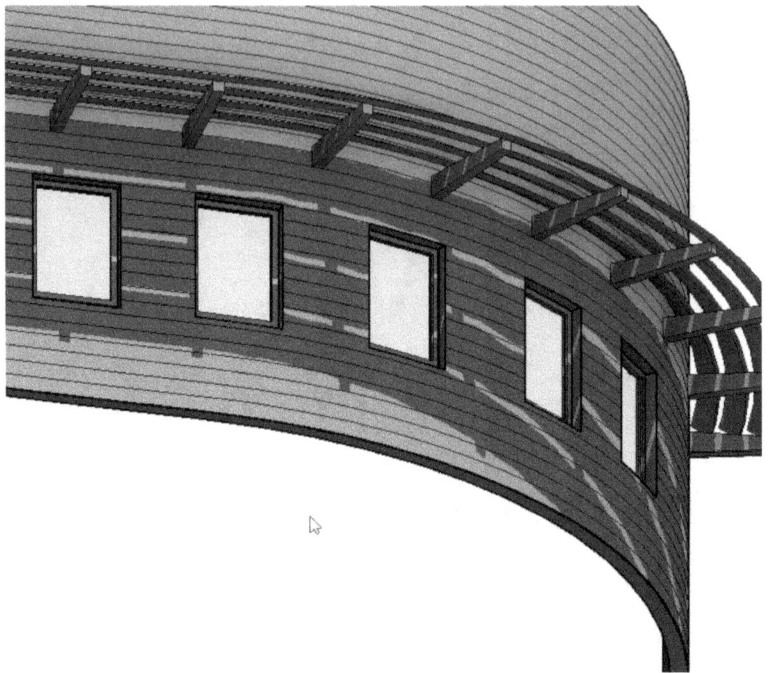

Création de la famille de profils pour les traverses

1 Créez une nouvelle famille depuis le gabarit *Profil métrique Traverse*.

Ce profil, lorsque sa propriété *Utilisation du profil* est spécifié en *Garde-corps*, considère le plan vertical comme l'axe du garde-corps (son tracé d'esquisse) et le plan horizontal comme le haut de la traverse. Comme nos lames horizontales viennent se fixer au-dessus des consoles, nous allons tracer le profil au-dessus du plan horizontal. Quand on crée des familles de profils, il est important de bien prendre en compte ces considérations (voir chapitre 3, section « Les familles de profils », page 56).

2 Tracez une première ligne inclinée dans le quart supérieur droit de la zone de dessin et en partant de l'intersection des plans. Alignez/cadenassez son extrémité aux deux plans centraux.

3 Tracez les autres lignes afin de former un rectangle incliné. Posez les cotes directement sur les lignes et libellez-les avec des paramètres (figure 14-2).

Figure 14–2
Tracé des lignes de profil
et paramétrage

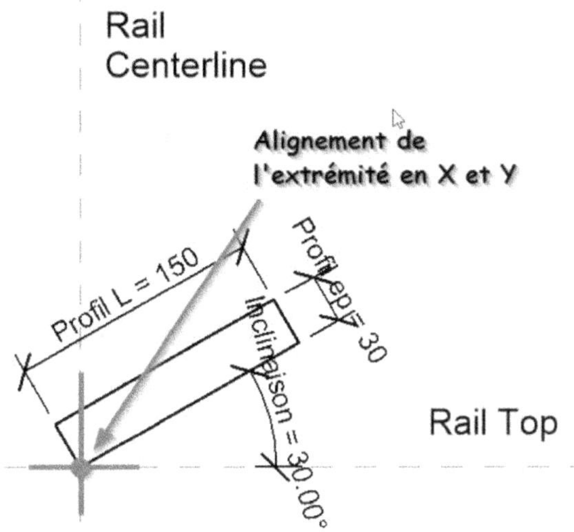

4 Testez la variation des paramètres et surtout celle de l'angle d'inclinaison.

Tant que vous ne passez pas par les valeurs 0°, 90°, 180° et 270°, il n'y a aucun problème. Si vous essayez l'une de ces valeurs (90°, par exemple), vous ne pouvez plus revenir à une autre inclinaison. La raison est simple : une fois que des lignes se positionnent sur des plans de référence, Revit crée des contraintes automatiques temporaires. Nous avons déjà rencontré ce phénomène avec le détail du lit (chapitre 7, exercice 3, page 145).

Pour annuler cet automatisme de Revit, il suffit de contraindre les quatre lignes avec le paramètre d'inclinaison, comme sur la figure 14-3. L'outil *Ligne de référence* nous éviterait cette manipulation, malheureusement il n'existe pas ici.

Figure 14–3
Contrainte complémentaire
des lignes

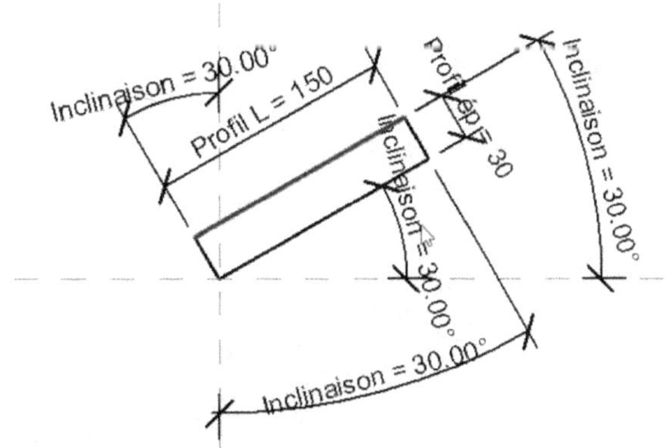

5 Testez maintenant différentes valeurs d'inclinaison, y compris les inclinaisons 0°, 90°, etc. Votre profil fonctionne maintenant pour toutes les inclinaisons.

6 Enregistrez votre famille et chargez-la dans un projet.

Création des consoles

1 Créez une famille de barreaux à partir du gabarit *Barreau métrique*.

Aucune orientation n'est mentionnée mais sachez que le tracé d'esquisse du garde-corps est considéré comme vertical dans la vue en plan de la famille. Nous allons modéliser la console à droite de l'axe vertical et donc principalement depuis l'élévation *Avant*.

2 Mettez en place les plans de référence et les paramètres comme indiqué sur la figure 14-4. N'oubliez pas de les spécifiez correctement : *Avant*, *Arrière*, *Gauche* (ancien *Centre (gauche/droite)*) et *Droite*.

Figure 14–4
Squelette et paramétrage

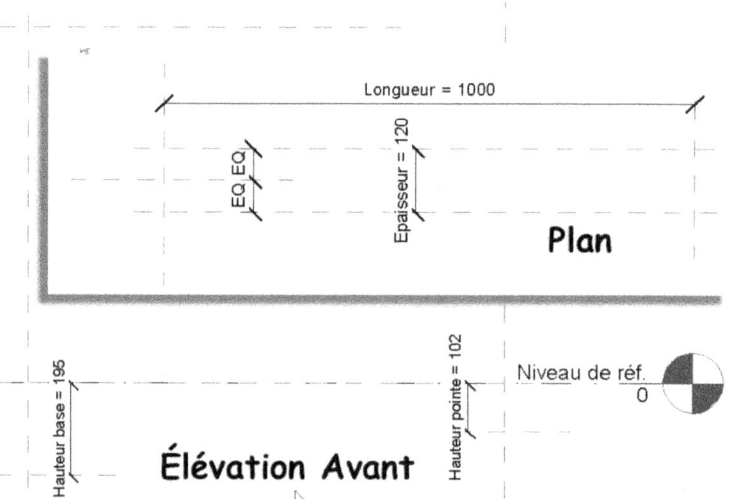

3 Depuis l'élévation *Avant*, créez la géométrie de la console par extrusion simple d'un solide en alignant/cadenassant les lignes d'esquisse et l'épaisseur de la console une fois extrudée.

Figure 14–5
La console terminée

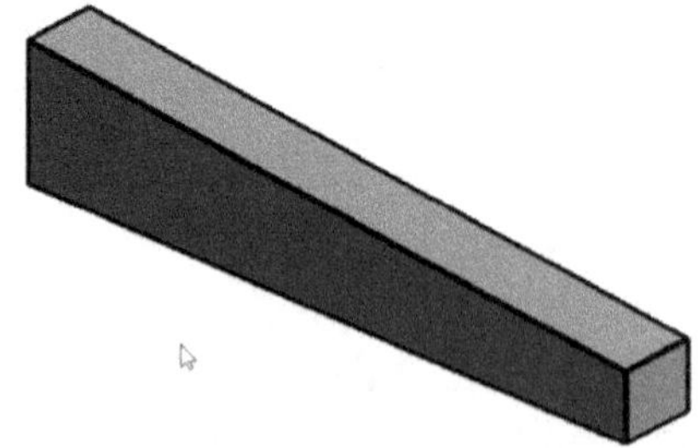

4 Associez la propriété *Matériau* de la forme à un nouveau paramètre nommé « Console mat ». Vérifiez que tout est bien coché dans *Remplacement visibilité/graphisme*.

5 Enregistrez la console et chargez-la dans le projet.

Rien ne vous empêche de modéliser plus en détail l'ouvrage en rajoutant par exemple une platine de fixation, des ailes et une âme, des percements dans l'âme, etc.

Création et paramétrage d'un type de garde-corps

La constitution finale dans le projet est sans doute la partie la plus délicate. Il faut créer un nouveau type de garde-corps et paramétrer les traverses et les barreaux pour former le brise-soleil.

Les traverses

Dans *Structure des traverses*, créez quatre traverses paramétrées comme sur la figure 14-6 et qui font appel au profil de l'exercice.

Figure 14–6
Structure des traverses

Traverse

	Nom	Hauteur	Décalage	Profil	Matériau
1	1	0.00	25.00	Exercice 15_Profil brise sole	<Par catégorie>
2	2	0.00	50.00	Exercice 15_Profil brise sole	<Par catégorie>
3	3	0.00	75.00	Exercice 15_Profil brise sole	<Par catégorie>
4	4	0.00	100.00	Exercice 15_Profil brise sole	<Par catégorie>

La particularité de ce garde-corps est que ses traverses sont toutes au même niveau et que ce sont leurs décalages horizontaux qui vont générer les lames horizontales.

Les barreaux

1 Dans *Positionnement des barreaux*, spécifiez les barreaux comme indiqué sur la figure 14-7.

Les barreaux sont des familles qui sont contraintes entre une limite basse (généralement le niveau ou une traverse) et une limite haute (généralement la traverse haute). Or, notre garde-corps n'a pas de traverses positionnées à des hauteurs différentes qui permettraient de générer les barreaux. Il faut donc artificiellement spécifier une traverse haute qu'on pourra supprimer manuellement par la suite.

2 Dans les propriétés de type du garde-corps, spécifiez une traverse haute positionnée en hauteur (100 cm, par exemple).

3 Dans la fenêtre *Positionnement des barreaux*, spécifiez pour tous les barreaux la traverse haute en contrainte *Haut*.

Figure 14–7
Positionnement des barreaux

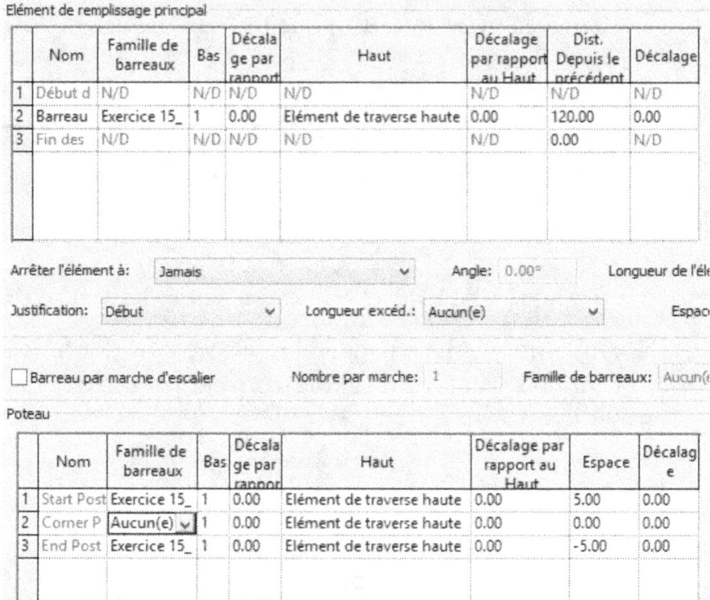

Elément de remplissage principal

	Nom	Famille de barreaux	Bas	Décalage par rapport	Haut	Décalage par rapport au Haut	Dist. Depuis le précédent	Décalage
1	Début d	N/D	N/D	N/D	N/D	N/D	N/D	N/D
2	Barreau	Exercice 15_	1	0.00	Elément de traverse haute	0.00	120.00	0.00
3	Fin des	N/D	N/D	N/D	N/D	N/D	0.00	N/D

Poteau

	Nom	Famille de barreaux	Bas	Décalage par rapport	Haut	Décalage par rapport au Haut	Espace	Décalage
1	Start Post	Exercice 15_	1	0.00	Elément de traverse haute	0.00	5.00	0.00
2	Corner P	Aucun(e)	1	0.00	Elément de traverse haute	0.00	0.00	0.00
3	End Post	Exercice 15_	1	0.00	Elément de traverse haute	0.00	-5.00	0.00

4 Tracez un garde-corps.

5 Sélectionnez la traverse haute indépendamment du garde-corps (touche *Tab*), désactivez la punaise et supprimez la traverse. La suppression est une modification d'occurrence.

Déclinaison et variation de type

Vous pouvez jouer sur l'inclinaison des lames mais pas directement dans les propriétés du garde-corps. Il faut au préalable créer des types de profils avec différentes inclinaisons et ensuite, créer différents types de garde-corps qui feront appel pour leurs traverses à ces différents profils. Le matériau des traverses est à spécifier directement dans *Structure des traverses*.

Pour les barreaux, le principe est le même. Il faut au préalable créer différents types de barreaux (dimensions et matériaux) et les utiliser dans la constitution des barreaux.

Exercice 16 — Une façade de persiennes pliantes avec un mur-rideau

Le mur-rideau et son petit frère, la vitre inclinée (toit), sont probablement les outils de Revit les plus détournés de leur rôle initial. Leur souplesse d'utilisation (surtout celle du mur), leur finesse de paramétrage et leur capacité de personnalisation les rendent propices à toutes sortes d'utilisations, parfois très éloignées des grandes façades vitrées ou verrières de toits pour lesquels ils ont été conçus à l'origine.

Voici quelques exemples :

- bardages et vêtures en 3D ;
- murs à ossature bois
- fenêtres ;
- faux-plafond détaillés en 3D ;
- répétitions de sièges en gradin ;
- répétitions de parking.

Notre exercice reste conforme aux préceptes du BIM. Nous allons créer une double peau de façade composée d'une ossature horizontale et verticale ainsi que de panneaux pliants en remplissage. L'ouverture des panneaux sera totalement paramétrique afin de pouvoir représenter une infinité de variantes d'ouverture/fermeture de la façade.

Figure 14–8
Le résultat final

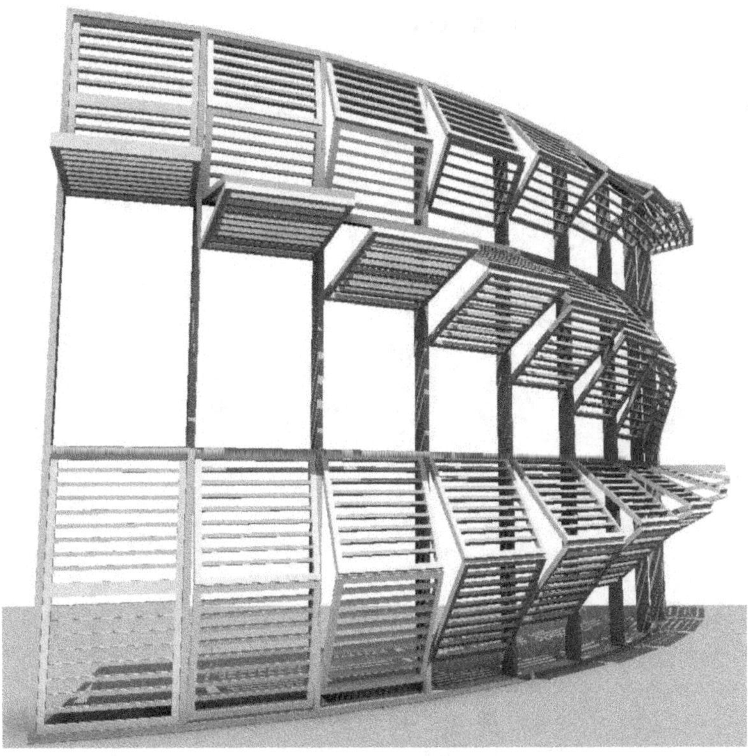

Cet exercice sera également l'occasion de finaliser l'apprentissage des méthodes de rotation d'objet. Après avoir vu la rotation simple de lignes (exercice 13) et d'objets (exercice 14), nous allons aborder les méthodes de rotation d'objet avec translation.

Création de la famille de ventaux pliants imbriquée

1 Créez une nouvelle famille à partir d'un gabarit *Modèle générique métrique (face)*. Agrandissez le volume 3D de la face afin d'englober complètement la famille.

> **Alternative de gabarit**
>
> Nous pourrions choisir un gabarit non hébergé comme le *Modèle générique métrique*, mais il faudrait alors cocher *Basé sur le plan de construction* et décocher *Toujours verticalement*, dans les propriétés de la famille. Cela vous permet de poser l'objet sur l'un des plans d'une ligne de référence, comme si la famille était conçue depuis un gabarit hébergé sur une face.

2 À partir du plan, mettez en place le squelette et les paramètres primaires comme indiqué sur la figure 14-9.

Figure 14–9
Squelette du ventail pliant

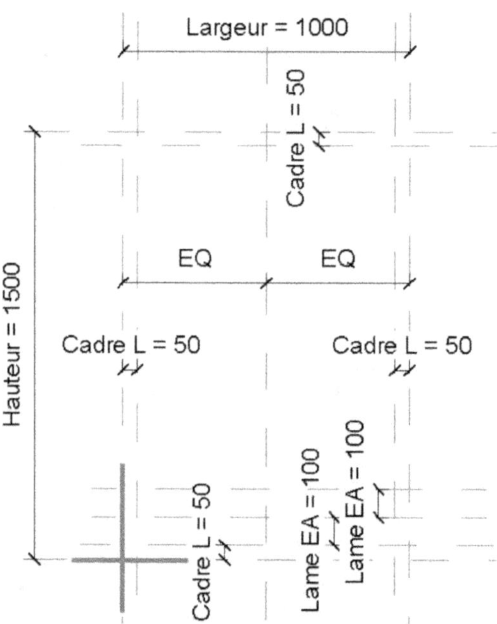

En élévation, nous devons ajouter un plan et un paramètre supplémentaire pour l'épaisseur entre le niveau et le plan.

3 Créez la géométrie du cadre par *Extrusion par chemin*. Associez-lui un paramètre de matériau nommé « Cadre mat ».

4 Créez les paramètres en valeur calculée à l'aide des formules suivantes :

– Remplissage L = Largeur – Cadre L × 2

– Remplissage H = Hauteur – Cadre L × 2

5 Insérez la famille *3D Boite* (créée à l'exercice 9) que nous exploiterons pour réaliser les lames du ventail. Posez une occurrence et associez ses paramètres ainsi :

– *Matériau* à un nouveau paramètre nommé « Lame mat » ;

– *X* au paramètre *Remplissage L* ;

– *Y* à un nouveau paramètre nommé « Lames ep » auquel vous pouvez donner la valeur de 30 mm par exemple ;

– *Z* au paramètre *Epaisseur*.

6 Alignez/cadenassez la lame depuis ses plans centraux sur le premier plan de référence de lame ainsi que sur le plan central du ventail (figure 14-10).

7 Créez le réseau de lames en pointant vers le 2ᵉ objet comme nous l'avons appris avec l'étagère de l'exercice 10. Sélectionnez le symbole du réseau et libellez-le avec un nouveau paramètre nommé « Nombre de lames ». Ce paramètre sera défini par la formule suivante :

Nombre de lames = roundup (Remplissage H / Lame EA) – 1

Figure 14–10
Résultat final du ventail

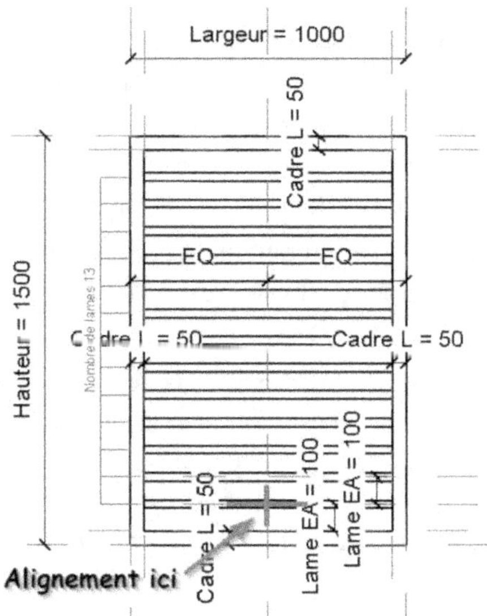

8 Enregistrez la famille.

Création du panneau de mur-rideau

Mise en place du squelette et paramétrage

1 Créez une nouvelle famille depuis le gabarit *Panneau de mur-rideau métrique*. Placez-vous en élévation *Extérieure*.

Vous constatez la présence de l'habituel plan central et de quatre plans : sans nom en bas (renommez-le « Bas »), *Haut*, *Droite* et *Gauche*. Chose plus inhabituelle, la ligne de niveau (élévation *Extérieure*) est particulièrement réduite afin de rendre bien visible le plan *Bas* (figure 14-11).

Figure 14–11
Ligne de niveau et plan Bas

Jusqu'à présent, quand il fallait aligner/cadenasser en bas, je vous demandais de le faire sur la ligne de niveau plutôt que sur les plans *Bas* des familles qui étaient généralement présents dessus. Pour des familles de panneaux de mur-rideau, il est primordial de contraindre tout le squelette du panneau sur ces quatre plans y compris le plan *Bas* et non le niveau. Une fois insérée dans un projet, votre géométrie va s'adapter aux dimensions des panneaux grâce à ces quatre plans.

2 Placez deux cotes, une entre les plans *Droite* et *Gauche* et une autre entre les plans *Bas* et *Haut*. Libellez ses cotes avec des paramètres d'occurrence de rapport nommés « Hauteur » et « Largeur ».

3 Créez un paramètre d'occurrence, de *Longueur* nommé « Demi hauteur » en valeur calculée avec la formule suivante :

$$\text{Demi hauteur} = \text{Hauteur} / 2$$

Nous allons maintenant aborder la mise en place des lignes de référence qui vont nous servir à recevoir la géométrie et à la faire pivoter correctement. La difficulté réside ici dans le pivotement avec déplacement de l'un des deux panneaux. Il existe deux méthodes pour paramétrer correctement ce mouvement : une par trigonométrie et une seconde par paramétrage direct des angles.

Méthode 1 : rotation des lignes de référence par trigonométrie

1 Depuis l'élévation *Droite*, placez trois plans de référence supplémentaires et paramétrez-les comme sur la figure 14-12.

2 Spécifiez le plan de construction sur le plan *Droite* et tracez deux lignes de référence dans les diagonales des rectangles formés par les plans et alignez/contraignez leurs extrémités en X et Y sur les plans respectifs.

Figure 14–12
Mise en place du squelette
secondaire

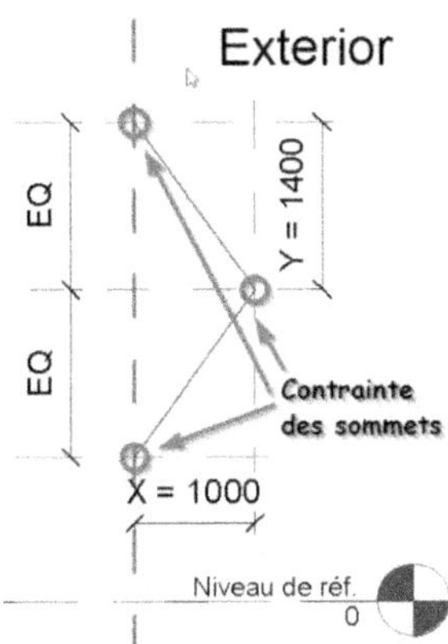

3 Créez le paramètre d'occurrence d'angle nommé « Ouverture » que vous spécifie-
rez à 30°, par exemple.

4 Appliquez les formules suivantes aux paramètres X et Y :

  – X = Demi hauteur × sin (Ouverture)

  – Y = Demi hauteur × cos (Ouverture)

En appliquant les formules, vous verrez le squelette se mettre à jour directement.
Faites varier la valeur d'angle d'*Ouverture* pour tester. Vous constaterez que les
lignes de référence se déplacent en respectant la valeur de *Demi hauteur* grâce aux
formules trigonométriques. Même les valeurs de 0° et de 90° fonctionnent correctement sachant que l'ouverture à 90° est constructivement peu probable.

5 Enregistrez la famille en mentionnant «… trigonométrie ».

Méthode 2 : rotation des lignes de référence par angles directement appliqués

Cette solution est celle que je préfère car elle reflète parfaitement le fonctionnement réel
de l'ouverture des éléments de façade et de plus, elle est plus simple à mettre en œuvre.

1 Effacez tout ce qui concerne la méthode précédente.

2 Tracez les deux lignes de référence placées approximativement (figure 14-13).

3 Alignez/cadenassez le point 1 sur le plan vertical et le point 3 sur les plans horizontal et vertical. Les automatismes de Revit assureront la liaison des deux sommets au point 2.

  Par cette dernière manipulation, nous avons « dit » à Revit que la charnière était le
  point 3 et que le point 1 pouvait se déplacer verticalement en restant contraint sur le
  plan vertical. Cela traduit fidèlement le mouvement réel de ce type d'ouvrage.

4 Sélectionnez tour à tour les lignes de référence, activez leur cote temporaire en
cliquant sur les petits symboles et libellez-les avec le paramètre *Demi hauteur*.

Figure 14–13
Mise en place du squelette secondaire

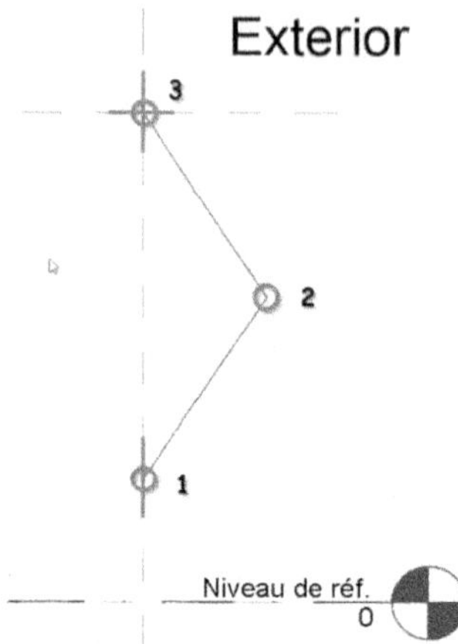

5 Placez des cotes angulaires entre les lignes et le plan vertical et libellez-les avec *Ouverture*.

Figure 14–14
Paramètres de longueur et d'angle appliqués directement sur les lignes de référence

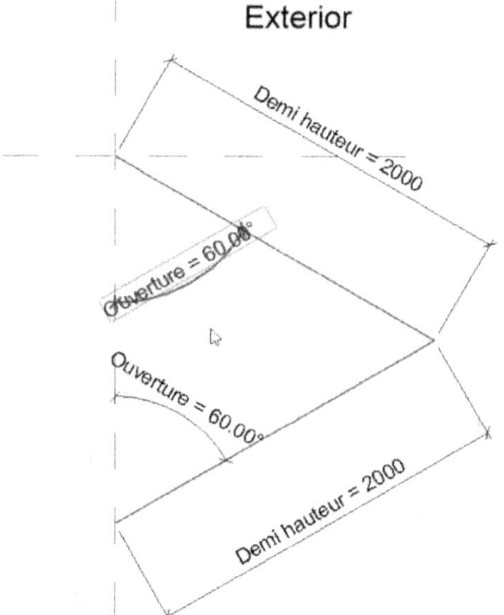

6 Faites varier la valeur d'*Ouverture* et déplacez manuellement le plan *Haut*. Vous constatez que tout s'adapte correctement.

7 Enregistrez la famille en mentionnant «... angle ».

Mise en place des ventaux pliants

Voici l'opération la plus délicate de cet exercice.

1 Insérez la famille *Ventail* et depuis une vue 3D, placez une occurrence en procédant exactement de la même façon que pour l'insertion du composant de détail dans le panneau de porte (voir chapitre 13, section « Création des symboles en plan du panneau et de l'ouverture », page 270). Nous allons revoir en détail cette opération car elle est un peu délicate.

2 Lors du placement de l'occurrence, choisissez *Placez sur le plan de construction* ❶ et dans *Plan de placement* de la barre d'options, sélectionnez *Choisir...* ❷. Dans la fenêtre *Plan de construction*, sélectionnez l'option *Choisir un plan*, puis validez. Approchez-vous de la ligne jusqu'à ce que Revit surligne le plan de la ligne adéquat. Cliquez pour le sélectionner ❸ et enfin, cliquez pour positionner l'occurrence du ventail.

Figure 14–15

Placement de l'objet sur le plan de ligne de référence

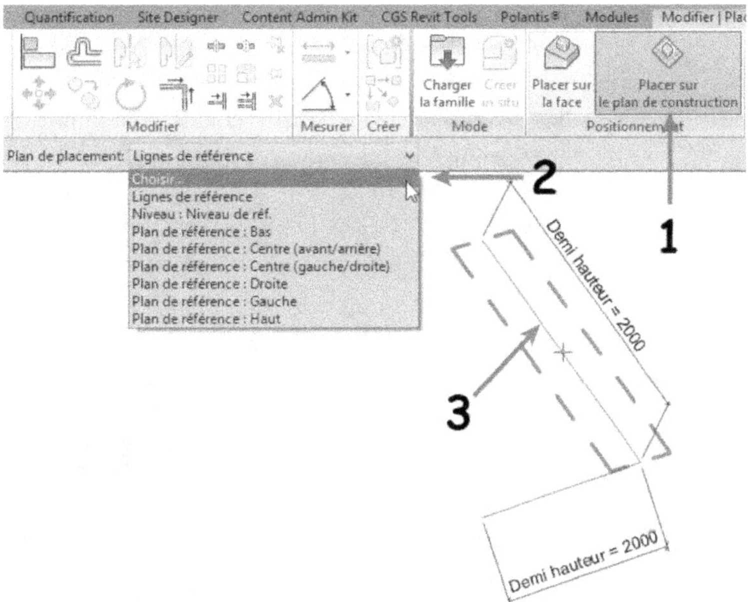

3 Le panneau est placé sur le bon plan mais il n'est peut-être pas bien orienté dans le plan, voire du mauvais côté du plan.

4 Inversez le plan de placement si nécessaire. Pour cela, depuis l'élévation *Droite*, repérez-le ou les ventaux positionnés du mauvais côté du plan de la ligne. Sélectionnez-les et cliquez sur l'icône qui apparaît (figure 14-16).

Figure 14–16
Inversion du plan de placement

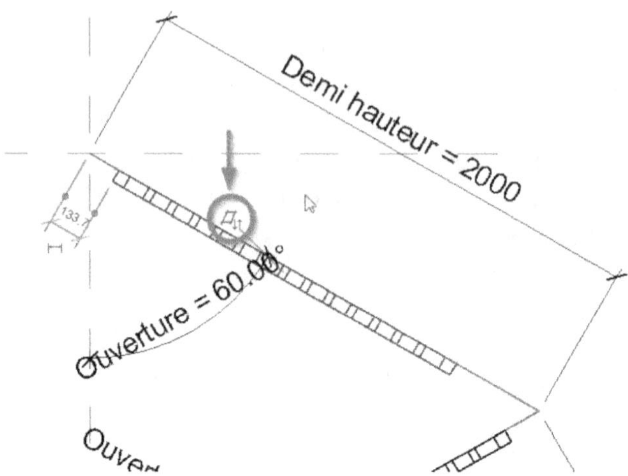

5 Rotation du ou des ventaux : depuis une vue 3D, sélectionnez les ventaux et appuyez sur la touche *Espace* du clavier. Vous verrez les objets pivoter de 90° sur leur origine à chaque pression sur la touche. Cela vous permet de repérer l'origine de la famille (pivot) car c'est à partir d'elle qu'il va falloir aligner/cadenasser les objets.

6 Alignez/cadenassez chaque ventail sur sa ligne respective (figure 14-17) en sélectionnant les faces du ventail. D'abord le long de la ligne ❶, puis sur le point d'extrémité ❷ de la ligne concernée. Masquez si besoin l'autre ligne de référence afin de s'assurer de sélectionner la bonne extrémité.

Figure 14–17
Alignement des ventaux
sur leurs deux axes

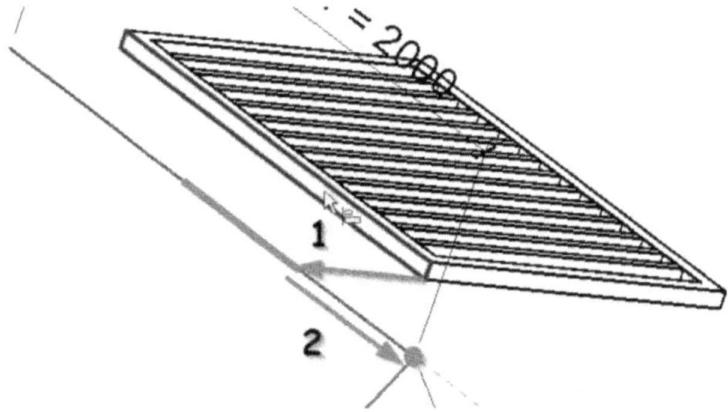

7 Répétez les étapes 5 et 6 pour l'autre ventail en respectant bien l'origine du ventail imbriqué (en bas à gauche).

8 Sélectionnez une occurrence et associez ses paramètres comme suit :
   – *Cadre mat* à un nouveau paramètre nommé « Cadre mat » ;
   – *Lames mat* à un nouveau paramètre nommé « Lames mat » ;
   – *Cadre L* à un nouveau paramètre nommé « Cadre L » ;

– *Epaisseur* à un nouveau paramètre nommé « Epaisseur » ;

– *Hauteur* au paramètre *Demi hauteur* ;

– *Lame EA* à un nouveau paramètre nommé « Lame EA » ;

– *Lames ep* à un nouveau paramètre nommé « Lames ep » ;

– *Largeur* au paramètre *Largeur.*

Inutile de répéter ces opérations pour l'autre occurrence car tous les paramètres du ventail étaient en type.

9 Testez la variation de la géométrie, des angles et des dimensions. La hauteur et la largeur doivent être modifiées graphiquement car ce sont des paramètres de rapport.

Lors du changement d'angle d'ouverture, Revit peut afficher le message d'erreur suivant : « Les contraintes ne sont pas satisfaites. » Il suffit d'accepter de supprimer les contraintes pour pouvoir continuer à tester tous les paramètres. Ce message d'erreur ne porte donc pas à conséquence dans ce cas de figure.

Figure 14–18
Le panneau de MR terminé

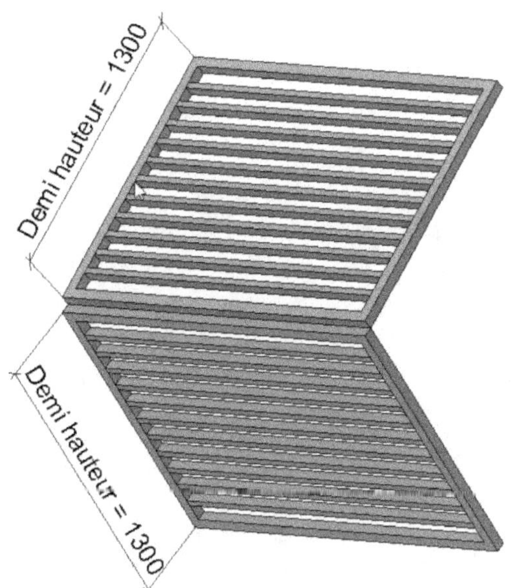

Insertion dans le projet, création et paramétrage du mur-rideau

Le paramétrage des murs-rideaux est beaucoup plus simple que celui des garde-corps.

1 Chargez le panneau du mur-rideau dans le projet.

2 Créez un nouveau type de mur-rideau et tracez une occurrence dans le projet.

3 Dans les propriétés de type, sélectionnez dans *Panneau de mur-rideau* le type de panneau que vous venez de créer et de charger dans le projet.

4 Sélectionnez une occurrence de panneau et spécifiez correctement les matériaux du cadre et des lames.

5 Le paramètre d'*Ouverture* étant d'occurrence, il suffit de sélectionner individuellement les panneaux et de spécifier l'angle souhaité pour chacun.

15

Les familles et les IFC

Les IFC pour un utilisateur Revit, même très confirmé, constituent encore parfois un sujet « mystérieux », qui fait peur. Par méconnaissance, on a tendance à écarter ce format de fichier d'échange et à se focaliser sur le format Revit. Dans ce chapitre, je vais vous présenter tout ce que vous devez savoir sur les IFC, ainsi que sur le paramétrage de Revit et des familles, afin de garantir un export IFC de qualité de vos maquettes. Le présent ouvrage traitant exclusivement des familles, nous n'aborderons que les aspects des IFC qui concernent directement et indirectement les objets de la maquette. Ainsi ne seront pas abordés ici, entre autres, les aspects de l'IFC concernant les pièces (IfcSpace et IfcZone).

Introduction à l'IFC

Les enjeux de l'IFC pour les utilisateurs Revit

L'IFC est aujourd'hui incontournable dans un processus BIM moderne. Même s'il existe parfois une concurrence, pour ne pas dire un léger conflit entre les partisans de l'IFC (l'OpenBIM) et ceux de Revit (le CloseBIM), il faut admettre qu'aucun fanatisme technologique n'a de sens, qu'il soit CloseBIM ou OpenBIM. En effet, les retours d'expériences, de plus en plus nombreux, mettent en évidence que le 100 % Revit ou le 100 % IFC est de toute façon inexistant dans la pratique.

Afin que ces fichiers IFC soient exploitables par les destinataires de ces échanges, il est essentiel que les objets exportés avec la maquette puissent être correctement retranscrits dans les classes IFC.

À noter que pour l'instant, le format IFC est un format d'échange de fichiers projets et non de fichiers objets. Il n'est d'ailleurs pas possible d'exporter une famille Revit (fichier *.rfa*) directement en IFC. L'un des enjeux pour les créateurs de familles est que les données qu'elles véhiculent puissent être correctement retranscrites dans les maquettes IFC du projet.

Échanges en conception et en chantier

En conception d'un projet mené en BIM, même s'il est assez fréquent de retrouver Revit comme principal outil de modélisation, il ne convient pas, seul, à toutes les disciplines professionnelles de l'ingénierie. Par exemple, les thermiciens et les acousticiens qui peuvent s'appuyer sur la maquette numérique pour réaliser leurs calculs utilisent des outils métiers spécifiques qui dialoguent avec Revit *via* le format IFC.

En chantier, certains corps d'état qui souhaitent exploiter le BIM en exécution utilisent des outils particuliers adaptés aux exigences très spécifiques de cette phase. Revit, conçu à la base pour les concepteurs (architectes et ingénieurs), peut vite montrer ses limites pour certains corps d'état d'un chantier. Les outils BIM métier utilisés par les entreprises vont également dialoguer avec Revit grâce aux IFC.

Le passage à l'exploitation des bâtiments

Nous l'avons expliqué précédemment (chapitre 5, section « Nommage des paramètres », page 99), la finalité du BIM est l'exploitation et la maintenance du bâtiment, une fois construit. Dans ce domaine, les quelques outils de GMAO (gestion de maintenance assistée par ordinateur) qui sont capables d'exploiter une maquette numérique le font *via* le format IFC, sans exception.

Les ressources utiles

La première ressource à laquelle vous devez avoir le réflexe d'accéder est tout simplement l'aide de votre logiciel (touche F1). En tapant « IFC » dans le champ de recherche, vous aboutirez sur les articles concernés. Vous pouvez aussi directement aller à la section dédiée de l'aide : *Documentation et présentation de la conception, Exportation, Exportation au format IFC.*

Les sites Internet

Les ressources Internet sont les plus foisonnantes sur le sujet. Comme c'est souvent le cas en matière de BIM, elles sont en anglais.

buildingSMART-Tech

Figure 15–1
Site web technique
de buildingSMART
(Source : www.buildingsmart-tech.org)

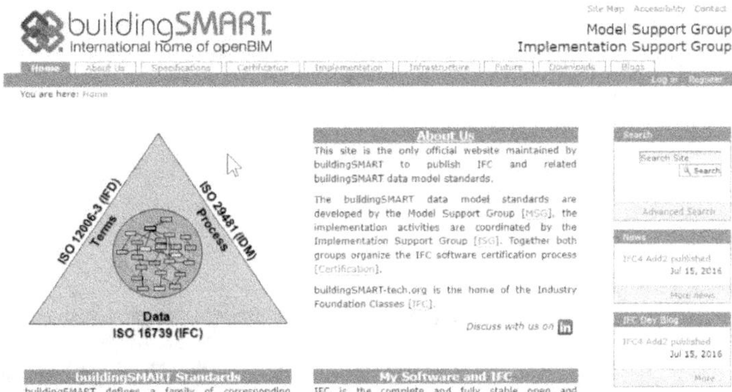

Le site technique officiel de *buildingSMART International*. À ne pas confondre avec le site général (www.buildingsmart.org). Vous y trouverez toutes les ressources techniques sur le format IFC. Un petit conseil : n'hésitez pas à télécharger sur votre ordinateur les pages qui concernent la spécification technique d'un des formats depuis la section *Spécifications*. Cela vous permettra d'y avoir accès plus rapidement et sans connexion Internet.

BIMstandards

Figure 15–2
Site web de BIMstandards
(Source : bimstandards.fr)

Une très belle initiative française sur le sujet. Elle a été lancée par Alexandre Grignon qui a réalisé une première version du site dans le cadre de sa thèse de fin d'études au mastère BIM de l'ENPC (École nationale des ponts et chaussées). Son objectif initial était de permettre de regrouper les bonnes pratiques d'échanges IFC entre les différents logiciels BIM du marché. Tous les éditeurs ont rapidement adhéré à cette initiative et ont commencé à publier sur le site les meilleures méthodes d'échange depuis ou vers leur logiciel.

L'initiative a été récupérée par buildingSMART France (Mediaconstruct), qui depuis l'a agrémenté de nombreuses ressources techniques sur les IFC. Un site incontournable (et en français !) pour tous ceux qui souhaitent en connaître davantage sur l'interopérabilité.

HexaBIM

Figure 15–3
Site web de HexaBIM
(Source : www.hexabim.com)

Le site HexaBIM a déjà été cité comme ressource générale sur le BIM. Dans sa section « Blog », Simon Moreau y a rédigé deux articles très intéressants sur le sujet de l'export IFC depuis Revit :

- https://www.hexabim.com/blog/export-ifc-revit-les-bonnes-pratiques-avec-simon-moreau-1-2
- https://www.hexabim.com/blog/export-ifc-revit-les-bonnes-pratiques-avec-simon-moreau-2-2

Les ouvrages écrits

Bien que le sujet de l'interopérabilité et des IFC le mériterait, il n'existe pas, sauf erreur, d'ouvrage publié dédié à ce sujet, même en anglais. Cependant, trois livres blancs PDF ont été rédigés par Autodesk sur ce thème. Deux d'entre eux sont sortis en français en 2016 :

- *Le standard IFC : quand et comment l'utiliser* (https://damassets.autodesk.net/content/dam/autodesk/www/campaigns/interoperability/fr/livre-blanc-le-standard-IFC.pdf)
- *Les bonnes pratiques IFC dans Revit* (https://damassets.autodesk.net/content/dam/autodesk/www/campaigns/interoperability/fr/livre-blanc-bonnes-pratiques-IFC-revit.pdf)

Le premier constitue une introduction générale tandis que le deuxième est un guide pratique intéressant avec quelques bonnes astuces sur le sujet.

Plus récemment, en 2018, un troisième manuel assez détaillé a été publié mais uniquement en allemand et en anglais (une version française devrait être bientôt disponible, ou sous peu, au moment où vous lirez ces lignes) : *Revit IFC manual, Detailed instructions for handling IFC files*, disponible à l'adresse https://damassets.autodesk.net/content/dam/autodesk/draftr/2528/180213_IFC_Handbuch.pdf. À ma connaissance, c'est l'ouvrage le plus complet qui traite des IFC avec Revit.

Figure 15–4
Manuel en anglais *Revit IFC manual*

Les utilitaires à installer

IFC for Revit

Depuis la version 2012 de Revit, Autodesk a créé une version open source de son utilitaire d'export afin d'ouvrir son logiciel au dynamisme de la communauté du logiciel libre. À partir de la version 2015, cet utilitaire a été complété par un utilitaire d'import IFC. Vous pouvez télécharger ce document sur l'App Store d'Autodesk (https://apps.autodesk.com/fr) mais aussi (et je vous le conseille) sur le site communautaire du logiciel libre SourceForge (https://sourceforge.net/projects/ifcexporter). Vous aurez accès à la toute dernière version de l'utilitaire ainsi qu'à toutes les anciennes versions depuis la version 2012 (limité aux trois ou quatre dernières versions sur l'App Store d'Autodesk). De plus, vous accéderez à des ressources techniques supplémentaires ainsi qu'au code source du logiciel si l'envie vous venait de le personnaliser.

Cet utilitaire est maintenant installé par défaut avec Revit depuis la version 2016. Cependant, il est nécessaire de l'actualiser avec la dernière version disponible si vous voulez profiter des dernières fonctionnalités et des nombreux correctifs qu'apportent les mises à jour.

La version 2018 a apporté deux nouvelles fonctionnalités importantes :

- la possibilité de choisir l'origine du fichier à exporter dans l'IFC (❶) ;
- la possibilité d'enregistrer et d'ouvrir un fichier de configuration des paramétrages d'export (❷). Très pratique pour uniformiser les paramètres d'export dans votre entreprise.

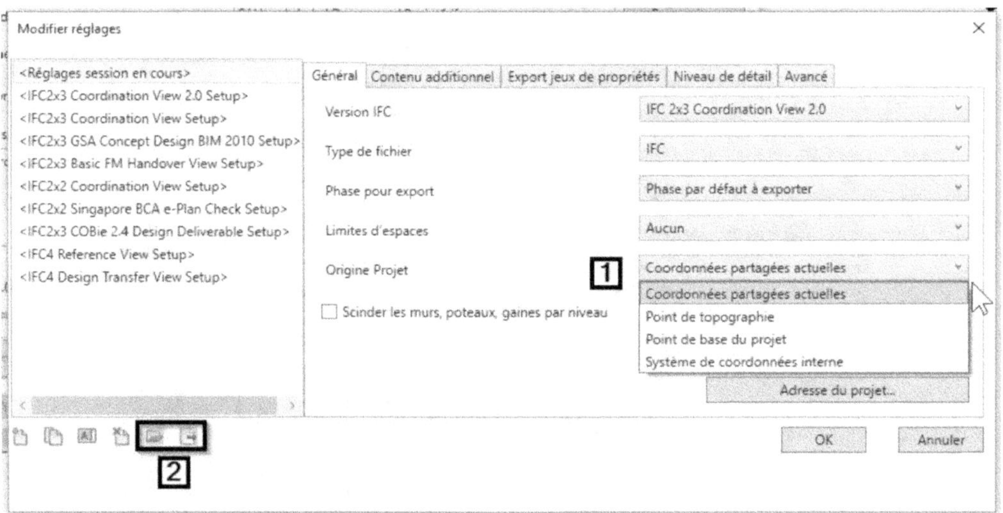

Figure 15–5 Export IFC de Revit 2018, onglet Général

Visualiseur d'IFC : BIM Vision

Pour vérifier le résultat de vos exports avant diffusion, il vous faudra installer un visualiseur d'IFC. Il en existe un grand nombre sur le marché qui sont tous gratuits. Pour illustrer les captures d'écran sur les IFC, j'utiliserai BIM Vision (https://bimvision.eu) qui a l'avantage d'être très rapide à l'ouverture des IFC et de représenter la structure de l'IFC et de ses propriétés de manière très claire.

Je vous déconseille d'utiliser Tekla BIM Sight qui, bien que très répandu et disposant de fonctionnalités intéressantes, est limité à la visualisation du seul format IFC 2x3. De plus, son interprétation géométrique est souvent la moins fidèle par rapport à ses concurrents.

COBie Extension

Sur le site Autodesk BIM Interoperability Tools (www.biminteroperabilitytools.com) est disponible une série d'outils qui permet de faciliter et d'optimiser les exports au standard COBie (voir chapitre 1, section « Le COBIe », page 16).

Hormis si vous travaillez en Grande-Bretagne, vous n'aurez probablement pas l'usage du COBie. Cependant, je le trouve très intéressant dans la manière dont il standardise les propriétés d'un bâtiment. BuildingSMART France aurait été bien inspiré de s'appuyer sur ce standard, déjà existant, pour proposer son premier échantillon de dictionnaire des propriétés de la construction (voir chapitre 5, section « Le dictionnaire des propriétés des produits de la construction », page 101). C'est exactement ce que le gouvernement britannique a fait avec son standard COBie UK 2012, qui reprend et adapte le COBie américain à ses propres exigences.

Je pense également que ces utilitaires dédiés au COBie doivent constituer un véritable modèle d'inspiration pour Autodesk, en vue d'améliorer la simplicité et l'optimisation des exports IFC depuis Revit.

Concept théorique

Sans rentrer dans toutes les caractéristiques techniques de l'IFC, nous allons aborder ici les concepts nécessaires à la pratique courante des IFC avec les familles de Revit. Sauf indications contraires, nous aborderons les caractéristiques des IFC selon la version IFC 4, qui est la version la plus récente du format.

La constitution des IFC

Formats informatiques

L'IFC est un format informatique dit de « haut niveau » (non compilé et donc lisible par l'homme), dérivé du format STEP *(STandard for the Exchange of Product model data)*. Il s'ouvre et se lit directement depuis un simple éditeur de texte (voir figure 15-9 page 309).

La structuration de sa donnée est décrite selon le langage EXPRESS (norme ISO 10303-11), qui est un langage de spécification de données, très utilisé dans le domaine des bases de données orientées objet.

Les entités IFC

L'IFC est composé d'entités *(Entities)* qui sont au nombre de 650 environ pour l'IFC 2x3 et de 770 pour l'IFC 4. Parmi ces entités, seules une à deux centaines constituent de véritables classes d'objets physiques de la construction *(IfcWall, IfcDoor…)*. Toutes les autres sont soit des entités qui permettent de hiérarchiser les objets *(IfcBuildingElement* ou *IfcProduct*, par exemple) ou de structurer leurs données (les *ObjectType* comme *IfcWallType* ou *IfcDoorType*, par exemple), soit des entités de « fonctions » qui agissent sur les objets en déterminant des relations comportementales entre eux (tous les *IfcRel…* par exemple).

La plupart des entités objets *(IfcWall, IfcDoor…)* sont en 7e hiérarchie, donc sous six entités supérieures comme le montre la figure 15-6. Souvent, une 8e hiérarchie existe pour préciser une classe d'objet particulier. Citons par exemple les *IfcWallStandardCase* qui font partie des *IfcWall* mais qui concernent uniquement des murs de géométrie standard, constituée par une simple extrusion avec faces parallèle et verticale. C'est l'équivalent de nos familles système de *Mur de base* dans Revit.

À partir de la troisième hiérarchie d'entité apparaît une hiérarchie parallèle d'entités : les *ObjectType*. Ces entités de type (ou de style pour certaines classes d'objet dans l'IFC 2x3) sont en quelque sorte des équivalents à la notion de *Type* dans Revit (voir chapitre 2, section « Les types », page 26) et permettent de rattacher à un groupe d'objets des définitions de propriétés communes. Contrairement à Revit, rien ne permet dans l'IFC de contraindre la cohérence des valeurs de ces propriétés qui sont assignées par le type : c'est donc Revit qui sera le garant de cette cohérence entre toutes les occurrences d'un même type.

Figure 15–6
Structure des entités IFC 4

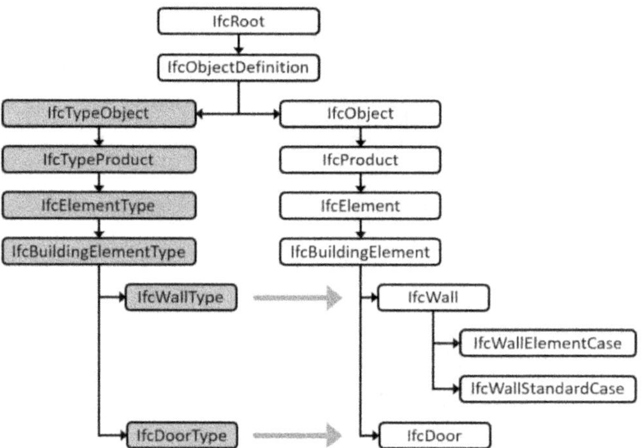

Les types prédéfinis

En plus des classes d'objets de 7e hiérarchie *(IfcWall, IfcDoor…)* et de 8e hiérarchie *(IfcWallStandardCase, IfcDoorStandardCase…)*, les objets peuvent avoir une classification plus fine par les types prédéfinis *(PredefinedType)* dont la valeur est déterminée par une liste spécifique et limitée, pour chaque classe d'objet. Prenons le cas d'un mur *(IfcWall)*. Le type prédéfini aura la valeur issue de la liste *IfcWallTypeEnum* ci-après (traduction proposée entre parenthèses) :

- MOVABLE (cloison démontable)
- PARAPET (muret garde-corps)
- PARTITIONING (cloison)
- PLUMBINGWALL (caisson, encoffrement)
- SHEAR (mur de soutènement)
- SOLIDWALL (mur porteur)
- STANDARD (à ne pas utiliser car doublon avec l'entité *IfcWallStandardCase*)
- POLYGONAL
- ELEMENTEDWALL (à ne pas utiliser car doublon avec l'entité *IfcWallElemen-tedCase*)
- USERDEFINED
- NOTDEFINED

La structuration des IFC

L'IFC est structuré à deux niveaux différents : structuration des données à un niveau fichier et structuration spatiale à un niveau projet.

Structuration des données

Pour comprendre la structuration des données dans les IFC, nous examinerons de près le cas de l'entité *IfcDoor* (porte).

```
ENTITY IfcDoor
 SUPERTYPE OF(IfcDoorStandardCase)
 SUBTYPE OF (IfcBuildingElement);
  OverallHeight : OPTIONAL IfcPositiveLengthMeasure;
  OverallWidth : OPTIONAL IfcPositiveLengthMeasure;
  PredefinedType : OPTIONAL IfcDoorTypeEnum;
  OperationType : OPTIONAL IfcDoorTypeOperationEnum;
  UserDefinedOperationType : OPTIONAL IfcLabel;
 WHERE
  CorrectStyleAssigned : (SIZEOF(IsTypedBy) = 0)
OR ('IFCSHAREDBLDGELEMENTS.IfcDoorType' IN TYPEOF(SELF\IfcObject.IsTypedBy[1].RelatingType));
END_ENTITY;
```

Figure 15–7 Définition EXPRESS d'une entité porte *IfcDoor*

Si vous regardez uniquement l'entité concernée, vous ne voyez que cinq attributs : *OverallHeight*, *OverallWidth*, *PredefinedType*, *OperationType* et *UserDefinedOperationType*. Une porte, dans un IFC, est caractérisée par bien plus de données que cela grâce à la hiérarchie des entités dans laquelle elle s'inscrit (voir figure 15-6). Chaque hiérarchie d'entité « fille » hérite des caractéristiques des entités « mères ». Ces données sont de deux natures : attribut (propriétés) et fonction (relation comportementale).

En regardant maintenant globalement l'objet, vous découvrirez la structure complète et plus complexe de la donnée qui caractérise un objet *IfcDoor*.

Figure 15–8

Structure complète
de la donnée d'une entité
IfcDoor

#	Attribut
	IfcRoot
1	GlobalId
2	OwnerHistory
3	Name
4	Description
	IfcObjectDefinition
	HasAssignments
	Nests
	IsNestedBy
	HasContext
	IsDecomposedBy
	Decomposes
	HasAssociations
	IfcObject
5	ObjectType
	IsDeclaredBy
	Declares
	IsTypedBy
	IsDefinedBy
	IfcProduct
6	ObjectPlacement
7	Representation
	ReferencedBy
	IfcElement
8	Tag
	FillsVoids
	ConnectedTo
	IsInterferedByElements
	InterferesElements
	HasProjections
	ReferencedInStructures
	HasOpenings
	IsConnectionRealization
	ProvidesBoundaries
	ConnectedFrom
	ContainedInStructure
	HasCoverings
	IfcBuildingElement
	IfcDoor
9	OverallHeight
10	OverallWidth
11	PredefinedType
12	OperationType
13	UserDefinedOperationType

Sur la figure précédente, les lignes grisées avec numéros correspondent aux attributs de l'objet, tandis que les données non grisées sont des fonctions qui permettent de mettre en relation des entités « comportementales ». Par exemple, sous *IfcElement*, la fonction *HasOpening* permet de mettre en relation, *via* l'entité relationnelle *IfcRel-VoidsElement*, une entité *IfcOpeningElement* qui fera le vide dans une entité *IfcWall* (le mur qui héberge la fenêtre). Pour information, l'attribut n° 5 va stocker le nom de l'*IfcDoorType* qui caractérise le type de l'*IfcDoor*.

Au niveau du fichier IFC lui-même (figure 15-9), si vous en ouvrez un, vous constaterez qu'il est lisible et qu'il est constitué de miliers de lignes numérotées (#...). À chaque ligne correspond la description d'une entité IFC. Ici, pour l'exemple d'une porte, vous allez retrouver après la déclaration de l'entité, entre parenthèses et séparées par des virgules, les valeurs de chaque attribut numéroté de la figure précédente.

```
#4428= IFCPRODUCTDEFINITIONSHAPE($,$,(#4426));
#4431= IFCCARTESIANPOINT((124.040601787189,557.452847787197,8.));
#4433= IFCAXIS2PLACEMENT3D(#4431,$,$);
#8867= IFCLOCALPLACEMENT(#8853,#8866);
                        1              2                          3
#4435= IFCDOOR('0BhFBaq7TBbfwjQUal3usm',#42,'00_PI _v1 PP PO 1s:PP 93x204 CF/PF:425868',
$,'PP 93x204 CF/PF',#8867,#4428,'MI01-02',102.,208.5,.DOOR.,.NOTDEFINED.,$);
#4438= IFCMATERIALLIST(#2223,#2234));
 4       5       6     7        8       9       10      11       12      13
#4440= IFCPROPERTYSINGLEVALUE('FireRating',$,IFCLABEL('CF/PF'),$);
#4441= IFCPROPERTYSET('0BhFBaq7TBbfwjOXal3usm',#42,'Pset_DoorCommon',$,(#212,#2264,#4440));
```

Figure 15–9 Extrait d'un fichier IFC ouvert avec le bloc-notes de Windows

Lorsque la valeur est un numéro de type « #... », cela signifie que la valeur est stockée dans une autre entité IFC à la ligne numérotée. Dans le cas d'un « $ », cela signifie que la valeur est non renseignée.

Structuration spatiale

Une structuration spatiale bien précise existe également au niveau du projet (voir figure 15-10). Cette structure est assez proche de la structure spatiale dans Revit.

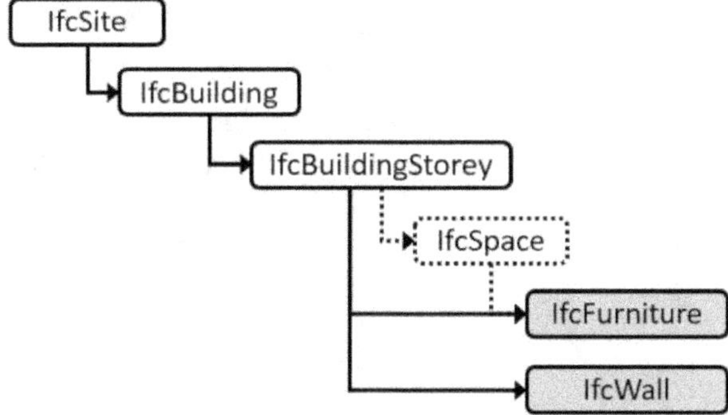

Figure 15–10
Structure spatiale des objets

La localisation spatiale des entités s'effectue grâce à la fonction *ContainedInStructure* (hiérarchie 5, *IfcElement*) et l'entité relationnelle *IfcRelContainedInSpatialStructure*. Ainsi, un objet de mobilier *(IfcFurniture)* est éventuellement inclus dans une pièce *(IfcSpace)* qui elle-même est incluse dans un niveau *(IfcBuildingStorey)* qui lui-même est inclus dans un bâtiment *(IfcBuilding)* qui lui-même est inclus dans un site *(IfcSite)*.

Les différentes versions de l'IFC

Depuis sa création en 1997, l'IFC a connu plusieurs évolutions qui se sont assez logiquement accélérées depuis ces cinq dernières années. Cohabitent actuellement deux versions de l'IFC, l'IFC 2x3 et l'IFC 4.

Les principaux outils BIM sont certifiés en import et/ou en export de fichiers IFC dans la version 2x3, ce qui signifie que le résultat des exports et imports a été validé par buildingSMART International. À noter que bien que les certifications pour l'IFC 4 soient en cours, aucun outil n'a actuellement de certification validée.

IFC 2x3

Ce format, qui existe depuis 2006 (une éternité en informatique !), est actuellement en correctif TC1 *(Technical Corrigendum 1)*. Selon moi, ce format est encore un brouillon de l'IFC. Bien qu'assez fonctionnel, sa structure de donnée n'est pas très cohérente et rend donc complexe sa compréhension, notamment pour les développeurs informatiques. Pour illustrer mon propos, examinons la structure hiérarchique des entités pour les murs et les portes (figure 15-11).

Figure 15–11
Structure des entités IFC 2x3

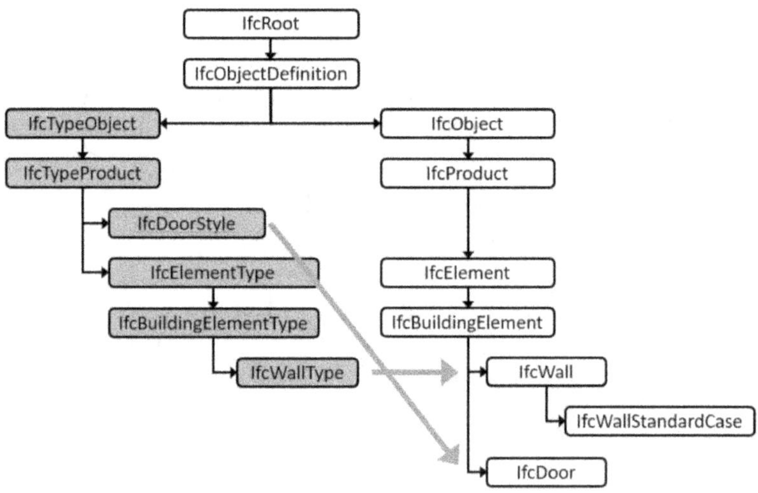

Comme vous pouvez le constater, la structure très simple et cohérente de l'IFC 4 n'est pas encore présente dans l'IFC 2x3. Outre une hiérarchisation très différente des *ObjectType* selon l'entité (hiérarchie 5 pour les portes et hiérarchie 7 pour les murs), le nommage diffère également (*IfcDoorStyle* pour les *IfcDoor* et *IfcWallType* pour les murs).

IFC 4

Ce format, qui existe depuis 2013, est actuellement en mise à jour *Addendum 2*. Il fait l'objet d'une norme ISO depuis sa création : ISO-16739.

Il s'agit d'après moi de la première version de l'IFC « mature ». Outre la structuration clarifiée et homogénéisée évoquée précédemment, on peut dénombrer les améliorations suivantes par rapport aux versions précédentes :

- ajout de classes d'objets supplémentaires faisant défaut ;
- ajout de propriétés, notamment de nombreuses liées à la qualité environnementale et à l'exploitation du bâtiment. À noter que bon nombre de propriétés équivalant au COBie ont été intégrées nativement dans les propriétés des objets ;
- meilleure gestion des géométries courbes et complexes, ce qui a comme conséquence d'optimiser la fidélité géométrique et la taille des fichiers IFC générés ;
- traduction en plusieurs langues dont le français, mais hélas pas complètement (70 % environ), donc finalement non exploitable à ce jour.

Les MVD ou Model View Definition

Les MVD sont en quelque sorte des « macro » réglages d'export IFC. Deux MVD sont définis pour l'IFC 4 :

- la *Reference View*, qui garantit une fidélité géométrique accrue tout en dégradant les aspects paramétriques des objets. Cette MVD est préconisée pour des échanges entre intervenants de disciplines différentes utilisant les fichiers IFC en tant que liens non modifiables ;
- la *Design Transfert View*, qui favorise le maintien des aspects paramétriques des objets au détriment de la fidélité géométrique et qui, par conséquent, peut être conseillée lorsqu'il y a poursuite de la modélisation nécessaire sur la maquette. C'est typiquement le cas si une maîtrise d'œuvre d'exécution, sur Revit, doit poursuivre une maquette IFC modélisée par un architecte, avec un autre outil.

Les propriétés des IFC

Il existe deux natures différentes de propriétés dans les IFC, les attributs directs des entités IFC et les *Properties* des entités. Les deux sont gérés différemment par l'IFC.

Les attributs

Ce sont les caractéristiques qui sont définies pour chaque entité dans le noyau informatique de l'IFC. Ce sont par exemple les 13 attributs de l'entité *IfcDoor* illustrés par la figure 15-8. Vous pouvez aisément vous imaginer qu'il y a bien plus de caractéristiques associables à une porte. C'est le rôle des *Properties*.

Les propriétés (Properties)

Les *Properties* des entités sont déclarées en dehors du noyau de l'IFC et sont rattachées aux entités par les *Property Sets* ou *Pset* (jeux de propriétés) *via* les fonctions *IsDefinedBy* au niveau objet et *HasPropertySets* au niveau *ObjectType*. La figure 15-12 illustre les *Property Sets* (Pset) pour l'entité *IfcDoor*. Le *Pset_DoorCommon* (jeu de propriétés standards des portes) contient par exemple une vingtaine de propriétés dont *FireRating* (résistance au feu) ou *AcousticRating* (résistance acoustique), par exemple.

Figure 15–12

Les 9 Pset de l'*IfcDoor*

PredefinedType	PsetName	Properties
	Pset_DoorCommon	
	Pset_DoorWindowGlazingType	
	Pset_EnvironmentalImpactIndicators	
	Pset_EnvironmentalImpactValues	
	Pset_Condition	
	Pset_ManufacturerOccurrence	
	Pset_ManufacturerTypeInformation	
	Pset_ServiceLife	
	Pset_Warranty	

Les quantités de base (BaseQuantities)

Notion parallèle aux *Properties*, les *BaseQuantities* sont des propriétés liées aux quantités automatiques que les IFC sont capables de calculer sur la base de la géométrie directe des objets. Elles sont regroupées dans des jeux de quantités *(Quantity Sets)* qui existent pour la plupart des classes d'objets (*Qto_DoorBaseQuantities* pour les portes, par exemple).

La pratique des IFC avec les familles

Du point de vue des familles Revit, c'est exclusivement des questions d'export IFC dont il sera question. Comme support à nos manipulations, nous utiliserons un fichier projet que vous retrouverez à l'adresse www.editions-eyrolles.com/go/famillesRevit2 et que voici ci-après.

Figure 15–13
Fichier support

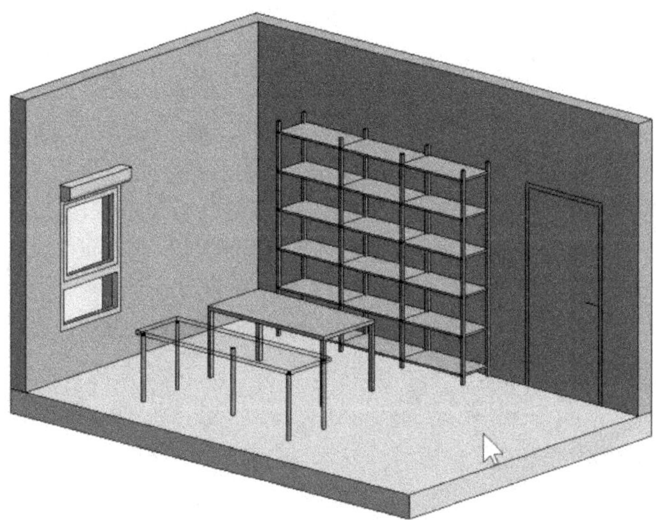

Cet échantillon de projet, qui a été établi à partir du gabarit architectural par défaut, contient deux murs, un sol et quelques objets des exercices précédents, comme vous pouvez le constater.

Version de Revit utilisée

Comme évoqué précédemment, l'utilitaire d'export IFC s'améliore grandement au fur et à mesure des versions de Revit, le problème étant que peu après la sortie d'une nouvelle version de Revit, la version précédente de l'utilitaire IFC s'arrête d'être développée. Toutes les manipulations présentées ci-après ont été effectuées en version Revit 2018.3 et avec le dernier utilitaire disponible pour cette version (v18.4 de mai 2018).

Le fonctionnement de l'utilitaire d'export

Pour accéder à l'utilitaire d'export depuis le projet, allez dans l'onglet *Fichier* (ou menu *R* avant Revit 2018), *Exporter*, *IFC* et vous arrivez sur la fenêtre d'accueil.

Figure 15–14
Fenêtre d'accueil de l'utilitaire
d'export

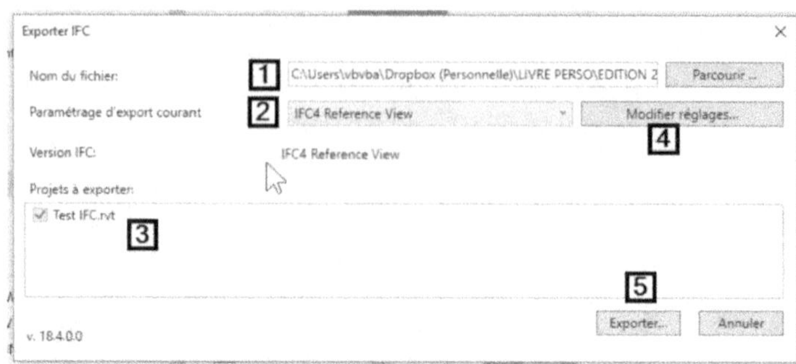

Il s'agit d'une première fenêtre avec finalement peu de fonctions :

1 fichier IFC exporté et chemin d'enregistrement ;

2 paramétrage actif (le dernier utilisé). Nous utiliserons ici le paramétrage *IFC4 Reference View* qui correspond au MVD *(Model View Definition)* de même nom ;

3 les fichiers Revit sélectionnés pour l'export ;

4 bouton pour accéder à tous les paramètres d'export ;

5 bouton d'export.

En cliquant sur le bouton *Modifier réglages...*, vous arriverez sur la fenêtre principale de la figure 15-15.

Figure 15–15
Fenêtre principale
des paramètres d'export

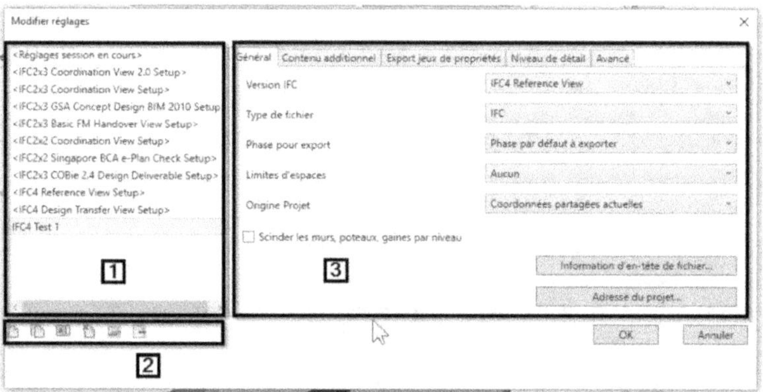

C'est à partir de cette fenêtre que vous accédez à tous les réglages disponibles pour l'export :

1 réglages existants. Ceux entre crochets sont des réglages d'export qui correspondent au MVD et qui sont en lecture seule. Pour les personnaliser, le plus simple est de partir d'un de ces réglages en le dupliquant ;

2 option des réglages : Créer nouveau réglage, Dupliquer un réglage existant, Renommer, Supprimer, Importer une configuration enregistrée et Sauvegarder une nouvelle configuration ;

3 les onglets de paramétrage qui regroupent par thèmes toutes les options pour exporter son fichier, de gauche à droite : Général, Contenu additionnel, Export jeux de propriétés, Niveau de détail et Avancé.

Certaines options de cette fenêtre, qui concernent les familles, seront abordées en détail dans la suite du chapitre.

Les classes d'objets IFC et les catégories Revit

Faire en sorte que les objets soient correctement catégorisés dans l'IFC final est le minimum qu'on vous demandera et parfois la seule contrainte de formalisme exigée dans un cahier des charges ou une convention BIM. Comme nous l'avons évoqué dans le chapitre 5 (section « Nommage des Paramètres », page 99), cette seule exigence est loin de suffire en réalité.

Cette catégorisation peut se faire soit globalement soit individuellement sur les objets.

Classification globale

La classification globale s'appuie assez naturellement sur les catégories de Revit. À chaque catégorie Revit va correspondre une classe d'objet. C'est ce qu'on appelle, en jargon informatique, le mappage. Un mappage par défaut des catégories est spécifié dans les options d'export IFC que vous trouverez dans l'onglet *Fichier* ou le menu *R* selon les versions de Revit (figure 15-16, ❶) : en faisant descendre le menu (petite flèche en bas), cliquez sur *Options* ❷ et choisissez *Options IFC* ❸.

Figure 15–16
Options IFC d'export

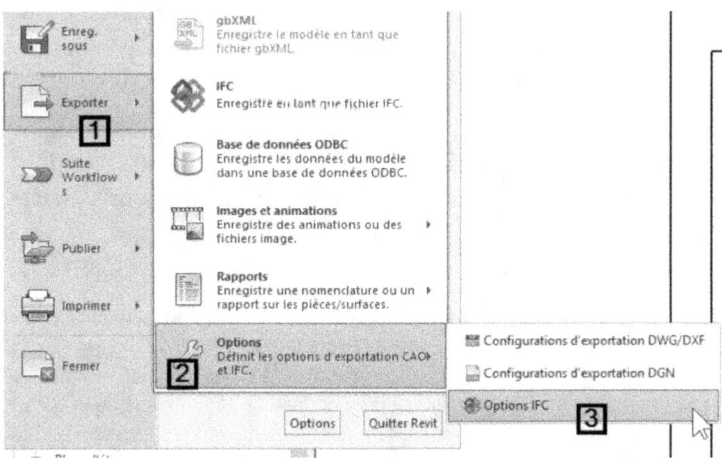

Revit vous ouvrira alors la fenêtre *Classes d'exportation IFC* (figure 15-17).

Figure 15–17
Fenêtre Classes d'exportation
IFC

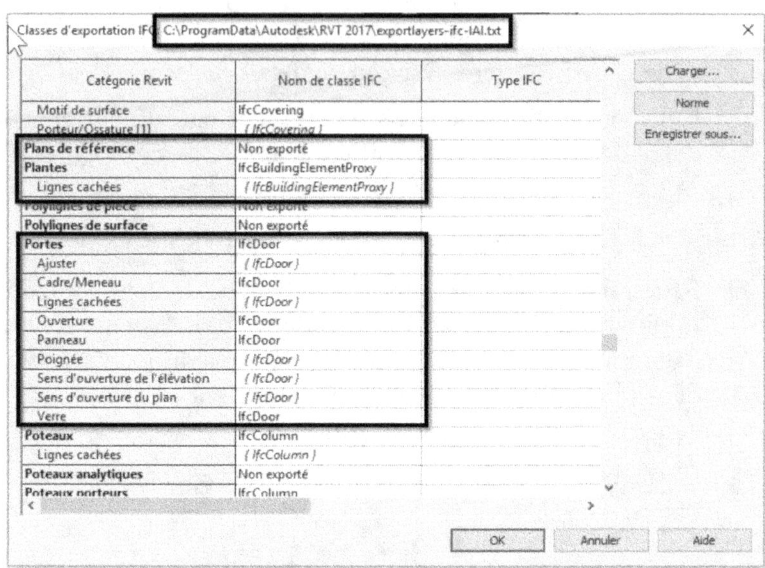

Cette fenêtre représente le mappage des catégories vers les classes IFC. Ce mappage est défini dans un fichier texte tabulé qui s'appelle par défaut *exportlayers-ifc-IAI.txt* (voir la barre de titre de la fenêtre).

Vous pouvez naturellement modifier le mappage par défaut en spécifiant une autre classe IFC (attention à la case). En spécifiant « Non exporté » ou « Not exported », la catégorie ne sera pas exportée. Vous pouvez enregistrer les modifications dans un fichier texte personnalisé (bouton *Enregistrer sous...*), vous pouvez ouvrir un autre fichier de mappage (bouton *Charger ...*) et vous pouvez restaurer le fichier initial (bouton *Norme*). La colonne Type IFC vous permet de spécifier les types prédéfinis dont on a parlé précédemment.

Le fichier texte tabulé ressemble à un fichier de catalogue de types (voir chapitre 5, section « Les catalogues de types », page 104) sauf qu'ici, le délimitateur est une tabulation et non une virgule. Il peut également s'ouvrir et se modifier avec Excel.

> **Problèmes constatés**
>
> J'ai constaté certains disfonctionnements du mappage global des catégories :
> - le mappage des sous-catégories ne fonctionne pas ;
> - la spécification des types prédéfinis (dernière colonne) ne fonctionne pas pour toutes les catégories. Est-ce un problème global ou uniquement un problème de la version française ?
> Par ailleurs, ne rechargez ou ne réinitialisez pas le mappage alors que vous avez le fichier texte ouvert dans Excel car cela effacera tout ! Un bug ?

Le mappage global des catégories n'est finalement pas une solution très intéressante, en raison des problèmes évoqués mais principalement à cause du faible nombre de catégories

Revit disponible face au nombre important de classes d'objet dans l'IFC. Un exemple typique est le cas de la catégorie Revit *Équipements de génie climatique* qui regroupe tous les équipements qui produisent de la chaleur ou du froid (chaudières, radiateurs, chauffe-eau…) mais aussi les équipements aérauliques tels que les centrales de traitement d'air, les extracteurs de VMC, etc. Il est donc impossible globalement de spécifier correctement les classes IFC correspondantes car elles sont multiples. Tous ces équipements arrivent donc dans une classe « fourre-tout » qui s'appelle *IfcBuildingElementProxy*.

Classification objet par objet

Une alternative bien plus intéressante consiste à déclarer dans chaque famille la classe d'objet à laquelle elle va appartenir, une fois exportée. Cette méthode utilise deux paramètres, **partagés ou de projet** :

- *IfcExportAs* : pour déclarer la classe d'objet IFC.
- *IfcExportType* : pour spécifier éventuellement un type prédéfini *(Predefined Type)*.

Le cas des familles chargeables

Par exemple, les étagères et les deux tables dans le fichier support de la figure 15-13 sont de catégorie mobilier et iront donc toutes se classer comme *IfcFurniture*. Je souhaite que l'étagère soit précisée en type prédéfini *SHELF* (étagères) et que la table en verre se classe en *IfcSystemFurnitureElement* et de type prédéfni *WORKSURFACE*.

Figure 15–18

Propriétés de type de la table en verre

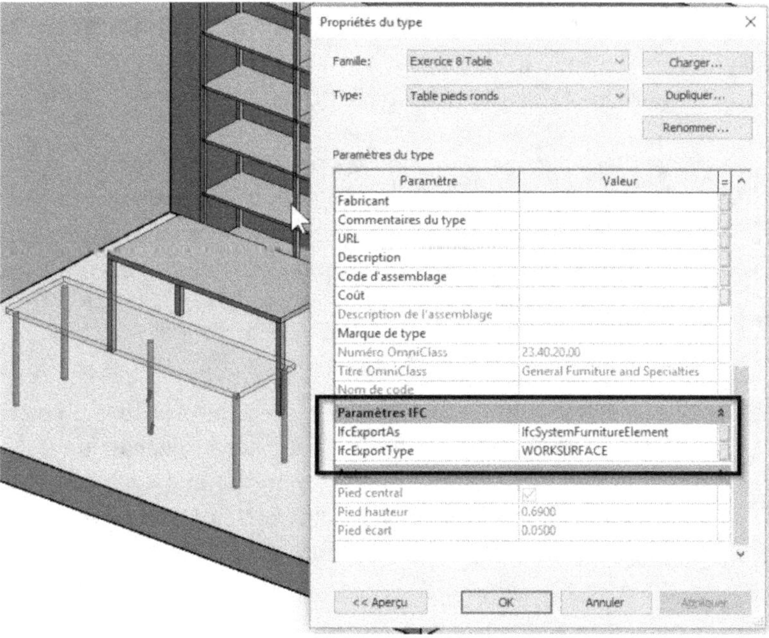

Vous remarquerez sur la figure 15-18 qu'assez logiquement, les paramètres *IfcExportAs* et *IfcExportType* ont été créés en paramètres de type et ont été classés sous *Paramètres IFC* qui est maintenant disponible pour « ranger » les paramètres concernant les IFC.

En regardant du côté de l'IFC, voici ce que cela donne :

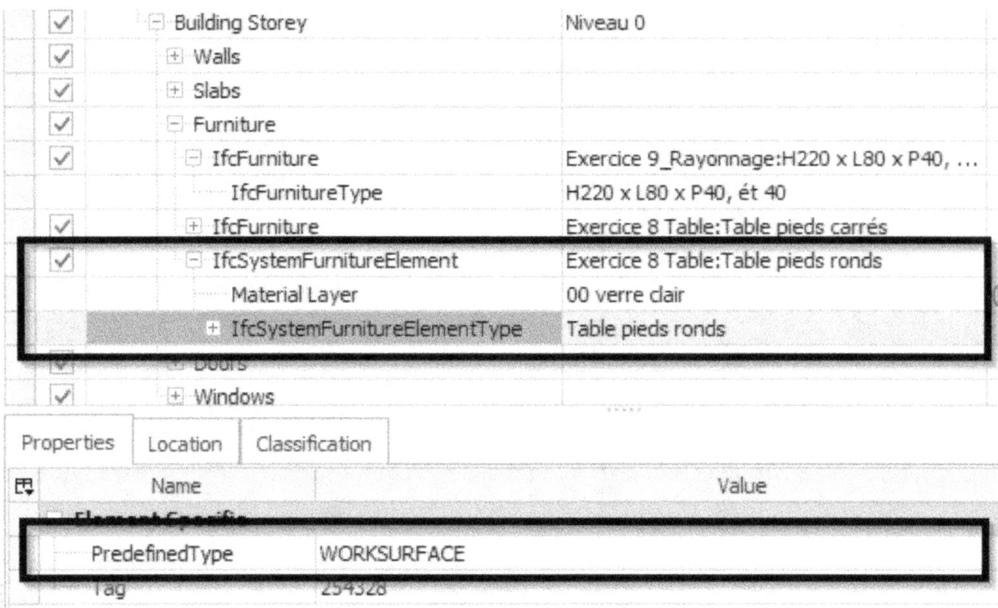

Figure 15–19 Propriétés des entités IFC dans BIM Vision

Pour les étagères, vous pouvez procéder de la même façon. Inutile de remplir quelque chose pour *IfcExportAs* puisque la classe automatique est conservée. Une alternative de spécification est de n'utiliser que le paramètre *IfcExportAs* en y précisant la « Classe Ifc » + « Type prédéfini », séparés par un point, ce qui donne pour l'exemple de la table *IfcSystemFurnitureElement.WORKSURFACE*.

Le cas des familles système

La spécification de la classe d'export des familles chargeables est totalement libre à l'exception du type prédéfini pour certaines catégories comme la porte dans notre fichier support (toujours en type prédéfini *DOOR* !). Pour les familles système, c'est beaucoup moins souple. Les classes IFC correspondant aux catégories des familles système est contraint selon la figure 15-20.

Figure 15–20
Classes IFC pour les familles système

Mur	IfcFooting (fondation)
	IfcWall
	IfcWallStandardCase
Panneaux de mur rideau (système)	IfcPlate
	IfcObject
Panneaux de mur rideau (personnalisés)	IfcPlate
	IfcObject
	IfcDoor
	IfcWindow
Sol	IfcSlab
	IfcFooting
	IfcRamp
	IfcCovering
Plafond	IfcCovering
Toit	IfcRoof
Escalier	IfcStair
Rampe	IfcRamp
Garde-corps	IfcRailing

Pour forcer le mappage par défaut, il suffit que le paramètre *IfcExportAs* soit déclaré comme paramètre de projet attribué aux bonnes catégories.

Le nom des objets

Le nom des objets, comme leur classification, est quasi systématiquement contraint par un cahier des charges ou la convention BIM. Souvent, on demande que dans le nom des objets soient présentes, sous forme d'abréviations, les informations suivantes :

- l'intervenant responsable de l'objet (ARC, STR, FLU…) ;
- la nature de l'objet (LAV, LIT, MUR…) ;
- des indications de la constitution des objets (BA, bois, acier…) ;
- des indications dimensionnelles.

Export par défaut

Le nom des familles et des types se retrouve par défaut dans plusieurs propriétés IFC. Prenons le cas de nos étagères classées en *IfcFurniture* (figure 15-19).

Figure 15–21
Propriétés IFC de l'étagère

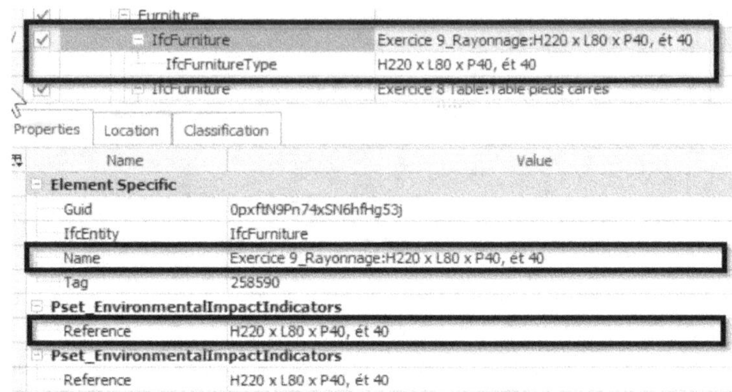

Le *Name* (attribut de l'entité *IfcRoot*, voir figure 15-8) a été renseigné par la concaténation du nom de la famille et du type Revit. Le nom de l'*ObjectType* (ici, le nom de *IfcFurnitureType*) est formé par le seul nom du type de famille Revit. Par ailleurs, le nom du type est encore repris dans la propriété *Reference* (jeux de propriété *Pset_IfcFurnitureTypeCommon* et *Pset_EnvironmentalImpactIndicators*). Cette dernière particularité peut être modifiée dans les options d'export IFC, dans l'onglet *Avancé* (figure 15-22).

Pset en doublon ?

Les doublons de Pset que vous apercevez dans les propriétés du visualiseur IFC témoignent de l'existence des paramètres de type et d'occurrence.

Figure 15–22
Option Utiliser la famille
et le nom du type en référence

Si vous cochez l'option de la figure 15-22, la valeur de la propriété *Reference* sera la concaténation du nom de la famille et du type Revit au lieu du seul nom de type.

Personnaliser le nom des objets exportés

Avoir, comme nom IFC de tous les objets, la concaténation du nom de la famille avec le type, sera rarement conforme à ce qu'on peut vous demander. Heureusement, il est possible de personnaliser cela en utilisant les paramètres (**partagés ou de projet**) suivants :

* *IfcName* ou *NameOverride* ;
* *IfcLongName* ou *LongNameOverride*.

LongName est un attribut spécifique aux entités « filles » de *IfcSpacialElement* (hiérarchie 5) dont font partie les *IfcSpace* (les pièces) et les *IfcZone* (regroupement de pièces tel qu'un logement). C'est ce qui permet de distinguer un nom court *(Name)* d'un nom complet *(LongName)*. Pour les pièces, il peut être pertinent d'utiliser le *Name* pour héberger le numéro de la pièce et le *LongName* pour le nom.

Quelle est l'utilité d'avoir deux paramètres différents pour agir sur le même attribut ? C'est en fait très intéressant car c'est ce qui permet d'avoir *IfcName* en occurrence et *NameOverride* en type (ou l'inverse) dans Revit. La valeur du paramètre d'occurrence viendra remplacer le nom de l'occurrence d'objet IFC et la valeur du paramètre de type viendra modifier le nom de l'*ObjectType* comme le montre la figure 15-23.

Figure 15–23
Personnaliser l'attribut *Name*
des objets et des *ObjectType*

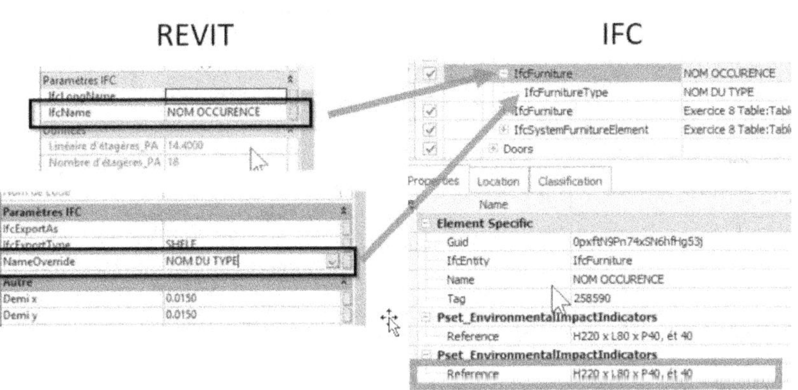

Vous remarquerez également que le vrai nom du type de famille Revit a été conservé dans *Reference*, ce qui permet d'avoir trois propriétés différentes, voire quatre pour les pièces et zones *(LongName)*, pour désigner les objets.

Les propriétés IFC et les paramètres de familles

Les exigences concernant le formalisme des propriétés des objets IFC sont encore rarement demandées dans un processus BIM. Pourtant, dès qu'on s'intéresse réellement au passage du BIM vers la GMAO, on prend conscience à quel point cet aspect est important.

Export par défaut des paramètres

Les paramètres intégrés

Certains paramètres intégrés des objets s'exportent par défaut correctement dans les IFC. Dans la porte de notre fichier support, une fois exporté, vous pouvez constater (figure 15-24) que :

- *Hauteur brute* a été reporté dans *OverallHeight* (Attribut) ;
- *Largeur brute* a été reporté dans *Overallwidth* (Attribut) ;
- *Protection contre l'incendie* a été reporté dans *FireRating* (Propriété).

Figure 15–24
Transfert des paramètres intégrés

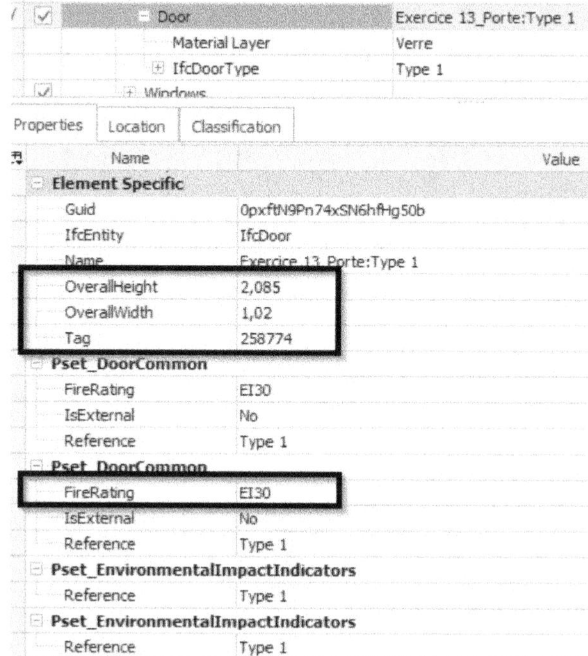

À noter que l'attribut IFC *Tag* a récupéré l'identifiant Revit (ID) qui n'est pas vraiment un paramètre d'objet mais plutôt une propriété informatique de l'objet dans le fichier Revit.

Problèmes constatés sur la catégorie porte

Encore une fois, une erreur inexpliquée a été constatée sur la catégorie porte. Normalement devrait également figurer l'attribut IFC *Description* avec comme valeur le paramètre intégré de type *Description*.

Activation des quantités de base (BaseQuantities)

Pour avoir plus de paramètres intégrés de retranscrits dans l'IFC, nous pouvons activer l'export des quantités de base (BaseQuantities). Il va falloir au préalable créer un réglage personnalisé d'export. Allez dans la fenêtre principale de l'utilitaire d'export, sélectionnez à gauche le réglage *IFC4 Reference View Setup*, cliquez sur l'icône (*créer un nouveau réglage sur la base du réglage sélectionné*) et renommez-le *IFC4 BaseQuantities*. Ensuite, allez dans l'onglet *Export jeux de propriétés* et cochez la case *Exporter les quantités de base*. Validez et enregistrez le fichier.

Figure 15–25
Activation des quantités de base

Reference	Type 1	
Pset_EnvironmentalImpactIndicators		
Reference	Type 1	
Qto_DoorBaseQuantities		
Area	1,8972	m2
Height	2,04	m
Width	0,93	m

Sur la figure 15-25, vous constaterez l'apparition d'un jeu de quantités (ici, Qto_DoorBaseQuantities) pour lequel les propriétés suivantes ont été spécifiées :

* *Height* : retranscription du paramètre intégré *Hauteur* ;
* *Width* : retranscription du paramètre intégré *Largeur* ;
* *Area :* surface calculée à partir de la hauteur *(Height)* et de la largeur *(Width)*.

À noter que pour la largeur et la hauteur, il ne s'agit pas vraiment de quantité extraite géométriquement de la 3D mais bien de la valeur de paramètres Revit.

Export par défaut des paramètres personnalisés

Pour exporter globalement les autres paramètres qui existent dans la maquette Revit, une solution simple existe : allez dans l'onglet *Export jeux de propriétés* et cliquez sur la case *Exporter les jeux de propriétés Revit* (figure 15-26).

Figure 15–26
Option Exporter les propriétés de Revit

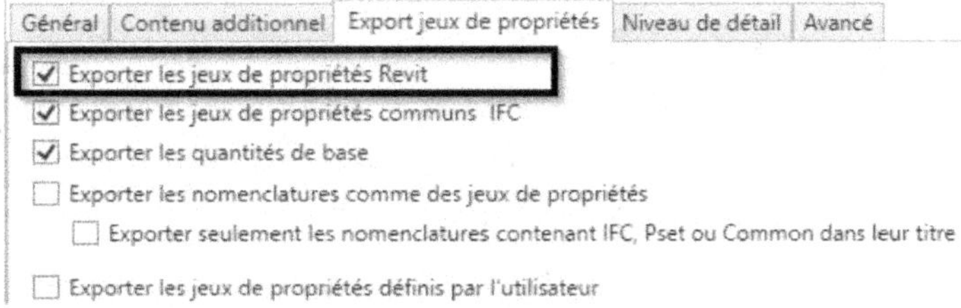

Cette option, bien que facile et efficace, doit être utilisée avec parcimonie. Le résultat, c'est que Revit va créer des jeux de propriétés personnalisés qui correspondront au classement des propriétés des familles (Contraintes, Données d'identification...) et qui contiendront tous les paramètres renseignés. Les jeux de propriétés sont également dédoublés selon que le classement existe pour les occurrences ou pour les types.

Figure 15–27
Exporter les propriétés
de Revit : extrait du résultat

Properties	Location	Classification	
Name	**Value**		**Unit**
Element Specific			
Guid	0pxftN9Pn74xSN6hfHg50b		
IfcEntity	IfcDoor		
Name	Exercice 13_Porte:Type 1		
Overall Height	2,085		m
Overall Width	1,02		m
Tag	258774		
Autre			
Catégorie	Portes		
Feuillure L	0,015		m
Nom de la famille	Exercice 13_Porte		
Autre			
Catégorie	Portes		
Famille	Exercice 13_Porte: Type 1		
Famille et type	Exercice 13_Porte: Type 1		
Hauteur sous linteau	2,04		m
HPP	0,2		m
ID du type	Exercice 13_Porte: Type 1		
ID hôte	Mur de base: Ext. Voile BA 20		
Type	Exercice 13_Porte: Type 1		
Construction			
Huisserie auto	Yes		
Construction			
Fermeture du mur	Par hôte		
Fonction	Intérieur		
HPP manuelle	0,07		m
Oculus	No		
Type de construction	PP		
Contraintes			
Hauteur de l'appui	0		m
Hôte ép	0,2		m
Niveau	Niveau: Niveau 0		
Position	0		m
Surépaisseur	0,5		m
Contraintes			
Encastrement	0		m

Le résultat obtenu est exhaustif mais il comporte certains inconvénients :

- trop de propriétés inutiles en tant qu'informations de l'objet ;
- de nombreuses propriétés en doublon avec les propriétés standards de l'IFC qui restent mappées sur les paramètres intégrés ;
- jeux de propriété non standards et donc inexploitables automatiquement par d'autres logiciels.

Par ailleurs, il augmente de manière très importante la taille du fichier IFC. Notre exemple exporté sans les jeux de propriétés Revit pèse 58 Ko et 106 Ko avec.

Export personnalisé des paramètres

Bien que l'export global par défaut des propriétés Revit soit extrêmement simple, il est vraiment à éviter. De plus, si une règle de nommage des propriétés est définie dans la convention BIM, cette méthode ne permettra certainement pas de la satisfaire. Heureusement, il existe d'autres méthodes pour agir sur l'export des paramètres de manière plus pertinente et plus fine. C'est ce que nous allons voir ici.

Utiliser directement les attributs ou propriétés IFC

Une première solution est de tout simplement utiliser des paramètres (partagés ou de projet) Revit qui reprennent exactement le nommage des attributs ou des propriétés IFC. Par exemple, supposons que je souhaite ajouter une propriété de résistance acoustique à ma porte qui soit retranscrite correctement dans la propriété Acoustic-Rating du Pset_DoorCommon : il suffit de créer un paramètre *AcousticRating*.

Figure 15–28
Utilisation directe
des propriétés IFC

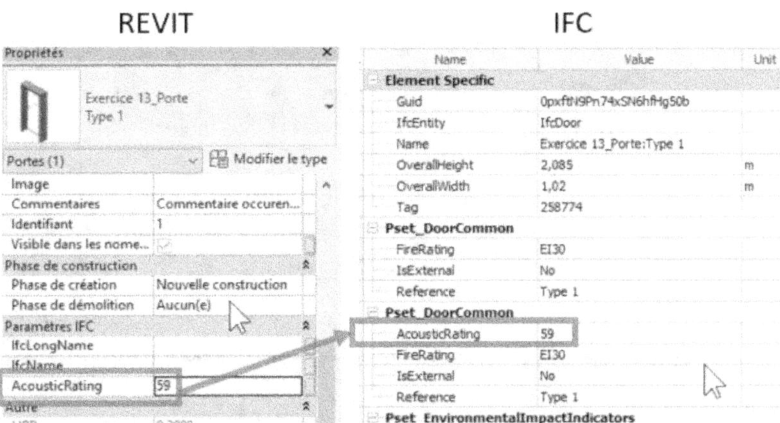

Cette solution est la plus simple mais pas toujours la plus facile à mettre en œuvre. Elle nécessite de revoir complètement la charte interne de nommage des propriétés de vos familles. Par ailleurs, au quotidien, cela suppose que les utilisateurs connaissent les propriétés IFC, qui sont en outre en anglais.

Mappage des paramètres avec les propriétés standards IFC

Un moyen plus rationnel de gérer le standard IFC pour ses propriétés est d'utiliser un fichier de mappage qui va nous permettre de faire correspondre des paramètres Revit (**intégrés, partagés** ou **de projet**) avec les propriétés standards des IFC. Le fichier utilisé est encore ici un fichier texte tabulé. Un exemple de fichier (*Pset_Standard_Mapping.txt*) est joint aux fichiers d'exercices du livre. La figure 15-29 illustre son fonctionnement.

Figure 15–29
Extrait du fichier de mappage
des propriétés standards

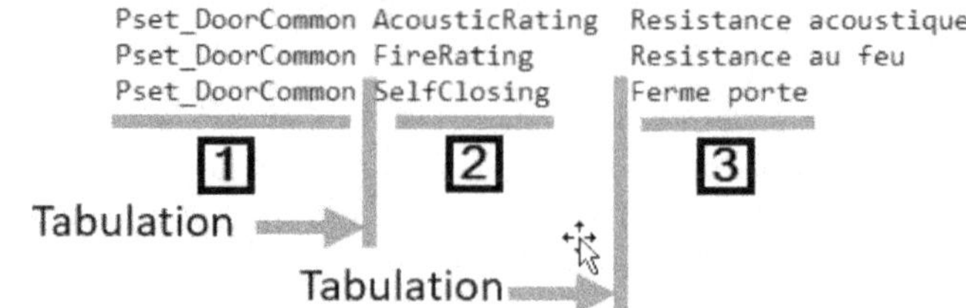

Les trois colonnes d'informations sont :

1 nom du Pset standard ;

2 nom de la propriété IFC du Pset standard ;

3 nom du paramètre Revit à mapper.

Pour utiliser le fichier de mappage, il faut le préciser dans l'onglet *Export jeux de propriétés* (figure 15-30).

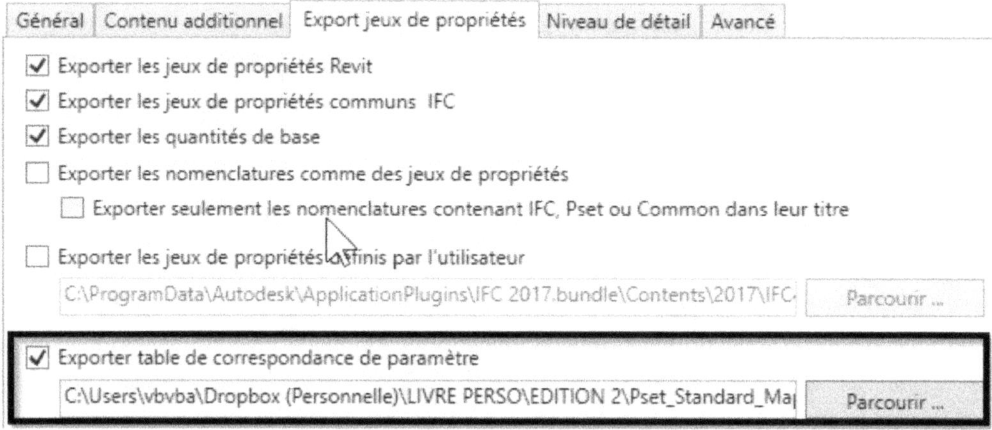

Figure 15–30 Option et désignation du fichier de mappage

Il est inutile de préciser ici que cette méthode ne fonctionne qu'à condition de respecter déjà en interne une règle stricte de nommage des propriétés.

Problèmes avec les accents

L'utilisation du fichier de mappage ne permet pas le mappage de paramètres avec accents. Si vous avez suivi mes conseils en matière de nommage des propriétés du chapitre 5, vos paramètres personnels ne devraient pas en contenir. Le problème, c'est si vous souhaitez mapper des paramètres intégrés dont certains comportent des accents. La solution consiste à basculer sur une version anglaise pour l'export et à utiliser dans le fichier texte les noms en anglais des paramètres intégrés.

Figure 15–31
Transfert des paramètres *via* le fichier de mappage

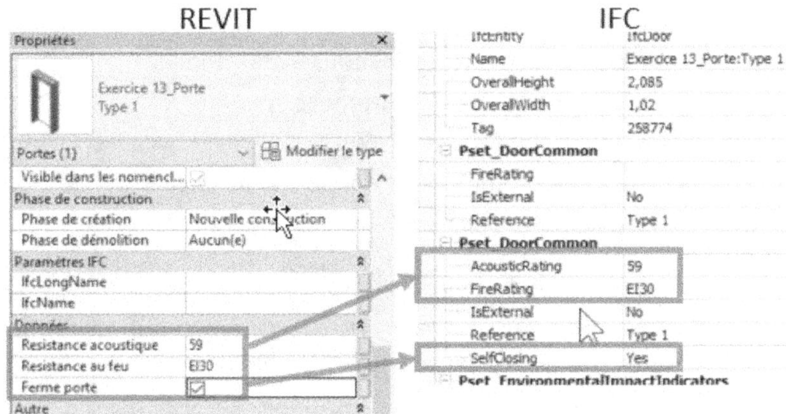

Créer ses propres jeux de propriétés

Malgré l'abondance de propriétés disponibles dans l'IFC, surtout en version 4, il peut être nécessaire d'avoir à créer des propriétés IFC personnalisées. Dans ce cas de figure, il est important que ces propriétés soient aussi classées dans des jeux de propriétés personnalisés. C'est naturellement possible mais cette méthode ne devrait être réservée que lorsque les Pset standardisés ne suffisent plus. Par définition, les propriétés personnalisées ainsi créées ne seraient pas utilisables automatiquement par les autres logiciels BIM, qui ne connaissent de l'IFC que le schéma standard.

Le fichier utilisé est toujours un fichier texte tabulé. Un exemple de fichier (*Pset_Custom_Mapping.txt*) est joint aux fichiers d'exercices du livre. La figure 15-32 illustre son fonctionnement et des précisions sont aussi présentes dans les premières lignes du fichier (lignes précédées d'un #).

Figure 15–32
Extrait du fichier texte de création de Pset personnalisés

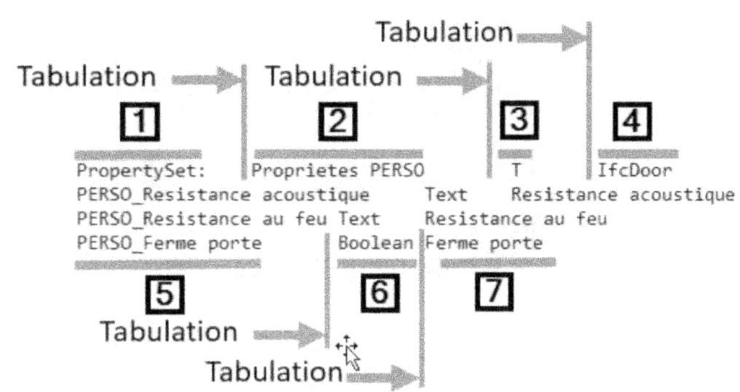

Les lignes qui commencent par « PropertySet : » servent à déclarer le jeu de propriétés personnalisé. Les lignes qui sont en dessous sont les propriétés du nouveau Pset. Sur la première ligne, nous avons donc :

1 la déclaration du PropertySet ;

2 le nom du jeu de propriétés ;

3 « T » pour Type ou « I » pour Occurrence ;

4 les entités IFC concernées par le jeu de propriétés. Vous pouvez en désigner plusieurs en séparant le nom des entités avec « , ». Cela peut correspondre à des classes d'objets (*IfcDoor, IfcWall…*) mais aussi à des entités hiérarchisantes telles que *IfcBuildingElement* voire *IfcElement*, afin que le jeu de propriétés fonctionne avec toutes les entités de hiérarchie inférieure.

Ensuite, pour les lignes de propriétés, nous avons :

5 le nom de la propriété IFC créée ;

6 le format de la valeur. La liste des différents formats possibles est précisée en début de fichier. Si vous souhaitez avoir plus d'informations sur certains formats, allez sur le site de buildingSMART-Tech à la recherche des *Defined types* qui représentent tous les formats possibles des valeurs de propriétés IFC. À ne pas confondre avec les *Predefined Types* dont on a déjà beaucoup parlé jusqu'ici ;

7 le paramètre Revit qui va être mappé.

La figure 15-33 illustre le résultat final dans l'IFC.

Figure 15–33
Création de Pset personnalisé,
résultat dans l'IFC

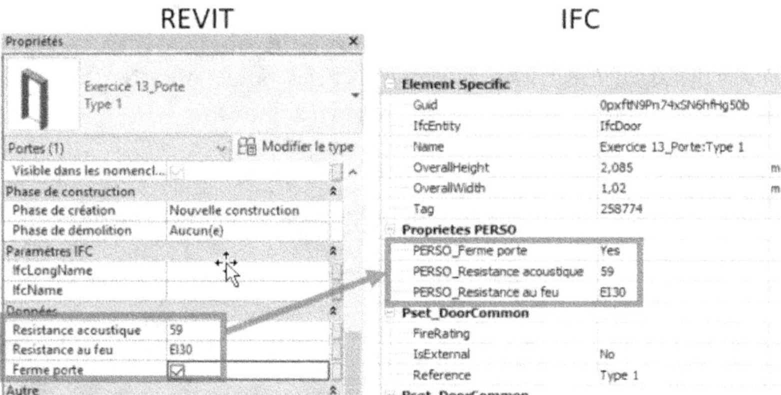

Diverses options d'export

Nous présentons ici de manière moins détaillée les autres options de l'utilitaire d'export qui peuvent concerner les familles. Une description exhaustive des options est présentée dans le document *Revit IFC manual* (figure 15-4).

- *Scinder les murs, poteaux, gaines par niveau* (onglet *Général*) : assez clair, scinde les éléments qui seraient modélisés à cheval sur plusieurs niveaux. Certains logiciels, notamment ceux d'économie, exploitent mieux les IFC si l'option est validée.

- *Exporter les éléments de vues en plan 2D* (onglet *Contenu additionnel*). Cette option force Revit à exporter les objets 2D tels que les lignes et les zones de remplissage (hachures). Voir l'encadré page 330.

- *Exporter les jeux de propriétés communs IFC* (onglet *Export jeu de propriétés*) : seule option cochée par défaut du réglage *IFC4 Reference View Setup*, elle permet tout simplement de forcer Revit à mapper ses propriétés avec les propriétés des Pset standards.

- *Exporter les nomenclatures comme des jeux de propriétés* et *Exporter seulement les nomenclatures contenant IFC, Pset ou Common dans leur titre* (onglet *Export jeu de propriétés*) : ces options devraient toujours être cochées en même temps ! Il s'agit d'une alternative à la méthode présentée à la section précédente pour créer des jeux de propriétés personnalisés. Il suffit de créer des nomenclatures et plus spécifiquement avec « IFC », « Pset » ou « Common » dans le titre pour que Revit crée des Pset du nom de la nomenclature et dont les propriétés correspondent aux paramètres dans la nomenclature.

- *Niveau de détail de la géométrie de l'élément* (onglet *Niveau de détail*) : Très bas, Bas, Moyen et Élevé. A beaucoup moins d'impact sur l'IFC 4 que sur le 2x3. Sauf cas particulier, limitez-vous à Bas et Moyen.

- *Exporter les éléments comme élément du bâtiment* (onglet *Avancé*) : si vous travaillez avec des éléments (Parts) et que vous voulez les exporter en IFC (au lieu de l'objet global). Peut être intéressant pour des niveaux de rendu très détaillés, en phase exécution.

- *Autoriser l'utilisation de représentation de « modèles solides » mixtes* (onglet *Avancé*) : la géométrie est représentée dans l'IFC 4 soit par extrusion d'un **profil** selon un chemin (pour les formes simples), soit par du B-Rep *(Boundary Representation)* qui permet la représentation de forme courbe de manière plus efficace. Normalement, en fonction des formes, l'IFC fait appel soit à l'une, soit à l'autre des méthodes, en sachant que le B-Rep est plus lourd qu'une extrusion solide. En cochant, vous permettez à Revit d'exporter des objets complexes avec une représentation qui utiliserait les deux méthodes pour optimiser le poids des objets.

- *Stocker le GUID IFC dans un élément paramètre après export* (onglet *Avancé*) : le GUID est un code informatique d'une vingtaine de caractères qui permet d'identifier de manière unique les entités informatiques. En cochant cette option, le GUID sera retranscrit après l'export dans une propriété de l'objet. Cette propriété est grisée et donc non modifiable mais en revanche nomenclaturable.

Export de la géométrie 2D

Contrairement à ce que l'on pourrait croire, la géométrie purement 2D est tout à fait prise en charge par le format IFC. Ce sont nos logiciels 3D qui ont encore du mal à les exporter correctement. Pour Revit, exporter des objets 2D est ainsi encore difficile et pour le moins aléatoire. Voici un petit aperçu de ce que j'ai déjà réussi à faire et à ne pas faire.

Ce que j'ai déjà réussi à faire (en activant l'option correspondante) :

- Exporter des lignes de modèles directement dessinées dans le projet (en 2x3 mais pas en 4)
- Exporter des lignes de modèles dessinées dans les familles 3D (mais pas représentées dans les bons plans d'hébergement, en revanche)
- Exporter des lignes symboliques dessinées dans des familles 3D (en 2x3 uniquement)

Ce que je n'ai jamais réussi à faire :

- Exporter des objets sans géométrie 3D, ne comportant que des lignes dessinées, que ce soit en lignes de modèle ou en lignes symboliques

PARTIE 3

Spécificités des familles structurelles et MEP

Nous clôturons cet ouvrage avec une partie dédiée aux spécialités métier de l'ingénierie structure et de l'ingénierie des fluides (le MEP). Chacun des deux chapitres de cette partie commencera par vous expliquer les concepts et notions particulières de ces familles structurelles ou MEP et se terminera par un exercice pratique dédié.

Nous rappelons que l'ensemble des notions théoriques communes à toutes les familles ainsi que les manipulations pratiques générales ont été abordées dans les deux premières parties de l'ouvrage.

16

Les familles structurelles

Les familles structurelles, contrairement à leurs consœurs du domaine de l'architecture et des fluides, sont souvent moins riches car elles font appel à moins de paramètres et de géométries complexes. Elles sont régulièrement décrites comme les parents pauvres des familles Revit mais ce n'est pas toujours exact.

Certes, une partie importante de ces objets fait appel aux familles système de Revit. Cela ne nécessite pas ou peu d'investissement pour l'usage quotidien. Cependant, même avec cette bibliothèque « initiale », il est difficile de couvrir tous les cas d'usage, et l'utilisateur doit rapidement développer et améliorer ses propres familles.

C'est une erreur de penser que ces familles se limitent uniquement à des opérations basiques, car elles font appel à des notions particulières, assez différentes de celles de l'architecture. Il y a donc lieu d'expliquer les spécificités de certaines familles.

Particularités des familles structurelles

L'avantage de Revit réside dans le fait que l'utilisateur peut intervenir dans la création et le paramétrage de ses familles et ce, de façon relativement aisée par rapport à d'autres logiciels.

Nous allons voir que les possibilités de Revit concernant les familles structurelles sont potentiellement très puissantes, mais qu'il faut connaître leurs particularités avant de se lancer dans leur création.

Caractéristiques générales

Avant de continuer sur la création des familles structurelles, il y a lieu de connaître les caractéristiques les plus importantes qui régissent le comportement de ces objets.

Tout ce qui a été dit précédemment est également valable pour les familles structurelles. Nous aborderons ici uniquement leurs singularités.

Le structurel et la représentation analytique

L'un des aspects les plus distinctifs, quand on parle des familles structurelles réside dans leur représentation, dite « analytique ».

Dans les sections suivantes, nous étudierons de façon plus détaillée comment gérer cette particularité lors de la création d'une famille.

Pour les familles système surfaciques comme les sols, les toitures et les murs, il suffit de cocher l'option « structure » afin de spécifier à Revit que ces éléments sont de cette catégorie. Si tel est le cas, cela donne la possibilité, dans un second temps, d'activer le modèle analytique si l'utilisateur le souhaite.

Figure 16–1

Options disponibles pour la représentation analytique/structurelle

Structure	
Structure	☑
Activer le modèle analytique	☑

Il est tout à fait possible de considérer un élément comme étant structurel sans avoir à activer sa représentation analytique. C'est ce qui permet à l'utilisateur de purger son modèle des éléments qu'il ne souhaite pas prendre en considération lors de l'export vers les logiciels de calculs aux éléments finis.

Pour les éléments linéiques verticaux comme les poteaux, Revit différencie dès le départ les familles structurelles et architecturales au travers du terme « porteur ». Les poteaux porteurs seront donc rangés dans la catégorie *Structure* et on pourra également activer/désactiver leur représentation analytique.

Enfin, pour les éléments linéiques horizontaux comme les ossatures, il faut savoir que ces éléments sont considérés comme structurels par défaut, et possèdent de ce fait une option permettant d'activer leur représentation analytique.

Héberger des armatures

Dans Revit, la modélisation des armatures est possible si l'élément « hôte » considéré est « structurel ». Ainsi, les familles structurelles peuvent toutes héberger des armatures, contrairement à leurs consœurs architectes.

Si vous créez une famille générique pour générer un objet structurel particulier, vous aurez besoin de spécifier l'option *Peut héberger une armature* dans la fenêtre *Catégorie et paramètres de famille* afin que votre famille puisse être un hôte susceptible d'accueillir des armatures.

Enfin, pour vous assurer que toutes les familles structurelles chargeables (ossatures, poteaux, etc.) peuvent héberger des armatures, il faut impérativement que l'option *Matériaux pour le comportement du modèle* soit de type béton, béton précoulé ou autre (voir chapitre suivant).

Figure 16–2
Option nécessaire pour pouvoir héberger des armatures

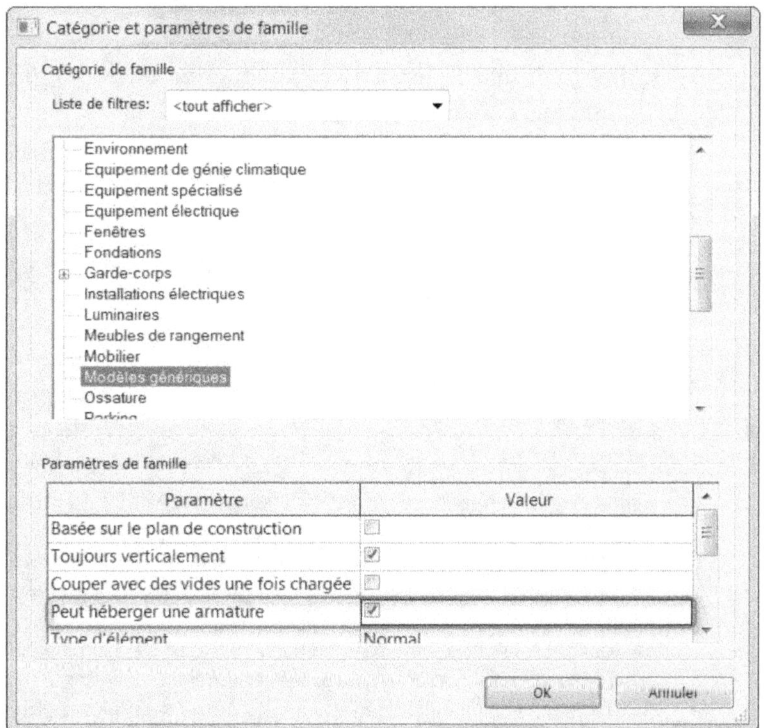

Les matériaux pour le comportement du modèle

Le comportement à la jonction de différents éléments est automatiquement régi par Revit. Ce comportement est influencé par le paramètre *Matériaux pour le comporte-ment du modèle*.

Il définit les aspects spécifiques des éléments en fonction des « types » de matériaux. Il existe cinq catégories :

- Acier : active la réduction et les poignées de forme pour l'élément. Désactive l'hébergement des armatures.
- Béton : active le comportement de jonction automatique des éléments en béton et l'hébergement d'armature. Désactive les poignées de forme. Active l'option graphique *Afficher dans les vues cachées*.
- Béton précoulé : active le comportement de jonction automatique des éléments en béton, l'hébergement d'armature et les poignées de forme. Active l'option graphique *Afficher dans les vues cachées*.
- Bois : comme Acier, active la réduction et les poignées de forme pour l'élément. Désactive l'hébergement des armatures.
- Autre : désactive les poignées de forme et masque les lignes cachées de l'élément dans les vues structurelles. Permet l'hébergement des armatures.

Retrait et réduction des ossatures en acier

Nous rappelons ici les grands principes des comportements de retrait et de réduction des poutres en acier.

La réduction et le retrait sont une diminution dans la géométrie des poutres au point de connexion de leurs relations de jonction c.

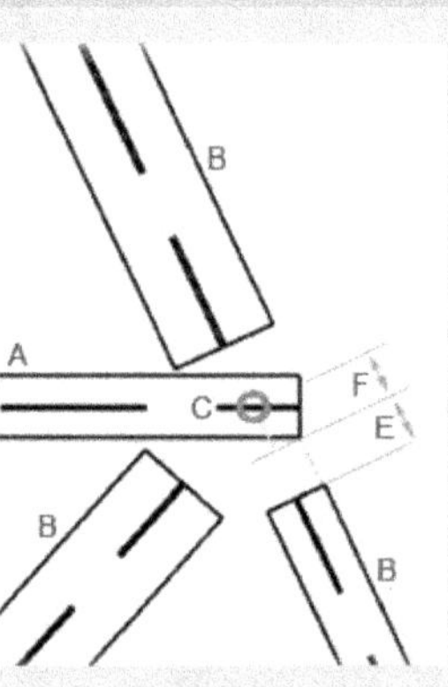

Figure 16–3
Principe de retrait et de réduction

Retrait et réduction sont deux choses différentes. Le retrait f est la diminution initiale de longueur en fonction du gabarit de la poutre principale a.

La réduction e est la diminution secondaire appliquée en fonction des autres poutres présentes dans la jonction. Par défaut, la réduction d'une poutre est définie sur 0,5 pouce, soit 1,27 cm.

La valeur de la réduction est modifiable puisque c'est un paramètre d'occurrence. Notez que vous pouvez associer (depuis la version 2016 R2) à ce paramètre un paramètre global afin de pouvoir gérer plus facilement cette valeur pour un ensemble de poutres. Enfin, vous pouvez également manipuler les poignées de forme (symbole triangulaire) afin de faire varier manuellement votre valeur de réduction.

Dans les jonctions de poutres ayant des matériaux mixtes, les poutres en béton sont prioritaires. Ainsi, les autres types sont contraints de réduire leur longueur.

Vous pouvez à tout moment intervenir sur l'ordre des jonctions des ossatures avec la commande *Modifier>Géométrie>Jonction de poutres*.

Si aucune des propositions offertes par Revit ne vous convient, il est possible d'annuler la jonction automatique des éléments, en effectuant un clic droit sur la jonction et en choisissant *Annuler la jonction*.

Une fois votre famille d'ossatures chargée, quel que soit le matériau que vous allez lui attribuer, c'est le paramètre *Matériaux pour le comportement* qui est prioritaire lors de la jonction des éléments. Par exemple, si vous avez une famille d'ossatures avec *Acier* comme matériau, mais que cette famille est spécifiée en comportement *Béton*, une jonction automatique va se produire si vous modélisez la poutre proche d'un mur en béton.

Fonctionnement des jonctions des éléments en béton

Contrairement aux autres matériaux, les éléments en béton sont automatiquement attachés les uns aux autres et sont représentés dans le projet sous forme de volume unique. Lorsqu'ils sont attachés, les éléments peuvent être modifiés et déplacés séparément dans leurs limites et plages normales.

Dans une jonction en béton, un seul élément conserve sa géométrie. La géométrie des autres éléments est coupée afin de créer le volume unique. Il y a un ordre de priorité dans cet assemblage (tableau 16-1).

Tableau 16–1 Ordre de priorité

Élément	Élément	Élément dominant
Poutre	Poutre	Dans l'ordre de création
Poutre	Poteau	Poteau
Fondation isolée	Fondation isolée	Dans l'ordre de création
Fondation isolée	Semelle filante	Fondation isolée

Que ce soit dans le cas des ossatures en acier ou en béton, ces familles sont « adaptées » lors de la modélisation dans Revit. Ces adaptations ne sont effectives que s'il existe dans votre famille d'ossatures, des plans de référence auxquels s'attachent vos extrémités de poutres.

Quand vous ouvrez une famille d'ossatures, vous apercevez à chacune des extrémités des poutres, trois plans de référence. Les plus extrêmes ❶, par rapport au plan de référence gauche/droite, sont des plans qui définissent la longueur de votre poutre. Les seconds ❷, sur lesquels s'appuie l'extrusion de votre poutre, servent d'ajustement pour permettre les réductions et les retraits (figure 16-4).

Mise à jour des familles d'ossatures depuis Revit 2014

Les projets créés dans les versions antérieures à Revit 2014 requièrent une mise à niveau manuelle des familles de poutres en acier pour supprimer l'ensemble des paramètres hérités et leurs comportements. Pour plus d'informations, consultez la page suivante :

http://help.autodesk.com/view/RVT/2017/FRA/?guid=GUID-85674308-BC6B-46A2-AE8F-716E0126474D

Figure 16–4
Plans de référence
des familles d'ossatures

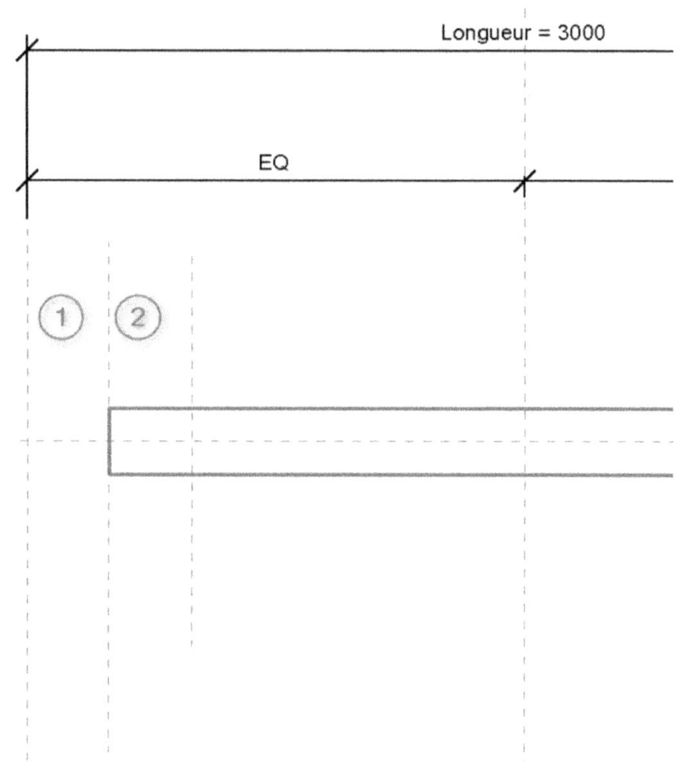

Les formes de coupe

Si vous voulez utiliser les possibilités d'échange entre Revit et les différents logiciels de calculs, vous serez parfois amené à renseigner des tables de correspondances entre vos familles et la bibliothèque des sections du logiciel FEM *(Finite Element Method)*.

Les paramètres de forme de coupe (disponibles pour les familles d'ossatures et de poteaux porteurs) fournissent des propriétés et des informations additionnelles pour l'exportation vers ces logiciels.

Quand vous attribuez une forme de coupe à l'une de vos familles, Revit va ajouter un ensemble de paramètres intégrés (donc non modifiables) regroupés en deux catégories :

* cotes de la forme : regroupe toutes les cotes caractéristiques de la section ;
* caractéristiques analytiques : regroupe toutes les caractéristiques mécaniques de la section. L'utilisateur doit renseigner lui-même ces paramètres, c'est-à-dire soit écrire les formules mécaniques appropriées en fonction des paramètres de cote de la forme, soit renseigner directement ces valeurs.

Figure 16–5
Types de formes
de coupe disponibles

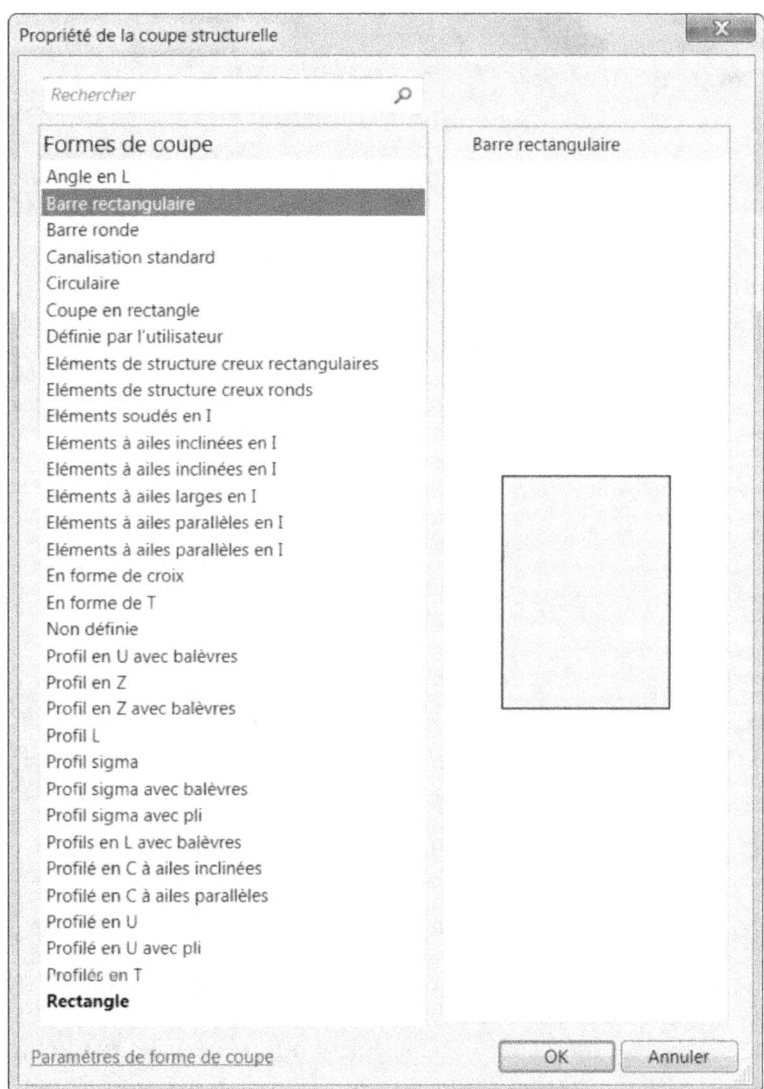

Cela peut paraître fastidieux, mais il faut savoir que les logiciels FEM sont souvent capables de calculer automatiquement ces caractéristiques en fonction des dimensions des profils. Il n'est donc pas toujours nécessaire de renseigner ces champs en fonction du logiciel FEM utilisé.

Malgré tout, s'il vous semble important de définir des caractéristiques mécaniques différentes de votre section réelle, vous devrez impérativement renseigner ces champs.

Figure 16–6
Paramètres d'une forme
de coupe Barre rectangulaire

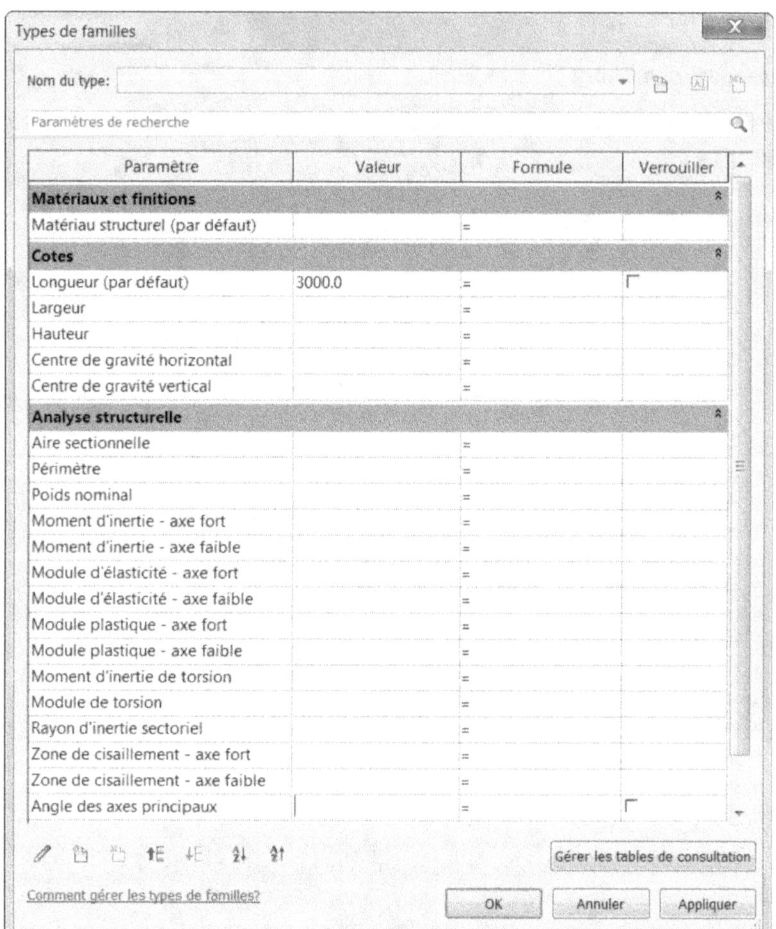

Toujours exporter comme géométrie

Cette option est principalement utilisée pour les exports vers AutoCAD Architecture.

Elle permet de conserver la forme exacte des éléments structurels si ces derniers ont été ajustés, découpés, possèdent des trous… Dès lors, ces éléments possèdent des extrusions dites « sophistiquées ».

Par défaut, ce genre d'élément est exporté sans ajustement/réduction. AutoCAD Architecture génère une masse élémentaire à la place d'un élément de structure. L'option permet de s'assurer que votre export sera bien conforme à la géométrie exacte dans Revit.

Même si l'utilisation d'AutoCAD Architecture va devenir de plus en plus rare avec le développement des logiciels comme Revit, cela ne coûte rien de toujours activer cette option.

Toujours vertical

Cette option vous permet de vous assurer que vos familles vont venir se positionner suivant l'axe vertical général de Revit, quelle que soit l'orientation de l'hôte.

Il s'agit d'une option essentielle pour les familles de type fondation qui permet de positionner toujours verticalement vos fondations quel que soit l'angle de vos murs ou de vos poteaux (hôtes).

Les familles système structurelles non éditables

Présentation

Comme toutes les autres disciplines, les principaux éléments structurels sont disponibles dès le commencement d'un projet au travers du gabarit concerné : gabarit structure.

Cependant, certaines familles ne sont pas éditables ou modifiables comme le sont la plupart des familles, à savoir les familles système. Sont concernées les sols, les murs, les toits, les radiers et les fondations filantes.

Modification des familles système

Modifications géométriques standards

Ces familles ont la particularité d'avoir une interface de modification et de personnalisation qui ne demande pas à l'utilisateur d'intervenir manuellement dans un éditeur de familles.

Cette interface permet, entre autres, la modification des épaisseurs de couches, de profils, de matériaux ou encore de la géométrie. Elle couvre généralement la plupart des cas courants.

L'exemple suivant va nous permettre de revenir sur l'une des méthodes les plus utilisées pour personnaliser la géométrie des familles système structurelles.

Modifications géométriques in situ

Parfois, il est utile d'utiliser des composants *in situ* ou des familles pour pourvoir modifier la géométrie de votre famille système.

Dans l'exemple suivant, nous avons besoin de redéfinir l'extrémité d'un mur porteur. Il n'est pas possible de le faire *via* l'interface initiale.

Nous aurions pu créer une famille pour réaliser cette opération si l'occasion se présentait régulièrement, mais dans notre cas, nous allons simplement créer un volume *in situ*.

1 Dans l'onglet *Structure*, cliquez sur *Modèle>Composant>Créer in situ*.

2 Attribuez à ce composant la catégorie de famille concernée, ici Mur, et nommez-le par exemple « Découpe de mur » afin de le retrouver dans l'arborescence de votre projet.

3 Effectuez un vide par extrusion en esquissant la forme de votre adaptation comme vous le désirez.

4 Une fois l'extrusion exécutée, coupez votre mur avec ce vide grâce à la commande *Couper la géométrie*.

Figure 16–7
Adaptation d'une extrémité
d'un mur (vue de dessus)

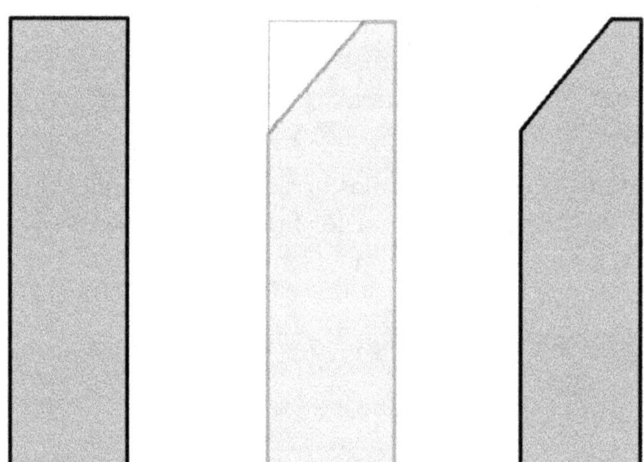

Au lieu de découper le mur, il aurait été tout à fait possible de créer un volume solide et de le fusionner à votre mur droit. Il aurait alors fallu lui attribuer le même matériau afin d'utiliser la commande *Attacher la géométrie* pour supprimer visuellement la jonction entre les deux entités.

Les familles structurelles chargeables

Les familles structurelles éditables concernées sont les connexions structurelles, les fondations isolées, les ossatures, les poteaux porteurs et les raidisseurs.

La représentation analytique

Comprendre le concept

Le modèle analytique est créé automatiquement par Revit au fur et à mesure de l'élaboration du modèle physique. Ce sont ces entités qui sont transférées dans les logiciels de calcul.

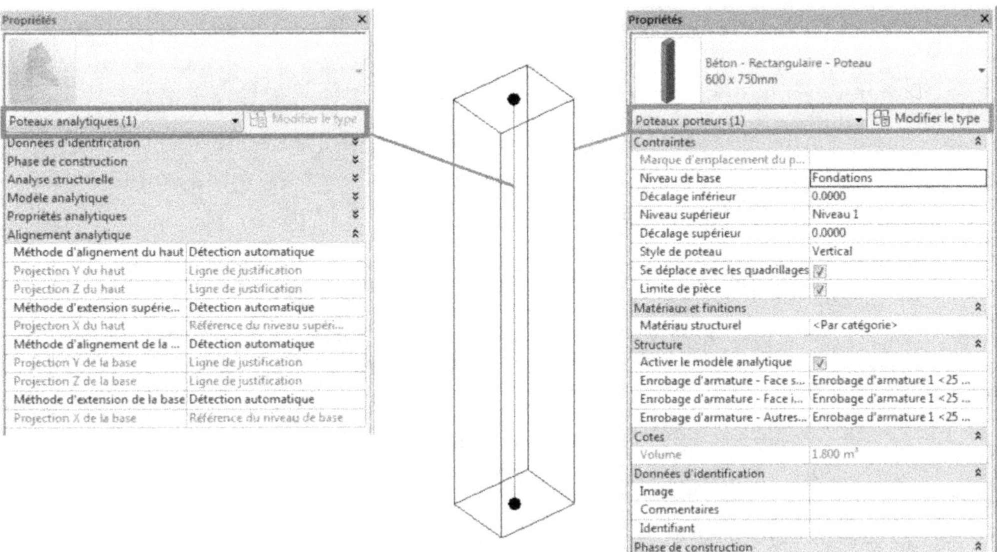

Figure 16–8 La polymorphie d'un poteau porteur

Les éléments analytiques ne sont pas éditables directement dans les différentes familles structurelles. Nous allons voir comment influencer et gérer le comportement de ces objets particuliers.

Justification des éléments analytiques dans le modèle

Dans le modèle, la position des éléments analytiques des ossatures et des poteaux est définie par des critères géographiques.

Par défaut, ces critères peuvent être définis sur *Détection automatique*, c'est-à-dire que le logiciel va positionner et connecter ces éléments selon les paramètres généraux renseignés dans les options structurelles (onglet *Gérer>Paramètres>Paramètres de structure*).

Cependant, si l'utilisateur le souhaite, il peut aussi influencer la position des éléments en fonction de critères géométriques précis comme *Droite de l'élément* ou *Ligne de justification*, ou de critères géographiques comme *Quadrillage*.

Figure 16–9

Exemple de positionnement
d'une extrémité d'une barre
analytique

Alignement analytique	
Méthode d'alignement du haut	Projection
Projection Y du haut	Droite de l'élément
Projection Z du haut	Ligne de justification

Les justifications de positionnement comme *Droite*, *Gauche*, *Centre*, *Haut*, *Bas* de l'élément sont influencées par la façon dont vous avez modélisé votre famille structurelle.

Dès lors, si vous avez spécifié différents plans de référence ayant comme caractéristique *Est la référence – droite/gauche/centre/haut/bas*, ces derniers seront également les références du positionnement analytique.

Si vous n'avez pas renseigné ces plans, ou si la géométrie de votre élément déborde de vos plans de référence, Revit va décaler les barres analytiques selon les points géométriques les plus excentrés (par exemple, le plus à droite).

Position en dehors du modèle physique

Pour permettre à vos barres analytiques de se situer en dehors du volume physique de vos éléments, il faut que l'option *Modèle analytique en dehors du modèle physique* **soit** activée (onglet *Gérer>Paramètres>Paramètres de structure>Paramètres du modèle analytique>Vérification de la cohérence entre les modèles analytique et physique*).

Imbrication d'éléments structurels

Par défaut, un élément d'ossature, ou un poteau porteur, n'est représenté que par une seule barre analytique. Sur la figure 16-11 (à droite), nous avons un poteau possédant un corbeau. Ce dernier a été réalisé par une extrusion simple au sein même de la famille. Nous constatons que la représentation analytique de cette famille est une simple barre verticale et que le corbeau est ignoré.

Sur la figure 16-11 (à gauche), nous avons un poteau avec imbrication d'une famille d'ossatures servant à modéliser le corbeau. Cette fois, quand nous activons la visualisation analytique, nous constatons que notre corbeau est bien représenté par un élément filaire.

Nous remarquons également qu'un nœud analytique s'est créé entre le poteau et le prolongement du corbeau. Cela est possible en fonction des réglages de détection automatique renseignés dans les options du modèle d'analyse.

Figure 16–10
À gauche, éditeur de la famille
vue de dessus et à droite, vue
du modèle/élévation

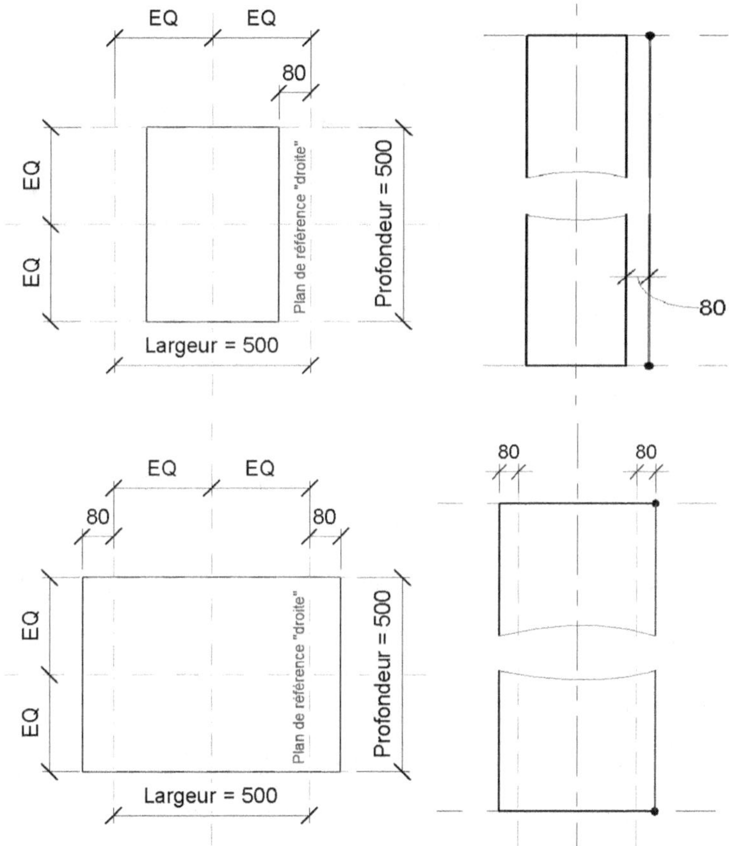

Figure 16–11
Influence des familles
imbriquées sur le modèle
analytique

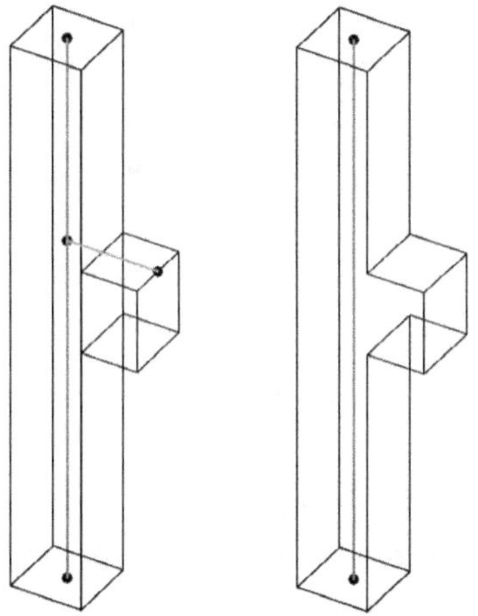

Géométrie de l'axe analytique

La ligne de justification d'un élément analytique n'est pas modélisable dans l'interface de création des familles.

En fait, elle est créée au moment de la modélisation de la famille. Peu importe les options de modélisation de votre famille d'ossatures, la représentation analytique sera influencée par vos choix de modélisation dans le projet.

Dans l'exemple de la figure 16-12, on a modélisé trois géométries différentes à partir de la même famille de poutres (selon une ligne droite, selon un arc de cercle et selon une spline).

Figure 16–12
Représentation analytique
influencée par la modélisation

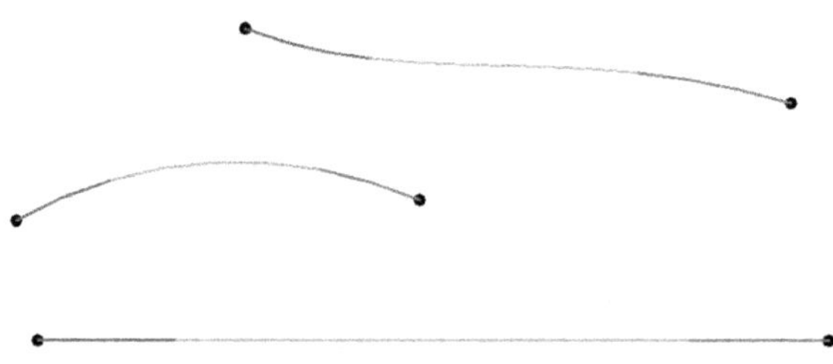

Influence du centre de gravité

Contrairement aux logiciels FEM, lors de la modélisation d'une barre, l'axe analytique ne se positionne pas au centre de gravité. Par défaut, ce dernier se positionne selon la détection automatique préalablement paramétrée dans les options de structure.

Le centre de gravité de votre section n'est donc pas un élément considéré par Revit. Si vous optez malgré tout pour cette approche, il vous faut confondre le centre de gravité de votre section droite avec les plans de référence de votre famille : intersection des plans principaux *Centre (avant/arrière)* et *Centre (gauche/droite)*.

Les familles structurelles spécifiques : les fermes

Présentation

Les fermes sont des familles un peu particulières car il s'agit de familles standards imbriquant d'autres familles. Le principe est semblable à celui des familles de murs-rideaux.

Les familles imbriquées sont tout simplement des familles d'ossatures qu'il faudra préalablement charger dans votre famille de fermes.

Modélisation des formes de fermes

Les fermes sont composées de trois éléments : les membrures supérieures, les membrures inférieures et les éléments d'âmes.

Pour pouvoir modéliser chacun de ces éléments, il suffit de sélectionner au préalable le type d'élément dans l'onglet *Détail*.

Modélisation des membrures

Une fois votre famille insérée, il est tout à fait possible dans votre modèle de modifier la forme de vos membrures *via* les options d'esquisse.

Si vous désirez obtenir une forme adaptable, modélisez vos membrures le long des plans de référence droits, puis dans l'interface de votre projet, utilisez les options de modification pour ajuster votre forme.

En revanche, si vous souhaitez avoir dès l'insertion de votre ferme une forme prédéfinie (par exemple deux pentes sur la membrure supérieure), autant la modéliser initialement dans votre famille (voir exercice 16).

Modélisation des âmes

Si les membrures possèdent par défaut des plans de référence pour guider l'utilisateur lors de la modélisation, ce n'est pas le cas de la définition des éléments composant l'âme de la ferme qui reste au libre arbitre du créateur.

Nous vous conseillons donc de créer un certain nombre de plans de référence et de cotations afin de structurer la disposition des montants et des diagonales.

Les familles structurelles spécifiques : les armatures

Présentation

Les familles d'armatures sont des éléments particuliers dans l'environnement de Structure de Revit.

Lors de la création d'une armature, vous devez dessiner la forme de cette dernière. Si l'esquisse ne correspond à aucune forme existante, une nouvelle forme sera créée dans le navigateur de formes d'armatures et dans la liste déroulante *Type de forme d'armature* de la barre d'options. Cela signifie que vous pouvez éditer une famille directement dans votre modèle Revit sans passer par l'éditeur de familles.

L'autre particularité des familles de formes d'armatures réside dans leur géométrie complètement adaptable lors de la mise en place de l'objet, et cela de façon automatique.

> **Autodesk Revit Extensions et plug-in**
>
> Pour mémoire, vous pouvez télécharger sur le site d'Autodesk Account (https://accounts.autodesk.com) une extension de Revit qui vous permet entre autres de générer des structures telles que des portiques, des murs ossature bois et plus particulièrement, pour le sujet qui nous intéresse ici, des armatures. L'avantage de cette extension est qu'elle permet de positionner un jeu d'armatures relativement complet. Même si l'interface de ce module ne couvre évidemment pas tous les cas d'usage, vous gagnerez du temps en modélisant automatiquement les armatures standards, pour des éléments de formes géométriques rectangulaires.

Les familles valides

Les familles suivantes sont des hôtes valides pour héberger des armatures : *Ossatures*, *Poteaux porteurs*, *Fondations*, *Connexions structurelles*, *Sols*, *Murs*, *Radier*, *Semelle filante* et *Bord de dalle*.

Pour rappel : pour être valide, un hôte d'armature doit être constitué d'une famille dont le paramètre *Matériau pour le comportement du modèle* est *Béton, Béton précoulé ou autre*. Pour constituer des hôtes valides, il faut également que leur propriété d'occurrence *Utilisation structurelle* soit activée.

Les formes d'armatures valides

Une forme d'armature est positionnable correctement lorsque sa forme et le contour de l'objet hôte partagent les attributs suivants :
* nombre de segments de ligne ;
* forme des segments ;
* orientation des segments.

Toutefois, si ces critères ne sont pas respectés, votre forme d'armature peut s'insérer mais elle ne correspondra pas forcément à vos attentes.

Vous serez contraint de modéliser la forme adéquate désirée *via* l'édition d'une famille de formes d'armatures ou directement dans votre modèle *via* l'option *Dessiner une armature*.

Édition et création d'une famille de formes d'armatures

Généralités

Une famille d'armatures possède des familles imbriquées qui sont : les barres d'armatures (c'est-à-dire les différents diamètres), les formes de crochets, les formes d'armatures (qui sont désignées par défaut par un chiffre) et le traitement d'extrémité.

Les familles de formes d'armatures sont pourvues d'outils d'édition supplémentaires demandant certains prérequis et présentant certaines limitations :

- L'armature ne s'ajuste pas en cas de modification des valeurs des paramètres, mais ces dernières seront renseignées lors de la création de la barre d'armature.
- L'armature présente un niveau de détail unique. Le niveau de détail en vigueur n'a aucune incidence sur l'apparence de l'armature. Cependant, dans votre projet, le niveau de détail influence la visualisation d'armature (niveau de détail *Faible* pour un rendu filaire, *Moyen* et *Élevé* pour un rendu avec le diamètre de vos barres).

Paramètres de construction

Les paramètres de construction regroupent les informations relatives à la typologie de votre forme d'armature. Votre forme possède-t-elle des crochets ? Si oui, de quels types ? De quels traitements ?

Tous ces paramètres sont des paramètres partagés non modifiables. Ils sont éditables dans la famille et le restent lors de l'insertion de votre armature.

Par exemple, si vous avez sélectionné une certaine configuration de crochet dans votre forme d'armature, une fois insérée dans votre modèle, vous aurez toujours la possibilité de changer la caractéristique de vos crochets.

Paramètre de dimensions

Par défaut, votre forme d'armature possède un certain nombre de paramètres de dimensions désignés par des lettres alphabétiques. Tous ces paramètres ne sont pas éditables (comme les paramètres de construction). On ne peut d'ailleurs pas non plus en ajouter (même au travers d'un paramètre partagé). La liste de ces paramètres est donc exhaustive.

Tous ces paramètres peuvent être attribués aux différentes cotes qui régissent la forme de votre armature.

Notez que tous ces paramètres sont des types *Longueur d'armature*, vous ne pouvez donc pas les attribuer à des cotes angulaires.

Types de barres admissibles

La fenêtre *Types de barres d'armatures admissibles* vous permet de choisir quels vont être les diamètres admissibles pour votre forme d'armature. Par défaut, tous les diamètres sont sélectionnés, ce qui semble être la solution la plus confortable.

Figure 16–13
Tableau des barres admissibles
de votre forme d'armature

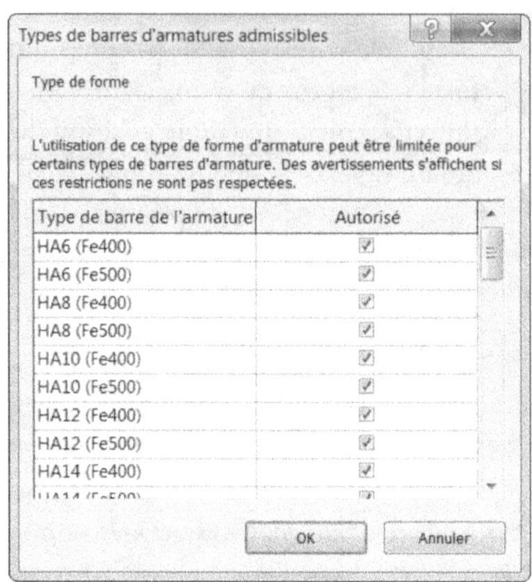

Multiplan ou plan

Si le choix *Multiplan* est sélectionné, la vue par défaut est en 3D pour que l'édition de l'armature passe également en 3D. Quand vous choisissez cette option, la forme 2D initiale est copiée sur un second plan et attachée à l'original par un segment d'armature.

Il est bien évidemment possible de créer dans votre modèle, des formes d'armatures en 3D *via* l'esquisse d'armature comme une armature 2D.

Orientation de la forme

Pour orienter le sens de votre armature, vous utiliserez les « flèches » situées aux extrémités de vos segments.

Figure 16–14
Option d'orientation
de la forme d'une armature

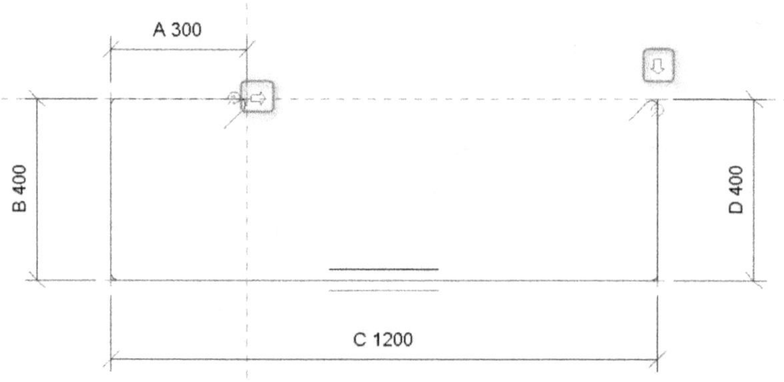

Cela vous permettra tout simplement de définir quel est le côté définissant le début et la fin de votre segment, indication nécessaire quand vous devez ajouter des crochets aux extrémités.

Segment principal

L'outil *Segment principal* permet de spécifier un segment/ligne de la forme d'armature qui conservera sa position générale lors des comportements d'extension et de rotation une fois insérée dans l'hôte.

Un segment principal ajuste sa longueur par rapport à l'hôte sans pour autant modifier son orientation à l'intérieur de la forme. Tous les autres segments ajustent leur position et leur rotation par rapport à ce segment principal. Il équivaut à un plan de référence.

État de la forme

L'outil *État de la forme* est un indicateur permettant de valider une forme d'armature. Il vous indique si l'état actuel de la forme est une forme d'armature acceptable. Si l'indicateur est désactivé, la forme est valide et vous pouvez la charger dans les projets. Dans le cas contraire, la forme actuelle n'est pas correcte et vous pouvez consulter les messages d'erreurs en cliquant sur l'icône.

Si vous avez un état de forme invalide, cela sera dans la plupart des cas parce que votre forme d'armature n'est pas suffisamment contrainte ou que les paramètres attribués aux dimensions ne sont pas renseignés.

Imbrication d'armatures dans une famille structurelle

Il vous est sûrement arrivé de vous dire : « Et si je chargeais ma forme d'armature dans ma famille structurelle en cours ? » Et bien malheureusement, cela n'est pas possible aujourd'hui. De même, si vous utilisez les extensions, il n'est pas possible de générer des armatures dans les familles structurelles.

Cette limitation est un handicap assez important dans le sens où vous ne pouvez pas créer des familles imbriquées avec des armatures.

Cela aurait pourtant été extrêmement utile pour l'utilisateur de pouvoir créer des macro-familles d'éléments en béton avec des armatures déjà intégrées.

(Exercice 17) Création d'une ferme

Comme indiqué précédemment, les fermes sont des éléments caractéristiques de l'environnement des familles structurelles.

Nous avons vu qu'il est possible dans le modèle de modifier le profil des membrures supérieures et inférieures de votre ferme, sans pour autant modifier la nature même de votre famille. Cependant, quand vous souhaitez adapter un nombre important d'éléments à la géométrie de votre projet, cela devient très vite chronophage.

Nous allons vous présenter ici comment créer une famille paramétrique d'une poutre treillis à membrures non parallèles (famille : *Poutres à treillis métriques*).

Présentation de la structure

La poutre treillis sera de catégorie dite en « N », ce qui correspond à l'une des solutions les plus courantes.

La poutre sera symétrique avec ses deux membrures supérieures ayant une pente constante. Les panneaux, c'est-à-dire les ensembles composés d'un montant et d'une diagonale, sont au nombre fixe de huit.

Modélisation des plans de référence

Modélisation des pans de toiture

Pour créer les pentes de notre poutre treillis, nous allons au préalable placer dans notre esquisse deux plans de référence qui vont nous servir à piloter la valeur de notre angle d'inclinaison.

1 Le premier point de départ ❶ de votre plan de référence doit se trouver à l'intersection entre le plan vertical *Gauche/droite* et le plan horizontal *Haut*. Le second point☆❷ doit se situer au-delà ou sur le plan *Gauche*. Faites de même pour le plan opposé.

Figure 16–15
Modélisation des plans de référence des membrures

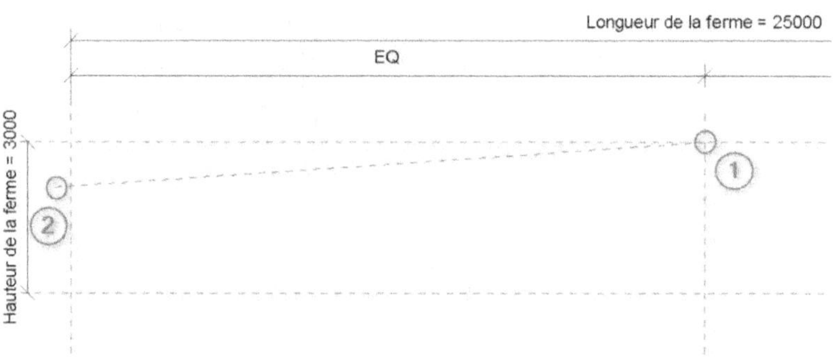

2 Nommez vos plans *Pan gauche* et *Pan droite*. Comme référencement conservez la valeur *Référence moins importante* afin que Revit puisse se servir de ces plans comme origine pour des futurs placements ou cotation de votre famille.

3 Ajoutez deux cotes angulaires entre votre plan de référence horizontal *Haut* et vos plans de référence inclinés.

Modélisation de la trame des montants

Pour définir la trame des montants/diagonales, nous allons également créer un ensemble de plans de référence verticaux.

1 Créez quatre plans de référence verticaux, puis cotez-les avec une chaîne de cote en activant l'option *EQ* pour signifier à Revit que toutes ces cotes sont identiques.

2 Sur le côté opposé, il n'est pas nécessaire de réaliser une chaîne de cote totale puisque par défaut, la famille de fermes possède déjà une cote d'équivalence entre ses deux demi-travées.

3 Faites varier votre longueur de ferme pour voir si tout est conditionné correctement et si les panneaux respectent leur équité. Faites également varier les angles de vos plans biais pour voir s'ils suivent correctement les variations angulaires.

Figure 16–16

Modélisation des plans de référence des montants

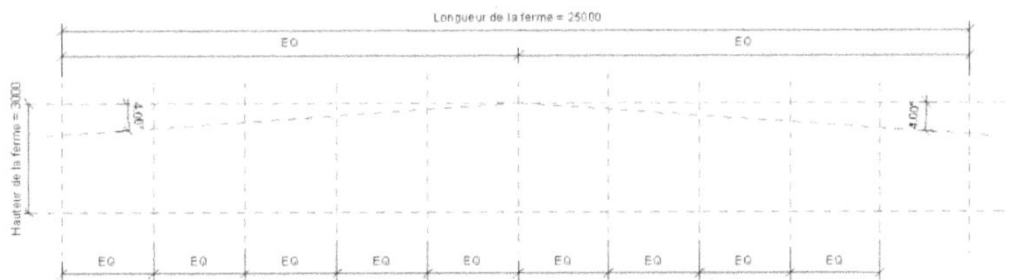

Modélisation des éléments structurels

Modélisation des membrures

Commençons par modéliser la ligne de justification des membrures. Pour cela, rien de plus simple, vous allez utiliser les commandes dédiées à cette modélisation, à savoir l'onglet *Créer>Détail*.

Figure 16–17

Options pour la modélisation des éléments

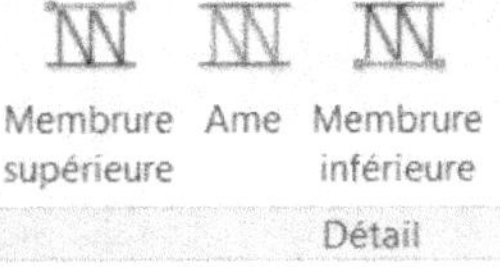

Nous avons donc trois membrures à modéliser : deux supérieures et une inférieure. Veillez à vous accrocher aux plans de référence préalablement modélisés.

Modélisation des âmes

Pour les âmes, c'est tout aussi simple : réalisez votre structure en N et servez-vous des plans de référence comme pour les membrures.

Vous remarquerez que les âmes verticales sont de couleur noire et les autres de couleur verte. Cela vous permet de vérifier visuellement la nature de vos éléments.

Normalement vous devriez obtenir une structure comme celle représentée à la figure 16-18.

Figure 16–18
Modélisation des diagonales
et montants

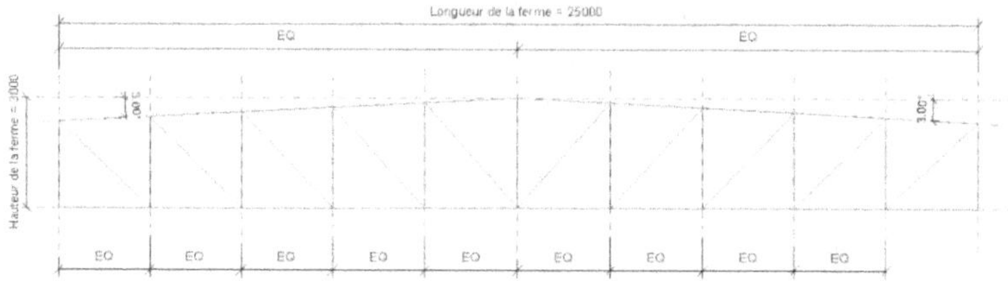

Faites varier votre longueur et la hauteur de la poutre afin de vous assurer que le réseau d'éléments est bien connecté.

Création des paramètres de la famille

Le paramètre Pente ferme

Pour faire varier notre pente, nous allons créer un paramètre adéquat, c'est-à-dire un paramètre de famille, de type occurrence, puisque pour une même famille, on suppose que la pente peut varier.

Si cette option ne vous convient pas, n'hésitez pas à considérer ce paramètre comme un paramètre de type.

Figure 16–19
Création du paramètre
Pente ferme

1 Dans la liste déroulante *Type de paramètre*, sélectionnez *Angle*.

2 Attribuez à vos deux cotes angulaires le libellé du paramètre précédemment créé : *Pente ferme*.

Figure 16–20
Attribution du paramètre
aux cotes angulaires

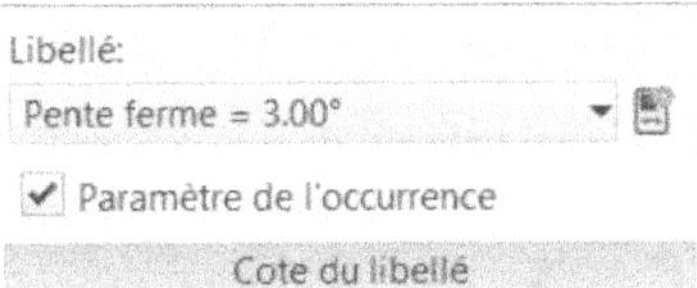

3 Testez encore une fois votre famille en faisant varier votre paramètre. Si vous augmentez la valeur du paramètre *Pente ferme* ou si vous diminuez suffisamment la hauteur de poutre, les âmes/diagonales passeront en dessous de la membrure inférieure.

Figure 16–21
Comportement inadapté
de la famille

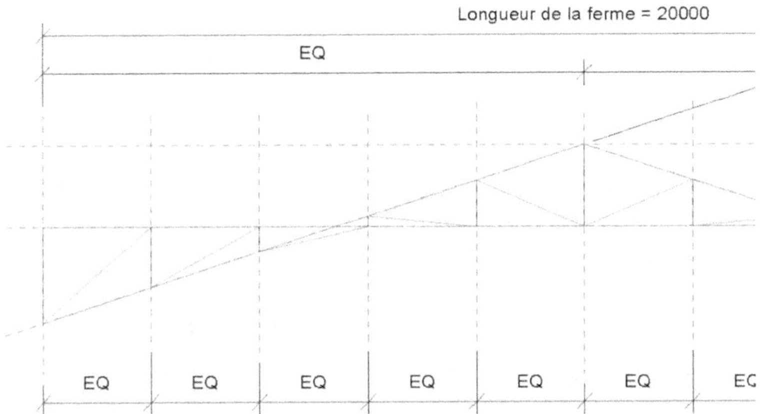

Bien évidemment, nous ne souhaitons pas une telle situation. Nous allons donc créer un ensemble de paramètre nous contraignant à respecter un bon comportement de notre structure.

Les paramètres Dénivelé, Hauteur bas de pente et Hauteur réelle

Nous allons enrichir notre famille des trois paramètres suivants :
- un paramètre *Denivele* qui va calculer la cote de variation de hauteur ;
- un paramètre *Hauteur bas de pente* qui va simplement nous apporter l'information de la hauteur de notre poutre treillis aux extrémités ;
- un paramètre *Hauteur reelle* qui va nous servir à déterminer la hauteur réelle appliquée à la poutre treillis en fonction de la cote *Hauteur de la ferme*, qui est un

paramètre intégré et non modifiable. Le paramètre *Hauteur de la ferme* deviendra donc la donnée d'entrée de l'utilisateur.

Ces paramètres sont tous des paramètres de *Longueur* de type occurrence.

Figure 16–22
Ajout des cotes
et des paramètres de contrôle

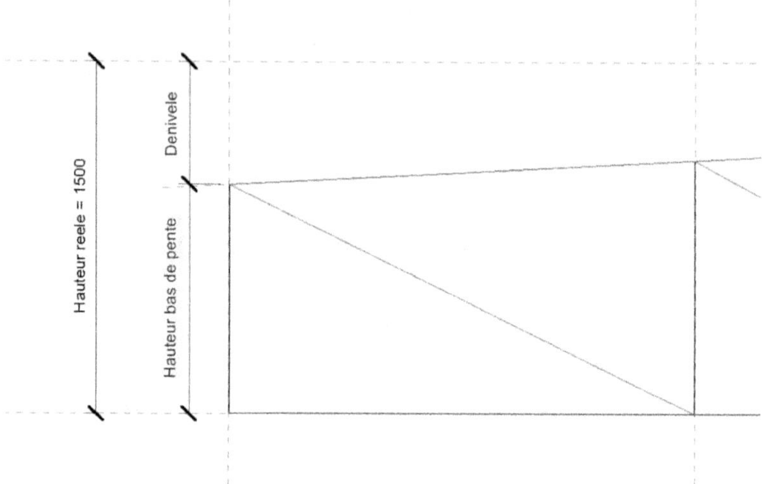

Nous allons renseigner le paramètre *Denivele* avec la formule suivante (formule trigonométrique traditionnelle) :

$$\text{Denivele} = (\tan(\text{Pente ferme}) \times (\text{Longueur de la ferme} / 2))$$

Pour le paramètre *Hauteur bas de pente*, il suffit de soustraire au paramètre *Hauteur de la ferme* la valeur de ce dénivelé :

$$\text{Hauteur bas de pente} = \text{Hauteur de la ferme} - \text{Denivele}$$

Enfin, nous allons renseigner le paramètre Hauteur reele avec la formule conditionnelle suivante :

$$\text{Hauteur de la ferme} = \text{if}(\text{Hauteur bas de pente} < 500, \text{Denivele} +500,$$
$$\text{Hauteur de la ferme})$$

À la condition *vrai*, nous avons décidé de rajouter 500 mm à la valeur du paramètre *Denivele*. Sans cet ajout de longueur, si la condition était vérifiée, cela voudrait dire que la hauteur de la ferme serait égale au dénivelé et nous aurions un rapport d'erreur de Revit. Pourquoi ? Tout simplement parce qu'aux extrémités de notre poutre treillis, nos éléments d'âmes verticaux deviendraient nuls. On décide donc de conserver une hauteur forfaitaire minimum de 50 cm pour la condition à vérifier et si celle-ci est vérifiée.

Nous devrions alors obtenir le tableau des paramètres présenté à la figure 16-23.

Cotes		
Denivele (par défaut)	524.1	=(tan(Pente ferme) * (Longueur de la ferme / 2))
Hauteur bas de pente (par défaut)	975.9	=Hauteur de la ferme - Denivele
Hauteur reelle (par défaut)	1500.0	=if(Hauteur bas de pente < 500 mm, Denivele + 500 mm, Hauteur de la ferme)
Longueur de la ferme (par défaut)	20000.0	=
Hauteur de la ferme (par défaut)	1500.0	=
Pente ferme (par défaut)	3.00°	=

Figure 16–23 Tableau des paramètres de la famille

Faites varier vos paramètres *Hauteur* et *Pente* afin de tester le comportement de votre famille.

Attribution des profils

Il n'est pas nécessaire d'aller plus loin dans la définition de notre famille de poutres treillis car toutes les attributions et tous les paramètres relatifs aux éléments d'ossatures peuvent être ajustables une fois votre famille chargée dans votre modèle.

Cependant, pour mener à bien cet exercice, on achèvera la création de notre famille par le chargement des familles d'ossatures.

Chargement des familles d'ossatures

Avant d'attribuer un profil à nos éléments structurels, il faut charger, dans notre famille de poutres treillis, une ou plusieurs familles d'ossatures. Pour ce faire, allez dans l'onglet *Insérer*, puis cliquez sur *Charger la famille d'ossatures*.

Bibliothèque d'ossatures

Depuis la version 2016, Autodesk a mis à disposition une bibliothèque d'éléments structurels. Sur le site Autodesk Account (https://accounts.autodesk.com), vous pourrez télécharger une bibliothèque française d'éléments structurels.

Attribution et paramétrage des éléments d'ossatures

Arrêtons-nous sur un profil acier de type HEA160 pour l'ensemble de nos éléments, c'est-à-dire les membrures et les éléments d'âmes.

Nous allons également réorienter les éléments à 90° afin de les insérer horizontalement sur notre trame de poutre treillis.

Concernant le paramétrage analytique, nous allons attribuer à *Relâchement à l'extrémité* la valeur *Moment de flexion* pour les éléments montants et les âmes. Cela signifie qu'aux extrémités, vos éléments seront considérés comme articulés, ce qui est un cas très courant pour ce type de structure.

Vous devriez obtenir un paramétrage tel que présenté à la figure 16-24.

Figure 16–24
Ajout des cotes
et des paramètres de contrôle

Diagonales	
Type d'ossature	HE-A:HEA160
Relâchement à l'origine	Moment de flexion
Relâchement à l'extrémité	Moment de flexion
Angle	90.00°

17

Les familles MEP

Ce chapitre aborde les spécificités des familles MEP, c'est-à-dire les familles qui permettent la modélisation de l'ensemble des réseaux techniques contenus dans les bâtiments.

MEP est l'acronyme de Mechanical, Electrical and Plumbing. *Au sein de ces trois rubriques, nous retrouvons les réseaux aérauliques* (Mechanical), *les réseaux hydrauliques* (Plumbing) *et les réseaux électriques* (Electrical). *Depuis la version 2017 de Revit, tout utilisateur peut créer des familles MEP. Cela n'est plus réservé à Revit MEP. La distinction Revit Architecture, Revit Structure et Revit MEP a totalement disparu, laissant place à une seule version contenant les trois domaines.*

Particularités des familles MEP

La modélisation d'une famille MEP est strictement identique à celle des autres familles. Les outils et les méthodes de travail sont similaires. Les familles MEP complètent l'approche géométrie par une approche technique. L'enjeu est ici de définir quel est le réseau qui sera connecté à l'objet. S'agit-il d'un réseau d'eau chaude, d'une évacuation pluviale, d'une VMC (Ventilation mécanique contrôlée), d'un circuit de courant fort… ? Il faut aussi définir l'ensemble des caractéristiques et propriétés du réseau : débit, puissance, perte de charge, intensité, tension, etc., pour en modéliser le fonctionnement physique et réaliser les calculs dimensionnels.

Pour définir l'ensemble de ces données, Revit nous invite à compléter la modélisation de la famille à l'aide d'éléments spécifiques : les connecteurs.

Les connecteurs

Les connecteurs constituent l'élément clé des familles MEP. Chaque connecteur permet de définir :

- la position, le point de rattachement d'un réseau ;
- la nature du réseau ;
- les caractéristiques techniques du réseau.

Revit propose cinq types de connecteurs, disponibles dans l'onglet *Créer* de l'éditeur de familles.

Figure 17–1
Les différents types de connecteurs

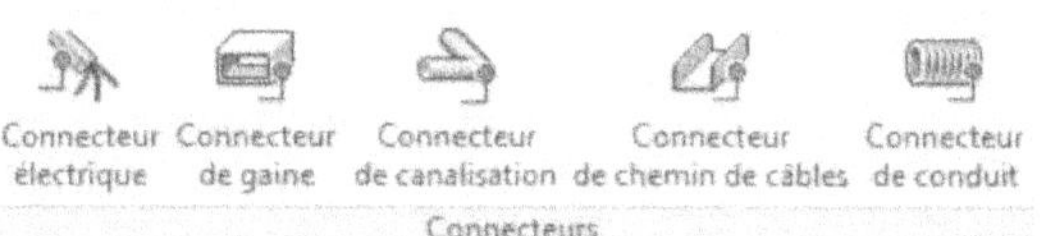

- *Connecteur électrique* permet de définir un réseau de courant fort ou de courant faible ;
- *Connecteur de gaine* permet de définir un réseau aéraulique ;
- *Connecteur de canalisation* permet de définir un réseau hydraulique ;
- *Connecteur de chemin de câbles* permet l'assemblage des éléments pour la modélisation d'une goulotte ou d'un chemin de câbles ;
- *Connecteur de conduit* permet la définition d'un fourreau électrique.

> **Connecteur de chemin de câbles et connecteur de conduit**
>
> Les connecteurs de chemin de câbles et de conduit ne possèdent pas d'attributs permettant de définir la nature et les caractéristiques d'un réseau, car ils participent à construire des familles qui servent de conteneur à plusieurs réseaux. Les chemins de câbles et les conduits (les fourreaux) véhiculent plusieurs réseaux électriques.

Lors de l'élaboration d'une famille MEP, il est donc nécessaire d'insérer pour chaque réseau rattaché à l'objet le connecteur correspondant au domaine technique désiré. Il est important à ce stade de noter qu'un connecteur n'a pas d'existence propre, ni d'autonomie au sein d'une famille. Il prend obligatoirement appui sur la face d'un objet ou d'un plan de construction (un plan de référence). Ainsi, après la sélection du connecteur souhaité, il faut choisir la méthode de positionnement, d'insertion.

Figure 17–2
Les modes de positionnement des connecteurs

- Première méthode : le positionnement *Face*. Le connecteur est placé automatiquement au centre de la face sélectionnée d'un objet 3D. Aucun déplacement ni décalage ne sont possibles.
- Seconde méthode : le positionnement *Plan de construction*. Le connecteur prend appui sur un plan de construction, un plan de référence de Revit et peut être modifié à l'aide des commandes *Déplacer* et *Rotation* tout en restant dans le même plan géométrique.

> **Conseil**
>
> La première méthode est largement préférable, car c'est le seul moyen permettant de maîtriser la position d'un connecteur de manière précise, dès que celui-ci est amené à se déplacer, suivant les valeurs des paramètres de la famille (largeur, hauteur, profondeur, angle…). N'hésitez pas à modéliser des boîtes, des cylindres pour gérer le positionnement des connecteurs, quitte à rendre invisibles ces éléments 3D à l'aide du paramètre de visibilité.

Après insertion, le connecteur est représenté symboliquement.

Figure 17–3
La représentation symbolique
des connecteurs

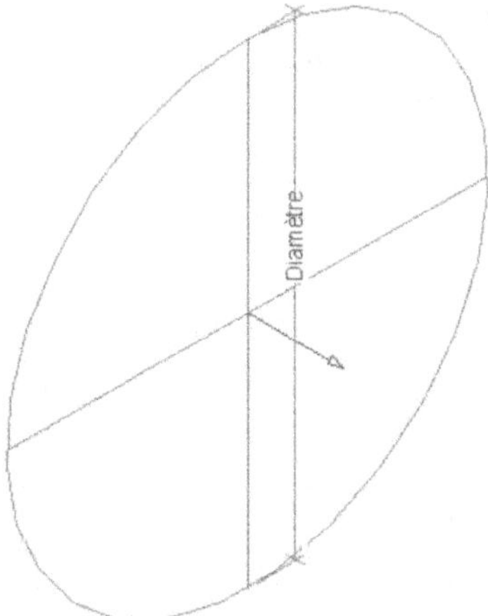

Nous distinguons dans cette représentation symbolique les éléments suivants :
- Une forme géométrique 2D de couleur verte dans Revit correspondant à la forme du réseau qui sera mis en œuvre depuis le connecteur. Un connecteur de canalisation est obligatoirement de forme circulaire pour être en correspondance avec les tubes des réseaux de canalisation qui ont un profil circulaire. Un connecteur de gaine peut être défini avec une forme 2D circulaire, rectangulaire ou ovale.
- Des cotations de couleur rouge dans Revit indiquant les propriétés du connecteur en charge des dimensions du réseau rattaché au connecteur.

- Une flèche, un vecteur de couleur bleue dans Revit n'indique en aucun cas le sens du flux véhiculé par le réseau, mais sa direction de déploiement nous permet de savoir de quel côté sera étiré et positionné le réseau.

> **Remarque**
>
> Lors de la définition d'un connecteur prenant appui sur la face d'un objet 3D inséré au format DWG ou DXF dans la famille, il est important de vérifier que ce vecteur pointe vers la bonne direction. Il peut y avoir des erreurs d'interprétation de la part de Revit. Dans ce cas, il faut utiliser le symbole de retournement du connecteur afin de redéfinir le sens adéquat.

Vous constaterez lors de l'insertion de plusieurs connecteurs dans une famille MEP que seul le premier contient une croix au centre de la figure verte. Cette différence permet d'identifier le connecteur principal de la famille. Cette distinction est très importante lors de l'élaboration de famille de type *Raccords* (coude, té, piquage, etc.) et *Accessoires* (robinet, vanne, etc.). Elle n'a pas d'incidence pour un appareil sanitaire (lavabo, douche, etc.) ou un équipement mécanique (radiateur, chaudière, etc.).

La sélection du connecteur positionné au sein de notre famille nous permet d'accéder *via* la palette *Propriétés* à l'ensemble des données permettant de définir la nature du réseau et ses caractéristiques techniques.

Figure 17–4

Les propriétés d'un connecteur de gaine

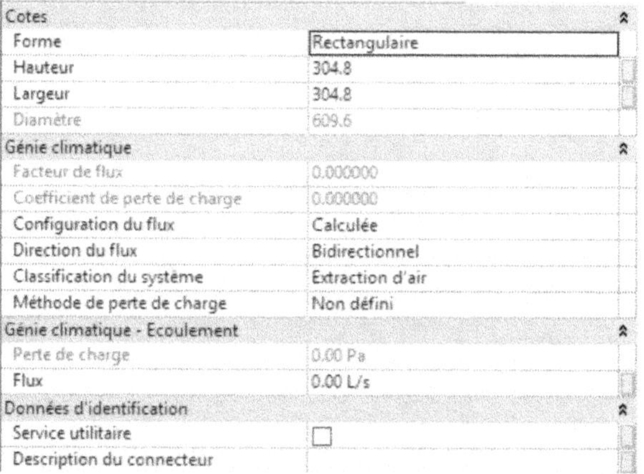

Cotes	
Forme	Rectangulaire
Hauteur	304.8
Largeur	304.8
Diamètre	609.6
Génie climatique	
Facteur de flux	0.000000
Coefficient de perte de charge	0.000000
Configuration du flux	Calculée
Direction du flux	Bidirectionnel
Classification du système	Extraction d'air
Méthode de perte de charge	Non défini
Génie climatique - Ecoulement	
Perte de charge	0.00 Pa
Flux	0.00 L/s
Données d'identification	
Service utilitaire	☐
Description du connecteur	

Prenons l'exemple d'un connecteur de canalisation et commençons par la rubrique *Cotes* qui permet de définir la géométrie du connecteur. Dans notre cas, le seul réglage est le diamètre, c'est-à-dire le diamètre de la canalisation qui lui sera rattaché dans le projet. À noter qu'il ne s'agit pas du diamètre extérieur de la canalisation, mais de ce que l'on appelle le diamètre nominal. Des réglages spécifiques au sein de votre projet – grâce aux tableaux *Segments* et *Tailles* – permettent à Revit de déduire en fonction de cette information le diamètre extérieur de la canalisation suivant sa nature (cuivre, acier, PVC…) afin de modéliser le réseau.

Figure 17–5
Les propriétés d'un connecteur
de canalisation

Cotes	
Diamètre	609.6
Génie climatique	
Coefficient K	0.000000
Facteur de flux	0.000000
Configuration du flux	Calculée
Direction du flux	Bidirectionnel
Méthode de perte de charge	Non défini
Autoriser les réglages d'inclinaison	☐
Classification du système	Eau chaude sanitaire
Génie climatique - Écoulement	
Unités du dispositif	0.000000
Flux	0.00 L/s
Perte de charge	0.00 Pa
Données d'identification	
Service utilitaire	☐
Description du connecteur	

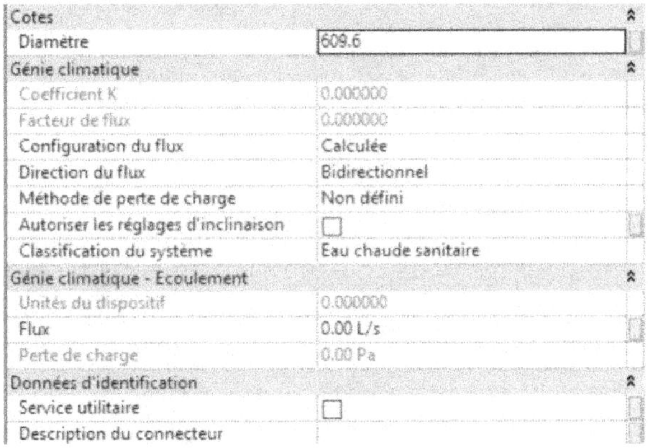

Figure 17–6
Les propriétés d'un connecteur
électrique

Électricité - Charges	
Type de système	Communication
Données d'identification	
Service utilitaire	☐
Description du connecteur	

> **Remarque**
>
> Ce point est un exemple d'une caractéristique importante des familles MEP : elles ne contiennent pas l'ensemble des informations utiles à leur fonctionnement. Votre gabarit et vos projets Revit contiennent des informations complémentaires nécessaires au bon usage des objets MEP.

La rubrique *Génie climatique* permet de déterminer :

- le type de réseau rattaché au connecteur ;
- le fonctionnement du réseau.

Pour savoir quel est le type de réseau rattaché au connecteur, vous utiliserez le paramètre *Classification du système*. Il s'agit ici de définir comment le réseau fonctionne, pas comment il sera repéré, ni désigné au sein d'un projet. Revit propose une liste de valeurs par défaut. Pour un connecteur de canalisation, les valeurs autorisées sont les suivantes :

- *Alimentation hydraulique* ;
- *Retour hydraulique* ;
- *Sanitaire* ;
- *Aération* ;
- *Eau chaude sanitaire* ;
- *Eau froide sanitaire* ;
- *Autre* ;
- *Système sous eau de protection contre les incendies* ;

- *Système sous air de protection contre les incendies* ;
- *Système à préaction de protection contre les incendies* ;
- *Autre système de protection contre les incendies* ;
- *Raccord* ;
- *Global.*

Nous retrouvons les grandes typologies des réseaux, mais pas tous. Il manque une classification pour les réseaux d'air comprimé, les réseaux de gaz et les fluides médicaux. Il faudra alors utiliser la valeur *Autre*, car il est impossible de créer, d'ajouter de nouvelles classifications.

Deux choix sont particuliers : *Raccord* et *Global*. La classification du système *Raccord* est à utiliser lors de l'élaboration de familles telles que les coudes, les tés, les réductions. Ces objets servent à raccorder deux segments d'un réseau et ne sont pas spécifiques au type du réseau (sanitaire, eau chaude…) La classification du système *Global* est très particulière. Le connecteur n'est pas prédéfini pour un réseau particulier. Lors de l'usage de la famille dans un projet, l'utilisateur aura la possibilité de connecter n'importe quel réseau (alimentation hydraulique, eau froide, sanitaire…).

> **Remarque**
>
> Ce mode de fonctionnement n'est pas réaliste. Sur une chaudière, par exemple, le raccordement du départ et du retour, de l'eau chaude pour les radiateurs, est précisé par le constructeur. Il n'est pas possible de raccorder les réseaux librement.

Les paramètres suivants ont pour vocation de définir comment fonctionne le réseau, et plus précisément comment sont définis et gérés le flux (débit) et la perte de charge.

- *Configuration du flux* permet de définir comment est déterminé le débit du réseau au niveau du connecteur :
  - *Prédéfinie* : le connecteur impose au réseau une valeur de débit.
  - *Calculée* : le connecteur récupère la valeur de débit du réseau raccordé.
  - *Système* : le connecteur récupère une partie, un certain pourcentage, du débit total émis par la source du réseau (chaudière, centrale d'air, groupe froid…). Le réglage *Facteur de flux* permet de définir la part du débit à prendre en compte dans le connecteur.
- *Direction du flux* permet de définir le sens de circulation du fluide entre le connecteur et le réseau raccordé :
  - *Intérieur* (*IN* pour la version anglaise de Revit) : le fluide provient du réseau et entre dans le connecteur, dans la famille.
  - *Extérieur* (*OUT* pour la version anglaise) : le fluide provient du connecteur, de la famille pour en sortir et être injecté dans le réseau.

- *Méthode de perte de charge* permet de définir si le connecteur induit une perte de charge spécifique dans le réseau :
  - *Non défini* : il n'y a pas de perte de charge.
  - *Déperdition spécifique* : la perte de charge définie dans le paramètre *Perte de charge* est transmise par le connecteur au réseau.
  - *Coefficient K* : la perte de charge est calculée à l'aide du débit présent au niveau du connecteur en lui appliquant le coefficient défini dans le paramètre *Coefficient K*.

Suivant les différents réglages précédents, les deux paramètres *Flux* et *Perte de charge* de la rubrique *Génie climatique - Écoulement* définissent ou contiennent les valeurs techniques correspondantes. N'oubliez pas d'associer à ces paramètres des paramètres de famille ou des paramètres partagés afin de récupérer et d'exploiter ses informations au sein du projet, d'une étiquette ou d'une table de nomenclature.

Figure 17–7
Associer un paramètre
de famille à un paramètre
d'un connecteur

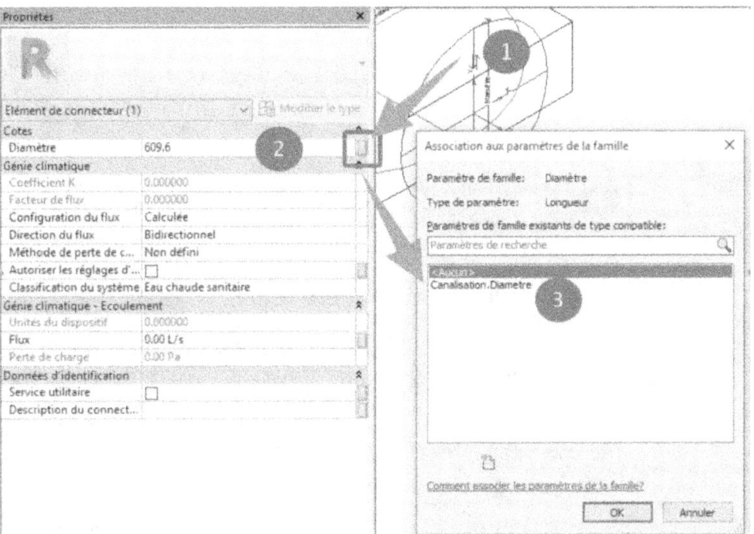

Pour finir, il reste trois paramètres :

- *Description du connecteur* est un texte libre permettant de préciser l'usage, la fonction du connecteur dans la famille MEP. Ceci est pratique pour les objets ayant de nombreux connecteurs afin d'aider l'utilisateur à sélectionner le bon point de raccordement de son réseau avec l'équipement technique.
- *Service utilitaire* n'est d'aucune utilité selon moi.
- *Autoriser les réglages d'inclinaison* introduit une tolérance angulaire entre le connecteur et le réseau rattaché. Ce paramètre est indispensable pour que les réseaux possèdent une inclinaison, une pente (eaux usées, les eaux pluviales…).

La logique Classification et Type de système

Les connecteurs sont les éléments caractéristiques des familles MEP. Leur paramétrage est crucial, car il détermine le comportement technique de l'objet au sein des projets. Dans cette étape, la propriété la plus importante est *Classification du système*. Approfondissons l'étude de ce paramètre afin d'assimiler les mécanismes Revit qui déterminent le comportement des familles MEP.

Dans le cas d'un connecteur de gaine, la liste des choix autorisés est la suivante :

- *Soufflage* ;
- *Reprise* ;
- *Extraction d'air* ;
- *Autre air* ;
- *Raccord* ;
- *Global*.

La problématique de ce réglage n'est pas de définir avec quel réseau du projet la famille se raccorde, mais de définir comment doit fonctionner le réseau attaché au connecteur :

- pour le soufflage, le sens du flux est de l'émetteur vers les terminaux (par exemple, d'une centrale d'air vers les diffuseurs) ;
- pour la reprise et l'extraction, le sens du flux est des terminaux vers l'équipement (par exemple, des diffuseurs vers la centrale d'air).

Les deux classifications ont donc exactement le même mode de fonctionnement. La seule différence prend forme dans le projet dans le paramétrage et l'utilisation des *Types de systèmes*.

- *Autre air* est le choix à utiliser quand aucune autre valeur ne correspond au mode de fonctionnement que l'on souhaite affecter ;
- *Raccord* spécifie que la famille peut être utilisée sur n'importe quel réseau et que sa fonction est simplement de raccorder un coude, un accessoire… à un segment droit d'une gaine ;
- *Global* est un choix à éviter pour les raisons énumérées dans le paragraphe précédent.

Remarque

Il n'est pas possible de créer ses propres paramètres *Classification du système*. Il faut obligatoirement faire un choix parmi la liste proposée. Cela n'est nullement dommageable, car il ne s'agit pas ici de définir un réseau.

Le réglage de la classification du système détermine dans le projet si la famille peut s'utiliser avec tel ou tel réseau du projet. Comment cela fonctionne-t-il ?

Pour Revit, un réseau est en fait un type de système.

Figure 17–8
Exemple de type de système

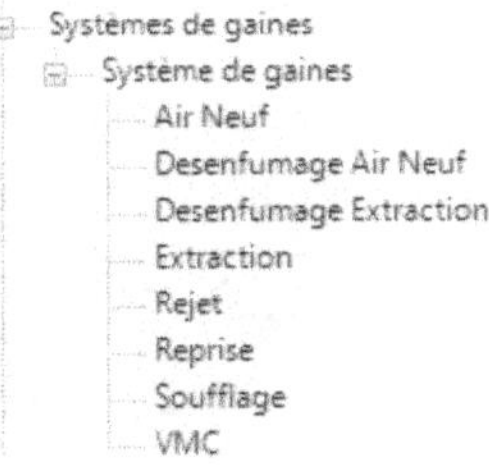

Remarque

La rubrique *Système de gaines* utilisée dans l'arborescence du projet liste les types de systèmes. Il s'agit d'une petite incohérence dans la traduction française de Revit !

Pour pouvoir tracer des réseaux dans votre projet Revit, vous devez créer et paramétrer des *Types de systèmes*.

Figure 17–9
Les propriétés d'un type
de système pour les réseaux
de Soufflage

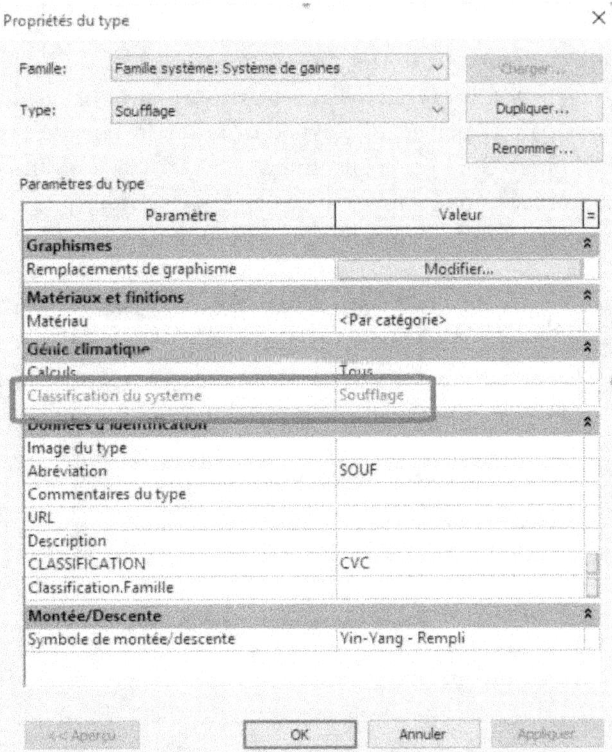

Comme le montre la figure 17-9, un type de système est rattaché à une *Classification du système*. Ainsi, lorsque l'utilisateur Revit trace un réseau de *Soufflage* en sélectionnant le type de système correspondant dans la palette des propriétés, il ne pourra insérer et liaisonner sur ce dernier que des familles possédant un connecteur de même classification.

Figure 17–10
La logique Classification
du système et Type de système

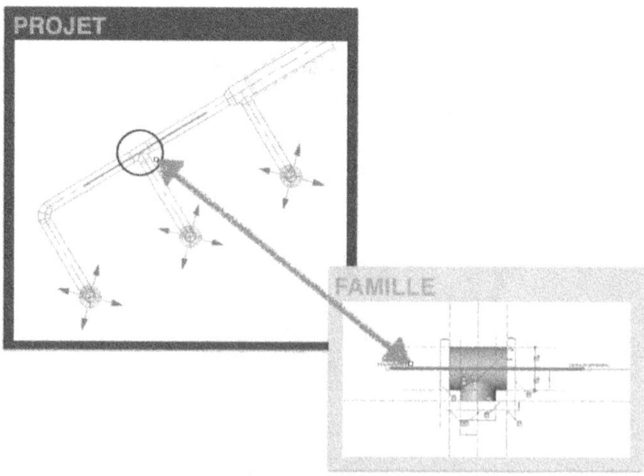

Le rôle spécifique des plans de référence

Une troisième caractéristique des familles MEP est le rôle primordial des plans de référence.

Le plan de référence horizontal, nommé par défaut *Centre (avant/arrière)*, avec la propriété *Définit l'origine* activée, est primordial pour les familles MEP de type *Raccords* et *Accessoires*. Il permet à Revit d'orienter la famille pour l'aligner sur le réseau sur lequel l'objet doit se positionner. Revit met toujours en correspondance l'axe du réseau pointé dans le projet avec ce plan de référence. Il faut donc toujours modéliser les raccords et accessoires horizontalement.

Figure 17–11
Le rôle du plan de référence
Centre (avant/arrière)

Le plan de référence vertical, nommé par défaut *Centre (gauche/droite)*, avec la propriété *Définit l'origine* activée, intervient de manière spécifique pour les familles de type *Raccords*. Dans ce cas particulier de famille MEP, son intersection avec le plan de référence *Centre (avant/arrière)* doit obligatoirement correspondre à la position du point d'intersection des axes des deux segments de réseaux que l'on souhaite connecter dans le projet.

Le connecteur principal

Comme mentionné précédemment, on constate que le premier connecteur de gaine ou de canalisation inséré dans une famille se différencie par une croix au centre de sa représentation symbolique. Cela indique que le connecteur est considéré comme le connecteur principal. Revit utilise cette caractéristique pour les familles MEP de type *Raccords* et *Accessoires*. Elle n'a aucune incidence sur les objets de type *Terminaux* ou *Équipements*.

Le connecteur principal est celui qui est raccordé en priorité à l'extrémité du réseau pointé dans le projet lors de l'insertion de la famille. Il doit donc toujours être positionné à gauche du plan de référence *Centre (gauche/droite)* afin d'éviter une rotation à 180° de l'objet entre sa modélisation dans la famille et sa position dans le projet.

À noter qu'il est possible de redéfinir le connecteur principal après le positionnement de tous les connecteurs. Pour cela, il suffit de sélectionner le connecteur désiré puis l'outil disponible dans l'onglet *Modifier - Élément du connecteur>Réattribuer le principal*.

Figure 17–12
L'outil Réattribuer le principal

Liaisonner des connecteurs

Lors de la réalisation d'une famille MEP de type *Raccords* ou *Accessoires*, le paramètre *Classification de type* des connecteurs doit être *Raccord*. Cela conduit à la suppression des propriétés permettant de gérer le sens du flux, le débit et la perte de charge de l'objet. Afin d'éviter un dysfonctionnement des réseaux dans le projet par l'absence d'un débit, par exemple, il est impératif de créer une liaison entre le connecteur d'entrée de la famille et le connecteur de sortie. On précise ainsi à Revit que le débit du réseau raccordé à un connecteur doit obligatoirement être transmis au connecteur liaisonné pour assurer le transfert des informations et maintenir le bon fonctionnement du réseau.

Si vous sélectionnez l'un des connecteurs de la famille, le menu contextuel propose alors l'outil *Lier les connecteurs*.

Figure 17–13
L'outil Lier les connecteurs

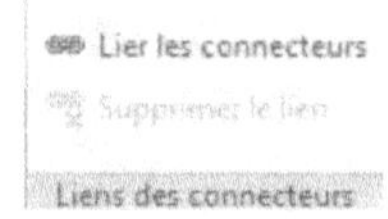

Une représentation symbolique sous la forme d'une ligne en pointillés confirme la présence d'un lien entre deux connecteurs. Attention, cette ligne n'est visible que si l'on sélectionne l'un des deux connecteurs liaisonnés.

Figure 17–14
La représentation symbolique
de connecteurs liaisonnés

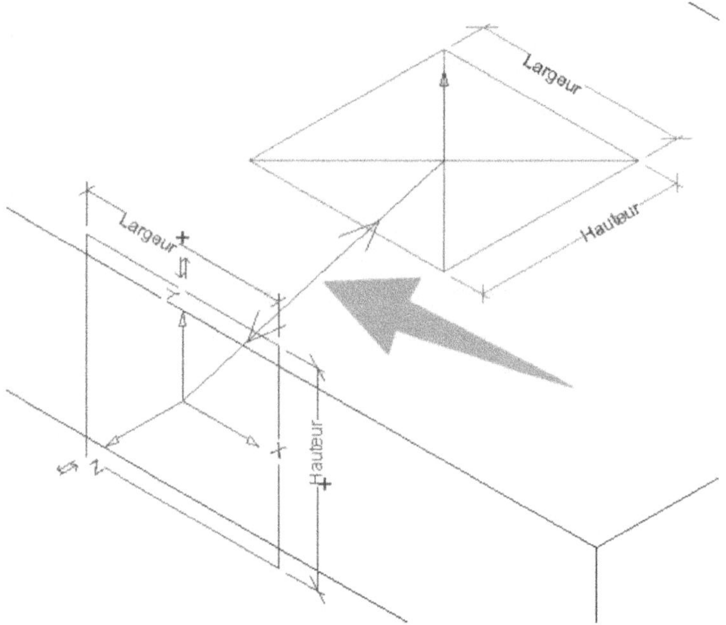

Bien démarrer une famille MEP

La réalisation d'une famille MEP commence par le choix d'un gabarit de famille (fichier RFT) parmi ceux que Revit propose. Cette étape est primordiale car elle implique des réglages spécifiques au sein de la famille qu'il est impossible de modifier. Comment choisir le bon gabarit ?

Les gabarits de famille : faire le bon choix

Figure 17–15
Les gabarits de famille de Revit

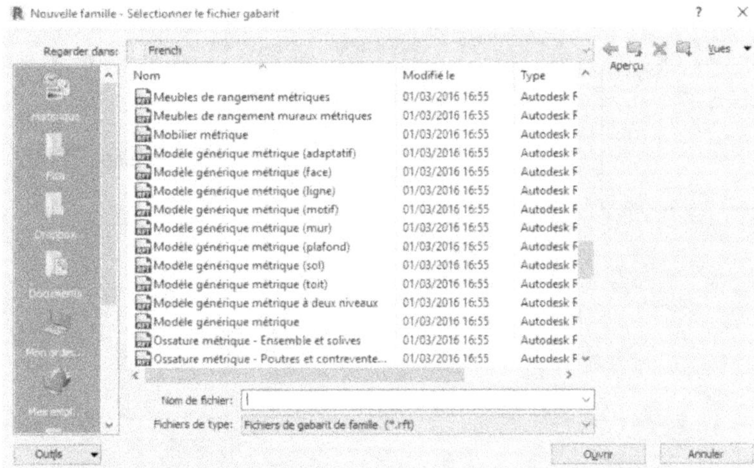

Autodesk fournit une très grande partie des gabarits de famille utiles pour le domaine de l'électricité (appareil téléphonique, dispositif d'alarme, équipement électrique…). Nous ne pouvons pas en dire autant pour les métiers de l'aéraulique et l'hydraulique. Heureusement, il existe une solution de secours : le gabarit *Modèle générique métrique*. Le principe consiste alors à prendre un fichier vierge, où aucun préréglage ne viendra bloquer notre travail.

Les catégories

Si l'on choisit un gabarit *Modèle générique métrique*, Revit ne peut pas savoir ce que l'on souhaite réaliser comme objet ni comment le gérer dans le projet. Il est donc impératif de régler l'ensemble des informations disponibles dans l'outil *Catégorie et paramètres de famille* de l'onglet *Créer*.

Figure 17–16
L'outil Catégorie et paramètres
de famille

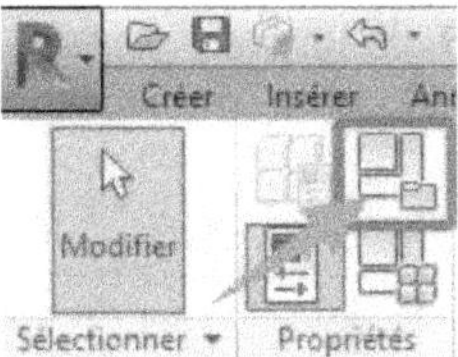

La première étape consiste à sélectionner le domaine MEP de la famille dans la liste déroulante :

- *Génie climatique* pour les objets de la CVC, de l'aéraulique.
- *Électricité* pour les objets en courants forts, courants faibles, données.
- *Canalisation* pour les objets hydrauliques et de plomberie sanitaire.

Figure 17–17
Le choix du domaine MEP de la famille

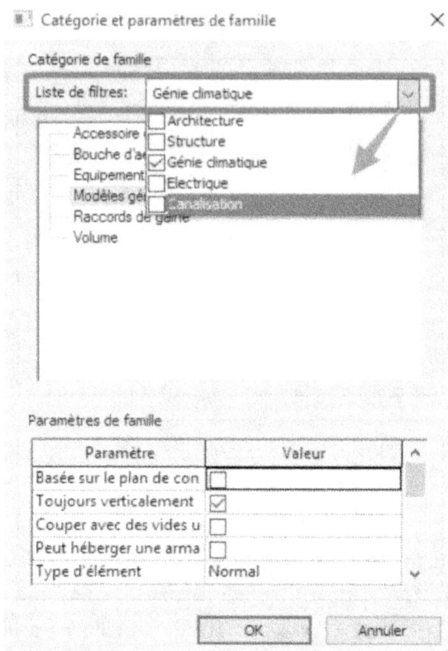

Ce choix permet d'obtenir la liste des catégories de Revit. La deuxième étape consiste alors à sélectionner la catégorie dans laquelle nous souhaitons classer notre famille :

- Pour le génie climatique, nous disposons des catégories :
  - *Accessoire de gaine* (par exemple : clapet coupe-feu, registre, piège à son…) ;
  - *Bouche d'aération* (par exemple : diffuseur, cassette, hôte de cuisine…) ;
  - *Équipement de génie climatique* (par exemple : centrale d'air, caisson de ventilation…) ;
  - *Modèles génériques* (à ne jamais utiliser) ;
  - *Raccord de gaine* (par exemple : coude, té, piquage…) ;
  - *Volume* (à ne jamais utiliser).
- Pour l'électricité, nous disposons des catégories :
  - *Appareil d'appel malade* ;
  - *Appareils de communication* ;
  - *Appareils téléphoniques* ;
  - *Dispositifs d'alarme incendie* ;
  - *Dispositifs d'éclairage* ;
  - *Dispositifs de données* ;

- *Dispositifs de sécurité* ;
- *Équipement électrique* ;
- *Installations électriques* ;
- *Luminaires* ;
- *Modèles génériques* (à ne jamais utiliser) ;
- *Raccords de chemins de câbles* ;
- *Raccord de conduits* ;
- *Volume* (à ne jamais utiliser).

- Pour la canalisation, nous disposons des catégories :
  - *Accessoire de canalisation* (par exemple : vanne, clapet, filtre…) ;
  - *Appareils sanitaires* (par exemple : lavabo, douche, évier…) ;
  - *Équipement de génie climatique* (par exemple : chaudière, radiateur, groupe froid…) ;
  - *Raccord de canalisation* (par exemple : coude, té, piquage…) ;
  - *Sprinklers* (tête des réseaux de sprinklers);
  - *Volume* (à ne jamais utiliser).

Le choix de la catégorie est important pour deux raisons. Tout d'abord, la catégorie permet à Revit de classer, regrouper tous les éléments du même groupe pour gérer l'affichage des objets (visibilité, propriétés graphiques). Ensuite, la catégorie impacte le fonctionnement de l'objet. En effet, un accessoire de gaine ne peut pas être inséré sur un réseau de canalisation. Dans cette définition du comportement de l'objet, la catégorie est secondée par le paramètre *Type d'élément*. Il est primordial de régler convenablement cette propriété, même si cela est parfois délicat (la pauvreté des explications d'Autodesk sur le rôle précis de chaque valeur y est pour beaucoup).

Essayons de préciser ce réglage à travers des cas concrets.

- Pour les catégories de type *Raccord de gaine/de canalisation*, les choix les plus courants pour le paramètre *Type d'élément* sont :
  - *Coude* : à utiliser pour une famille à vocation de liaison entre deux parties linéaires d'un même réseau.
  - *Té latéral* : à utiliser pour une famille de raccordement d'une branche d'un réseau sur un collecteur avec un angle de 90°.
  - *Té* : identique à *Té latéral* excepté pour l'angle qui peut varier.
  - *Croix latérale* et *Croix* : dans la même logique que *Té* avec la possibilité de raccorder deux branches sur le même collecteur (par la droite et par la gauche, en croix).
  - *Union* : à utiliser pour une famille servant à rattacher deux parties linéaires d'un réseau qui sont dans la même direction (sans angle d'incidence).
  - *Transition* : à utiliser pour une famille de type *Réduction*.

- Pour les catégories de type *Accessoire de gaine/de canalisation*, les choix les plus courants pour le paramètre *Type d'élément* sont :
  - *Divise en* : à utiliser pour les familles s'insérant sur le réseau et nécessitant une coupe de celui-ci (par exemple, robinet, clapet…).
  - *Vanne Type Normal* : identique dans l'usage à *Divise en*, il s'agit simplement de spécifier qu'il s'agit d'une vanne deux voies.
  - *Vanne Type Introduction* : dans la même logique que *Vanne Type Normal* mais pour les vannes trois voies.
  - *Extrémité* : à utiliser pour les accessoires n'ayant qu'un seul connecteur, se positionne donc en extrémité d'un réseau (par exemple, thermostat, manomètre…).

L'outil *Catégorie et paramètres de famille* propose d'autres paramètres pour régler la famille qui sont identiques aux familles des domaines Architecture et Structure.

La problématique de l'attachement d'une famille MEP au projet architectural

Pour réaliser un objet MEP, vous avez précédemment choisi le gabarit *Modèle générique métrique*. Comme vous l'avez constaté, il en existe plusieurs :

- *Modèle générique métrique (face)* ;
- *Modèle générique métrique (mur)* ;
- *Modèle générique métrique (plafond)* ;
- *Modèle générique métrique (sol)* ;
- …

La famille référencée entre parenthèses définit la famille d'hébergement, c'est-à-dire ce sur quoi notre objet prend obligatoirement appui lors de son utilisation. Ainsi, une famille réalisée sur la base du gabarit *Modèle générique métrique (mur)* ne se positionnera correctement dans un projet que s'il existe un mur. Spécificité de Revit : notre famille MEP doit s'attacher impérativement à un mur contenu dans le même fichier et le même projet. Il est donc impossible de prendre appui sur un mur appartenant à un fichier Revit de l'architecture qui est lié à notre projet MEP.

Si l'on souhaite créer une famille MEP qui interagit et qui s'attache à un élément d'un fichier lié, il faut choisir *Modèle générique métrique (face)*.

(Exercice 18) Création d'une centrale d'air générique

Mettons maintenant en pratique les différents sujets abordés dans les paragraphes précédents. Prenons l'exemple d'une famille représentant une centrale d'air générique (CTA). L'utilisateur devra pouvoir définir :

- les dimensions totales de la centrale d'air (longueur, largeur et hauteur) ;
- les dimensions des connecteurs aérauliques (largeur, hauteur) ;
- la position des connecteurs aérauliques (altimétrie par rapport à la base de la CTA) ;
- les dimensions des connecteurs hydrauliques (diamètre) ;
- la position des connecteurs hydrauliques.

Démarrage et propriétés de la famille

1 Ouvrez le gabarit *Modèle générique métrique* à partir duquel nous allons créer une nouvelle famille.

2 À l'aide de l'outil *Catégorie et paramètres de famille*, sélectionnez la catégorie *Équipement de génie climatique*. Conservez les valeurs *Normal* pour le paramètre *Type d'élément* et *Utiliser le diamètre* pour le paramètre *Cote de connecteur circulaire*.

Figure 17–18

Les réglages de la catégorie et paramètres de la famille

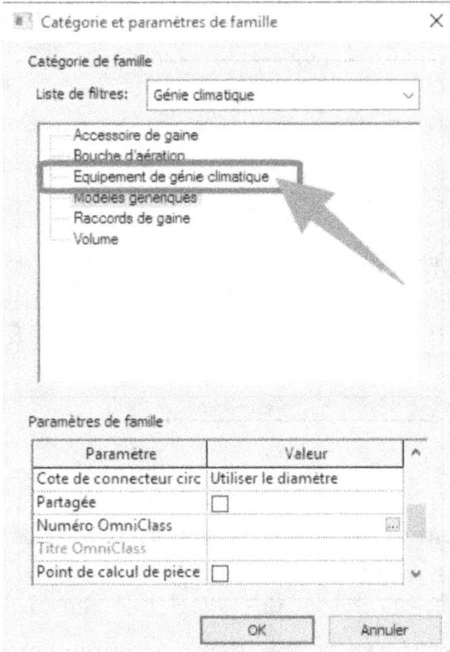

3 En complément, et sans incidence sur le fonctionnement de la famille, vous pouvez renseigner le paramètre *Numéro OmniClass*. Il s'agit d'une norme permettant de classer les objets du bâtiment (www.omniclass.org). Ce réglage est utile lors des exports de vos projets suivant le format COBIe.

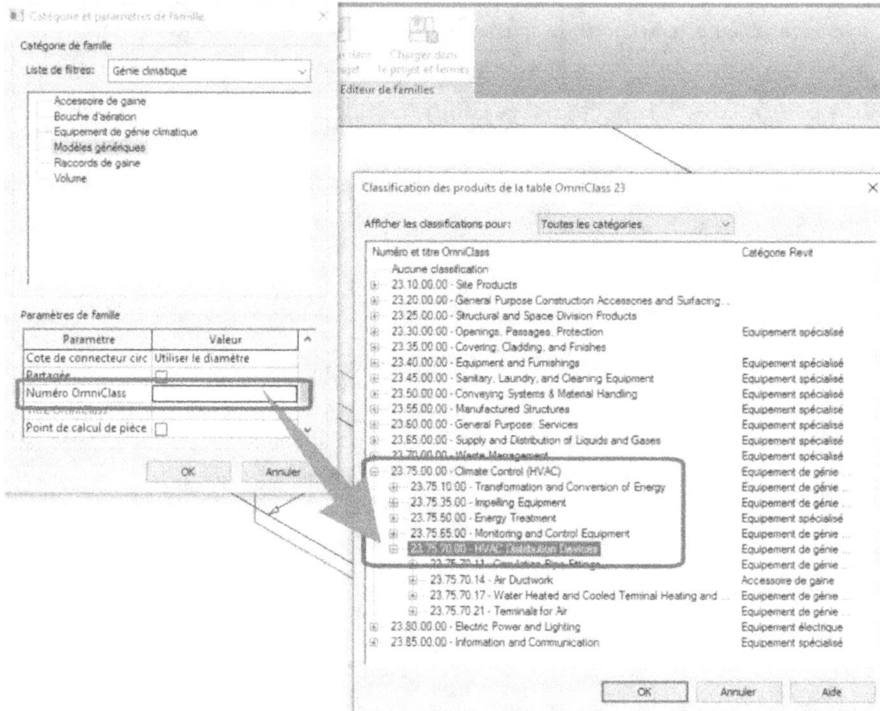

Figure 17–19 Le réglage OmniClass

4 Si vous avez besoin de localiser votre objet dans votre projet pour réaliser des nomenclatures de matériel par local (dans quel local se trouve tel ou tel équipement ?), sélectionnez le paramètre *Point de calcul de pièce*.

Création du squelette et de la géométrie

Modélisation du caisson principal

1 De manière identique à tout autre type de famille, modélisez une boîte. Afin de maîtriser les dimensions du rectangle servant de base au volume de la CTA, créez des plans de référence, placez des cotes et associez les paramètres nécessaires.

Les cotes d'égalité permettent d'assurer le positionnement du point d'insertion de la famille au centre de l'objet.

Figure 17–20
Les plans de référence
et les paramètres utiles
à la base de la CTA

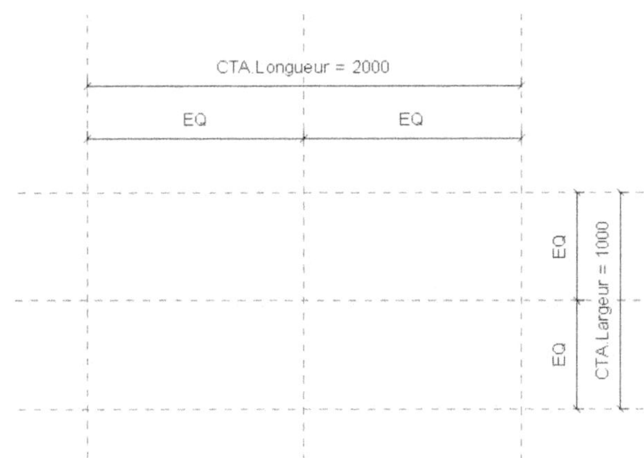

2 Dans l'onglet *Créer*, sélectionnez l'outil *Extrusion*. Dessinez le profil 2D à l'aide de l'outil *Rectangle* et verrouillez les quatre côtés sur les plans de référence. Validez la création de l'extrusion.

Figure 17–21
Le profil 2D de la CTA

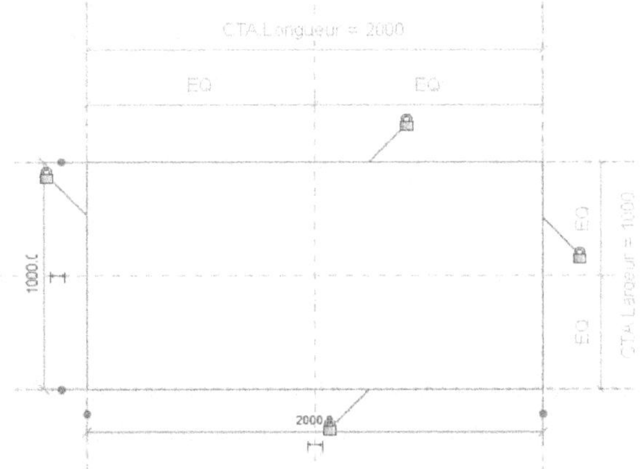

3 Affichez la vue d'élévation *Avant* pour créer un plan de référence et un paramètre associé afin de maîtriser la hauteur de la CTA.

4 Étirez et verrouillez le volume 3D créé précédemment sur le plan de référence.

Les trois paramètres *CTA.Largeur*, *CTA.Longueur* et *CTA.Hauteur* créés sont des paramètres de type qui servent à définir différents modèles de CTA en créant des types au sein de la famille.

Figure 17–22
La gestion de la hauteur
de la CTA

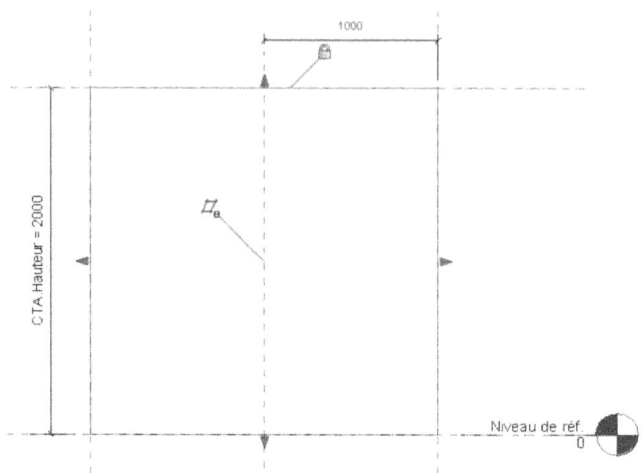

La géométrie des soufflages et des reprises d'air

Il faut compléter la modélisation avec deux volumes afin de définir la taille et la position des raccordements des réseaux aérauliques sur notre CTA.

1   Sur la vue d'élévation *Droite*, créez les plans de référence et les paramètres conformément à la figure 17-23.

Figure 17–23
Les plans de référence
et les paramètres utiles
aux connecteurs aérauliques

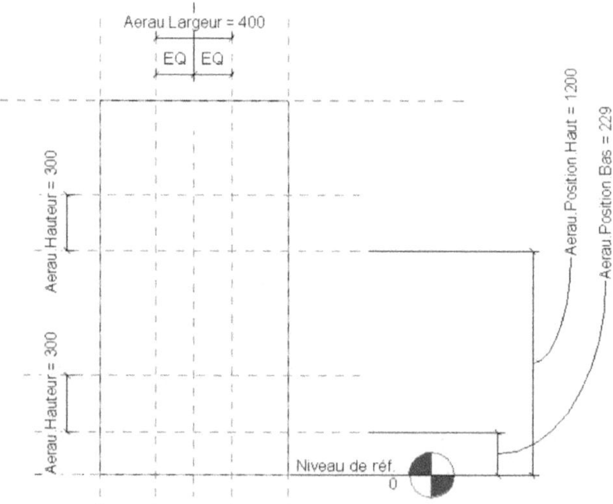

Les paramètres Aerau.Largeur, Aerau.Hauteur, Aerau.Position.Bas et Aerau.Position.Haut sont des paramètres de type.

2   Sélectionnez l'outil *Extrusion*. Dessinez le profil 2D à l'aide de l'outil *Rectangle* et verrouillez les côtés sur les plans de référence.

Pour simplifier la construction de la famille, le profil 2D est constitué de deux rectangles correspondant aux deux connecteurs aérauliques dont nous avons besoin.

Figure 17–24

Les profils 2D des connecteurs aérauliques

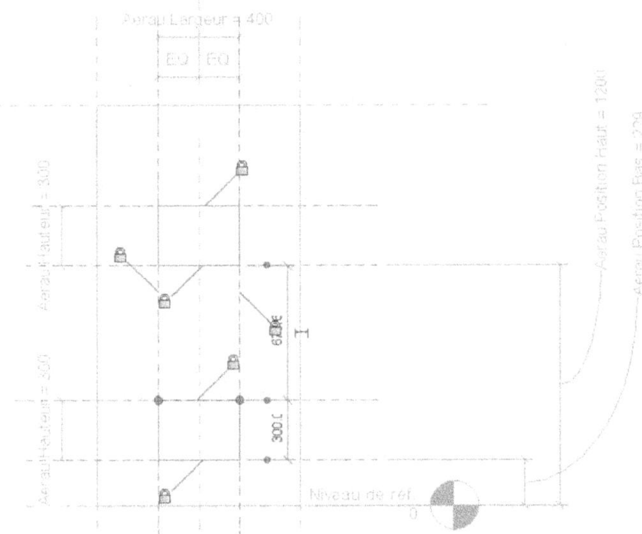

Huit cadenas verrouillés valident les contraintes d'alignement. Validez la création de l'extrusion.

3 Affichez la vue de plan d'étage *Niveau de réf.* pour créer un plan de référence et un paramètre associé afin de maîtriser le débord des connecteurs aérauliques.

Figure 17–25

La gestion du débord des connecteurs aérauliques

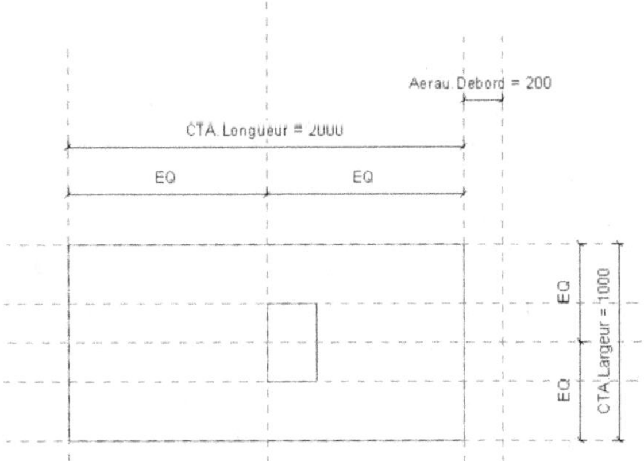

4 Étirez la face droite et verrouillez le volume 3D créé précédemment sur le plan de référence. Étirez la face gauche et verrouillez le volume 3D afin de le positionner au bord du volume de la CTA.

> **Attention**
>
> Le verrouillage doit obligatoirement être réalisé sur un plan de référence et non sur la face du volume 3D de la CTA.

La géométrie des entrées et sorties hydrauliques

Poursuivons la modélisation en réalisant, selon le même principe, deux volumes cylindriques afin de définir la taille et la position des raccordements des réseaux hydrauliques sur notre CTA.

1 Sur la vue d'élévation *Avant*, créez les plans de référence et les paramètres conformément à la figure 17-26.

Figure 17–26
Les plans de référence
et les paramètres utiles
aux connecteurs hydrauliques

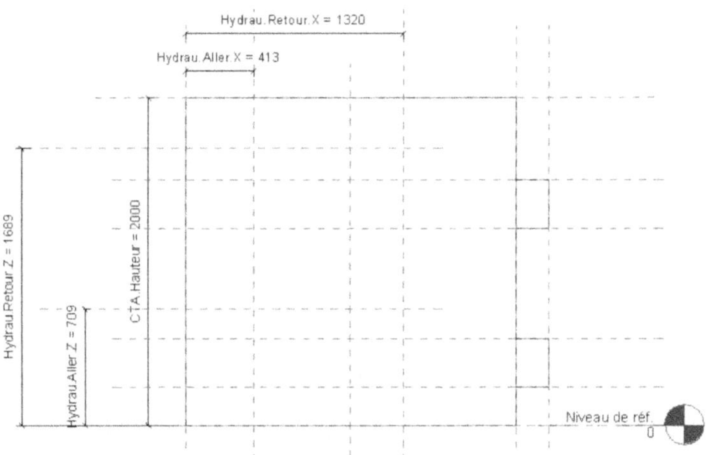

Les paramètres *Hydrau.Aller.X*, *Hydrau.Retour.X*, *Hydrau.Aller.Z* et *Hydrau.Retour.Z* sont des paramètres de type.

2 Sélectionnez l'outil *Extrusion*. Dessinez le profil 2D à l'aide de l'outil *Cercle*. Pour simplifier la construction de la famille, le profil 2D est constitué de deux cercles correspondant aux deux connecteurs aérauliques dont nous avons besoin.

3 Toujours dans l'esquisse, pour les deux cercles, il faut mettre en place une cotation de rayon et associer un paramètre. Validez la création de l'extrusion.

4 Affichez la vue de plan d'étage *Niveau de réf.* pour créer un plan de référence et un paramètre associé afin de maîtriser le débord des connecteurs hydrauliques.

Figure 17–27
Les profils 2D des connecteurs
hydrauliques

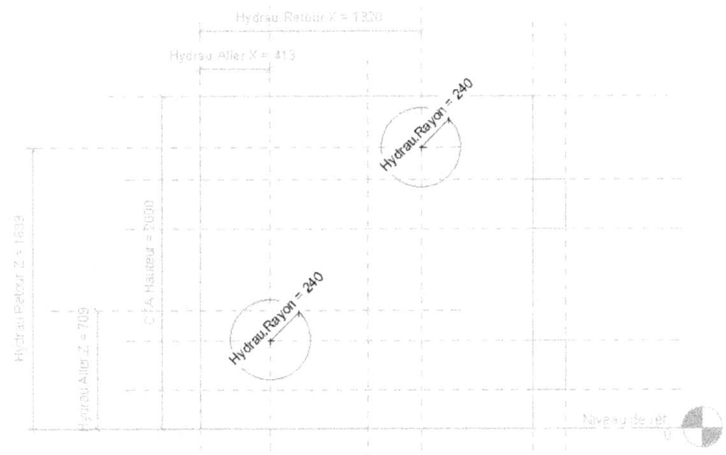

Figure 17–28
La gestion du débord
des connecteurs aérauliques

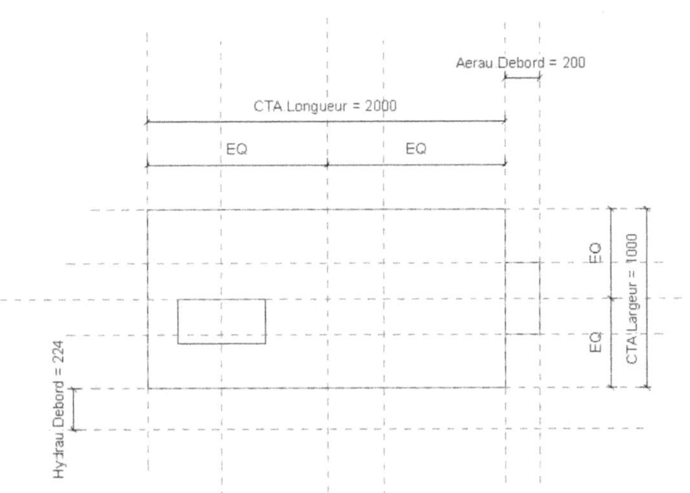

5 Étirez la face avant et verrouillez le volume 3D créé précédemment sur le plan de référence. Étirez la face arrière et verrouillez le volume 3D afin de le positionner au bord du volume de la CTA.

La modélisation est terminée. Nous pouvons ajouter les connecteurs MEP.

Figure 17–29
La géométrie 3D de la CTA

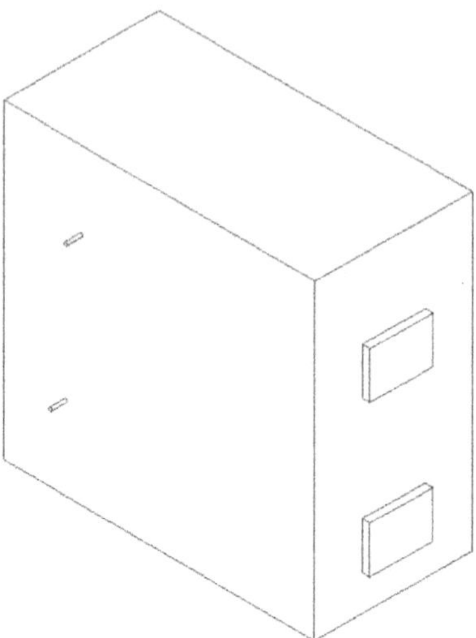

Création des connecteurs

La création des connecteurs se fera depuis la vue 3D.

Les connecteurs aérauliques

1 Cliquez sur l'onglet *Créer* et sélectionnez l'outil *Connecteur de gaine*. Placez deux connecteurs comme indiqué sur la figure 17-30.

Figure 17–30
La position initiale des connecteurs aérauliques

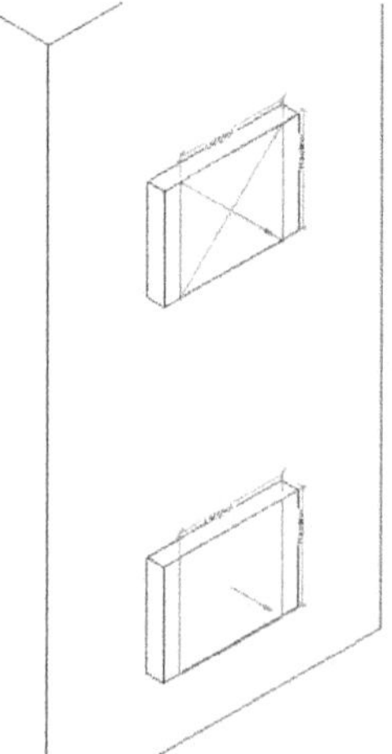

2 Sélectionnez le connecteur du haut afin d'effectuer les réglages conformément à la figure 17-31.

Figure 17–31
Les réglages du connecteur
de soufflage

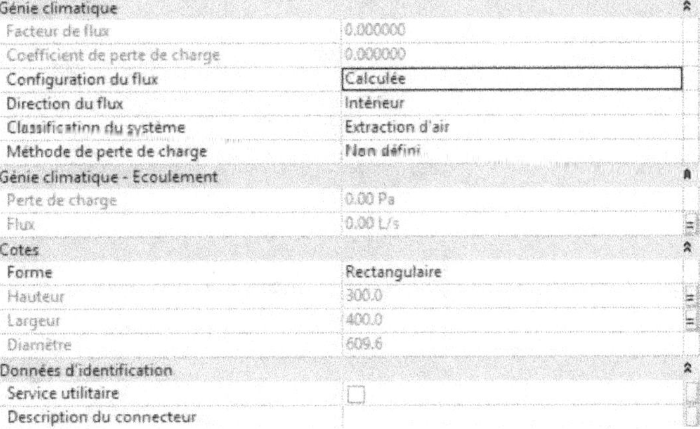

3 Les propriétés *Hauteur* et *Largeur* (rubrique *Cotes*) sont à associer avec les paramètres *Aerau.Hauteur* et *Aerau.Largeur* afin de faire correspondre la géométrie de la CTA avec les dimensions du réseau du projet.

La propriété *Flux* est à associer avec un nouveau paramètre d'occurrence *Aerau.Soufflage.Debit* afin de pouvoir lire dans le projet la valeur du débit du réseau qu'il sera nécessaire de traiter dans la CTA.

4 Sélectionnez le connecteur du bas afin d'effectuer les réglages conformément à la figure 17-32.

Figure 17–32
Les réglages du connecteur
d'extraction

5 Les propriétés *Hauteur* et *Largeur* sont à associer avec les paramètres *Aerau.Hauteur* et *Aerau.Largeur*.

La propriété *Flux* est à associer avec un nouveau paramètre d'occurrence *Aerau.Extraction.Debit*.

Les connecteurs hydrauliques

1 Cliquez sur l'onglet *Créer* et sélectionnez l'outil *Connecteur de canalisation*. Placez deux connecteurs comme indiqué sur la figure 17-33.

Figure 17–33
La position initiale des connecteurs hydrauliques

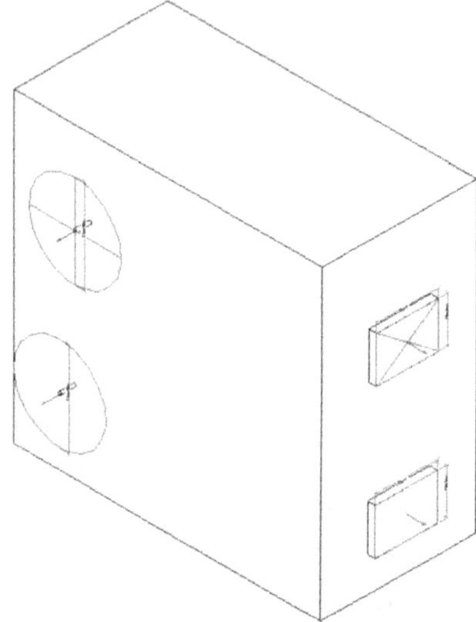

2 Sélectionnez le connecteur du haut afin d'effectuer les réglages conformément à la figure 17-34.

Figure 17–34
Les réglages du connecteur
du retour hydraulique

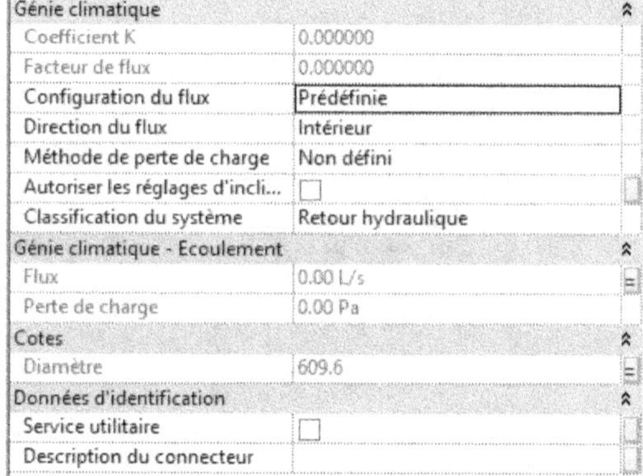

3 La propriété *Diamètre* est à associer avec un nouveau paramètre de type *Hydrau.Diametre*.

La propriété *Flux* est à associer avec un nouveau paramètre d'occurrence *Hydrau.Debit*.

4 Sélectionnez le connecteur du bas afin d'effectuer les réglages conformément à la figure 17-35.

Figure 17–35
Les réglages du connecteur
d'alimentation hydraulique

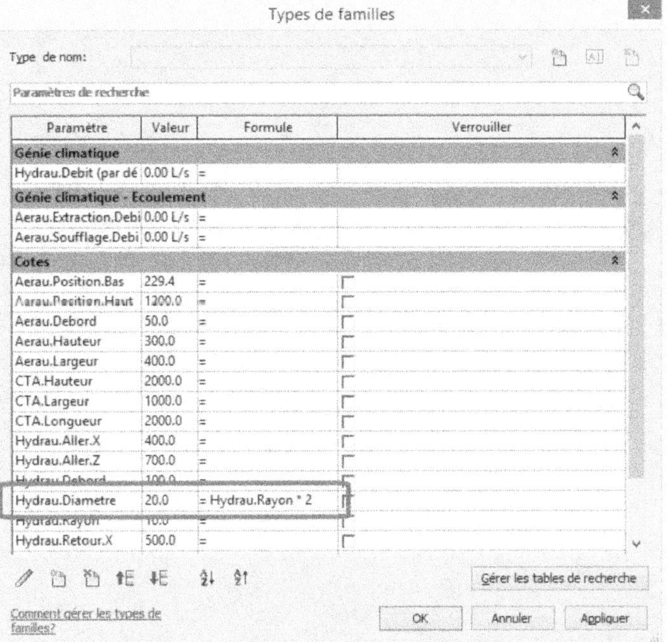

5 La propriété *Diamètre* est à associer avec le paramètre de type *Hydrau.Diametre* créé précédemment.

La propriété *Flux* est à associer avec le paramètre d'occurrence *Hydrau.Debit* créé précédemment.

6 Lancez l'outil *Types de familles* afin de faire correspondre le paramètre *Hydrau.Rayon* utilisé lors de la modélisation des cylindres et le paramètre *Hydrau.Diametre* utilisé aux niveaux des connecteurs MEP.

Figure 17–36
Mise en place de la formule
entre le rayon et le diamètre
hydraulique

Vous pouvez sauvegarder votre famille, elle est prête à être utilisée dans vos projets.

Bibliographie

Livres

- *Renaissance Revit : Creating Classical Architecture with Modern Software* de Paul Aubin aux éditions G3B Press
- *Revit pour le BIM - Initiation et perfectionnement par la structure (5e édition)* de Jonathan Renou et Stevens Chemise aux éditions Eyrolles
- *Revit pour les architectes – Bonnes pratiques BIM (2e édition)* de Julie Guézo et Pierre Navarra aux éditions Eyrolles
- *Essentials of Revit Families 2016* de Ken Jolly aux éditions CreateSpace Independent Publishing Platform
- *Creating Custom Revit Architecture 2013 Families* de Michael Anonuevo aux éditions www.littledetailscount.com

Sites Internet

- Forum AUGI (forums.augi.com), discussion « Revit Timeline (W.I.P.) »
- Revit Forum (www.revitforum.com), discussion « Revit Formulas for "Everyday" usage »
- Revit OpEd, Steve Stafford (http://revitoped.blogspot.fr)
- http://revitaddons.blogspot.fr
- Blog de l'agence d'architectes Domokur, Akron, Ohio, États-Unis (http://domokur architects.blogspot.fr)
- http://therevitkid.blogspot.com

Merci d'avoir choisi ce livre Eyrolles. Nous espérons que sa lecture vous a été utile et vous aidera pour mener à bien vos projets.

Nous serions ravis de rester en contact avec vous et de pouvoir vous proposer d'autres idées de livres à découvrir, des nouveautés, des conseils ou des événements avec nos auteurs.

Intéressé(e) ? Inscrivez-vous à notre lettre d'information.

Pour cela, rendez-vous à l'adresse go.eyrolles.com/newsletter ou flashez ce QR code (votre adresse électronique sera à l'usage unique des éditions Eyrolles pour vous envoyer les informations demandées) :

Vous êtes présent(e) sur les réseaux sociaux ? Rejoignez-nous pour suivre d'encore plus près nos actualités :

Merci pour votre confiance.
L'équipe Eyrolles

P.S. : chaque mois, 5 lecteurs sont tirés au sort parmi les nouveaux inscrits à notre lettre d'information et gagnent chacun 3 livres à choisir dans le catalogue des éditions Eyrolles. Pour participer au tirage du mois en cours, il vous suffit de vous inscrire dès maintenant sur go.eyrolles.com/newsletter (règlement du jeu disponible sur le site).

Dépôt légal : novembre 2018
Imprimé en France par Corlet

Cet ouvrage est imprimé, pour l'intérieur, sur du papier
offset 90 g, papier issu de forêts gérées durablement.

9 782212 677096